Ergebnisse der Frauenforschung
Band 29

Herausgegeben im Auftrag des Präsidenten der Freien Universität Berlin von

Prof. Anke Bennholdt-Thomsen, Germanistik
Dr. Ulla Bock, Soziologie
Prof. Marlis Dürkop, Sozialpädagogik
Prof. Ingeborg Falck, Medizin
Prof. Marion Klewitz, Geschichtsdidaktik
Prof. Jutta Limbach, Jura
Prof. Hans Oswald, Pädagogik
Prof. Renate Rott, Soziologie
Dr. Hanna Beate Schöpp-Schilling, Amerikanistik/Anglistik, Germanistik

Koordination: Anita Runge

Christine Garbe

DIE ‚WEIBLICHE‘ LIST IM ‚MÄNNLICHEN‘ TEXT

Jean-Jacques Rousseau in der feministischen Kritik

Verlag J. B. Metzler Stuttgart · Weimar

Gedruckt mit Unterstützung der Freien Universität Berlin

Die Deutsche Bibliothek — CIP-Einheitsaufnahme

Garbe, Christine:
Die "weibliche" List im "männlichen" Text : Jean-Jaques
Rousseau in der feministischen Kritik / Christine Garbe. -
Stuttgart ; Weimar : Metzler, 1992
   (Ergebnisse der Frauenforschung ; Bd. 29)
   ISBN 3-476-00878-9
NE: GT

ISBN 3-476-00878-9

© 1992 J. B. Metzlersche Verlagsbuchhandlung
und Carl Ernst Poeschel Verlag GmbH in Stuttgart
Einbandgestaltung: W. Löffelhardt
Druck: Gulde-Druck, Tübingen
Printed in Germany

Verlag J.B. Metzler Stuttgart · Weimar

EIN BUCH DER SPEKTRUM FACHVERLAGE GMBH

"Wie viel berauschende Tränen vergoß
ich auf ihren Schoß!"

Illustration zu Rousseaus "Bekenntnissen"
Stich von Emmanuel-Jean-Nepomucéne de Ghendt (1738 – 1815)
nach einer Zeichnung von Jean-Jacques-François Le Barbier (1738 – 1826)

Für M.G.

INHALT

Vorbemerkung / Danksagung

Die vorliegende Publikation ist die überarbeitete Fassung meiner Dissertation, die ich im Sommersemester 1990 am Fachbereich Germanistik der Freien Universität Berlin eingereicht habe. Für die Buchfassung wurde das ursprüngliche Manuskript gründlich überarbeitet und zum Teil erweitert (insbesondere in den Teilen IV, VI und X); neu hinzugekommen sind die Teile VII und VIII.

Für die finanzielle Förderung dieser Arbeit (in ihren Anfängen) danke ich dem Evangelischen Studienwerk Villigst e.V., das mich während der Studienzeit und anschließend durch ein Promotionsstipendium großzügig unterstützt hat. Für die inhaltliche und institutionelle Betreuung danke ich Prof. Hartmut Eggert und Prof. Hella Tiedemann von der Freien Universität Berlin. Auf dem langen Weg, auf dem mich dieses Projekt begleitet hat, haben mir viele FreundInnen und KollegInnen durch Rat und Kritik wertvolle Anregungen gegeben. Mein besonderer Dank gilt Johanna Bossinade, Jean-Pierre Dubost, Martin Groß, Werner Hamacher, Barbara Naumann, Maria Rossilhol, Anita Runge, Julia Schmidt-Ott und Lieselotte Steinbrügge.

Berlin, im Mai 1992   *Christine Garbe*

Ich zitiere aus Gründen der Lesbarkeit Rousseaus Werke in deutscher Übersetzung. Alle Zitate wurden jedoch anhand des französischen Originals von mir überprüft und gegebenenfalls leicht korrigiert. Wo ich Korrekturen vorgenommen habe oder wo die französische Fassung prägnanter und konnotationsreicher ist als die Übersetzung, habe ich den ursprünglichen Wortlaut in eckigen Klammern [...] in das Zitat eingefügt. *Alle Hervorhebungen in den Rousseau-Zitaten stammen, soweit nicht ausdrücklich anders vermerkt, von mir.*

Sämtliche Zitatnachweise führen zunächst die deutsche, dann die französische Belegstelle auf. Dabei habe ich mich folgender Abkürzungen und Siglen bedient:

BdA = Brief an d'Alembert über die Schauspiele
Bekenntnisse = Die Bekenntnisse
2. Discours = Abhandlung über den Ursprung und die Grundlagen der Ungleichheit
    unter den Menschen
Emile = Emile oder Von der Erziehung
Essai = Versuch über den Ursprung der Sprachen
NH = Julie oder Die neue Héloïse
Träumereien = Träumereien eines einsamen Spaziergängers

W = Winkler-Dünndruckausgabe
P = Edition Pléiade (Oeuvres Complètes, Bd. 1 – 4)
H = Hanser-Ausgabe (Schriften in zwei Bänden)
F = Sonstige französische Originalfassungen (*Essai, BdA*)

Alle genauen Nachweise finden sich hinten im Literaturverzeichnis.

I. EINLEITUNG

Die Behauptung, der Feminismus zähle zu den großen Innovationen in der Literaturwissenschaft der letzten Jahrzehnte, bedarf vermutlich keiner ausführlichen Begründung. Es ist nicht zu übersehen: Die feministische Kritik hat sich Gehör zu verschaffen gewußt. Fatalerweise scheint allerdings ihre publizistische Verbreitung mit einem Nachlassen ihrer theoretischen Selbstreflexion zu korrespondieren. Von bescheidenen Erfolgen verwöhnt, verzichtete sie in den 80er Jahren weithin auf eine kritische Inspektion ihres methodischen Gerüsts. Aber der Erfolg täuscht: Feministisch orientierte Wissenschaft findet ihre Resonanz derzeit eher als politische Argumentationshilfe im ‚Geschlechterkampf' denn als theoretisch innovative Kraft. Allzulange dürfte sich ein solches Mißverhältnis aber kaum überbrücken lassen.

Im Zeichen dieses Unbehagens steht die vorliegende Arbeit, deren Anfänge bis in die späten 70er Jahre zurückreichen. Damals schrieb ich im Rahmen einer Untersuchung über die „literarische Sozialisation von Frauen im 18. Jahrhundert" an einem Exkurs zum Weiblichkeitsentwurf bei JEAN-JACQUES ROUSSEAU. Dabei mußte ich feststellen, daß Lektüre und Interpretation seiner Texte ein gewagtes Unternehmen sind: Immer wieder setzten sie meinen Versuchen, definitive Aussagen und Urteile zu formulieren, subtilen Widerstand entgegen. So ließ mir der erste Interpretationsversuch, den ich 1978 auf einem Kongreß von Historikerinnen in Bremen vorgetragen hatte[1], keine Ruhe; ich spürte, daß sich mir Rousseaus Konstruktion des Geschlechterverhältnisses in wichtigen Dimensionen nach wie vor entzog. Andere feministische Deutungen erschienen mir im übrigen nicht befriedigender.

Dieser Rest von Unbehagen führte mich später auf Umwegen zu Rousseau zurück. Angeregt durch die Arbeiten von JEAN STAROBINSKI, JACQUES DERRIDA und PAUL DE MAN[2] gelangte ich allmählich zu der Überzeugung, daß das „Problem Jean-Jacques Rousseau"[3] vor allem ein Problem seiner *Lektüre* ist. Es mußte darum gehen, die Lektüre seiner Texte so zu organisieren, daß die scheinbar eklatanten Widersprüchlichkeiten und Ungereimtheiten eine *innere* Kohärenz erkennen lassen. Demgegenüber versuchte ein großer Teil der bekannten Rousseau-Interpretationen, die auftauchenden Probleme durch Hinweise auf *äußere* Faktoren zu lösen: durch einen Rekurs auf die Biographie des Autors oder auf sozialhistorische Konstellationen des 18. Jahrhunderts, auf divergierende ideengeschichtliche Einflüsse oder andere text-externe Faktoren – kurz: durch die Hypothese einer partiellen ‚Unzurechnungsfähigkeit' des Textes bzw. des Autors.

PAUL DE MAN spricht in diesem Zusammenhang von einer besonders verworrenen Rezeption: Die in der Geistesgeschichte zirkulierenden Urteile über Rousseau seien häufig vom Wortlaut seiner Texte bemerkenswert weit entfernt.[4] Nicht anders, so schien mir, verfuhren in den 70er Jahren auch die meisten feministischen Deutungen der Geschlechterproblematik bei Rousseau. Auch sie sprangen bei erstbester Gelegenheit aus dem Text, um ihn auf äußere Faktoren zu beziehen bzw. von dort aus zu kritisieren. Mit dieser Feststellung wurde allerdings die Frage nach der Angemessenheit des methodisch-theoretischen Instrumentariums feministischer Analysen unabweisbar. Ich begann, nach den methodischen Bausteinen der ‚feministischen Literaturwissenschaft‘ zu forschen, und stellte allmählich fest: Der ‚feministische Diskurs‘ ist im Grunde genommen ein Konglomerat aus unterschiedlichen, ja sogar heterogenen theoretischen Elementen, die oftmals allzu schnell und ohne Überprüfung ihrer ‚Kompatibilität‘ zusammengemischt wurden.[5]

Diese Überlegungen führten zu einer Schwerpunktverlagerung meiner Arbeit. Sie zielt nun immer auch auf das Vorverständnis feministischer Lektüre. Sie fragt nach den Prämissen, die das Textverständnis von Frauen (und oft auch die weibliche Selbstwahrnehmung) generieren, anders gesagt: nach der Beschaffenheit der ‚feministischen Brille‘. Anhand eines literarischen ‚Exempels‘ möchte ich die Aufmerksamkeit schärfen für die ungelösten Probleme und offenen Fragen, für die Brüche und Inkohärenzen eines methodischen Ansatzes, der unter den Etiketten „Feminismus“ oder „Frauenforschung“ in den letzten Jahrzehnten wissenschaftliches Terrain erobert hat. Die an vielen Publikationen ablesbare Tendenz, selbstgenügsam an Detailfragen und Spezialuntersuchungen weiterzuforschen, also den Bezug auf grundsätzliche methodische Probleme preiszugeben, ist für die feministisch orientierte Literaturwissenschaft meines Erachtens langfristig fatal. Auch feministische Theorie muß sich mit den Irrtümern und Illusionen ihrer Aufbruchsphase auseinandersetzen, will sie nicht in vermeintlichen Sicherheiten einmal gewonnener Einsichten erstarren. Diese Auseinandersetzung zielt auf eine kontroverse Diskussion unter Frauen, die sich einem feministischen Anliegen verpflichtet fühlen. Frauen neigen bekanntlich zum Harmonisieren, und das ist nicht nur im Leben, sondern auch in der Theoriebildung eine unproduktive Strategie.

Der Entschluß, diesem Fragehorizont nachzugehen, ergab die Notwendigkeit eines doppelten Dialogs: Die Auseinandersetzung mit dem Werk Rousseaus mußte einhergehen mit einer Problematisierung seiner feministischen Rezeption. Die vorliegende Arbeit beabsichtigt also zweierlei:

– Zum einen richtet sie erneut das Augenmerk auf die Texte eines Autors, der in der feministischen Rezeption der letzten zwei Jahrzehnte große Beachtung gefunden hat: JEAN-JACQUES ROUSSEAU. Seine in der Mitte des 18. Jahrhunderts entstandenen Entwürfe zum Geschlechterverhältnis, die für die „Ordnung der Geschlechter“ (Claudia Honegger) in der bürgerlichen Gesellschaft zweifellos folgenreich waren, bilden den primären und gewissermaßen *singulären Gegenstand* meiner Arbeit. Dabei interessieren mich insbesondere jene Momente in seiner theoretischen Konstruktion und literarischen Inszenierung des Geschlechterverhältnisses, die die von ihm selbst möglicherweise angestrebte ‚Ordnung‘ überschreiten (oder, wenn man so will: unterlaufen). Diese Momente, die der Titel meiner Arbeit unter dem Stichwort ‚weibliche List‘ ankündigt, entziehen sich aber offenbar nicht nur Rousseaus eigenen Systematisierungsversuchen, sondern zugleich auch denjenigen der meisten feministischen Interpretationsstrategien.

– Insofern untersuche ich zweitens den ‚Fall Rousseau‘ als *exemplarischen Gegenstand* im Hinblick auf eine Inspektion feministischer Rezeptionsweisen. Entlang der unterschiedlichen feministischen Lektüren dieses Autors will ich nicht nur die Geschichte feministischer Ansätze in der Literaturwissenschaft nachzeichnen, sondern zugleich auch ihre jeweils problematischen Aspekte eruieren, indem ich die von ihnen generierten Lektüren erneut mit Rousseaus Texten konfrontiere. Diesen Dialog, teilweise auch Disput, zwischen Rousseau und seinen Kritikerinnen habe ich in der Form von Rousseau-Kapiteln und Feminismus-Exkursen organisiert.

Die folgende Arbeit beabsichtigt eine Lektüre, in der Rousseaus Texte häufig gegen seine feministischen Kritikerinnen stark gemacht und verteidigt werden, auch wenn sie sich davor hüten wird, Rousseau in allen Punkten Recht zu geben. Dies verbietet sich schon allein aufgrund der Tatsache, daß Rousseau selbst das Geschlechterverhältnis keineswegs als stabiles und harmonisches beschrieben hat, sondern daß er das vielgerühmte und -geschmähte Ergänzungsmodell der Geschlechter bereits selbst dekonstruiert hat – in einer Radikalität, die von der feministischen Kritik keineswegs immer eingeholt und teilweise sogar gänzlich verfehlt wird. Gerade aus diesem Grund scheint mir Rousseau ein besonders lohnendes Objekt, an dem die Tragfähigkeit feministischer Ansätze überprüft werden kann. Ich bin mir freilich sicher, daß auch meine Einsichten mit neuen Blindheiten geschlagen sein werden.[6]

II. DIE FEMINISTISCHE ROUSSEAU-REZEPTION

Das feministische Projekt in den Geisteswissenschaften umfaßt ein immenses Programm; allein schon die Analyse der „Präsentationsformen des Weiblichen" erfordert, wie SILVIA BOVENSCHEN betont hat, „die Neuerschließung gigantischer kultur- und sozialgeschichtlicher Zusammenhänge von den Anfängen der Geschichtsschreibung bis in unsere Tage."[7] Kaum einer unter den zahllosen ‚Dichtern und Denkern', die es neu zu lesen und zu bewerten gilt, ist dabei in den letzten Jahren an so exponierte Stelle gerückt wie JEAN-JACQUES ROUSSEAU – nicht nur in Frankreich, wo er ohnehin zum nationalen Bildungskanon gehört, sondern auch in den angelsächsischen Ländern und im deutschen Sprachraum. Fast scheint es, als erfahre Rousseau heute unter feministischer Fragestellung eine ähnlich intensive Rezeption wie im Deutschland des ausgehenden 18. Jahrhunderts. Feministische Kongresse und einschlägige Publikationen versäumen es selten, Rousseaus Theorie der Geschlechterdifferenz ausführlich zu kommentieren oder wenigstens beiläufig zu erwähnen.

Was macht diesen Autor, der beinahe vergessen schien, heute für Frauen so interessant? Auf den ersten Blick mag es scheinen, als handele es sich bei diesem Interesse vor allem um eine Negativ-Fixierung: Rousseau wurde besonders in der ersten Phase der feministischen Rezeption als großer Frauenfeind gebrandmarkt – als Sexist, Anti-Humanist und Rassist. Die Vehemenz solcher Anschuldigungen allein kann Rousseaus Aufstieg zu einem Favoriten feministischer Analysen jedoch keineswegs erklären. Bekanntlich mußten sich viele männliche Autoren ähnliche Vorwürfe gefallen lassen, ohne deshalb so sehr in den Mittelpunkt der Aufmerksamkeit zu rücken. Die Gründe für das feministische Interesse an Rousseau scheinen tiefer zu liegen.

Sicherlich ist einer der Gründe in der ‚Interdisziplinarität' Rousseaus zu suchen. Da sein Werk die unterschiedlichsten Disziplinen in sich vereint – Politische Theorie, Geschichtsphilosophie, Sprachwissenschaft, Pädagogik, Autobiographie und Literatur –, wurde es für die sich interdisziplinär verstehende feministische Wissenschaft besonders attraktiv. Darüber hinaus aber sind Rousseaus Schriften zur Geschlechterfrage auf einem diskursiven Feld angesiedelt, auf dem sich zentrale Perspektiven des feministischen Projekts treffen. So lassen sich beispielsweise im ersten Jahrzehnt der feministischen Kritik drei Komponenten dieses Diskurses ausmachen, die Rousseau für eine Rezeption durch den Feminismus geradezu prädestinieren: Erstens die unmittelbar politisch motivierte Ideologiekritik literarischer und wissenschaftlicher Texte (vgl. Exkurs 1 zu KATE MILLETT); zweitens die historische bzw. geschichtsphilosophische Reinterpretation des 18. Jahrhunderts durch die feministische Kritik (vgl. Exkurs 2 zu SILVIA BOVENSCHEN) und drittens die Affinität zu biographischen Rezeptionsweisen und psychoanalytischen Deutungsmustern (vgl. Exkurs 3 zu ULRIKE PROKOP).

Entlang dieser drei Prämissen werde ich zunächst wesentliche Merkmale der ideologiekritisch orientierten feministischen Rousseau-Rezeption rekonstruieren. Ich beschränke mich dabei auf die Konsequenzen der jeweiligen Interpretationshypothesen für die Lektüre von Rousseaus Texten. Eine genauere Erörterung der zugrundeliegenden theoretisch-methodischen Konzepte erfolgt im Laufe der Arbeit in den Exkursen zur feministischen Theoriebildung in der Literaturwissenschaft.[8]

Im zweiten Teil des Kapitels skizziere ich einige Ansätze der feministischen Rousseau-Rezeption aus den 80er Jahren, die im Zeichen einer Wiederbelebung des Differenzgedankens stehen und sich mit dem ergänzungstheoretischen Modell des Geschlechterverhältnisses bei Rousseau auseinandersetzen. Kennzeichnend für diese Lektüren sind die Problematisierung der „feministischen Repressionshypothese"[9] und die Suche nach differenzierteren historischen, philosophischen oder sozialwissenschaftlichen Erklärungsmustern für das Geschlechterverhältnis. Wichtige Impulse aus der strukturalistischen und poststrukturalistischen Linguistik, Semiotik und Texttheorie sowie der Psychoanalyse, die im Laufe der 80er Jahre den Blick auf Texte verändert haben, sind dagegen in der feministischen Rousseau-Rezeption hierzulande bislang weitgehend folgenlos geblieben. Bei diesem Versäumnis hat die vorliegende Arbeit ihren Ausgangspunkt.

1. Entliterarisierung als Kampfstrategie

Das erste hier zu erörternde Modell feministischer Lektüre macht sich das Prinzip der Wörtlichkeit zueigen – und zwar meist in aufklärerisch-polemischer Absicht.[10] Literatur soll ihres ‚schönen Scheins' beraubt und auf ihre pragmatisch-politischen Implikationen befragt werden, als sei sie ein politisches Manifest. Feministische Kritik versteht sich dementsprechend als Akt politischer Intervention. Eine aus solchen Prämissen abgeleitete Lektüre beinhaltet in ihrer konsequentesten Form eine radikale Aktualisierung und Ent-Kontextuierung auch von historisch entfernten Texten; was ein Autor wie Rousseau vor mehr als 200 Jahren zur Frauenfrage geäußert hat, wird behandelt und verhandelt, als sei es ein aktuelles politisches Programm oder eine gerichtsverwertbare Tatsache. Diese Art von feministischem Diskurs verdankt sich einem beinahe kriminalistischen Impuls; ihr geht es, überspitzt gesagt, nicht darum, einen Text zu verstehen, sondern ihm den Prozeß zu machen.

Am konsequentesten hat Elisabeth de Fontenay eine solche Lektüre praktiziert.[11] Sie kommt zu dem Ergebnis, das 5. Buch des *Emile* („Sophie oder Die Frau") sei ein „exemplarisches Verbrechen" an der weiblichen Hälfte der Menschheit und müsse nun endlich vor das „improvisierte Tribunal unserer armen weiblichen Geschichte" zitiert werden.[12] Mit ähnlicher Verve behauptet Barbara Schaeffer-Hegel, „alle Gedankengänge Rousseaus, die gesellschaftstheoretischen, die politischen und die pädagogischen beginnen und enden mit dem *Frauenopfer*".[13] Die Rede ist also von einem Verbrechen, dessen Opfer die Frauen sind – was läge näher, als die Täter bei den Männern zu suchen? Rousseau wird angeklagt und für schuldig befunden, an einem globalen Verbrechen gegen die weibliche Hälfte der Menschheit – ihrem Ausschluß von Menschen- und Bürgerrechten – maßgeblich beteiligt gewesen zu sein. Ob man seine subjektiven Motive miteinbezieht (wie Schaeffer-Hegel) oder nicht (wie Fontenay), spielt für die generelle Beschaffenheit dieses Diskurses eine untergeordnete Rolle.

15

Von Fontenay wurde das Postulat der ‚wörtlichen Lektüre‘ explizit vorgetragen. Das Prinzip der Wörtlichkeit beinhaltet dabei zweierlei: im engeren Sinne ein ‚Beim-Wort-Nehmen‘ der frauenbezogenen Äußerungen des Autors und im weiteren Sinne die Isolierung dieser Passagen aus dem Gesamtwerk.[14] Fontenay präsentiert sich in ihrem Pamphlet als streitbare Feministin; sie macht kein Geheimnis daraus, daß ihre Analyse eine polemische Waffe im Befreiungskampf der Frauen sein soll und daß sie genau aus diesem Grunde sogenannte ‚wissenschaftliche Standards‘ bewußt außer Acht lassen muß[15]:

> „Alles was Rousseau geschrieben hat, ist in der Tat Bestandteil eines Systems und läßt sich unter Bezug auf sein Denken oder sein Phantasma der Weiblichkeit rekonstruieren. Aber solche Gründlichkeit der Analyse entschärft den Zorn der ersten Lektüren. Wir Frauen müssen angesichts der Dringlichkeit des Problems manchmal akzeptieren, die Philosophen und Dichter zu opfern, und versuchen, uns – auch wenn es schwer fällt – *gegenüber der Arbeit des Textes blind zu stellen und die Autoren beim Wort zu nehmen.*“[16]

Wo es darauf ankommt, Frauen aus ihrem Dornröschenschlaf zu wecken, ist ein solches respektloses und radikal pragmatisches Verhältnis zu den kanonischen Texten der ‚hohen Kultur‘ zweifellos von großem provokatorischem Wert. Diese Art der Analyse weiß sich am Beginn einer neuen Ära – oder anders: Sie will eine neue Ära einleiten. Sie zielt auf politische Wirksamkeit, liefert agitatorischen Sprengstoff und nimmt dafür in Kauf, die feinsinnige akademische Welt und ihre Standards zu brüskieren.

Fontenays Analyse hat viele der bald auch in Deutschland gängigen feministischen Urteile über Rousseau präformiert.[17] So hat sie zum Beispiel festgestellt, das Etikett ‚weibliche Natur‘ diene vor allem der Verschleierung von normativen Postulaten. Mit diesem machtvollen Instrument zwinge Rousseau die Frauen, denen Theologen und Philosophen gerade eben geistige, moralische und soziale Ebenbürtigkeit zuzugestehen begannen, zurück ins zweite Glied: Die Frau müsse sich dem Mann unterwerfen, ihm gehorchen und ihm gefallen. Sie werde nicht nur materiell und äußerlich, sondern auch in ihrem Denken, Glauben und Fühlen vom Urteil der Männer abhängig gemacht; Rousseau verweise die Frau in den Status einer „ontologischen Defizienz“.[18]

> „Die Frau ist durch ihre Konstitution abhängig; da sie nicht in sich selbst das Prinzip der Moralität hat, muß sie dressiert werden; sie kann nicht, wie der Mann, ‚aufgeklärt‘ sein. Genauer gesagt, das moralische Gesetz residiert niemals ausschließlich *in ihr*, in Form des göttlichen Instinkts des Gewissens oder des inneren Gefühls, sondern immer auch zugleich *außerhalb von ihr*, im Urteil des anderen Geschlechts. Vielleicht ist es das erste Mal in der abendländisch-christlichen Geschichte, daß die sexuelle Differenzierung und Diskriminierung sogar bis zu den Grundlagen der Moralität vordringt: nicht nur auf der Ebene ihrer Modalitäten und Anwendungen, sondern auf derjenigen ihrer Möglichkeitsbedingungen.“[19]

Fontenay ist der Begriff des „Sexismus“ zu harmlos für diesen Sachverhalt; sie zeiht Rousseau des „Anti-Humanismus“, ja des „Rassismus“ gegenüber Frauen.[20] Sophies

Erziehung sei in Wahrheit eine „Dressur" und „Domestikation"[21], kurz: ein „Unternehmen der Verdunkelung, der Einschließung und der Demütigung".[22] Auch die von Rousseau propagierte Liebesheirat und die relativ freie Partnerwahl sind für Fontenay nichts weiter als eine Falle: Während die im Ancien Régime (vor allem in den adligen Schichten) übliche Zweckehe eine gewisse faktische und rechtliche Gleichheit von Mann und Frau beinhaltete, sei die sogenannte Liebesehe zum Gefängnis für die Frau geworden; ganz dem Manne unterworfen, partizipiere sie nur noch indirekt am sozialen Leben.[23]

> „Der Autor des *Gesellschaftsvertrages*, [...] Theoretiker der Demokratie und [...] Idol der Revolutionäre, hat explizit aus dem die Gesellschaft fundierenden Vertrag die Hälfte der Menschheit ausgeschlossen, indem er aus Ehe und Mutterschaft [...] das Substitut der Bürger(innen)rechte machte."[24]

Die skizzierten Kritikpunkte finden sich einige Jahre später im deutschsprachigen Feminismus wieder. Auch BARBARA SCHAEFFER-HEGEL betont das zunächst überraschende Paradoxon, daß der Philosoph der bürgerlichen Freiheitsrechte die weibliche Hälfte der Menschheit von deren Wahrnehmung ausschloß. Er postulierte eine ‚weibliche Natur‘, die für Frauen keinerlei Autonomie zuläßt. Aus Schaeffer-Hegels Sicht steht die politische Philosophie der Aufklärung vor der schwierigen Aufgabe, im Kontext eines freiheitlichen Denkens „die Bestimmung der Frauen zu [...] Abhängigkeit und Rechtlosigkeit" zu begründen.[25]

Aus diesem Problem retten sich die männlichen Aufklärer, die „ihre wohlverstandenen Interessen mit den eigenen philosophischen Prämissen in Einklang" bringen mußten[26], in einen zweifachen Naturbegriff: Für Männer gilt der „aufgeklärte apriorische Naturbegriff [...], von dem Ansprüche abgeleitet werden können"; für Frauen hingegen „wird der funktionalistische Naturbegriff des Aristoteles bemüht, der ein Wesen nach dem Zweck, den es in der Gesellschaft einnimmt oder einnehmen soll, bestimmt".[27]

‚Entliterarisierung als Kampfstrategie‘ könnte man diese Variante feministischer Lektüre nennen; sie zielt vor allem auf die Demaskierung des schönen Scheins der ‚hohen‘ Kunst, um die ‚nackte‘ Wahrheit patriarchalischer Ressentiments zum Vorschein zu bringen. Diese Art der Lektüre ist teils absichtlich, teils unbeabsichtigt selektiv; Kontexte und Erzählstrategien, stilistische und metaphorische Eigenarten – kurz: alle Dimensionen der Textualität werden vernachlässigt oder ignoriert, da ihre Funktion vermeintlich darin besteht, weibliches Bewußtsein zu vernebeln.

Einer solchen ‚demaskierenden‘ Lektüre bieten die Schriften Rousseaus reichlich Stoff. Indem alles, was Rousseau über sein weibliches Erziehungsideal Sophie oder seine Romanheldin Julie schreibt, so gelesen wird, als sei es Erziehungsmaxime und Verhaltensvorschrift für eine reale Frau – und zwar eine Frau, die die heutige Leserin unmittelbar als Schwester oder Leidensgefährtin erlebt – kommt diese Art der Lektüre zu vernichtenden Urteilen.

Schaeffer-Hegel beispielsweise wählt Rousseau zur Ergründung der „Logik männlicher Denkverbote", weil „keiner die Rollenvorschriften, die die Moderne für Frauen ausersehen hat, so rigide – so bis in die letzten entwürdigenden, ja zerstörerischen Einzelheiten zu Ende formuliert [hat] wie Rousseau. Seine Anforderungen an die ‚richtige' Frau sind geradezu makaber und verlangen von ihr bis in Einzelheiten die Aufgabe all dessen, was die Würde, das Selbstbewußtsein, die selbstverständlichen Rechte des freien Mannes ausmachen."[28]

Die solchermaßen auf den politisch-pragmatischen Auswirkungen des Rousseauschen Diskurses insistierende Kritik nennt als wesentliche ‚Anklagepunkte':
– Rousseau habe in seinen Gestalten Sophie und Julie ein empfindsames Frauenideal entworfen, das den Frauen alle wissenschaftlichen und künstlerischen Kompetenzen absprach.[29]
– Er habe die progressiven Ansätze aufklärerischer Frauenbildungskonzepte zurückgewiesen und damit eine restaurative Wende in der Geschichte weiblicher Bildung eingeleitet.[30]
– Ferner habe er die zaghafte Frauenemanzipation der aufgeklärten Epoche rigoros zunichte gemacht, indem er die Hausarbeit zur eigentlichen Domäne der Frauen erklärte[31] und die Mutterschaft zu ihrem natürlichen Betätigungsfeld stilisierte.[32] Damit sei Rousseau maßgeblich mitbeteiligt am Ausschluß der Frauen aus Wirtschaft, gesellschaftlichem Leben und politischer Öffentlichkeit und letztlich an der Vorenthaltung der Menschen- und Bürgerrechte für die weibliche Hälfte der Menschheit.[33]

In historischer Perspektive betrachtet, steht der Name Rousseau für einen tiefgreifenden Umbruch in den Definitionen des Weiblichen – für eine dem Aufstieg des Bürgertums korrespondierende ‚Revolution' des Geschlechterverhältnisses. Daß diese Revolution für die Frauen eher als ‚Konterrevolution' eingeschätzt werden muß, darf als weit verbreiteter feministischer Konsens angesprochen werden.[34] Damit komme ich jedoch bereits zum zweiten wesentlichen Bestandteil des feministischen Diskurses, der Rousseau zu neuer Bedeutung verholfen hat.

2. FEMINISTISCHE ‚DIALEKTIK DER AUFKLÄRUNG'

Der neu erwachte Forschungsdrang frauenbewegter Frauen interessierte sich schon früh für das 18. Jahrhundert; in ihm entdeckten die Feministinnen der ersten Generation gleichsam die Vorgeschichte ihres eigenen Elends. Der Prozeß, den man während der Studentenbewegung gewissermaßen am eigenen Leibe erlebt hatte (daß nämlich die politische Revolte des ‚revolutionären Subjekts' eine ausschließlich männliche Angelegenheit war, die sich auf dem Rücken der Frauen vollzog) – dieser Prozeß schien im 18. Jahrhundert bereits einmal erfolgreich abgelaufen zu sein. Aufklärung, Emanzipation und Menschenrechte waren nur für den bürgerlichen Mann durchgesetzt worden; den Frauen dagegen blieben die Früchte der angeblich allgemein-menschlichen Emanzipation vorenthalten. Das Projekt der bürgerlichen Revolution mußte aus Frauensicht als ein Projekt der gescheiterten Frauenemanzipation eingeschätzt werden.[35]

Für diesen Befund legten zunächst die feministisch orientierten Historikerinnen einen Erklärungsansatz vor. Sie untersuchten den Epochenumbruch in der zweiten Hälfte des 18. Jahrhunderts als einen tiefgreifenden gesellschaftlichen Strukturwandel, dessen ökonomische Basis die allmähliche Trennung von Produktions- und Reproduktionsbereich, von Arbeitsplatz und Familie war. Der inzwischen geradezu kanonische Aufsatz in diesem Zusammenhang stammt von KARIN HAUSEN.[36] In ihrer Untersuchung zur *Polarisierung der Geschlechtscharaktere* formulierte sie die These, daß sich im ausgehenden 18. Jahrhundert ein bedeutsamer Wandel in der Definition von Geschlechterrollen vollzog: Aus Standesdefinitionen, die bislang Pflichten und Rechte im Hausstand bestimmten, wurden nun Charakterdefinitionen, die sich aus der ‚Natur‘ des Geschlechts ableiteten. Ein partikulares wurde somit durch ein universales Zuordnungsmuster ersetzt.[37] Dessen Analyse ergab, daß der Mann auf die Eigenschaftskomplexe Aktivität und Rationalität, die Frau entsprechend auf die komplementären Merkmale Passivität und Emotionalität festgelegt wurde.[38] Die Polarisierung von ‚Welt‘ und ‚Heim‘ wurde verknüpft mit derjenigen von Mann und Frau: Die ‚natürliche‘ Sphäre des Mannes sei draußen in der Welt, die der Frau drinnen im Heim angesiedelt. Diese *Polarisierung der Geschlechtscharaktere* spiegelte nach Hausen einerseits die historisch neue *Dissoziation von Erwerbs- und Familienleben*, diente aber zugleich der „ideologischen Absicherung von patriarchalischer Herrschaft".[39] Sie eignete sich vortrefflich dazu, die bürgerlichen Emanzipationsforderungen nach Freiheit, Gleichheit und Brüderlichkeit auf die männliche Hälfte der Menschheit zu beschränken.[40]

In ihrem 1977 erschienenen Aufsatz *Das schöne Eigentum. Zur Herausbildung des bürgerlichen Frauenbildes an der Wende vom 18. zum 19. Jahrhundert* formulierte die Historikerin BARBARA DUDEN die von Hausen ausgearbeitete These zugespitzter – gleichsam feministisch griffiger:

> „So war am Ausgang der bürgerlichen Gesellschaft als ‚Bestimmung des Weibes‘ ein weiblicher Geschlechtscharakter formuliert worden, in dem die Aufgabe der Frau identisch wurde mit ihrer Selbstaufgabe. Zu ‚sich selbst‘ kommen hieß für sie, auf sich selbst verzichten. Mit der scheinbaren Befreiung der Frau aus den ‚rohen‘ Zuständen der ‚alten Gesellschaft‘ wurde die neue Gestalt ihrer Unterdrückung in die Frau selbst hineingegeben."[41]

[handschriftliche Randnotiz: Die Selbstaufgabe ist s. lou bei Maria gegeben]

Barbara Duden nennt Rousseau noch nicht explizit; sie untersucht vor allem die philosophischen Schriften von KANT, SCHILLER und FICHTE sowie die spätaufklärerischen Populärphilosophen. Auch bei Karin Hausen wird Rousseau nur in einer Fußnote erwähnt, und zwar als Inspirator jener Vorstellungen, die der deutsche Spätaufklärer und Philanthrop JOACHIM HEINRICH CAMPE zur Formel von der ‚Bestimmung des Weibes zur Gattin, Hausfrau und Mutter‘ verdichtete.[42] Dennoch ist es von Kant oder Campe nur ein winziger Schritt bis zu Rousseau; denn sowohl der deutsche Idealismus als auch die pädagogischen Reformer im Umkreis der Philanthropen waren entscheidend von ihm beeinflußt. Es ist deshalb nicht verwunderlich, wenn im deutschen Feminismus späterer Jahre JEAN-JACQUES ROUSSEAU immer häufiger als der Denker bezeichnet wurde, der als erster jene fatale Weichenstellung in der Zeit des Umbruches formuliert

19

hat. Rousseau rückte damit in eine initiale Position: Er galt als Erfinder einer Geschlechterphilosophie, die den Frauen das bis heute vorherrschende weibliche Rollenmuster – Gattin, Hausfrau und Mutter – nachdrücklich verordnete.

Die Literaturwissenschaftlerin SILVIA BOVENSCHEN widmet Rousseau in ihrer sonst ausschließlich auf den deutschen Sprachraum bezogenen Studie über die *imaginierte Weiblichkeit* ein ganzes Kapitel, „weil diese Zuschreibungsmuster einen beträchtlichen Einfluß auf die empfindsamen Frauenimagines hatten, die in Deutschland in der zweiten Hälfte des 18. Jahrhunderts virulent waren."[43]

Bovenschens Arbeit befaßt sich mit „kulturgeschichtlichen und literarischen Präsentationsformen des Weiblichen" und deren Folgen für die künstlerischen Ausdrucksmöglichkeiten von Frauen im 18. Jahrhundert. Ihr Untersuchungszeitraum teilt sich dabei in zwei Phasen: Für die erste Hälfte des 18. Jahrhunderts sieht Bovenschen im historischen Kontext der Frühaufklärung die „weibliche Gelehrsamkeit" als Leitbild der kulturtragenden Schichten. Als das neue Ideal der zweiten Jahrhunderthälfte avanciert dagegen die „empfindsame Weiblichkeit". Bovenschen beschreibt diesen Wandel als einen Paradigmenwechsel von egalitäts- zu ergänzungstheoretischen Prämissen.

Während die Diskussion um weibliche Bildung in der frühen Aufklärung vom Grundgedanken einer „natürlichen Gleichheit der Geschlechter"[44] getragen wurde, löste sich dieser aufklärerisch-optimistische Konsens um die Mitte des 18. Jahrhunderts auf. Die Abwendung der Aufklärer von den abstrakten, ahistorischen Prinzipien, die Kritik am naiven Fortschrittsoptimismus und die Hinwendung zu geschichtsphilosophischem Denken geschah auf Kosten der Frauen: Im Zuge der ‚Dialektik der Aufklärung' wurden die Konzepte des Weiblichen enthistorisiert und auf den Status von ‚Natur' reduziert. Am radikalsten vollzog sich diese Wendung, Bovenschen zufolge, bei JEAN-JACQUES ROUSSEAU, der als Kritiker aufklärerischen Fortschrittsglaubens eine durchaus brisante Zivilisationstheorie entwickelte. Als deren wichtigstes Kennzeichen beschreibt Bovenschen das ergänzungstheoretische Konzept von Weiblichkeit, das im Namen einer ‚natürlichen' Ordnung die geschlechtsspezifische Ungleichheit postuliert. Bovenschens Analyse knüpft insofern an die Vorgaben der o.g. Historikerinnen an, als sie im frühaufklärerischen Ideal der „weiblichen Gelehrten" die Chancen zur Emanzipation der Frauen angelegt sieht, während sie das empfindsame Frauenbild als Sieg der restaurativen Tendenzen beschreibt.[45]

Rousseau erscheint so als der Denker, der im Rekurs auf eine vorgeblich ‚natürliche Ordnung' die Weichen für das ‚Kulturschicksal der Frauen' in einer fatalen, rückwärts gewandten Richtung gestellt hat. In dieser These stimmt Bovenschen mit den bereits dargestellten ideologiekritischen Analysen von Fontenay, Schaeffer-Hegel u. a. überein. Allerdings ist der Weg, der zu diesem Ergebnis führt, wesentlich verschlungener als der anderer Autorinnen: Bovenschen lehnt das skizzierte Prinzip einer thematisch-verengten und wörtlichen Lektüre ausdrücklich ab. Sie postuliert dagegen die Notwendigkeit, in „einer aufwendigen Interpretationsanstrengung [...] das Verhältnis von Explikation und Implikation" in der Darstellung des Weiblichen mitzuberücksichtigen.

„Nur so – im Aufspüren geschlechtsspezifischer Positionen auch innerhalb *der* Diskurse, in denen sie nicht explizit gemacht sind, einerseits und in der Entfaltung des Zusammenhangs ihrer sporadischen Explikationen andererseits – können die kulturgeschichtlichen Präsentationsformen des Weiblichen aufgedeckt und kann der Reduktionismus, der die Reflexion auf die für ‚Frauenthemen‘ abgesteckten Parzellen einschränken will, ins Wanken gebracht werden.“[46]

In einer solchen „aufwendigen Interpretationsanstrengung“ fragt Bovenschen nach den Implikationen jenes Naturbegriffs, mit dessen Hilfe Rousseau die Frauen zurück ins Heim gezwungen habe. Da sein Begriff von Natur bei der Thematisierung des Weiblichen schon vorausgesetzt sei, müsse die Explikation im Rückgriff vor allem auf seine geschichtsphilosophischen Schriften erfolgen. Ihre Analyse kommt zu folgendem Ergebnis: Die sogenannte ‚Natur der Frau‘ entzieht sich den von Rousseau im Rahmen seiner geschichtsphilosophischen Reflexion entfalteten Bedeutungsdimensionen des Naturbegriffs; sie erweist sich als unabgeleitet.

„… im Hinblick auf den systematischen Stellenwert des Naturbegriffs wird nämlich offenkundig, daß die ‚gesellschaftliche Natur‘ Sophies all jene Bestimmungen *nicht* aufweist, die Emile zu einem potentiell autarken, frei entscheidungsfähigen Individuum machen (was soziale und politische Handlungsmöglichkeiten einschließt), genauer: diese Bestimmungen sind nur in Gestalt ergänzender Negationen anwesend – Emiles Freiheit von äußerem Zwang, seiner Entscheidungsfreiheit, steht bei Sophie die Notwendigkeit des Zwanges, gefaßt als Unterwerfung unter den Mann, gegenüber.“[47]

Bovenschen unterstreicht, daß Sophies Erziehung erst in Angriff genommen wird, als diejenige Emiles fast abgeschlossen ist. Zudem scheint sie vollständig auf eine Erziehung zur Ehefrau ausgerichtet zu sein. Offenkundig hat die ‚Natur der Frau‘, die solche Bestimmungen rechtfertigt, auch mit jener utopischen Dimension des Rousseauschen Naturbegriffs nichts zu tun, die im Gesellschaftszustand als regulative Idee für die Vervollkommnung des Individuums zu Freiheit und Autarkie funktioniert.

„Die Frau bildet sozusagen den Humus für die Vervollkommnung des ‚Menschen‘ – eine Redeweise, die jetzt korrigiert werden muß: für die Vervollkommnung des Mannes. Denn Perfektibilität ist in ihrer ‚Natur‘ nicht angelegt.“[48]

Die frauenspezifischen Ge- und Verbote lassen sich mit dem Hinweis auf ihre ‚Natur‘ nicht legitimieren. Sie sind somit als fadenscheiniger Vorwand für eine „normative Setzung“[49] entlarvt. Rousseaus definitorischer Gewaltakt tritt allerdings nicht offen zutage; er wird ideologisch verschleiert. Das männliche Partikularinteresse gibt vor, im Namen der Natur zu sprechen – das heißt im Namen einer universalen Vernunft oder eines weisen Schöpfers. Die kritisch-hermeneutische Lektüre von Bovenschen entkräftet nun genau diesen Anspruch, indem sie den ideologischen Charakter des Textes in Gestalt der Inkohärenz seiner begrifflichen Konstruktion enthüllt. Der Naturbegriff, ansonsten bei Rousseau stets utopisch konnotiert und in gesellschaftskritischer Absicht verwendet, erhält im Hinblick auf die Frauen eine genau entgegengesetzte Funktion; er muß „in bezug auf die Frauen die Diktatur der Unterwerfung und den unabänderlichen Stillstand begründen. Im Namen der Natur definiert der Mann die Frau als Zierat seiner gesellschaftlichen und individuellen Existenz."[50]

Bovenschens Rousseau-Analyse ist häufig zitiert und kopiert, an methodischer Differenziertheit und intellektueller Brillanz jedoch kaum wieder erreicht worden.[51] Irritierend ist allerdings, daß sich ihre Diagnose allem methodischen Aufwand und aller Differenziertheit zum Trotz nicht grundsätzlich von der eher schlichten Lektüre jener Kritikerinnen unterscheidet, die Bovenschen des ‚Reduktionismus' zeihen würde. Offensichtlich steht auch ihre Lektüre so stark unter der Dominanz der Ideologiekritik, daß die zu Differenzierungen zwingenden Schichten in Rousseaus Werk keine Berücksichtigung finden. So blendet Bovenschen interessanterweise gerade die literarische Frauenfigur Julie aus ihrer Analyse aus; sie behauptet zwar, diese sei „aus einem anderen Stoff als das papierene Erziehungsopfer Sophie"[52], doch wird dieser ‚Stoff' nicht weiter untersucht. Stattdessen begnügt sich Bovenschen mit dem Hinweis auf die widersprüchliche Struktur der Repräsentationen des Weiblichen: Je mehr die realen Kompetenzen und Bewegungsräume der Frauen eingeschränkt würden, desto üppiger wucherten die Bilder des Weiblichen, die literarischen Phantasien der Männer.

> „Dort, wo der Mann träumt, phantasiert, imaginiert, poetisiert, gerät das Weibliche zum Medium seiner den Zwängen des bürgerlichen Alltags entgegengesetzten Vorstellung von einer glücklicheren Welt [...], dort aber, wo er sich den prosaischen Realitäten des häuslichen Lebens zuwendet, wo er das Alltagsgesicht des Weiblichen wahrnimmt oder wahrzunehmen glaubt, dort gibt es Reglementierung, Direktiven, Arbeit und Zwang für die Frau."[53]

Bovenschen scheint Sophie als das Ergebnis der „prosaischen Konzeptualisierung des Weiblichen", Julie dagegen als „poetisiertes Glücksversprechen"[54] einzuordnen. Doch ist eine solche Trennung zwischen den Sphären, den Texten, den Frauenfiguren wirklich sinnvoll? Ist im einen Fall die Phantasie, im anderen der männliche Alltagsverstand ausschließlicher Schöpfer des Textes? Und würde man mit einer solchen Annahme nicht auf ein sehr traditionelles Verständnis von Autor-Intentionalität rekurrieren, das zu hinterfragen feministische Literaturwissenschaft allen Grund hätte? Diesen Fragen werde ich in den Exkursen zur feministisch orientierten Literaturwissenschaft genauer nachgehen.

3. Frauenbilder als Männerphantasien

Eine häufig anzutreffende feministische These lautet, die Frauenbilder in Texten männlicher Autoren seien nicht etwa Abbilder realer Verhältnisse oder realer Frauen, sondern Wunsch- oder Schreckbilder: „Männerphantasien", wie es Klaus Theweleit genannt hat. Die Analyse solcher Frauenbilder hat folglich die ihnen zugrundeliegenden Wünsche und Ängste ihrer männlichen Schöpfer zu entziffern. Ist erst einmal die psychische Funktion der Bilder für ihre Erfinder nachgewiesen, kann auch ihr normativer Geltungsanspruch für die wirklichen Frauen zurückgewiesen werden.

Die Anleihen bei der Psychoanalyse sind nicht zu übersehen: SIGMUND FREUD hat bekanntlich erklärt, Grundlage des dichterischen Schaffens sei das Phantasieren, das als Fortsetzung des kindlichen Spiels verstanden werden muß. Beiden gemeinsam sei die Erfahrung von Versagungen und die imaginäre Neuschaffung der Realität mit dem Ziel der Wunscherfüllung:

„Man darf sagen, der Glückliche phantasiert nie, nur der Unbefriedigte. Unbefriedigte Wünsche sind die Triebkräfte der Phantasien, und jede einzelne Phantasie ist eine Wunscherfüllung, eine Korrektur der unbefriedigenden Wirklichkeit."[55]

Freuds These, das literarische Phantasieren werde von dem Impuls geleitet, Versagungen zu kompensieren, und zwar in der Erfindung von Geschichten, in denen „Seine Majestät das Ich" der unangefochtene Held des Geschehens ist und seinen Wünschen freien Lauf lassen kann[56], wird im feministischen Diskurs spezifiziert im Hinblick auf das männliche Autor-Ich: Die literarischen Weiblichkeitsentwürfe von Männern werden gesehen als Wunschbilder, die nichts mit der Realität der Frau zu tun haben, aber viel mit der Erfahrung realen Mangels, den der Mann im Bild des Anderen – der Frau – kompensiert. Er schafft sich in der Phantasie bzw. in der Literatur ein Frauenideal, das ihn mit all dem versorgt, was er in der Realität entbehrt.

Die allgemein-strukturelle Variante dieses Diskurses lautet also: Statt an den realen Mängeln etwas zu ändern, zieht es der Mann vor, sich in Illusionen und Wunschbilder zu flüchten. Er entwirft weibliche Vorbilder, Wunschbilder oder Idealbilder, denen keine wirkliche Frau jemals entsprechen kann; und andererseits Schreckbilder und Horrorphantasien, mit deren Hilfe er seine Ängste fiktiv bewältigt.

Wie man weiß, hat JEAN-JACQUES ROUSSEAU mit seinen autobiographischen Schriften von den *Bekenntnissen* bis zu den *Träumereien eines einsamen Spaziergängers* das Genre der modernen Autobiographie wesentlich mitbegründet – ein Genre, das bis heute ein beliebter Fundus für Spekulationen über die psychische Konstitution des Autors ist. Rousseau ist mit seinen minutiösen Selbstreflexionen eine wahre Fundgrube für Literatur-Psychologen und Psychoanalytiker jeglicher Couleur. Es überrascht daher kaum, daß auch Feministinnen sich dieses ‚Objekt psychologischer Deutungsbegierde‘ nicht haben entgehen lassen. BARBARA SCHAEFFER-HEGEL etwa erscheint es evident, daß „der Zusammenhang zwischen eigener Erfahrung und Gedankenproduktion [...] bei keinem Denker der Moderne so transparent" sei wie bei Rousseau.[57]

Die von Rousseau postulierten weiblichen Geschlechtseigenschaften und Lebensformen werden im Rekurs auf seine Psyche interpretiert. Dabei glaubt man zu erkennen, daß Rousseau seine Ambivalenzen gegenüber den Frauen ausagierte, indem er eine Theorie entwickelte, die ihn in jeder Hinsicht vor den Gefahren des Weiblichen schützt – freilich auf Kosten der Frauen, von denen er verlangte, sich diesem Bilde anzuverwandeln.

„Bei aller Selbstsicherheit nun, mit der Rousseau seine patriarchalischen Thesen aufstellt und dabei unaufhörlich ‚die Natur' als Richtmaß beschwört, ist das geheime Movens seiner falschen Ontologisierungen nicht zu übersehen: die Furcht des seiner Männlichkeit nicht sicheren Mannes vor der angeblich maßlosen Triebhaftigkeit der Frau, ihren ‚désirs illimités', denen das ‚Etre suprême' die weibliche ‚pudeur' als Schranke entgegengesetzt hat. Natur und Zivilisation verwirren sich hier in Rousseaus Argumentation zu unauflöslichem Widerspruch. Triebfeder dieses Widerspruchs sind *irrationale Ängste des psychisch impotenten Mannes* vor der tödlichen Bedrohung durch die imaginären Ansprüche der weiblichen Sinnlichkeit ...".[58]

Rousseaus Entwurf intendiert diesen Überlegungen zufolge die sexuelle Unterdrückung der Frau durch ihre angeblich natürliche Schamhaftigkeit, die Einschränkung ihrer Entfaltungsmöglichkeiten auf die Sphäre des Hauses und ihren Ausschluß aus Öffentlichkeit, Kultur, Wissenschaft und Politik. Wenn er sich dabei auf die ‚Natur' beruft, so sei das eine Verschleierung ganz anderer, irrationaler Motive, die die psychoanalytische Lektüre zu entschleiern sucht.

So kommt beispielsweise SARAH KOFMAN, die die psychoanalytische Interpretation von Rousseaus Texten, soweit ich sehe, am detailliertesten ausgearbeitet hat, zu folgendem Fazit: „Unter dem Vorwand, von neuem die erstickte Stimme der Natur zur Geltung zu bringen [...], sind es wie immer *phallokratische Ziele des Mannes*, zu deren Anwalt Rousseau sich macht."[59] Auch hier geht es also darum, einen Schleier zu lüften, eine Verdeckung (couverture) rückgängig zu machen, eine ‚nackte' Wahrheit ans Licht zu bringen. Psychoanalytische Kategorien werden in ideologiekritischer Absicht verwendet; Ziel ist eine Demaskierung des Textes bzw. der geheimen Motive seines Autors.

Kofman beginnt ihre Rousseau-Lektüre mit den *Bekenntnissen*. An einigen der dort berichteten Frauen-Affären analysiert sie zunächst Rousseaus „libidinöse Ökonomie". Der Befund lautet: Rousseau begehrt die Frauen, er liebt sie, vergöttert sie, betet sie an, ist abhängig von ihrer Aufmerksamkeit und ihrem Wohlwollen – und gleichzeitig fürchtet er nichts so sehr wie eine Erfüllung seines Begehrens; schließlich habe er selbst bekannt, die Gewalt seiner Leidenschaft würde ihn töten.[60] Daraus folgert Kofman, für Rousseau stelle die Frau ein ständiges Todesrisiko dar, und dennoch fürchte er mehr als den drohenden Tod, sich von ihr zu entfernen.[61] Diese fundamentale Ambivalenz gegenüber Frauen – in letzter Instanz gegenüber der Mutter – ist nach Meinung der Autorin konstitutiv für Rousseaus philosophischen, pädagogischen und literarischen Diskurs über die Weiblichkeit: Stets werde dieser determiniert durch das Bestreben, Distanzen zu errichten zwischen sich und dem gefährlich-faszinierenden ‚anderen Geschlecht'.

Mit zahlreichen feministischen Interpretationen stimmt Kofman darin überein, daß Rousseaus Frauenbild gespalten sei. Weiblichkeit, so lautet ihre Diagnose, gebe es bei ihm nur in den Gestalten der ‚guten' Mutter oder der ‚schlechten' Hure, als Ergebnis einer Idealisierung und Entsexualisierung oder einer Abwehr und Abspaltung.

24

Rousseaus wiederholte Versicherungen, er persönlich empfinde nur „horreur" und „dégout" für die Prostituierten, wird von Kofman in klassisch psychoanalytischer Manier interpretiert:

> „Der Schrecken und die Abscheu sind immer Zeichen eines tiefen Wunsches, einer Spaltung, die Rousseau vollzieht zwischen Zärtlichkeit und Sinnlichkeit, zwischen der Mutter und der Hure, zwischen den beiden Figuren der Mutter, deren Ambivalenz er nicht ertragen könnte."[62]

Die Spaltung in Rousseaus Frauenbild resultiert Kofman zufolge also daraus, daß er die Ambivalenz der Mutterimago nicht ertragen kann. Deshalb plaziert er die Frau entweder hoch über sich oder tief unter sich, in jedem Fall aber weit genug von sich entfernt, um das Risiko einer unmittelbaren Begegnung zu vermeiden.[63] Der von Rousseau (ebenso wie von Kant) proklamierte „respect des femmes" – so der Titel von Kofmans Studie – wird durch ihre Lektüre in doppelter Weise demaskiert; zum einen stelle er eine Idealisierung und Entsexualisierung der ‚respektablen' Frau dar, sei somit die moralphilosophische Verbrämung einer Vermeidung (realer Nähe, konkreter Begegnung); zum anderen gehe er stets einher mit der Verachtung und Entwertung der ‚nicht-respektablen' Frau, die zum bloßen Sexualobjekt degradiert werde.

Neben Sarah Kofman hat sich auch ULRIKE PROKOP vorrangig der Psychoanalyse bedient, um Rousseaus Konstruktion der „idealen Frau" zu deuten. In der Absicht, die Ideologiekritik an Rousseaus Weiblichkeitsentwurf durch eine „psychoanalytisch-tiefenhermeneutische Analyse" zu ergänzen[64], wendet sie sich zunächst einigen Szenen aus den *Bekenntnissen* zu, aus deren Analyse sie Rousseaus „Erfahrungsmodus" hinsichtlich der Frauen rekonstruieren will. Ähnlich wie Kofman diagnostiziert Prokop die Spaltung in eine ‚gute Mutter' und eine ‚böse Mutter' bzw. deren Ersatzobjekte. Erstere wird repräsentiert durch starke, oft auch gesellschaftlich ranghöhere Frauen, die Rousseau idealisiert und anbetet (z. B. die Aristokratin Mme de Vercellis, aber auch Mme de Warens, Rousseaus „maman"). Negative Gefühle wie Haß und Rachegelüste, die aus Kränkungen und Abweisungen entstehen und in diesen idealisierten Beziehungen keinen Raum haben, werden abgespalten und an schwachen, ohnmächtigen und ‚unschuldigen' Frauen ausgelebt (z. B. am Küchenmädchen Marion, aber auch an Rousseaus Lebensgefährtin, der Wäscherin Thérèse Levasseur).

Unter „psychoanalytischem Gesichtspunkt" betrachtet, gebe der an Rousseau beobachtete Konflikt eine „Aufspaltung der ödipalen Dramatik" zu erkennen:

> „Die Idealisierung des Weiblich-Mütterlichen eilt ebenso heftig und entschieden zu den Anfängen, zur narzißtischen Einheit mit der großen spendenden Mutter zurück, wie die Verfügung über das Mütterlich-Weibliche auf eine postödipale Instrumentalisierung der Geschlechterbeziehung zuläuft. Aus Abgelehnt-Werden wird Verfügung, aus Sehnsucht Kälte. Das Weibliche wird zugleich zeichenhaft. [...] Marion ist nicht mehr als ein Schnittmuster. Sie gleicht darin den Opfern de Sades."[65]

Die Spaltung des Rousseauschen Frauenbildes in „die Imago des Weiblich-Mütterlich-Machtvollen", die den Mann mit dem Verlust seiner Männlichkeit bedroht, und die „Imago der Unschuld", die bei ihm sadistische Akte, Demütigungen und Unterwerfungsgesten provoziert, zieht sich Prokop zufolge durch Rousseaus gesamtes Werk. Seine Konstruktion der „idealen Frau" sei „ausschließlich" das Resultat seiner ungelösten psychischen Problematik; eine Eigenständigkeit oder gar ein Wahrheitsgehalt komme ihr nicht zu.

> „Es ist unübersehbar, daß Rousseaus ideale Welt ganz zentral auf die Entmachtung des Weiblichen hin angelegt ist."[66] – „Rousseau hat das Geschlechterverhältnis *ausschließlich* nach dem Muster seines Konflikts abgebildet. [...] Er schildert keine weibliche Wirklichkeit. Von den wirklichen Frauen hat er keine Ahnung."[67]

Und dennoch (oder gerade deshalb?) hält Prokop Rousseaus Konzept der „idealen Frau" für verhängnisvoll; denn immer noch versuchten allzu viele Frauen, so zu werden, wie die Männer sie sich wünschen: „Projektionsfläche für die männlichen Träume". Doch der Preis für die Verkörperung dieser Position sei hoch: „Die Phantasie von der Wunscherfüllerin heilt von der traumatischen Angst, ein Nichts zu sein. Aber wohlgemerkt um den Preis *nicht zu sein*."[68]

Überblickt man die psychoanalytisch-biographisch orientierten Rousseau-Interpretationen, so fällt eines auf: Zwar reden sie alle von einer Spaltung des Frauenbildes bzw. der Mutterimago, doch kommen sie im einzelnen zu recht unterschiedlichen Diagnosen, was die Formen dieser Spaltung betrifft. So redet Kofman von den Gestalten der Mutter und der Hure, also der asexuellen und der sexuellen Frau, während Prokops Gegensatzpaar aus der „Imago des Weiblich-Mütterlich-Machtvollen" und der „Imago der Unschuld" besteht. BARBARA SCHAEFFER-HEGEL wiederum präsentiert uns noch eine dritte Version: Rousseaus Idealfrauen Sophie und Julie sollten für ihre Männer „Hure und Madonna zugleich" sein: „aufreizend und brav, sittsam und raffiniert, verehrungswürdig und verworfen zugleich."[69] Und SIGRID WEIGEL diagnostiziert in diesem „Projektionsfeld männlicher Wünsche und Ängste" Eigenschaften wie Anmut, Schönheit, Natürlichkeit, Mütterlichkeit, Sinnlichkeit und Unschuld, die sich paaren sollen mit bürgerlichen Tugenden wie Duldsamkeit, Sparsamkeit, Fleiß und Selbstdisziplin.

> „Die Unmöglichkeit dieser Konstruktion wird besonders in den Diskursen am Ende des 18. Jahrhunderts (idealtypisch bei Rousseau und Fichte) evident, in denen Weiblichkeit [...] als zweite Natur der Frau festgeschrieben wird."[70]

Weigel moniert also, daß die männlichen Entwürfe eine „unmögliche Konstruktion" darstellten, was offenbar heißen soll, daß keine reale Frau je hoffen kann, solch widersprüchlichen Anforderungen zu entsprechen.

Die Leserin ist verwirrt; hat Rousseau nun ein ‚gespaltenes Frauenbild' entworfen, und wenn ja, worin besteht dann genau die Spaltung? Zwischen mächtigen und ohnmächtigen Frauen? Oder zwischen tugendhaft-entsexualisierten und sinnlich-verworfenen? Oder hat Rousseau ein Ideal entwickelt, das sich solchen Dualismen eher entzieht, dafür von den Frauen aber schier Unmögliches verlangt, weil sie nun alles auf einmal – Madonna *und* Hure – sein sollen? Da sie aber beides nicht sein können, verschiebt sich damit nicht die Frage auf das Terrain der Inszenierung, der Darstellung, des Scheins? Sollen sie Madonna und Hure vielleicht nur ‚mimen‘, vorspielen, vortäuschen?[71] Und was hieße das in Bezug auf den Adressaten dieses Spiels, den Mann? Ich werde die Problematik psychoanalytisch-biographischer Interpretationen im dritten Exkurs am Beispiel von Ulrike Prokop genauer ausleuchten; dennoch dürften die skizzierten Fragen bereits deutlich machen, auf welche Verwicklungen der Versuch stößt, Texte eines Autors vor allem als zwanghafte oder zwangsläufige Wiederholung seiner psychischen Problematik zu interpretieren.

4. Demaskierung oder Dekonstruktion?

Ich habe in einem ersten Überblick zu zeigen versucht, daß die bisher dargestellten feministischen Analysen trotz verschiedener Methoden und Fragestellungen (Ideologiekritik, Geschichtsphilosophie, Psychoanalyse) zu erstaunlich ähnlichen Ergebnissen kommen. Sie stimmen darin überein, daß es sich bei Rousseaus Berufung auf die ‚Natur‘ um einen fadenscheinigen Vorwand handelt, hinter dem sich phallokratische oder patriarchalische Herrschaftsinteressen verbergen. Unter dieser Perspektive erscheint Rousseaus Werk vor allem als Maskierung der unrühmlichen Absichten oder unbewußten Motive seines Autors; feministische Lektüre wird folglich zur Demaskierung. Ich möchte im folgenden die impliziten Prämissen, die dieser Art der Lektüre zugrunde liegen, ein wenig genauer charakterisieren.

Die Rede vom ‚Frauenbild‘ oder ‚Weiblichkeitsentwurf‘ eines Autors beinhaltet im Rahmen feministischer Analysen einen ‚parteilich-kritischen‘ Blick.[72] Analysiert wird nicht nur mit dem Ziel, die Konturen bestimmter Frauenbilder nachzuzeichnen, sondern diese selbst außer Kraft zu setzen, sie zu destruieren. Frauenbilder werden als Resultate männlicher Zuschreibungen definiert; ihre Produktion erfolgt im Kontext von „Sexus und Herrschaft" (Kate Millett). An ihnen haften folglich Spuren patriarchalischer Herrschaft; sie funktionieren entweder als Vor-Bilder für Frauen oder als Schreck-Bilder, die die Grenzen erwünschten weiblichen Verhaltens markieren sollen, in jedem Falle also normativ. Anders gesagt: Das Bild der fiktiven Frau schränkt das Leben der realen Frauen ein, es hemmt ihre Produktivität, Kreativität, Subjektivität – kurz: ihre menschlichen Entfaltungsmöglichkeiten. Inge Stephan und Sigrid Weigel resümierten den Minimalkonsens einer so verstandenen feministischen Wissenschaft folgendermaßen:

> „Bei aller Vielfalt der Perspektiven und Ansätze ist feministischer Wissenschaft eins gemeinsam: sie geht von der Existenz patriarchalischer Gewaltverhältnisse aus und arbeitet im Interesse der Befreiung weiblicher Subjektivität und Kreativität mit dem Ziele der Überwindung der politischen, kulturellen und psychischen Bedingungen, die diese behindern."[73]

Auf diese „mit dem Feminismus verbundene Tradition weiblicher Befreiung"[74] dürften die forschenden Frauen nicht verzichten. Und Befreiung heißt, wie es scheint, vor allem Bilderstürmerei: Destruktion der ‚männlichen Bilder' und Produktion eigener Bilder, die der ‚authentischen' weiblichen Erfahrung entspringen. (Ich komme darauf in Teil IV zurück.)

Die These vom Schreiben als nicht-geschlechtsneutraler Tätigkeit[75] ist verknüpft mit einer weiteren Prämisse: Alle Autoren leben und schreiben in einer patriarchalischen Gesellschaft. In diesem ‚Herrschaftszusammenhang' entstehen literarische Werke; in ihm nehmen sie – „gewollt oder ungewollt" – eine Funktion ein.[76] Das heißt: Ein Mann ist ein „Repräsentant" der patriarchalischen Ordnung (ob er sich dessen bewußt ist oder nicht), sein Schreiben wird dies auf die eine oder andere Weise zum Ausdruck bringen.[77] Daß er nicht geschlechtsneutral schreibt, heißt dann zugleich auch: nicht herrschaftsfrei. Seine literarischen Entwürfe von Weiblichkeit sind ideologisch verzerrt in dem Sinne, daß die Aufrechterhaltung männlicher Privilegien als (bewußte oder unbewußte) Intention konstitutiv in sie eingeht.

Als politisch-theoretisches Gerüst für die Analyse von Frauenbildern wird ein Diskurs sichtbar, der sich um die Begriffe Repression (der Frau) und Repräsentation (gesellschaftlicher Wirklichkeit durch Literatur) organisiert. Die ‚Repressionshypothese' bezieht sich auf eine politische Analyse, d. h. auf die Situation der Frau in der Gesellschaft. Dem damit verbundenen Verständnis von Macht und Herrschaft werde ich ausführlich im ersten Exkurs nachgehen. Diese Repressionshypothese wird implizit fundiert durch eine ‚Repräsentationshypothese', das heißt eine Annahme über den Zusammenhang von Sprache und Wirklichkeit bzw. von Literatur und Gesellschaft. Es wird davon ausgegangen, daß die gesellschaftlichen Herrschaftsverhältnisse sich in den literarischen Texten reflektieren – in welchen komplexen Vermittlungen und raffinierten Verschleierungen dies auch immer geschehen mag. Beide Hypothesen zusammengenommen konstituieren meines Erachtens das in den ideologiekritisch orientierten Beiträgen vorherrschende Verständnis von ‚männlicher' Literatur: Diese wird angesehen als ein Herrschaftsdiskurs, ein Diskurs zumindest, der normsetzend und normstabilisierend wirkt.

Daß der Stoff, aus dem die Literatur gemacht ist – nämlich die Sprache –, in erster Linie die Funktion (und folglich auch die Möglichkeit) habe, die außersprachliche Wirklichkeit zu repräsentieren, ist nun aber eine Annahme, die spätestens seit FERDINAND DE SAUSSUREs Begründung einer strukturalistischen Linguistik mit einem Fragezeichen versehen werden muß. Aus der Sicht von Strukturalisten und Poststrukturalisten vollzieht sich seit Saussures *Cours de linguistique générale* (zuerst ersch. 1916) eine geradezu ‚kopernikanische Wende' in den Geisteswissenschaften. Insofern Saussure die sprachlichen Zeichen nicht länger als Repräsentation der außersprachlichen Wirklichkeit begreift, sondern als Artikulation (d. h. Gliederung) einer diffusen Masse von Signifikanten und Signifikaten, wird die Beziehung von Sprache (und damit auch: von Literatur) zu ihrem Referenten, der sogenannten Wirklichkeit, problematisch.

In seinem Aufsatz *Der Widerstand gegen die Theorie* reflektiert PAUL DE MAN die Konsequenzen der Einführung linguistischer und semiotischer Erkenntnisse in die

Literaturtheorie. Ihm zufolge veränderte sich dadurch in entscheidender Weise der Begriff von Literatur selbst sowie der Gegenstand von Literaturtheorie: Wo immer ein Text die grundsätzliche Möglichkeit der Sprache, sowohl auf etwas Anderes (die sogenannte Realität) als auch auf sich selbst (die Sprache) referieren zu können, in seine Darstellungsstrategien einbezieht, handelt es sich für de Man um Literatur, um die ,Literarizität' einer sprachlichen Manifestation.

> Befreit von den Einschränkungen ihrer Bezugnahme, erscheint die Sprache fortan „in erkenntnistheoretischer Hinsicht äußerst fragwürdig und unbeständig [...], da nicht mehr länger gesagt werden kann, daß ihr Gebrauch durch Erwägungen von Wahrheit und Falschheit, Gut und Böse, Schönheit und Häßlichkeit oder Lust und Leid bestimmt würde. Wann immer dieses autonome Potential der Sprache durch die Analyse aufgewiesen werden kann, haben wir es mit Literarizität zu tun und also mit Literatur als dem Ort, an dem dieses negative Wissen von der Verläßlichkeit sprachlicher Äußerungen erwiesen werden kann."[78]

Daß damit zugleich das traditionelle Verständnis von Subjektivität gesprengt wird, sei hier vorerst nur angedeutet. JACQUES LACAN, der die Psychoanalyse Freuds im Lichte der sprachtheoretischen Erkenntnisse von SAUSSURE und JAKOBSON reformuliert hat, zog bereits in den 50er Jahren den Schluß, man müsse die ,conditio humana' neu definieren: Der Mensch sei nicht länger in einem Dualismus von Natur und Gesellschaft zu begreifen, sondern in einer Triade von Natur, Gesellschaft und Kultur, wobei letztere sich vor allem durch die Sprache konstituiere.[79] Die Wirkung der Sprache auf das menschliche Sein bestimmt Lacan als „Passion des Signifikanten", das Subjekt als dem Signifikanten unterworfen („assujeti").[80] Die Sprache sei mitnichten ein technisch handhabbares Instrument zur Bezeichnung einer außersprachlichen Wirklichkeit; vielmehr schreibe sie uns die Sicht auf diese Welt in großem Maße vor: „die Sprache spricht uns", wie Heidegger sagte. Sie teilt die Welt in Segmente ein und zwingt uns diese Einteilungen auf. Nicht nur die Wirklichkeit, sondern auch wir selbst als sprechende Subjekte sind der Sprache ausgeliefert.

Im Lichte dieser theoretischen Ansätze erscheint Literatur nicht länger als privilegiertes Medium repressiv-normierender Frauenbilder (das heißt: als Ideologie); vielmehr muß die Konzeption des ,Frauenbildes' selbst von texttheoretischen Prämissen her problematisiert werden, da ein textuelles Ensemble immer ein Mehr an Bedeutungen transportiert, als sich in einem ,Bild' ausdrücken und vereindeutigen ließe.[81] In den Vordergrund rückt damit der Gedanke einer textuellen Entfaltung der Geschlechterdifferenz, deren Entzifferung sich nicht mit der entlarvenden Rückführung auf eine ,patriarchalische' Autor-Intention begnügen kann. Im Gegenteil legt das Konzept der Dekonstruktion, wie es von JACQUES DERRIDA und PAUL DE MAN entfaltet wurde, die Hypothese nahe, daß ein (literarischer) Text stets auch Bedeutungen produziert, die sich den Aussageabsichten und damit der Kontrolle des Autors entziehen. Die Lektüre von Texten kann deshalb die Autorintention – auch in negativ-kritischer Absicht – nicht mehr als letzte Sinn-Instanz bemühen. Wenn ich von der ,weiblichen' List im ,männlichen' Text rede, so ist damit über den konkreten Bezug auf Rousseaus Modell des Geschlechterverhältnisses hinaus auch auf diese allgemein-strukturelle Dimension von Texten angespielt, die aus ihrer sprachlichen Verfaßtheit erwächst.

Literatur erscheint nun vor allem als ein Ort der Inszenierung sprachlicher und sexueller Differenzen. Sie läßt sich nicht mehr ohne weiteres als Ideologie oder Täuschungsmanöver begreifen und durch eine demaskierende Lektüre ‚erledigen‘. Der Gewißheit eines eindeutigen Signifikates oder außertextlichen Referenten ist durch die referierten Überlegungen der Boden entzogen. Denkbar wird nun allerdings eine andere Variante feministischer Literatur-Kritik: Indem Texte vor allem die Funktion haben, sprachlichen Sinn zu produzieren und kohärente Weltbilder zu entwickeln, läßt sich nicht nur (wie von Bovenschen) die Frage stellen, inwieweit diese Kohärenz eingelöst wird, sondern auch die Frage nach Sinnschichten, die den avisierten Rahmen sprengen, die Ordnung unterlaufen und Gegenläufiges zur Sprache bringen – Figuren der Überschreitung, der Transgression.[82] Literatur wird damit tendenziell aus einem Ort der ‚Täuschung‘ zu einem Ort der ‚Erkenntnis‘, an dem sich Spuren des historisch nicht wirksam Gewordenen, des Exkommunizierten oder Verdrängten auffinden lassen, an dem (in einer ‚Lektüre gegen den Strich‘) verborgene Wahrheiten rekonstruiert werden können. Diese tendenziell positive Einschätzung von Literatur findet sich im Ausgang der 70er Jahre bereits bei MARIANNE SCHULLER, die als eine der ersten deutschen Literaturwissenschaftlerinnen den französischen Poststrukturalismus rezipiert und weitergedacht hat (vgl. Teil X). Mit dieser veränderten Sicht auf Literatur geht auch eine andere Vorstellung von politischer Macht und patriarchalischer Unterdrückung einher: Macht wird nicht mehr verstanden als monolithischer Block, sondern – im Anschluß vor allem an MICHEL FOUCAULT – als weitverzweigtes und dezentrales Netz hierarchischer Beziehungen.[83]

5. LEKTÜREN DER GESCHLECHTERDIFFERENZ

Neben den bisher skizzierten Positionen gibt es mittlerweile einige Versuche, Rousseaus Konzeption der Geschlechterdifferenz nicht als patriarchalische Ideologie zu verwerfen, sondern in einem erweiterten Bezugsrahmen nach ihren Funktionen und Bedeutungen – und damit auch nach ihren Erkenntnisleistungen – zu fragen.

Einen frühen, eher unsystematischen Versuch stellt EVA-MARIA KNAPP-TEPPERBERGS Analyse der *Antinomie des bürgerlichen Freiheitsbegriffs* am Beispiel von Rousseaus *Emile* dar.[84] Sie kommt zu der Schlußfolgerung, daß Emile die „Kontrolle und Unterdrückung des menschlichen Sexualtriebes"[85] kaum weniger zu spüren bekommt als Sophie. Eine isolierende Betrachtung der Frauenproblematik erscheint ihr insofern unangemessen.[86]

Auch LIESELOTTE STEINBRÜGGE geht in ihrer Rousseau-Interpretation von einer Kritik der feministischen Repressionshypothese aus. Sie formuliert die These, „daß die Entwürfe über die Natur der Frau nicht einfach normative Setzungen aus einem patriarchalischen Herrschaftsinteresse heraus sind, sondern daß sie *Funktionen* innerhalb der wissenschaftlichen Systementwürfe, insbesondere der Anthropologie und

30

Geschichtsphilosophie erfüllen."[87] Alle Versuche, in den Bestimmungen des weiblichen Geschlechtscharakters lediglich Beweise für die „Herrschaftspflichtigkeit des (männlichen) Denkens" (Cornelia Klinger) zu sehen, seien daher verkürzt. Steinbrügge arbeitet heraus, daß die von den Feministinnen angeprangerte Restriktion des weiblichen Denkvermögens in Rousseaus Kritik der rationalistischen Vernunft eine genau definierte Funktion hat. Geschmack und Empfindsamkeit, Einfühlungsvermögen und Beobachtungsgabe seien eigenständige Erkenntnisqualitäten, die Rousseau den Frauen zuschreibt; sie seien ‚spontane' Fähigkeiten, die in seiner Sicht durch intellektuelle Schulung und Wissensakkumulation nur Schaden nehmen könnten.

Mit Hilfe solcher Bestimmungen verankere Rousseau seinen Entwurf des weiblichen Geschlechts in einer früheren Zivilisationsstufe (in der zweiten Stufe seines geschichtsphilosophischen Entwurfs, dem ‚goldenen Zeitalter'). In dieser menschheitsgeschichtlichen Epoche ist die Entartung von Selbstliebe in Egoismus und Eigennutz (ein Kennzeichen der ‚männlichen' Vernunft) noch kaum vorangeschritten. Die Frauen bewahren also mit ihren ‚spontanen' und ‚natürlichen' Fähigkeiten einen Rest von Humanität, der in der von Rousseaus Gesellschaftskritik präzise beschriebenen (bzw. antizipierten) bürgerlichen Konkurrenzgesellschaft immer mehr abhanden zu kommen droht.

Gerade in der vollen Egalität der Geschlechter, das heißt: in der vollen Integration der Frauen in diese männliche Konkurrenzgesellschaft, sah Rousseau, Steinbrügge zufolge, eine Gefahr, der er mit seinem Insistieren auf der Differenz der Geschlechter entgegentreten wollte. Wenigstens in der Sphäre der zwischenmenschlichen Beziehungen, vor allem der Familie, sollte eine private Moral Raum finden, die nicht auf ‚kalter' und kalkulierender Zweckrationalität basiert, sondern auf dem „unverstellten Gefühl".[88] Rousseau habe bewußt die Entfaltungsmöglichkeiten des weiblichen Intellekts beschnitten, da den Frauen andernfalls ihre so dringend benötigte ‚natürliche' Moralität abhanden käme.[89] Steinbrügge kommt zu folgendem Resümee:

„Das repressive, auf Ungleichheit der Geschlechter aufbauende Frauenbild der Aufklärung, wie es von Rousseau am weitesten ausgearbeitet wurde, entspringt eben nicht einem anmaßenden Bewußtsein von der Vollkommenheit und Universalität der Ratio; in der Aufklärung sind sehr wohl die Grenzen der Vernunft gesehen worden.[90] Die Meisterdenker der Aufklärung reagierten auf diese Vernunftkrise mit Moralphilosophien, die die als partiell erkannte Vernunft aus bestimmten Lebensbereichen verdrängten zugunsten eines als ursprünglicher angenommenen Gefühls. Das Gefühl wurde der Vernunft als kompensatorisches Korrektiv zur Seite gestellt – und eben jene Reflexionen der Vernunftkritik gingen in die anthropologischen Bestimmungen des weiblichen Teils der Menschheit mit ein. Die weibliche Natur wurde zum Ort, von dem aus die Vernunft in Frage gestellt werden konnte. Das moralische Geschlecht ist die Vernunftkritik der Aufklärung."[91]

Die literarische und philosophische Gestaltung des weiblichen Geschlechtscharakters muß als eine – wenn auch parteiliche – Antwort auf bestimmte theoretische und politische Herausforderungen entziffert werden. Die Darstellung der Frau aus diesem

Kontext zu isolieren, kommt einer Weigerung gleich, ihren Begründungszusammenhang zu verstehen. Lieselotte Steinbrügge folge ich darin, daß Rousseaus Konzept der Weiblichkeit seine Vernunftkritik zum Ausdruck bringt, daß es sich also innerhalb seines Gesamtsystems logisch rekonstruieren läßt. Über ihren Ansatz hinausgehend möchte ich allerdings darlegen, daß diese ‚Logik des Weiblichen' nicht nur einen funktionalen Ort hat in Rousseaus Vernunftkritik, sondern auch eine dysfunktionale Dynamik entfaltet, von der bezweifelt werden darf, daß ihr Schöpfer sie in allen Auswirkungen überblickt, geschweige denn unter Kontrolle gehabt hat.

In dieser Hinsicht würde ich eher mit JULIANE JACOBI von einem Scheitern seiner Konzeption der Geschlechterdifferenz sprechen.[92] Jacobi zufolge hat Rousseau zwar die richtige Frage gestellt (nach der Gleichheit bzw. Gleichwertigkeit in der Differenz der Geschlechter), jedoch keine befriedigende Antwort darauf gefunden. Letztlich sei daran ein unreflektiert übernommener „Androzentrismus" schuld, der seinem Postulat von der „Gleichwertigkeit" der Geschlechter zuwiderlaufe. Indem Rousseau die „negative Erziehung" zu Freiheit und Autonomie nur bei seinem männlichen Zögling Emile praktiziere und damit die androzentrische Gleichsetzung von Mensch und Mann realisiere, verwickle er sich in Widersprüche, die insbesondere bei seiner Konzeption des weiblichen Kindes (Sophie) offenkundig würden.

> „Die verschiedene Erziehung der beiden Menschen Emile und Sophie, der der Plan zugrunde liegt, sie als verschiedene, aber gleichwertige Eheleute zusammenzubringen, führt im Falle von Sophie zu keiner überzeugenden Figur."[93]

Den Grund sieht Juliane Jacobi darin, daß Sophies Erziehung nicht „negativ bestimmt" sei, daß sie also nicht wie die Erziehung Emiles auf Freiheit von Fremdbestimmung orientiere, sondern geleitet sei von einem Set positiver Annahmen über die ‚weibliche Natur', der die Entwicklung von Sophie in starkem Maße vorstrukturiere.

> Rousseaus „Konzept mußte scheitern, weil er einerseits eine Idee vom ‚Menschen' als zweigeschlechtlichem Wesen zum Ausgangspunkt der Erziehung sowohl Emiles als auch Sophies machte, und andererseits aber im Gegensatz zu Emile für Sophie sich von den Zielsetzungen widersprüchlicher Frauenbilder her, die er zur Natur der Frau erklärte, ihre ‚natürliche' Erziehung denkt."[94]

Im Hinblick sowohl auf die *Nouvelle Héloïse* als auch auf das Fortsetzungsfragment zum *Emile (Emile und Sophie oder Die Einsamen)* spricht Jacobi von einem Scheitern der Verbindung zwischen Mann und Frau, ein Scheitern, das Rousseau in seiner Konzeption mitgedacht habe.[95]

Diese Dimension des Scheiterns oder der Verfehlung der Geschlechter interessiert auch mich an Rousseaus Werk.[96] Allerdings scheinen mir die Gründe für dieses Scheitern an anderer Stelle zu liegen. Die fehlende „negative Erziehung" der Frau ist dafür jedenfalls nicht verantwortlich zu machen; denn bereits für das männliche Kind ist die „negative Erziehung" als gescheitert zu betrachten. (Ich werde dies im folgenden Kapitel zeigen.)

32

In meiner in den folgenden Kapiteln entfalteten Rousseau-Lektüre werde ich an den zuletzt genannten Ansätzen von Steinbrügge und Jacobi sowie an meinen eigenen früheren Arbeiten[97] anknüpfen. Auch ich schlage eine Lesart von Rousseaus Theorie der Weiblichkeit vor, die den Funktionsweisen des Weiblichen im Kontext seiner politischen, pädagogischen und literarischen Entwürfe nachspürt. Dabei mache ich mir im Gegensatz zu den meisten Interpretationen die Tatsache zunutze, daß Rousseau in der Schrift, die im Feminismus vor allem rezipiert wurde – im *Emile* –, seine Vorstellungen in doppelter Form präsentiert: als Theorie und als Erzählung, das heißt diskursiv (oder wenn man so will: ‚ideologisch‘) und narrativ. Es ist eine unter Philosophen, Politologen und Pädagogen ebenso wie unter Feministinnen verbreitete Praxis, die Fabel von ihrer vermeintlichen Botschaft abzuspalten, sie lediglich als schmückendes Beiwerk zu betrachten und allein den diskursiven Gehalt des *Emile*, die pädagogische Theorie, zum Gegenstand der Interpretation zu machen.[98] Ich halte ein solches Verfahren für unzureichend, da es einen entscheidenden Gesichtspunkt außer acht läßt, den PAUL DE MAN in der Behauptung zugespitzt hat, das Werk Rousseaus entfalte wie kaum ein anderes die figurale Dimension der Sprache.[99] Daß Rousseau für eine theoretische Abhandlung über die Erziehung die Form eines Romans, gar einer Phantasie gewählt hat, darf deshalb keineswegs vernachlässigt werden, im Gegenteil: Seine „visionären Träumereien“[100] müssen ebenso ernst genommen und untersucht werden wie die Theorie, die sie angeblich illustrieren; beide Textebenen müssen zueinander in Bezug gesetzt und nach möglichen Widersprüchen befragt werden.[101]

Die feministische Rousseau-Kritik hat diese ‚Literarizität‘ seiner Texte bislang weitgehend ignoriert. Damit meine ich das, was im Anschluß an die strukturale Linguistik als der Sprache inhärentes Potential beschrieben wurde: das Changieren zwischen wörtlichen und übertragenen Bedeutungen. Es handelt sich um die Komplexität sprachlicher Bedeutungskonstitution, die daraus folgende unausweichliche Mehrdeutigkeit von Texten und damit auch um ihre ‚List‘, sich eindeutigen Auslegungen zu entziehen. Diese Erkenntnis wurde, wie gesagt, von der feministischen Kritik für ihre Analysen bislang kaum genutzt. Sie vergibt sich damit die Chance, Texte ‚gegen den Strich‘ zu lesen und eine neue Wirkungsgeschichte zu konstituieren. Tatsächlich verbleibt sie, was Rousseau betrifft, überwiegend im Rahmen der historischen Rousseau-Rezeption.[102] Das heißt: Sie produziert ihre Aussagen vor allem auf der Basis einer wörtlichen Lektüre, nutzt aber nicht die Erkenntnisse neuerer Theorien, die zu ganz anderen Interpretationen von Rousseau geführt haben.

Ich denke dabei vor allem an die neuere Rousseau-Forschung in Frankreich und den anglo-amerikanischen Ländern. Sie hat eine Reihe von Lesarten hervorgebracht, die es gestatten, die immer wieder konstatierte Widersprüchlichkeit von Rousseau als eine notwendige Folge bestimmter Voraussetzungen zu erfassen und ihre Bewegung in seinen Texten zu verfolgen. Zu erwähnen sind insbesondere die Versuche einer neuen Deutung seines Werkes im Kontext von Poststrukturalismus und Dekonstruktion, vorrangig durch die Rousseau-Studien von JACQUES DERRIDA[103] und PAUL DE MAN.[104] Diese Lektüren sind im deutschen Sprachraum bisher kaum rezipiert worden. Etwas bekannter ist hierzulande der Ansatz von JEAN STAROBINSKI, der Rousseaus Werk im Spannungsverhältnis des Widerspruches zwischen „Transparenz" und „Hindernis" interpretiert hat.[105] Starobinski macht in zahlreichen Publikationen den Versuch, im unbewußten Begehren Rousseaus den Grund für die Widersprüchlichkeit seines Werkes zu finden. Man könnte sagen, Starobinski personalisiert bzw. psychoanalysiert diese Widersprüche, wohingegen Derrida und de Man das ‚Unbewußte' des Autors, das sich seinen bewußten Intentionen immer wieder entzieht, eher als ein strukturelles, d. h. von der Person Rousseau unabhängiges Phänomen der Sprache respektive der Schrift beurteilen.

Jacques Derrida beispielsweise organisiert den systematischen Widerspruch bei Rousseau um die Begriffe „déclaration" und „description": Rousseau sei gezwungen, stets etwas anderes zu beschreiben, als er zuvor behauptet habe. Derrida hat diese Diskrepanz insbesondere anhand von Rousseaus Naturbegriff gezeigt, indem er herausstellte, daß dieser nur in der heimlichen Bezugnahme auf den Begriff des „Supplements" funktioniert. Rousseau behauptet also, die ‚Natur' (der natürliche Mensch etc.) sei gut und in sich vollkommen, der Maßstab für alle Kritik der geschichtlichen Entwicklung und des gesellschaftlichen Verfalls. Er beschreibt jedoch etwas anderes: Schon in der Natur existiert ein Mangel, der nach Abhilfe verlangt. Daraus leitet sich die Notwendigkeit und Doppeldeutigkeit des Supplementbegriffs bei Rousseau ab: Das Supplement ist notwendige und erwünschte Ergänzung, zugleich aber auch gefährlicher und unerwünschter Ersatz. Derrida hat dieser Struktur der Supplementarität in Rousseaus Werk ein ganzes Kapitel der *Grammatologie* gewidmet.[106]

Die Theorie der Dekonstruktion stellt die traditionellen Grenzziehungen zwischen literarischen und nicht-literarischen Texten in Frage und untersucht auch in den sogenannten nicht-literarischen Texten die komplexen Mechanismen der Bedeutungskonstitution. Ich übernehme dieses Verfahren vor allem in meiner Lektüre des *Emile*, der bislang nur als Beitrag zur Pädagogik oder zur politischen Philosophie gelesen wurde. Auch Rousseaus geschichtsphilosophische und kulturkritische Abhandlungen müssen in gewisser Weise als ‚Erzählungen' gelesen werden, während umgekehrt seine fiktionalen Werke (vor allem die *Nouvelle Héloïse*) ebenfalls diskursiv organisiert sind. Die traditionelle Unterteilung seines Werkes in Politische Theorie, Geschichtsphilosophie, Autobiographie, Literatur etc. wird damit fragwürdig.

Allerdings ist meine Lektüre insofern nicht streng poststrukturalistisch, als sie sich mit dem Rückzug und Rückbezug auf die ‚Sprachlichkeit der Sprache' nicht zufrieden gibt. Ich sehe hier ein Problem solcher dekonstruktiver Lektüren, die stets darin münden, die irreduzible Vieldeutigkeit von Texten nachzuweisen, die Unentscheidbarkeit von wörtlicher und übertragener Bedeutung und somit letztlich die ‚Unlesbarkeit' von Texten. Solche Analysen werden nicht nur auf die Dauer steril, sondern tendieren auch zu einem unpolitischen Rückzug aus der Wirklichkeit in die Welt der Texte. Stattdessen geht es mir sehr wohl um ein Verstehen, d. h. um eine Rekonstruktion (und nicht nur Dekonstruktion) von bestimmten Bedeutungsschichten und Sinngehalten eines Textes; ich nehme also gewissermaßen den Impuls der Dekonstruktion innerhalb des Bezugsrahmens hermeneutischer Analysen auf. Salopp formuliert, will ich verstehen, wo Rousseau seinen eigenen Text nicht versteht, wo der Text die Intentionen des Autors überschreitet.

Meine Lektüre erforscht also vor allem die Diskrepanz von ‚Ideologie‘ und ‚Fiktion‘ in Rousseaus Texten[107]; sie zeigt, wie die narrative Entfaltung der Geschlechterdifferenz ihre scheinbar eindeutigen diskursiven Bestimmungen unterläuft. Rousseaus literarische Inszenierungen der Geschlechterfrage sind ausgesprochen vieldeutig; nur vordergründig demonstrieren sie das harmonische Funktionieren eines ergänzungstheoretischen Modells der Geschlechterbeziehungen, das die feministische Kritik als repressiv entlarvt hat. Die verborgene Botschaft kündet dagegen vom Scheitern dieses Modells. Rousseau hat im Zeichen eines emphatischen Konzepts von Liebe die Vereinigung (das heißt: die harmonische Ergänzung) der verschiedenen Qualitäten der Geschlechter postuliert („l'union des sexes") und damit eine enorme Intensivierung der intimen Kommunikation zwischen Mann und Frau befördert. Zugleich aber hat er in seinen fiktiven Visionen auf diskrete Weise angedeutet, daß sowohl das Modell der ‚amour-passion‘ (Julie – St. Preux), als auch das Modell der bürgerlichen Liebesehe (Emile – Sophie), als auch das Modell der aufgeklärt-artistokratischen Vernunftehe (Julie – Wolmar) zum Scheitern verurteilt sind. Das heißt: Rousseau legt sein ganzes Pathos in den Entwurf einer glückselig-machenden Geschlechterbeziehung und gesteht doch beinahe im selben Atemzug ein, daß das Glück auf diese Weise nicht zu haben ist. Dieser Widerspruch ist es, der die Spannung seines Werkes ausmacht und zu weiteren Fragen provoziert: Wie kommt Rousseau zu dieser paradoxen Konstruktion des Geschlechterverhältnisses? Und wie hängt sie zusammen mit seiner Geschichtsphilosophie und Gesellschaftstheorie, seinen politischen Entwürfen und seiner Sprachreflexion?

III. DIE GENESE DER MÄNNLICHEN ‚FREIHEIT'

Emile oder Von der Erziehung

Was die feministische Kritik an Rousseaus Werk wohl am meisten empört hat, ist die männliche Exklusivität des dort entfalteten Freiheitsbegriffes. Der Feminismus hat zum Skandalon erklärt, was bis dahin kaum jemals aufgefallen war: daß Rousseaus Begriff der Freiheit in Wirklichkeit nur die ‚Freiheit der Brüder' meinte, daß folglich auch Gleichheit nur unter Männern, nicht aber zwischen Männern und Frauen herrschen solle. Der geistige Vater moderner Freiheitsvorstellungen hatte keinen Hehl daraus gemacht, daß der weiblichen Hälfte der Menschheit die Menschen- und Bürgerrechte vorenthalten werden sollten, da sie von der ‚Natur' zu anderem bestimmt sei: zum Gebären und Erziehen der Kinder und zur Versorgung des Mannes.

> „Die ganze Erziehung der Frauen muß sich also auf die Männer beziehen [doit être rélative aux hommes]. Ihnen gefallen, ihnen nützlich sein, sich von ihnen lieben und ehren lassen, sie aufziehen, solange sie jung sind, sie umsorgen, wenn sie groß sind, ihnen raten, sie trösten, ihnen das Leben angenehm und süß machen, das sind die Pflichten der Frauen zu allen Zeiten, und das muß man sie von Kindheit an lehren." (Emile, S. 477 W, 703 P)

Dieser Ausschluß der Frauen aus den als allgemein proklamierten Menschenrechten war von kaum einem der männlichen Rousseau-Interpreten jemals wahrgenommen, geschweige denn problematisiert worden. Es galt also zunächst, lautstark die ‚phallokratische Niedertracht' oder ‚androzentrische Blindheit' des Autors und seiner Interpreten anzuprangern.

Inzwischen ist dies vielfach geschehen. Rousseau wurde als der Verfechter einer rein männlichen Freiheit entlarvt. Insbesondere der *Emile*, Rousseaus Abhandlung über die Erziehung eines ‚natürlichen Menschen', wurde zur Zielscheibe der feministischen Kritik. Wie sie feststellte, gelten nur für das männliche Kind jene fortschrittlichen Erziehungsmaximen, die Rousseau den Ruf eines Entdeckers der Kindheit oder gar eines Vorläufers der antiautoritären Erziehung eingetragen hatten; nur das männliche Kind soll in Freiheit aufwachsen, um als Erwachsener zur Freiheit befähigt zu sein. Allein Emile wird zu einem „potentiell autarken, frei entscheidungsfähigen Individuum"[108] erzogen, dem „die volle Entfaltung seiner natürlichen Gaben und Fähigkeiten garantiert werden sollte".[109] Im Gegensatz dazu wird, der feministischen Kritik zufolge, das weibliche Kind von klein auf an Zwang und Unterwerfung gewöhnt, „damit Nachgiebigkeit, servile Pflichterfüllung und Anpassung an die Bedürfnisse anderer zuletzt wie Naturreflexe erscheinen".[110] Silvia Bovenschen ist sogar geneigt, Rousseau in dieser Hinsicht Einmaligkeit zu attestieren:

> „Deutlicher und unverhüllter sind die supplementäre Bestimmung des Weiblichen und die Appendixfunktion der Frauen wohl niemals formuliert worden."[111]

Die Einhelligkeit dieser feministischen Kommentare macht allerdings insofern skeptisch, als kaum ein Autor so häufig und so durchgängig der Widersprüchlichkeiten bezichtigt worden ist wie Rousseau.[112] Selten hat ein Autor so gegensätzliche Auslegungen erfahren; schon von Anfang an polarisierte sich Rousseaus Leserschaft in extreme Lager von Verehrung und Verriß.[113] Während die einen Rousseau für den Begründer moderner Freiheitsvorstellungen halten[114] – und folglich eher für einen Revolutionär –, sehen andere in ihm einen Konservativen[115], einen in absolutistische Denkmuster zurückfallenden politischen Philosophen[116] oder gar einen Wegbereiter totalitärer Ideologien.[117] Umso dringlicher erscheint mir eine sorgfältige Untersuchung jenes Konzeptes, das sich hinter dem Begriff der Freiheit bei Rousseau verbirgt und konstitutiv ist für die Konstruktion des männlichen Subjekts.

1. ROUSSEAUS FREIHEITSBEGRIFF

Die Freiheit des (männlichen) Kindes, und damit das Ideal für Emiles Erziehung, wird von Rousseau bestimmt in Analogie zu dem, was er die Freiheit des Wilden nennt, das heißt in Analogie zu seiner Konstruktion des Menschen im „Naturzustand".

> „Der natürliche Mensch ist ganz für sich; er ist eine numerische Einheit [unité numérique], ein absolutes Ganzes [entier absolu], welches sich nur auf sich selbst oder auf seinesgleichen bezieht." (Emile, S. 13 W, 249 P)

Das Konzept der Freiheit ist unmittelbar aus dieser Prämisse abgeleitet: „Wahrhaft frei" sei nur der Mensch, bei dem Wollen und Können in vollkommener Übereinstimmung stünden[118], so daß er zur Verwirklichung seines Willens keines anderen Menschen bedürfe. Freiheit in ihrer ‚natürlichen Form' ist also nur dann vorhanden, wenn der Mensch jede Abhängigkeit von anderen vermeidet.

> „Der einzige, der nach seinem eigenen Willen handelt, ist derjenige, der dafür nicht erst die Arme eines anderen an die Stelle der eigenen zu setzen braucht. Hieraus folgt, daß das erste unter allen Gütern nicht die Macht [autorité], sondern die Freiheit [liberté] ist." (Emile, S. 74 W, S. 309 P)

Freiheit ist demnach der Name einer Denkfigur vollkommener Selbstgenügsamkeit – wobei man den Begriff der Genügsamkeit vom Beigeschmack des Bescheidenen oder gar Anspruchslosen befreien müßte. Denn dieser Begriff trägt in Rousseaus Bestimmung noch ganz den euphorischen Subjekt-Idealismus des 18. Jahrhunderts: Jemand ist sich selbst genug, ist also mit sich eins. In diesem Sinne bindet sich der Begriff der Freiheit an das, was in moderner Terminologie als Autarkie oder Identität zu bezeichnen wäre. Diese Freiheit meint nicht die Möglichkeit der Wahl zwischen verschiedenen Lebens- oder Handlungsweisen, sondern beschreibt den Seinszustand eines in bestimmter Weise konstruierten Subjekts. Es handelt sich nicht um einen pragmatisch-politischen, sondern um einen anthropologischen Begriff.

Vorstellen läßt sich dieses Subjekt als eine Figur, die nach außen, das heißt in der intersubjektiven Relation, negativ definiert ist durch die Abwesenheit von Abhängigkeiten; und nach innen, in der intrasubjektiven Dimension, positiv als in sich geschlossenes, mit sich identisches System. Es organisiert seinen Austausch nur mit der Dingwelt, der Natur, nicht aber mit anderen Menschen. Der ‚freie Mensch‘ im Naturzustand ist eine Monade. Zu ihrer Reproduktion bedarf sie nur ‚natürlicher‘, nicht aber menschlicher Ressourcen; denn sobald sie nicht mehr ohne andere Monaden auskommt, ist es mit ihrer Freiheit vorbei. Rousseau unterstreicht dieses Denkmodell durch die Unterscheidung zwischen zwei Arten von Abhängigkeit.

„Es gibt zweierlei Arten von Abhängigkeit: die von den Dingen [choses], die der Natur zugehört, und die von den Menschen, die der Gesellschaft entspringt. Da die Abhängigkeit von den Dingen außerhalb der Moral steht, schadet sie der Freiheit nicht und gebiert keine Laster. Die Abhängigkeit von den Menschen, welche ohne Ordnung ist, gebiert sie alle, und durch sie verderben der Herr und der Knecht einander gegenseitig." (Emile, S. 75/76 W, 311 P)

Man beginnt zu ahnen, warum das Problem der Freiheit sich für Rousseau extrem kompliziert, ja geradezu aporetisch gestalten muß: Jede Form der Vergesellschaftung, ja bereits jede Form der Paarbeziehung muß sich unter diesen Prämissen als Verlust des „ersten unter allen Gütern", der Freiheit, darstellen. Der *Gesellschaftsvertrag* beginnt denn auch mit der dramatischen Formel: „Der Mensch ist frei geboren, und überall liegt er in Ketten." (GV, S. 270 W) Bekanntlich schlägt Rousseau hier vor, man könne die Freiheit wiedergewinnen, indem man sich ihrer vollkommen entäußert und sich bedingungslos dem Gemeinwesen unterstellt. Insofern scheint Rousseau sich seiner aporetischen Konstruktion entziehen zu wollen, indem er einen zweiten Begriff von Freiheit einführt – Freiheit im „Gesellschaftszustand" –, der der bereits skizzierten Freiheit im „Naturzustand" ganz und gar nicht entspricht. Wie wir hörten, ist der „natürliche Mensch" sich selbst alles. Anders der „bürgerliche", d. h. in Gesellschaft lebende Mensch:

„Der bürgerliche Mensch [homme civil] ist nur eine Bruchzahl [unité fractionnaire], die vom Nenner abhängt und deren Wert in ihrem Verhältnis zu dem Ganzen liegt, welches der gesellschaftliche Körper ist. Die guten gesellschaftlichen Institutionen [institutions sociales] sind diejenigen, welche es am besten verstehen, dem Menschen seine Natur zu entziehen [dénaturer], ihm seine absolute Existenz [existence absolue] zu nehmen und ihm dafür eine relative zu geben und das *Ich* auf die Einheit der Gemeinschaft [l'unité commune] zu übertragen, so daß jede einzelne Person sich nicht mehr für eins, sondern für einen Teil der Einheit hält und nur noch im Ganzen empfindungsfähig ist." (Emile, S. 13 W, 249 P; Hervorh. v. Rousseau)

Der *Gesellschaftsvertrag* stellt sich das Problem, wie diese Transformation am besten zu vollziehen sei, wie also die „natürliche Freiheit" des Einzelnen in die „bürgerliche Freiheit" des Gliedes einer Gemeinschaft umgewandelt werden könne.[119] Rousseau fordert für diesen Akt der gesellschaftskonstitutiven Vertragsschließung eine „aliénation totale" von jedem Einzelnen: „die völlige Überantwortung jedes Mitgliedes mit all seinen Rechten an die ganze Gemeinschaft."[120] Dieser Übergang vom „Naturzustand" in den „staatsbürgerlichen Zustand" [état civil] bewirke im Menschen eine bemerkenswerte Veränderung: An die Stelle des Instinkts trete die Gerechtigkeit, an die Stelle des physischen Triebes die Stimme der Pflicht. Rousseau faßt die Abwägung der Vor- und Nachteile dieses Übergangs folgendermaßen zusammen:

> „Der Mensch verliert durch den Gesellschaftsvertrag seine natürliche Freiheit und ein unbegrenztes Recht auf alles, wonach ihn verlangt und was er erreichen kann; dafür gewinnt er die bürgerliche Freiheit [liberté civile] und das Eigentum an allem, was er besitzt. Um sich bei diesen Abwägungen [compensations] nicht zu täuschen, muß man die natürliche Freiheit, die keine anderen Schranken kennt als die Kräfte des einzelnen, von der bürgerlichen Freiheit, welche vom Gemeinwillen beschränkt wird, genau unterscheiden, sowie den Besitz, der nur eine Folge der Stärke oder des Rechts des ersten Besitznehmers ist, von dem Eigentum, das nur auf einen positiven Rechtstitel gegründet werden kann." (GV, S. 284 W, 364/65 P)

Zu diesen Vorteilen der bürgerlichen Freiheit käme noch die „sittliche Freiheit" hinzu, „die allein den Menschen wirklich zum Herrn über sich selbst macht; denn der Drang der bloßen Begierde ist Sklaverei, und der Gehorsam gegen das Gesetz, das man sich selbst gegeben hat, ist Freiheit."[121] Diese ‚Freiheit' des Gehorsams kann und muß durch das Gemeinwesen notfalls erzwungen werden, wodurch Rousseau zu der paradoxen Formulierung kommt, man könne jemanden zwingen, frei zu sein.[122]

Die Kontroverse zwischen den Interpreten von Rousseaus politischer Philosophie dreht sich vor allem um die Frage, ob sich „natürliche" und „gesellschaftliche" Freiheit kontinuierlich oder diskontinuierlich zueinander verhalten. Eine Vertreterin der ersten These ist beispielsweise SILVIA BOVENSCHEN, die davon ausgeht, daß „auf einer höheren Stufe" die ursprüngliche Freiheit des (männlichen) Menschen restituiert werden solle. Dagegen spricht IRING FETSCHER von *zwei* einander ausschließenden Freiheitsvorstellungen: Aus der Freiheit als „indépendance" des Individuums im Naturzustand werde die Freiheit als Bindung an das „selbstgegebene" (oder richtiger: selbstbejahte) Gesetz im Gesellschaftszustand. Fetscher macht die Überwindung der ersten Dimension zur Voraussetzung der zweiten.[123]

Nur wenige Interpreten setzen sich allerdings mit Rousseaus Konzept der natürlichen Freiheit auseinander, das diesen Dualismus fundiert. Einer von ihnen ist HEINZ-HERMANN SCHEPP; er führt die Probleme der politischen Theorie Rousseaus darauf zurück, daß dieser „das (dem Begriff nach) nicht mehr teilbare Individuum" zum „Basiselement seiner Konstruktion" nimmt.

> „Freiheit im status naturalis wird von Rousseau nicht im Sinne von begrenzten Freiheiten in einer gegebenen menschlichen Ordnung verstanden. Freiheit ist für ihn vielmehr eine prinzipiell unbegrenzte, abstrakte, gleichsam vor-geschichtliche und vor-politische Qualität, die jedem Einzelnen von Natur aus, d. h. vor jeder Bezie-

hung zu anderen und vor jeder Zugehörigkeit zu einer politischen Ordnung eigen ist."[124]

Ich will an diese Ausführungen anknüpfen, indem ich mich vorübergehend von Rousseaus politischer Theorie entferne und den Blick richte auf jenen scheinbar privaten Bereich, in dem die individuellen Voraussetzungen zur öffentlichen Ausübung von Freiheit erzeugt werden. Gemeint sind die Erziehung und die Liebe – genauer: die Interaktion zwischen (männlichem) Kind und Erzieher einerseits und die Interaktion zwischen Mann und Frau andererseits. Erst wenn ich in diesen beiden Konstellationen die Bedingungen der ‚männlichen Freiheit' erkundet habe, werde ich den Blick wieder auf Rousseaus explizit politische Theorie richten. Allerdings läßt sich meine gesamte Erörterung des Rousseauschen Werks von der Erkenntnis leiten, daß auch das Private politisch ist.

2. Die Substitution der Mutter

Für den Rousseauschen Freiheitsbegriff stellt das Phänomen der Kindheit vermutlich eine der größten Provokationen dar, denn das Kind ist, obwohl „frei geboren", zunächst doch vollkommen abhängig – vor allem von der Mutter bzw. der ersten Bezugsperson (die im 18. Jahrhundert häufig die Amme war).[125] Wie kommt es, daß die ‚Natur', die doch Rousseau zufolge alles zum besten eingerichtet hat, ein so unfertiges, so abhängiges Wesen vorsieht? Diese Frage bedeutet für Rousseau eine solche Irritation, daß er einen ganzen (Erziehungs-)Roman lang daran arbeitet, den Status der Kindheit mit der Theorie der natürlichen Freiheit zu verbinden. Das Kardinalproblem besteht dabei in dem Nachweis, daß auch dem Kleinkind bereits ein, wenn auch eingeschränkter, Status natürlicher Freiheit zukommt, der nur durch falsche Erziehung gefährdet oder sogar völlig außer Kraft gesetzt werden kann. Rousseau schreibt dazu:

> „Ehe die Vorurteile und die menschlichen Einrichtungen unsere natürlichen Neigungen verändern, besteht das Glück der Kinder wie der Erwachsenen in dem Gebrauch ihrer Freiheit, *diese Freiheit aber ist bei den erstern durch ihre Schwäche eingeschränkt*. Wer das tut, was er will, ist glücklich, wenn er sich selbst genug ist. Das gilt für den Menschen, der im Stande der Natur lebt. Wer das tut, was er will, ist nicht glücklich, wenn seine Bedürfnisse seine Kräfte übersteigen. Das gilt für das Kind in ebendiesem Stande. Die Kinder genießen, selbst im Stande der Natur, nur eine unvollkommene Freiheit …". (Emile, S. 75 W, 310 P)

Wenn man der Analogie von Kindheit und Naturzustand des Menschen folgt, dann läßt sich bereits ahnen, worin Rousseau die Gefahr für die junge und noch eingeschränkte Freiheit des Kleinkindes sieht: Die Gefährdung geht – wie auch im Naturzustand – von der Abhängigkeit von anderen Menschen aus. Die Möglichkeit, die

Freiheit des Kindes zu bewahren, liegt demnach in der Reduktion aller personellen Abhängigkeiten.

> „Erhaltet das Kind in der bloßen Abhängigkeit von den Dingen, und ihr werdet der Ordnung der Natur bei seiner Erziehung folgen." (Emile, S. 75/76 W, 311 P)

Erwünscht ist also eine im Grunde radikal sachliche Erziehung. Aus diesem Postulat folgt nun eine Konsequenz, die in den meisten Interpretationen des *Emile* übersehen wird: die Eliminierung der Figur der Mutter, genauer gesagt deren Substitution durch den Erzieher. Der Logik dieses Ausschlusses und dieser Substitution gilt im folgenden mein Interesse.[126]

Der imaginäre Zögling Emile, an dem Rousseau seine Methode einer „natürlichen Erziehung" demonstrieren will, hat keine Eltern mehr oder wird gleich bei der Geburt von ihnen getrennt; der Erzieher tritt „in alle ihre Rechte" ein.[127] Er wird Emile „von dem Augenblick seiner Geburt an" so lange begleiten, bis dieser „keinen andern Führer mehr brauchen wird als sich selbst"[128], das heißt bei Rousseau: bis ins 20. Lebensjahr. Emile wird von Vater und Mutter getrennt und der ausschließlich ‚sachlich‘ begründeten Obhut des Erziehers übergeben. Oder anders: Emile ist ein Waisenkind.[129] Nur eine so einschneidende soziale Operation scheint den Erhalt der Freiheit garantieren zu können. Schon hier offenbart diese Freiheit etwas von ihrer Kehrseite: Der Kampf um die Unabhängigkeit wird nicht gegen den Anderen geführt, der sie beschneiden will, sondern gegen das eigene Ich, das sich nicht an persönliche Bindungen gewöhnen darf.

Dabei hatte Rousseau wenige Seiten vorher betont, daß „die mütterliche Fürsorge unersetzlich" sei.[130] Nun ist plötzlich die Mutter die erste, die in seinem Erziehungs-Szenarium ersetzt wird: zunächst durch eine Amme und später durch den Erzieher. Schon hier, am Ausgangspunkt des *Emile*, finden wir also eine eklatante Diskrepanz zwischen ideologischem Diskurs und fiktiver Handlung, zwischen der Erziehungstheorie, der zufolge „die mütterliche Fürsorge" unersetzlich ist, und dem Erziehungsroman, in dem die Mutter von Anfang an ausgeschaltet wird. Diese Diskrepanz ist (nicht nur) der feministischen Rezeption entgangen, die Rousseau vorwirft, die Rolle der Frau auf die Mutterschaft eingeengt zu haben, ja geradezu die „Mutterliebe" als neues ‚Gefängnis‘ für die Frauen erfunden zu haben.[131] Das ist zwar nicht falsch (ich komme darauf zurück), aber es ist nur die halbe Wahrheit; sie gilt, zunächst jedenfalls, nur auf der Ebene des ideologischen Diskurses. Für Rousseaus „visionäre Träumereien über Erziehung", für die Fiktion also, spielt dagegen die Abwesenheit der Mutter eine ausschlaggebende Rolle. Nach der Funktion und den Folgen dieser mütterlichen Abwesenheit soll deshalb zunächst gefragt werden. Mich interessieren dabei weniger die unbewußten Phantasmen des Erziehers (das heißt: das unbewußte Begehren seines Autors, das Josué V. Harari scharfsinnig als ‚Phantasma der Autogeneration‘, der Selbstzeugung unter Umgehung der Frau analysiert hat[132]), sondern meine Frage zielt auf die heimliche Logik dieses Ausschlusses. Was ist so gefährlich an der Interaktion zwischen Mutter und Sohn, daß Rousseaus Erzieher sofort alles unternimmt, die Mutter von ihrem Platz zu verdrängen?

Die Antwort ist leicht zu erraten, wenn man sich noch einmal Rousseaus oberste Erziehungsmaxime vergegenwärtigt: „Erhaltet das Kind in der bloßen Abhängigkeit von den Dingen …". Ein Kind, dessen Freiheit vor allem in Selbstgenügsamkeit bestehen soll, darf keine menschlichen Abhängigkeiten eingehen. Aber welche Beziehung wäre wohl weniger frei davon als die zwischen Mutter und Kind? Rousseau beeilt sich deshalb, diese ‚gefährliche' Erfahrung, die dem Kind durch die Liebe der Mutter zuteil werden könnte, sofort auszuschalten. Welche Folgen diese erste pädagogische Operation hat, läßt sich gut studieren an der Einführung des Kindes in die Sprache, einer Aufgabe, die seit den Zeiten Rousseaus zunehmend als elementar ‚mütterliches' Betätigungsfeld angesehen wurde.[133] Es ist aufschlußreich zu sehen, welche Funktion Rousseau der Sprache beim Kind zumißt und wie er deren Aneignung durch das Kind beschreibt: Für das männliche Kind hat die Sprache in der gesamten Kindheit ausschließlich die Funktion, ein Instrument der Bedürfnisbefriedigung zu sein.

> „Das Unbehagen, das aus Bedürfnissen entspringt, wird durch Zeichen ausgedrückt, wenn die Hilfe eines anderen notwendig ist, um sie zu befriedigen. Daher kommt das Schreien der Kinder. Sie weinen viel; das muß sein." (Emile, S. 49 W, 285 P)

Die Sprache entsteht aus einer Mangelsituation: Das Kind bedient sich zunächst unartikulierter, später artikulierter Laute, um die Bedürfnisse zu kommunizieren, die es allein nicht befriedigen kann. Rousseau unterstreicht diesen rein instrumentellen Gebrauch sprachlicher Zeichen, indem er einen expressiven Gebrauch der Sprache bei den Kleinkindern ausschließt.

> „Weil alle ihre Empfindungen Gefühlseindrücke sind, so *genießen sie* diese *in der Stille*, wenn sie angenehm sind. Wenn sie aber beschwerlich sind, so sagen sie es in ihrer Sprache und verlangen Linderung." (Emile, S. 49/50 W, 285 P)

Folgt man Rousseaus Unterscheidung, dann läßt sich nur der Mangel mitteilen, nicht aber der Genuß, die Fülle, die Befriedigung. Besser gesagt: Letztere *brauchen* nicht mitgeteilt zu werden, da keine Änderung der Situation intendiert ist. Sprache erwächst also nicht aus dem Gefühl, sondern aus der „Not des Lebens" (Sigmund Freud). Wer je mit Kleinkindern zu tun hatte, muß diese Unterscheidung höchst befremdlich finden. Man darf wohl behaupten: Empirisch läßt sie sich gewiß nicht verifizieren. Aber sie folgt einer Logik, die es genauer zu ergründen gilt. Es ist aufschlußreich zu sehen, anhand welcher Beispiele Rousseau den Spracherwerb demonstriert:

> „Das Kind empfindet seine Bedürfnisse und kann sie nicht befriedigen; so fleht es die Hilfe eines andern durch Schreien an. Wenn es Hunger oder Durst leidet, weint es. Wenn ihm zu kalt oder zu heiß ist, weint es. Wenn es Bewegung braucht und man hält es fest, weint es. Wenn es schlafen will und man bewegt es, weint es. Je weniger seine Lage seiner Neigung entspricht, desto häufiger verlangt es, daß man sie ändere. Es hat nur eine Sprache, weil es sozusagen nur eine Art des Unbehagens kennt. Bei der Unvollkommenheit seiner Sinnesorgane unterscheidet es die ver-

schiedenen Eindrücke nicht. Alle Übel bilden für es nur eine Empfindung des Schmerzes." (Emile, S. 50/51 W, 286 P)

Alle hier aufgezählten Mangelsituationen, die das Kind zum Schreien und Weinen bringen, betreffen ausschließlich körperliche Bedürfnisse [besoins]: Hunger oder Durst, die richtige Temperatur, Ruhe oder Bewegung. Ein Kind weint nicht etwa, weil es Zuwendung und Liebe braucht, weil es sich allein fühlt oder weil es Angst hat. Denn nach Rousseau kennt das ‚natürliche Kind‘ nur physische Bedürfnisse; es ist konstruiert analog zum „homme naturel" im Naturzustand, über den es im *2. Discours* heißt:

„Seine Begierden gehen nicht weiter als seine physischen Bedürfnisse. Nahrung, eine Frau und Schlaf sind die einzigen Güter, die er in der Welt kennt, und die einzigen Übel, die er fürchtet, sind Schmerz und Hunger." (2. Discours, S. 72 W, 143 P)

Bis auf den Fortpflanzungstrieb, der erst in der Pubertät ‚erwacht‘, sind die Bedürfnisse des Wilden identisch mit denen des Säuglings. Dies ist eine Prämisse der Rousseauschen Anthropologie von enormer Tragweite: Der ‚natürliche‘ Zustand des Menschen – ich beabsichtige zu zeigen: des männlichen Menschen – ist der einer *psychischen Selbstgenügsamkeit*; Naturmensch und Kleinkind kennen nur körperliche Mangelzustände. Anders gesagt: das Kind braucht keine emotionale Zuwendung. Seine Beziehungen sind instrumenteller Art und die dabei auftretenden Personen austauschbar. Die strikte Trennung zwischen ‚wahren‘, das heißt notwendigen Bedürfnissen und ‚überflüssigen‘ Launen, Begierden oder Leidenschaften ist darum eine zwingende Voraussetzung für den Erhalt der kindlichen ‚Freiheit‘: Nur das, was das Kind unbedingt zu seiner physischen Selbsterhaltung braucht, soll ihm gewährt werden; in allen anderen Wünschen darf man ihm nicht nachgeben. Dieser Dualismus von physisch notwendigem Bedürfnis und bloß imaginierter Begierde ist für das Denken Rousseaus fundamental.[134]

„Man muß ihnen [den Kindern, C.G.] helfen und all das ersetzen [suppléer], was ihnen an Verstand oder an Stärke fehlt, und zwar in allem, was ihre körperlichen Bedürfnisse betrifft. [...] Man muß bei dem Beistand, den man ihnen leistet, sich einzig auf das wirklich Nützliche beschränken und ihren Launen oder Begierden ohne Vernunft nichts einräumen; denn die Launen werden sie nicht quälen, wenn man sie nicht erzeugt hat, da sie ja nicht in der Natur begründet sind." (Emile, S. 54/55 W, 290 P)

So lautet die Grundregel, mittels derer Rousseau dem Kind zu „wahrer Freiheit" verhelfen will. Im 2. Buch des *Emile* gibt er eine aufschlußreiche Definition von „Launen" [fantaisies]: darunter sind „alle die Begierden [zu] verstehe[n], die keine wahren Bedürfnisse sind und die man *nur mit Hilfe eines andern befriedigen kann*."[135] Die „wahren" Bedürfnisse hingegen sind solche, für deren Befriedigung man – im Prinzip – allein sorgen kann: Nahrung, Kleidung, Wohnung, Schlaf usw.

Rousseau muß die absurd anmutende Behauptung aufstellen, daß Kinder noch keine Gefühle, Leidenschaften oder Begierden kennen, daß sie keine emotionalen Bindungen an ihre Bezugspersonen entwickeln; denn andernfalls würden sie ‚von Natur aus' über Bedürfnisse verfügen, die man per definitionem nur mit Hilfe eines andern befriedigen kann. Und genau damit wäre das Postulat, demzufolge die kindliche Abhängigkeit von den Erwachsenen eine rein temporäre, keine prinzipielle sei, hinfällig. Das Supplement der elterlichen Hilfe muß aber in Rousseaus Theorie als eines erscheinen, das sich selbst zunehmend überflüssig macht; deshalb darf es mit keiner menschlichen Bindung verquickt sein. Diese Annahme ist die notwendige Voraussetzung für die Freiheit Emiles. Um den Preis dieser Freiheit genauer zu ermitteln, will ich von der Lektüre des *Emile* für einen Augenblick Abstand nehmen und Rousseaus Theorie konfrontieren mit jenen Erkenntnissen und Einsichten, die das 20. Jahrhundert – insbesondere in Gestalt der Psychoanalyse – über die kindliche Entwicklung hervorgebracht hat.

SIGMUND FREUD hat bekanntlich die Legende von der unschuldigen Kindheit, an der Rousseau maßgeblich mitgestrickt hatte, gründlich destruiert. Das Kind, so führte er aus, ist von Geburt an ein triebhaftes Wesen, dessen Lust- und Unlustgefühle stets auch eine sexuelle Komponente beinhalten. Wichtiger noch für unseren Zusammenhang ist Freuds Behauptung, die Mutter (bzw. die erste Pflegeperson) sei nicht nur das Objekt des ersten kindlichen Begehrens, sondern auch die Wegbereiterin der Erotik des Kindes. Denn zugleich mit der Befriedigung elementarer Bedürfnisse (Stillen, Waschen, Wickeln etc.) verschaffe sie dem Kind Lust- oder Unlustempfindungen, wodurch sie seine erogene Sensibilität erzeuge und letztlich das Begehren des kindlichen Subjekts vorstrukturiere.

„Der Verkehr des Kindes mit seiner Pflegeperson ist für dasselbe eine unaufhörlich fließende Quelle sexueller Erregung und Befriedigung von erogenen Zonen aus, zumal da letztere – in der Regel doch die Mutter – das Kind selbst mit Gefühlen bedenkt, die aus ihrem Sexualleben stammen, es streichelt, küßt und wiegt und ganz deutlich zum Ersatz für ein vollgültiges Sexualobjekt nimmt. Die Mutter würde wahrscheinlich erschrecken, wenn man ihr die Aufklärung gäbe, daß sie mit all ihren Zärtlichkeiten den Sexualtrieb ihres Kindes weckt und dessen spätere Intensität vorbereitet." [136]

Freud hat die Hypothese von Rousseau gewissermaßen umgekehrt: Ein Kind ist von Geburt an nicht primär ein bedürftiges, sondern vor allem ein begehrendes Wesen. Der Wunsch bzw. das Streben nach Wunscherfüllung, wie es in Freuds Terminologie heißt, wird zum stärksten Motor der psychischen Entwicklung und zum Urheber ihrer Komplikationen und Verirrungen. [137] Das Kind selbst erlebt sich vom Moment seiner Geburt an als ein Mangelwesen: Mit der Durchtrennung der Nabelschnur ist zugleich die intrauterine Homöostase, in der der Fötus nur Fülle und Ruhe kannte, abgeschnitten. Der Wunsch des Säuglings richtet sich deshalb auf mehr als die Befriedigung physischer Bedürfnisse: Er strebt danach, die Trennung von der Mutter rückgängig zu machen, das Dasein als Mangelwesen wieder loszuwerden, zur intrauterinen Geborgenheit zurückzukehren.

JACQUES LACAN hat diese ‚conditio humana' in einer Theorie zu formulieren versucht, die differenzierter ist als das Freudsche Modell. Von Geburt an verknüpft sich Lacan zufolge das Bedürfnis [besoin] des Kindes nach Nahrung, Reinigung etc. immer zugleich mit einem Anspruch [demande], einem Verlangen nach Liebe und Anerkennung: Das Kind möchte von der Mutter geliebt und begehrt werden. Die subjektive Grundlage dieses Anspruchs ist nicht ein physischer Mangel, sondern eine Art Gespür des Kindes für seine existentielle Abhängigkeit, für sein fatales Getrenntsein von derjenigen, die ihm zunächst alles bedeutet: der Mutter. Am deutlichsten ausgeprägt ist dieses Gefühl in der Angst.[138]

> „Der Anspruch an sich zielt auf etwas anderes als auf die Befriedigungen, nach denen er ruft. Er ist Anspruch auf eine Anwesenheit oder Abwesenheit. Das zeigt die ursprüngliche Mutterbeziehung [...]. Diese Beziehung konstituiert den anderen [die Mutter, C.G.] als schon im Besitz des ‚Privilegs', die Bedürfnisse befriedigen zu können, d. h. der Macht, ihnen das vorzuenthalten [priver], wodurch allein sie befriedigt wären. Dieses Privileg des anderen umreißt auf diese Weise die radikale Gestalt dessen, was es nicht hat, und zwar das, was seine Liebe genannt wird. Daher hebt der Anspruch die Besonderheit alles dessen auf, was gewährt werden kann, indem er es in einen Liebesbeweis verwandelt; und selbst die Befriedigungen, die es dem Bedürfnis verschafft, erniedrigen sich dadurch, daß sie nicht mehr als das Zerschellen des Liebesanspruchs sind ...".[139]

Zwischen den beiden Dimensionen der kindlichen Bedürftigkeit existiert also eine geradezu paradoxe Struktur dergestalt, daß die Befriedigung des (gewissermaßen quantitativ begrenzten) Bedürfnisses vom Kind zugleich als Abweisung seines (im Prinzip unbegrenzten) Liebesanspruches erlebt wird. Wenn das Kind genügend getrunken hat, entzieht ihm die Mutter mit der Brust auch ihre Zuwendung. Die Sättigung des Bedürfnisses ist deshalb zugleich eine Negation des Anspruchs, das Kind ist zugleich satt von der Milch und weiterhin ‚hungrig' in seinem unersättlichen, weil imaginären Verlangen nach Liebe.

> „Der Liebesanspruch ist also nicht nur verschieden von den Befriedigungen, die er erhält, sondern neigt tendenziell dazu, solche Befriedigungen zu ‚erniedrigen', sofern sie das ‚Zerschellen' eines Liebesanspruches implizieren, dessen ‚Transzendenz' sich notwendig vor jeder besonderen Befriedigung verflüchtigen muß."[140]

Diese uneinholbare Spaltung zwischen Bedürfnis und Anspruch ist konstitutiv für das Begehren [désir], den dritten und wichtigsten Terminus in Lacans Konzeption. Denn dieses konstituiert sich genau über der Differenz zwischen der Bedürfnisbefriedigung und dem Liebesanspruch.

> „Daher ist das Begehren weder Appetit auf Befriedigung noch Anspruch auf Liebe, sondern vielmehr die Differenz, die entsteht aus der Subtraktion des ersten vom zweiten, ja das Phänomen ihrer Spaltung selbst."[141]

Das Subjekt wird also begehren aufgrund der Tatsache, daß sein Anspruch auf Liebe und Anerkennung stets disproportional ist zu seinem Bedürfnis nach Nahrung und Ausscheidung, Reinigung und Kleidung, Ruhe und Bewegung. Wenn Lacan schreibt, das Begehren sei das Phänomen der Spaltung von Anspruch und Bedürfnis, dann ist damit noch mehr gemeint: Das Begehren gründet auf dem Prinzip der Differenz selbst; es verweist den Begehrenden von einer Figuration seines Begehrens zur nächsten, weil ihm die Erfahrung der Differenz und der Paradoxie eingeschrieben ist.

Verlassen wir vorerst die komplizierten Theorien des 20. Jahrhunderts und kehren – ausgestattet mit einigen Einsichten der Psychoanalyse in die Fallstricke frühkindlicher Entwicklung – zurück zu Rousseau. Im Lichte der vorangegangenen Ausführungen hätte ein nach Rousseaus Vorstellungen erzogenes Kind mit schwersten psychischen Depravationen zu rechnen. Ein Kind, das Nahrung und Kleidung, Bewegung und Ruhe erhält, aber von jeder zärtlichen Berührung und jeder affektiven Ansprache ferngehalten wird, würde mit Sicherheit schwere Störungen davontragen, wenn nicht gar am Mangel an Zuwendung buchstäblich zugrunde gehen.

Nach der Aufdeckung dieser Zusammenhänge läßt sich nun bereits eine wichtige Funktion der Eliminierung der Mutter erkennen: Zusammen mit der Mutter-Kind-Interaktion wird die Entstehung eines kindlichen Begehrens (im Sinne Rousseaus wie auch Lacans) unterbunden. Die ‚Freiheit‘ Emiles wird erkauft durch die Abtötung seines Begehrens. Emile selbst wird auf ein Wesen reduziert, das in seiner Kindheit nur körperliche Bedürfnisse kennenlernen soll.

3. Die Sprache des Mannes

Die Konsequenzen des erörterten Freiheitsbegriffes werden noch deutlicher, wenn wir die Prinzipien des Spracherwerbs untersuchen, die Rousseau für den heranwachsenden Emile formuliert. Der Ausschluß der Mütter intendiert nämlich nicht zuletzt die Tilgung des weiblichen Einflusses auf den Spracherwerb: „Man lehre die Kinder erst mit Männern reden; sie werden bald mit Frauen reden können, wenn es nötig ist.“[142] Zwar konzediert Rousseau, daß die Ammen oder Mütter besondere Fähigkeiten ausgebildet haben, mit den Säuglingen in deren gewissermaßen vorsprachlicher Sprache zu kommunizieren[143], doch ist er weit davon entfernt, diese vorsprachliche Kommunikation zum Ausgangspunkt des sprachlichen Lernprozesses zu machen. Im Gegenteil: Den Ammen und Müttern würde er am liebsten Sprechverbot erteilen.

> „Ich mißbillige es nicht, daß die Amme das Kind durch Lieder und sehr muntere und mannigfaltige *Laute* [accents] belustigt; ich mißbillige es aber, daß sie es unaufhörlich durch einen Schwall unnützer Wörter [paroles inutiles] betäubt, wovon es nichts versteht [comprend] als den Ton, den sie hineinlegt. Ich wollte, daß die ersten *Laute* [articulations], die man es hören läßt, selten, leicht, deutlich wären und oft wiederholt würden und daß die Wörter, die sie ausdrücken, sich nur auf sinnlich wahrnehmbare Gegenstände bezögen, welche man dem Kinde anfangs zeigen könnte.“ (Emile, S. 58 W, 293 P)

Die akzentuierten Laute und Lieder sollen ausschließlich der Belustigung [amusement] des Kindes dienen; sie sind aber vom Erlernen der Sprache – als Erlernen der Artikulation und der Signifikation – gewissenhaft zu trennen. Rousseau reduziert den kommunikativen Austausch zwischen Mutter (Amme) und Kind auf eine reine Belanglosigkeit. Demgegenüber stellt er den Spracherwerb unter das Primat der Bezeichnung, das heißt unter das Gebot der eindeutigen Verknüpfung von Zeichen und bezeichnetem Gegenstand (Referent). Dabei legt er größten Wert darauf, nur die Dinge zu bezeichnen, die dem Kind unmittelbar präsent sind.

Dieser ‚Naturalismus‘ in sprachlichen Angelegenheiten ist – was die Erziehung des männlichen Kindes betrifft – so rigoros, daß Rousseau für den ersten Spracherwerb die Repräsentation (die Stellvertretung) einer Sache durch ihr Zeichen ablehnt. Das Kind soll, wo immer dies möglich ist, zuerst mit der Sache vertraut gemacht werden, bevor es das dazugehörige Zeichen kennenlernt. Diese Reihenfolge – erst der Gegenstand, dann das Zeichen – ist verbindlich für die sprachliche Erziehung Emiles bis zum Eintritt in die Pubertät und dem „Erwachen“ seiner Einbildungskraft (vgl. unten, S. 76 f.). Emile soll also nicht aus Büchern bzw. durch verbale Unterweisung lernen, sondern seine Erfahrungen in der Auseinandersetzung mit der Gegenstandswelt selbst machen.

> „Bei jedem Studium, welches es auch sein mag, sind ohne eine Vorstellung der dargestellten Dingen die darstellenden Zeichen nichts [sans l'idée des choses répré-sentées les signes représentans ne sont rien]. Gleichwohl schränkt man das Kind stets auf diese Zeichen ein, ohne daß man ihm jemals eines der Dinge begreiflich machen kann, die sie darstellen. Wenn man es die Beschreibung der Erde lehren will, so lehrt man es nur Landkarten kennen; man lehrt es Namen von Städten, Ländern, Flüssen, von denen es nicht begreift, daß sie anders vorhanden sind als auf dem Papier, auf dem man sie ihm zeigt." (Emile, S. 111 W, 347 P)

Dem kindlichen Lerneifer Emiles bleibt folglich alles verschlossen, was räumlich oder zeitlich abwesend ist. Die Vielfalt möglicher Lerngegenstände reduziert sich auf den Umkreis des sinnlich Wahrnehmbaren. Dies wird von Rousseau ausdrücklich affirmiert; denn alles andere hieße, die Kinder ihrer Urteilsfähigkeit zu berauben.

> „Was nützt es, in ihren Kopf ein Verzeichnis von Zeichen [un catalogue de signes] einzuschreiben, die für sie nichts vorstellen [représenter]? Wenn sie die Sachen lernen, werden sie da nicht auch die Zeichen lernen? Warum will man ihnen die unnütze Mühe machen, sie zweimal zu lernen? Und was für gefährliche Vorurteile flößt man ihnen nicht dadurch ein, daß man sie Wörter, die keinen Sinn für sie haben, für Wissenschaft halten läßt? *Von dem ersten Wort an*, womit sich ein Kind abfinden läßt, von der ersten Sache an, die es auf das Wort eines andern hin lernt, ohne selbst den Nutzen [utilité] davon zu sehen, *ist seine Urteilskraft verloren*." (Emile, S. 114/15 W, 350 P)

Das Lernen durch „Wörter" ist offenbar nicht nur unnütz und überflüssig, sondern auch „gefährlich". Man stopft den Kopf des Kindes voll mit überflüssigem Ballast und riskiert zugleich einen Verlust, den Rousseau vorerst beschreibt als die Ersetzung einer integren „Urteilskraft" [jugement] durch „gefährliche Vorurteile" [dangereux préjugés]. Bliebe also genauer zu erkunden, was mit diesen Begriffen bezeichnet wird. Worin besteht die Gefahr für die Urteilskraft des Kindes? Vergegenwärtigen wir uns zunächst noch einmal, daß Rousseau eine deutliche Weichenstellung vorgenommen hat, die nur für das männliche Kind gilt: Obwohl er beim Kind ein ‚ursprüngliches' kommunikatives Bedürfnis wahrnimmt – nämlich in der vorsprachlichen Kommunikation zwischen Amme und Kind –, lehnt er es ab, daran den Spracherwerb des Kindes anzuknüpfen. Anders gesagt: Er spaltet den affektiv besetzten, expressiven Charakter der kindlichen Kommunikation ab vom Prozeß des Spracherwerbs; dieser wird ganz dem Primat des Gegenständlichen, folglich der Genauigkeit und Klarheit der Verständigung unterstellt.

Die angestrebte Freiheit des Mannes ist offenbar gebunden an eine Beherrschung der Worte: Emile jedenfalls soll von klein auf die Worte und Zeichen nur in ihrer ‚domestizierten' Version kennenlernen – als sekundäre Phänomene, als Hilfsmittel; auf keinen Fall darf er sich von Worten verführen, gar beherrschen lassen. Damit versucht Rousseau, genau den Prozeß zu stoppen, der LACAN zufolge unweigerlich eintritt, sobald das Kind zu sprechen beginnt: die „Subversion" des Subjekts durch die Signifikanten, mittels derer sich das Begehren repräsentiert.[144] Rousseau möchte etwas künstlich aufspalten, was im Anschluß an Freud und (expliziter noch) an Lacan notwendig zusammengehört: Sobald sich das Subjekt der Sprache bemächtigt, bemächtigt sich auch die Sprache des Subjekts. Sie ist in gewisser Weise dominant gegenüber dem Subjekt, zumindest ihm vorgeordnet. Diese Erfahrung aber soll Emile vorenthalten bleiben; er soll die Sprache vorerst nur als Instrument kennenlernen, das weder Eigengewicht noch Eigendynamik hat. Deshalb sieht Rousseau ein ganz und gar künstliches Arrangement für Emiles Einführung in die Sprache vor; angefangen von dem bereits erwähnten ‚Sprechverbot' für die Ammen bis zu der strikten Maßregel, dem Kind stets zuerst den Gegenstand und erst danach dessen sprachlichen Repräsentanten zugänglich zu machen.

Wenn Emile zunächst nur mit solchen Worten in Berührung gebracht wird, die einen klar auszumachenden Referenten haben, dann artikuliert sich darin eine im Grunde traditionelle Sprachauffassung. Ihr zufolge definiert sich das Wort in erster Linie als verbaler Repräsentant eines Gegenstandes oder Gedankens. Das Wort wäre in diesem Sinne nichts als ein Stellvertreter; und derjenige Stellvertreter wäre allemal der geeignetste, der dem, was er vertritt, nichts eigenes hinzufügt. Im Idealfalle hätte das Wort die Eigenschaft des Glases: Es verhielte sich transparent gegenüber dem, was hinter ihm steht. Aus diesem Grunde hat MICHEL FOUCAULT diese Sprachauffassung als eine Theorie der Transparenz beschrieben.[145] Indem Rousseau den Spracherwerb des Kindes an das Verhältnis von Gegenstand und stellvertretendem Wort zu binden beabsichtigt, legt er zugleich die Funktion der Sprache auf die Bezeichnung und damit letztendlich auf den Aspekt der Information fest. Alles, was sich mit Sprache bewirken läßt – Animation oder Beruhigung, Befehl oder Bitte, Verführung oder Untersagung – und alles, was sie auszudrücken vermag – Ängste, Wünsche, Erwartungen –, wird vorerst aus Emiles Erfahrungsfeld verbannt. Sprache ist für ihn weder Appell noch Expression, sondern ausschließlich Transportmittel für sachliche Informationen.

Wozu all diese Maßnahmen? Wozu dieses angestrengte Bemühen, jede sprachliche Unwägbarkeit zu vermeiden? Es zeigt sich schnell, daß der Versuch, Emile ganz in der Unmittelbarkeit seiner gegenständlichen Umgebung zu halten, dem Grundpostulat der Freiheit dienen soll. *Der Kampf um die Freiheit ist ein Kampf gegen die Zeichen – und ein Kampf gegen die Einbildungskraft* [imagination]. Ein Kind, das dem Spiel der Worte folgt, läßt sich aus der Präsenz seines physischen Seins locken. Es verliert sich an Vorstellungen und Bilder, ist also nicht länger selbstgenügsam – im Gegenteil: Die vielfältigsten Begierden müssen in ihm erwachen, es aus seiner Kindheits-Idylle (Freiheit, Unabhängigkeit, Selbstgenügsamkeit) herausreißen und in mannigfaltige Abhängigkeiten hineinziehen.

> „Die Einbildungskraft [imagination] erweitert für uns das Maß der möglichen Dinge, es sei nun im Guten oder im Bösen, und erweckt und nährt folglich die Begierden [desirs] durch die Hoffnung, sie zu befriedigen. Der Gegenstand aber, welcher anfänglich mit Händen greifbar zu sein schien, flieht geschwinder, als man ihm nachsetzen kann. Wenn man ihn erreicht zu haben glaubt, verwandelt er sich und zeigt sich in der Ferne vor uns. [...] Die wirkliche Welt [monde réel] hat ihre Grenzen, die eingebildete Welt [monde imaginaire] ist unendlich. Da wir die erstere nicht erweitern können, müssen wir die zweite einschränken, denn aus dem bloßen Unterschied zwischen beiden [leur seule différence] entstehen alle Leiden, die uns wahrhaft unglücklich machen." (Emile, S. 69 W, 304/305 P)

Von diesen Gefahren der Einbildungskraft wird das Kind, Rousseau zufolge, noch nicht affiziert. Die Kindheit soll eine Zeit der Präsenz sein, in welcher der Mensch nur im ,Hier und Jetzt' lebt (ähnlich dem Dasein des Wilden im Naturzustand). Immer wieder behauptet Rousseau, daß Emiles Einbildungskraft noch schlummere.[146] Schon aus diesem Grund, d. h. um ein angeblich „vorzeitiges Erwachen" der Einbildungskraft zu verhindern, muß jedes Lernen von der Vermittlung durch Zeichen befreit sein. Die bloße Existenz der Zeichen beruht ja auf der Abwesenheit der Dinge und ruft damit unweigerlich die Einbildungskraft auf den Plan. So sehr Rousseau die Worte dem Gebot der Transparenz zu unterstellen wünscht, so sehr er daran festhält, ein Zeichen sei Repräsentation, also Vergegenwärtigung einer abwesenden Sache, so sehr scheint er umgekehrt zu fürchten, daß die Zeichen nicht vergegenwärtigen, sondern verfremden; daß sie nichts herbeiholen, sondern eher in die Ferne führen.

> „Überhaupt setze man nur dann das Zeichen für die Sache, wenn es einem unmöglich ist, sie zu zeigen [ne substituez jamais le signe à la chose que quand il vous est impossible de la montrer]. Denn das Zeichen verschlingt [absorbe] die Aufmerksamkeit des Kindes und läßt es die dargestellte Sache [chose représentée] vergessen." (Emile, S. 198/99 W, 434 P)[147]

In der Tat: Das Zeichen verschlingt! Betrachten wir auch diese Furcht im Lichte der Theorien des 20. Jahrhunderts, so wird man ihre Berechtigung zugestehen müssen.

FERDINAND DE SAUSSUREs Versuch, eine systematische Sprachwissenschaft zu begründen, geht aus von der Prämisse, daß Sprache nur als Gesamtsystem untersucht werden kann. Das sprachliche Zeichen kann nicht gedacht werden als singuläres Verhältnis zwischen einem Gegenstand und dem ihm zugeordneten Begriff; die Zeichen sind vielmehr das Ergebnis einer „Artikulation" (Gliederung), eines gliedernden Eingriffes in die diffuse Gesamtmasse von Signifikanten (Lauten bzw. Buchstaben) und Signifikaten.[148] Um ein Beispiel UMBERTO ECOs abzuwandeln: Was ein „Forst" ist, ergibt sich erst aus der Differenz zu „Wald", „Dschungel", „Schonung" etc.[149] Der Poststrukturalismus hat diesen Gedanken radikalisiert: Jedes Zeichen ist in ein Netz von Bedeutungsdifferenzen eingefügt, und die Artikulation eines einzigen Wortes löst die semantische Aktion aller umliegenden Vokabeln aus – wie ja auch die Berührung eines Netzes an einem beliebigen Punkt jedesmal das ganze Netz in Schwingung zu versetzen vermag. Entscheidend ist die dabei entstehende semiotische Drift: Die einmal getroffene sprachliche Selektion löst eine ganze Flut von (meist unbewußten) Assoziationen und Sprachspielen aus, die dann ihrerseits die weitere Artikulation beeinflussen, so daß im Ergebnis die anfängliche Intention der Rede unterlaufen wird.

Die Sprache verschlingt also. Sie zieht ihre Benutzer in ihre Bewegung hinein, die sich weder in einem eindeutigen Sinn noch in einem eindeutigen Bezug auf einen außersprachlichen Referenten fixieren läßt. Aus diesem Grunde muß sie Rousseau mehr als suspekt sein. Als Medium der unmißverständlichen Informationsübermittlung, als das sie der Erzieher dem Zögling Emile präsentieren will, scheint die Sprache jedenfalls wenig geeignet zu sein. Darüber hinaus ist sie aber auch ein Medium der Aktion; und auch in dieser Hinsicht will Rousseau ihren Einfluß begrenzen. Alles das, was die Sprechakt-Theorie die Performanz sprachlicher Äußerungen nennt[150], ihre wirklichkeits-setzende statt bloß wirklichkeits-abbildende Funktion, wird in der Erziehung von Emile ausgeklammert.

> „Denn man braucht keine lange Erfahrung, um zu empfinden, wie angenehm es ist, durch eines andern Hände zu wirken und nichts weiter nötig zu haben, als nur seine Zunge [langue] zu rühren, um die ganze Welt in Bewegung zu setzen [pour faire mouvoir l'univers]." (Emile, S. 54 W, 289 P)

Diese „angenehme Erfahrung" darf Emile keinesfalls zuteil werden, denn sie würde seine Freiheit korrumpieren – aus Gründen, die ich im folgenden Abschnitt genauer untersuchen werde. Das Unterfangen, die Sprache zu erlernen, indem man sie auf Information reduziert, muß in der Perspektive der Sprachtheorien des 20. Jahrhunderts als der vergebliche Versuch erscheinen, die Sprache zu etablieren, indem man das spezifisch Sprachliche an ihr beseitigt. Es ist die Konstitution der Zeichen unter Ausschluß ihres Zeichencharakters. Die Freiheit, wie Rousseau sie versteht, dieses reine Bei-sich-sein, wäre demnach unvereinbar mit dem Status des Menschen als eines sprachabhängigen Wesens. Denn sofern sich der Mensch der Sprache bedient, ist er immer schon abhängig, hat er sein reines Bei-sich-sein unwiederbringlich überschritten. Er vertraut sich einem System an, das nicht nur andere geschaffen und weiterentwickelt haben, sondern das ihn aus seinem naiven ‚Hier und Jetzt' lockt.

„Die unglückliche Leichtfertigkeit, uns mit Worten abzuspeisen, die wir nicht verstehen, fängt viel eher an, als man denkt. Der Schüler hört in der Klasse das Geschwätz seines Lehrers, wie er in den Windeln das Geplauder seiner Amme hört. Mich dünkt, es hieße ihn sehr nützlich unterweisen, wenn man ihn erzöge, daß er nichts davon begriffe." (Emile, S. 58 W, 293 P)

Radikale Abriegelung gegenüber der geringsten Verlockung der Zeichen oder deren bedrohliche Verselbständigung: So scheint die Alternative zu lauten, die Rousseau uns in den ersten drei Büchern des *Emile* präsentiert.

An dieser Stelle angekommen, müßten die Kenner von Rousseaus Werk allerdings stutzen: Hatte doch der *Essai sur l'origine des langues* den phylogenetischen Sprachursprung nicht in den physischen Bedürfnissen, sondern in den Leidenschaften lokalisiert.[151] Dort, in seiner sprachtheoretischen Schrift, betont Rousseau mit allem Nachdruck, die Menschen hätten wohl kaum jemals eine Sprache erlernt oder erfunden, wenn sie „nie mehr als physische Bedürfnisse gehabt hätten".[152] Ausdrücklich weist er in diesem Zusammenhang die Annahme zurück, die Erfindung der Sprache sei notwendig gewesen, um sich über die primären Bedürfnisse zu verständigen.

„Nicht Hunger noch Durst, sondern die Liebe, der Haß, das Mitleid, der Zorn haben ihnen [den Menschen, C.G.] die ersten Stimmen abgetrotzt." (Essai, S. 170 W, 41 F)

Gattungsgeschichtlich soll die Sprache also ausgerechnet den Gefilden entstammen, die Rousseau bei der Erziehung Emiles ausgeklammert wissen will! Am Ursprung der Sprache stünden demnach keine sachlichen Bezeichnungen, keine nüchternen Beziehungen zwischen Zeichen und Gegenstand, sondern Leidenschaften und moralische Bedürfnisse.

„Sobald ein Mensch von einem anderen als ein fühlendes, denkendes und ihm gleichendes Wesen erkannt wurde, ließen ihn der Wunsch oder das Bedürfnis, ihm seine Empfindungen und seine Gedanken mitzuteilen, die Mittel dafür suchen." (Essai, S. 165 W, 27 F)[153]

Kein Wort mehr über Klarheit und Gegenständlichkeit; jetzt ist von Empfindungen die Rede. Die erste Sprache der Menschen sprach zum Herzen, nicht zum Verstand, sie war akzentuiert und noch kaum artikuliert; denn der Akzent gehört für Rousseau zur Leidenschaftlichkeit der ursprünglichen Sprachen, während die Artikulation zwar die Klarheit und Verständlichkeit einer Sprache bewirkt, zugleich aber auch den Verlust von Lebendigkeit und Leidenschaftlichkeit.[154] Wenn nun die erste Sprache leidenschaftlich, voller Begierden und ohne Klarheit war, könnte man vermuten, Rousseau werde auch im unartikulierten Geplapper der Kleinkinder die ersten Regungen der Sprache erkennen und fördern wollen. Diesen Gedanken hätte er weiterspinnen können; er hätte dann nach einer ontogenetischen Parallele für seine phylogenetische Behauptung suchen müssen, und vielleicht würde er heute als Vorläufer jener Subjekt- und Sprachtheorien gefeiert werden, die im Gefolge von Freud und Lacan in der Gegenwart diskutiert werden.

Denn JACQUES LACAN hat unter Bezug auf die oben beschriebene Unterscheidung von Bedürfnis und Anspruch die These formuliert, daß es der Anspruch, oder genauer: das aus der Differenz von Bedürfnis und Anspruch resultierende Begehren ist, das zum Motor für das Erlernen der Sprache wird. Das Kind erlebt sich in den ersten Monaten seines Lebens noch nicht als von der Mutter getrennte Einheit; die Mutter-Kind-Symbiose löst sich erst im Laufe des ersten Lebensjahres auf[155], und kurz darauf beginnt das Kind, eine menschliche Sprache zu erlernen, die mehr beinhaltet als die Signalfunktion.

„Wenn das Baby zu Beginn seines Lebens schreit, weil es Hunger hat oder sich unwohl fühlt, lernt es von der Spiegelstufe an zu weinen, weil seine Mutter nicht da ist und es darunter leidet. Das Wort wird bald folgen, zunächst als reine Nachahmung von Lauten [...]. Schließlich wird das Kind lernen, sein Verlangen in Worten auszudrücken.“[156] Dieses Verlangen besteht nach Auffassung der Analytiker vor allem darin, „die wahrgenommene Entfernung von der Mutter auszudrücken und die Verbindung mit ihr wiederherzustellen“.[157]

Lacan hat in diesem Zusammenhang dem „Fort-Da-Spiel“, das FREUD in *Jenseits des Lustprinzips* beschrieben hat, einen zentralen Stellenwert eingeräumt. Freud hatte seinen eineinhalbjährigen Enkel dabei beobachtet, wie er Spielsachen in eine Ecke seines Zimmers schleuderte. In dieser Geste, die das Kind durch den Laut O-o-o-o begleitete, sah Freud einen doppelten Sprechakt: Das Kind „entschädigt sich“ für den Triebverzicht, den ihm seine Mutter durch ihr Weggehen zumutet, indem es ihre An- und Abwesenheit selbst in Szene setzt; und es „rächt sich“ für ihre Abwesenheit, indem es die Mutter selbst fortschickt: „Ja, geh' nur fort, ich brauch' dich nicht, ich schick' dich selber weg.“[158]

Mit einer Holzspule kann das Kind bald darauf auch den umgekehrten Vorgang selbst vollziehen: Das fortgeworfene Spielzeug wird wieder zurückgeholt und mit einem freudigen „Da!“ begrüßt. In diesem Spiel sieht Lacan über den Ausdruck des Wunsches nach narzißtischer Identifikation mit der Mutter hinaus zugleich den Eintritt des kindlichen Subjekts in die Sprache, und damit in den Bereich des Symbolischen und des (unbewußten) Begehrens exemplarisch dargestellt. Einerseits braucht das Kind die Anwesenheit der Mutter, um sich – im Sinne des Spiegelstadiums – selbst ‚komplett' zu fühlen, sich imaginär zu komplettieren; andererseits aber ist gerade die Abwesenheit der Mutter die Voraussetzung für den kindlichen Zugang zur Sprache. Das Kind bedient sich nicht nur der Objektsprache (seines Spielzeugs, seiner Holzspule), sondern darüber hinaus der phonematischen Opposition von O-o-o-o und A-a-a-a, um sein Begehren zu artikulieren. Es symbolisiert nicht eine Identität, etwa das Zeichen eines Gegenstandes oder einer Person (z. B. „Mutti“, „Mama“), sondern die Bewegung einer Differenz: des „Fort“ und des „Da“ der Mutter. Dieser kindliche Sprechakt an der Schwelle zur artikulierten Sprache repräsentiert nicht, denn dann müßte er die Holzspule oder die Mutter benennen, sondern er artikuliert einen komplexen affektiven Vorgang.

Hätte Rousseau den Spacherwerb Emiles in Parallele zu seinen phylogenetischen Überlegungen gebracht, wäre er möglicherweise zu ähnlichen Ergebnissen gekommen. Wenn die ersten Sprachen aus der Leidenschaft geboren sind, warum soll nicht auch für das Kind das erste Begehren darin bestehen, die Trennung von der Mutter sprachlich rückgängig zu machen? Warum sollte dies Begehren nach Nähe oder Symbiose weniger existentiell sein als das Bedürfnis nach Nahrung?

Offensichtlich klafft zwischen onto- und phylogenetischer Hypothese bei Rousseau ein markanter Widerspruch. Der Werdegang des Einzelnen scheint in seinen Entwicklungsgesetzen dem Werdegang der Menschheit zu widersprechen. Wie entkommt Rousseau dem Kopfschütteln seiner Leser? Er greift zu einem für ihn typischen Mittel: Er behauptet das eine, um nachträglich dann auch das Gegenteil gelten zu lassen – allerdings für einen anderen Personenkreis. So teilt er an späterer Stelle des *Essai* den Ursprung der Sprachen in zwei Ursprünge: Nun plötzlich gilt alles, was er über den Sprachursprung aus den Leidenschaften gesagt hatte, nur für die „südlichen" Völker. Aber da gibt es ja noch die Völker des Nordens! Und deren Sprache entspringt nun allerdings dem Bedürfnis, also den physischen Gegebenheiten, kurz: all dem, dem sich auch Emiles Spracherwerb unterwerfen muß.[159] Entgegen seiner eingangs aufgestellten Behauptung, das gesprochene Wort habe nur in leidenschaftlichen Wünschen bzw. moralischen Bedürfnissen seinen Ursprung haben können, kommt er in den Kapiteln 8 bis 11 des *Essai* zu einer anderen Aussage: Die Sprachen des Südens haben ihren Ursprung in Leidenschaften, diejenigen des Nordens dagegen in Bedürfnissen.[160] Denn das rauhe Klima und die fehlende Üppigkeit der Natur in den nördlichen Ländern zwinge deren Bewohner dazu, den größten Teil ihrer Kraft und Energie für das bloße Überleben aufzuwenden. Während in den südlichen Ländern die Bedürfnisse dazu führen, die Menschen auseinanderzutreiben, sind sie im Norden der Motor, der die Menschen vereint, ihnen die ersten Formen von Geselligkeit und damit von Sprache aufnötigt.

> „In den südlichen Landstrichen, wo die Natur verschwenderisch ist, entstehen die Bedürfnisse aus den Leidenschaften; in den kalten Ländern, wo die Natur geizig ist, entstehen die Leidenschaften aus den Bedürfnissen, und die Sprachen, traurige Töchter der Notwendigkeit, werden ihres harten Ursprungs inne." (Essai, S. 199 W, 129 F)

Obwohl Rousseau im *Essai* den Süden als Ort des Sprachursprungs privilegiert, macht er sich doch für die sprachliche Erziehung von Emile den Charakter und die Funktionsweise der Sprachen des Nordens zueigen. Das Motiv für das Erlernen der Sprache ist die Bedürfnisbefriedigung: Sprache ist Mittel im Existenzkampf; und die daraus resultierenden Eigenarten der nördlichen Sprachen – Klarheit, Artikuliertheit, Verständlichkeit – erinnern an die Spracherziehung Emiles.

> „Man hatte nichts, was fühlbar gemacht werden mußte, man hatte alles, was verstanden werden mußte. Entscheidend war nicht die Energie, sondern die Klarheit. Den Ton [accent], den das Herz nicht hervorbrachte, ersetzte man durch starke und deutliche Aussprache [articulations] …". (Essai, S. 200 W, 131 F)

Die Menschen des Nordens, „die unentwegt damit beschäftigt waren, ihr Überleben zu sichern", konnten nicht von „zarteren Banden" träumen. „Ehe man noch daran denken konnte, glücklich zu leben, mußte man daran denken, zu überleben."[161] Das führte dazu, daß die Menschen stark und robust wurden und ihre Organe weniger zart und sensibel waren als die der Menschen in südlichen Gegenden.

„Da die gegenseitige Notwendigkeit die Menschen weit besser vereint, als das Gefühl dies vermocht hätte, bildete sich die Gesellschaft allein durch den Fleiß. Die ständige Gefahr, zugrunde zu gehen, ließ es nicht zu, daß man sich auf die Gebärdensprache beschränkte, und das erste Wort unter diesen Menschen war nicht *Liebe mich* [aimez-moi][162], sondern *Hilf mir* [aidez-moi]." (Essai, S. 199/200 W, 131 F; Hervorh. v. Rousseau)

In der Alternative von „hilf mir" und „liebe mich" findet sich auch bei Rousseau die von Lacan entfaltete Differenz von Bedürfnis und Anspruch. Weit davon entfernt, die Ansprüche des Herzens gänzlich abzuweisen, nimmt Rousseau Zuflucht zu einer List: die Strategie der geographischen Zuordnung. Alles was mit der Sprache des Herzens zu tun hat, sei als Motiv des Sprachursprungs anerkannt, aber bitte nur für die südlichen Völker. Hier findet sich der Grundstock all dessen, was Lacans Theorie der Einführung des Subjekts in die Sprache so differenziert entfalten wird.

Und so stellt sich die Frage, ob dem, was Rousseau als zwei unterschiedliche Möglichkeiten des (phylogenetischen) Sprachursprungs beschreibt, nicht auch zwei unterschiedliche Möglichkeiten des (ontogenetischen) Spracherwerbs gegenüberstehen könnten. Wäre es denkbar, das Modell des Sprachursprungs südlicher Völker auf einen bestimmten Teil der Kleinkinder zu übertragen? Man wird nicht erstaunt sein, wenn sich diese Frage bejahen läßt, und man wird nach allem wohl auch kaum überrascht sein festzustellen, daß es die *Mädchen* sind, für die Rousseau ein solches Modell des Spracherwerbs reserviert hat. Doch dazu später. Vorerst geht es weiterhin darum, die Bedingungen der Erziehung des jungen Mannes auszuloten. Halten wir als vorläufiges Resümee fest, daß Emile die Sprache ausschließlich in ihrer instrumentellen Funktion kennenlernen soll. Gegen alle Verführungen des Zeichens und der Einbildungskraft wird er ebenso abgeschottet wie gegen die Erfahrung der Verflechtung von sprachlichen und interaktiven Prozessen. Das Erziehungsziel der ‚Freiheit' gebietet es, daß Emile sich als Monade erlebt. Wie aber gestaltet sich unter diesen Voraussetzungen die Beziehung zwischen Emile und seiner ausschließlichen Bezugsperson, dem Erzieher?

4. Die heimliche Macht des Erziehers

Daß der junge Emile die Zeichen nur als Repräsentanten einer Sache oder eines Bedürfnisses kennenlernen soll, hängt eng mit seiner Erziehung zur ‚Freiheit' zusammen; denn die „natürliche Schwäche" des Kindes disponiert es, Rousseau zufolge, zu zwei Verhaltensalternativen. Entweder es strebt danach, seine eigenen Kräfte und Fähigkeiten zu entwickeln, oder es richtet sich in seiner Schwäche ein und läßt sich bedienen. Im ersten Falle muß es versuchen, so schnell wie möglich von anderen unabhängig zu werden, wozu es unter anderem klare Begriffe von den Dingen braucht. Im zweiten Falle nutzt es seine Sprache zu Verführung oder Befehl, beschränkt sich also nicht auf die denotative Funktion der Sprache, sondern gewöhnt sich daran, sich von anderen Menschen bedienen zu lassen: Dann pervertiert die ‚natürliche‘ Schwäche in ‚unnatürliche‘ Herrschsucht. Das jedenfalls behauptet Rousseau für das männliche Kind; wir werden bald sehen, daß für das Mädchen etwas anderes gilt.

> „Sobald sie [die Kinder, C.G.] aber die Leute, die um sie sind, als Werkzeuge betrachten, die sie nach Belieben einsetzen können, bedienen sie sich ihrer, um ihrer Neigung zu folgen und ihre eigene Schwäche auszugleichen [suppléer]. Da sieht man, wie sie lästig, tyrannisch, herrschsüchtig, boshaft, unbändig werden. Diese Entwicklung entspringt allerdings nicht einem natürlichen, sondern einem anerzogenen Herrschtrieb. Denn man braucht keine lange Erfahrung, um zu empfinden, wie angenehm es ist, durch eines andern Hände zu wirken und nichts weiter nötig zu haben, als nur seine Zunge zu rühren, um die ganze Welt in Bewegung zu setzen [de remuer la langue pour faire mouvoir l’univers].“ (Emile, S. 54 W, 289 P)

Für Rousseau sichert der denotative Sprachgebrauch[163] die Unabhängigkeit des Kindes nicht nur deshalb, weil er den Zögling in der Präsenz seiner physischen Bedürftigkeit hält, sondern vor allem, weil er ihn daran hindert, Macht über seine erwachsenen Bezugspersonen zu gewinnen. Von Anfang an muß sich das Bestreben des Erziehers darauf richten, einen ‚Mißbrauch‘ der Sprache durch das Kind zu verhindern. Dieser Mißbrauch bestünde darin, daß das Kind die Sprache nutzt, um andere zu beeinflussen. Das klingt zunächst überraschend, ist für Rousseaus Erziehungsideal jedoch absolut zentral: Um seine Autonomie nicht zu gefährden, soll das Kind die Sprache als Mittel der Verführung oder des Befehls gar nicht erst kennenlernen.

> „Man muß ihnen [den Kindern, C.G.] helfen und all das ersetzen [suppléer], was ihnen an Verstand oder an Stärke fehlt …“. (Emile, S. 54 W, 290 P) – „Wenn man ihm aber keine Erleichterung verschaffen kann, so bleibe man ruhig und schmeichle ihm nicht, um es zu besänftigen. Eure Liebkosungen werden seine Kolik nicht heilen; indessen wird es sich erinnern, was es tun muß, um umschmeichelt zu werden, und wenn es *einmal* weiß, wie es euch dazu bringen kann, daß ihr euch nach seinem Willen mit ihm beschäftigt, so ist es euer Herr geworden, und *alles ist verloren*.“ (Emile, S. 55 W, 290/91 P)

„Alles ist verloren“: Das Dilemma, über das solche Katastrophen-Rhetorik leicht hinwegtäuschen könnte, besteht allerdings darin, daß jedes kindliche Zeichen diesen verhängnisvollen Lernprozeß in Gang setzen kann. Denn ob die Erwachsenen ihm nun Nahrung geben oder ob sie es liebkosen: In jedem Fall macht das Kind die Erfahrung, daß es durch sein Schreien oder Sprechen eine Reaktion beim Adressaten in Gang setzt, daß es also „nur seine Zunge zu rühren [braucht], um die ganze Welt in Bewegung zu setzen“. Unweigerlich hat jedes sprachliche Zeichen des Kindes eine doppelte

Funktion: Es bezeichnet ein Unwohlsein (z. B. „ich habe Hunger"), und es appelliert an einen Adressaten („gib mir zu essen"). Jeder sprachliche Akt des Kindes ist also sowohl konstativ als auch performativ. Die Aktivität des Erwachsenen ist darum gleichermaßen notwendig *und* korrumpierend für die kindliche Freiheit.

Rousseau will diese Gleichzeitigkeit nicht wahrhaben, denn sie stellt sein gesamtes Konzept der kindlichen ‚Freiheit' in Frage. Er muß deshalb versuchen, das gute vom schlechten, das helfende vom korrumpierenden Supplement zu unterscheiden. Aus diesem Grunde ist er zu einem weiteren folgenreichen Trick gezwungen: Der Erzieher soll seinem gesamten Verhalten den Anschein einer Naturnotwendigkeit geben! Er soll so tun, als folge er in allem einer strengen Sachlichkeit, als agiere er nicht freiwillig und damit beeinflußbar, sondern mit der eisernen Gesetzmäßigkeit der Naturvorgänge, kurz: als sei er nicht Mensch, sondern Sache.[164]

Der Erwachsene soll bei jeder notwendigen und unumgänglichen Hilfe zur Befriedigung der bloß „physischen Bedürfnisse" den Supplementcharakter seiner Handlungen nach Möglichkeit verschleiern. Der Erzieher spielt sozusagen selber „Natur", er tut so, als ob die von ihm geleistete Hilfe gleichsam von selbst zustande gekommen sei, ohne die Vermittlung des kindlichen Zeichens. Optimal wäre es, wenn das Kind den Eindruck bekäme, der Erzieher habe gar kein Zeichen bemerkt, habe also zufällig genau den Impuls gehabt, den das Kind von ihm verlangt. Dies bedeutet nun allerdings, daß der Erzieher die Spur des Zeichens aus der Interaktion mit dem Kind tilgt.

> „Ich will [...] freilich ganz und gar nicht, daß man sie [die Kinder, C.G.] vernachlässige; es ist im Gegenteil sehr wichtig, daß man ihnen *zuvorkomme* [prévenir] und daß man sich ihre Bedürfnisse nicht erst durch ihr Schreien melden lasse." (Emile, S. 55 W, 291 P)

Diese Täuschung ist konstitutiv für die gesamte pädagogische Beziehung. Der Erzieher lebt ausschließlich für seinen Zögling, läßt diesen aber nichts davon merken; er fingiert lauter Zufälle, die Emile für natürlich halten soll. Er inszeniert, wenn man so will, ein großes pädagogisches Theater. In den ersten vier Büchern des *Emile* finden sich zahlreiche Beispiele für solche ‚Zufälle', die – wie Rousseau offen zugibt – jedesmal ein abgekartetes Spiel sind.[165] Man lese beispielsweise die Episode mit dem Dupin von Chenonceaux nach, die Rousseau im 2. Buch beschreibt: Der kindliche Eigenwille des verwöhnten Aristokratenkindes, der sich in Trotz und Launenhaftigkeit äußert, wird gebrochen in einem grandiosen Schauspiel. Der Erzieher hat zuvor heimlich beinahe alle Dorfbewohner über die für sie vorgesehenen Rollen instruiert, die sie nun erwartungsgemäß spielen. Alle wissen, worum es geht, nur der Zögling nicht![166]

Mit anderen Worten: Der Erzieher täuscht seinen Zögling permanent über den wahren Charakter seiner Abhängigkeit. Emile ist ganz und gar abhängig von einem anderen Menschen; diese Abhängigkeit erscheint nur deshalb als eine dinghafte oder ‚natürliche', weil der Erzieher die Spuren seiner Interventionen verwischt. Darin gleicht sein Handeln dem Sprachideal der transparenten Worte. Auch sie geben sich ja als bloße Repräsentation der Natur aus, als neutrales Zeichen ohne jede Eigengesetzlichkeit. Wie der Erzieher vertuschen sie die Spur ihrer Intervention, handeln als

„Agenten der Natur'. Indem sich Erziehung am Sprachideal der Transparenz orientiert, wird sie zu einem „manipulierten Nicht-Verhältnis" (HEINZ-HERMANN SCHEPP):

> „Weil der Erzieher gleichsam vom Hintergrund her an den Drähten zieht und die Erziehung durch die Dinge arrangiert, bleibt Emile subjektiv in dem Glauben, unbeeinflußt und unabhängig aufzuwachsen …".[167]

Der Erzieher muß seine Macht über den Zögling verschleiern: Was auch immer er dem Kinde abverlangt oder verbietet, es soll sich frei fühlen, obwohl es unter vollständiger Kontrolle steht. Er setzt, wie HARARI schreibt, die „Gewalt der List" an die Stelle der „Gewalt der Kraft".[168]

> „Befehlt ihm [dem Zögling, C.G.] niemals etwas, sei es, was es wolle – absolut nichts [absolument rien]. Laßt ihn nicht einmal sich einbilden, daß ihr irgendeine Autorität [autorité] über ihn beansprucht. Er wisse nur, daß er schwach ist und daß ihr stark seid, daß er durch seinen und euren Zustand notwendigerweise von eurer Güte abhängt; er wisse es, er lerne es, er fühle es; er fühle beizeiten über seinem stolzen Haupte das harte Joch, welches *die Natur* den Menschen auferlegt, *das schwere Joch der Notwendigkeit*, unter das sich ein jedes endliche Wesen beugen muß. Er sehe diese Notwendigkeit in den Dingen [dans les choses] und niemals in den Launen der Menschen; der Zaum, der ihn zurückhalte, sei die Stärke und nicht die Autorität." (Emile, S. 84/85 W, 320 P)

Die entscheidende Neuerung, die Rousseau in die traditionelle Erziehung einführt, ist der Verzicht auf die Demonstration von Autorität, keineswegs auf Autorität und Macht als solche. Allzu oft ist diese Methode mißverstanden worden als eine Frühform der antiautoritären oder laisser-faire-Erziehung[169], obwohl Rousseau nicht den geringsten Zweifel daran läßt, daß der Erzieher jederzeit das Zepter in der Hand behält.[170] Neu ist allerdings die Form seiner erzieherischen Machtausübung: Er verschleiert ihren Charakter als intentionales Handeln und verleiht ihr den Anschein von Naturnotwendigkeit, modern gesprochen: von ‚Sachzwang'.

> „Junger Lehrmeister, ich predige Ihnen eine schwere Kunst, nämlich ohne Vorschriften und Gebote zu regieren und durch Nichtstun alles zu tun [de gouverner sans preceptes et de tout faire en ne faisant rien]." (Emile, S. 126 W, 362 P) – „Erteilt eurem Zögling *keinerlei verbale Lektionen* [aucune espéce de leçon verbale]; er darf solche nur aus der Erfahrung erhalten." (ebd. S. 86 W, 321 P)

Die traditionelle Erziehung dagegen führt Rousseau zufolge nur zur Verstellung des Kindes. Der Erzieher, der mit einem System von Belohnungen und Bestrafungen von seinem Zögling Gehorsam verlangt, ist nur scheinbar der Mächtige. Sobald der Zögling gelernt hat, was er tun muß, um ein bestimmtes Resultat zu erreichen (Gehorsam führt zu Belohnung, Aufsässigkeit zu Strafe), sobald er ferner gelernt hat, seine wahren Absichten zu verbergen, kann er seinerseits dem Erzieher seinen Willen aufzwingen.

„In der sorgfältigsten Erziehung befiehlt der Lehrer und glaubt zu regieren [dans les éducations les plus soignées le maitre commande et croit gouverner]: *In der Tat aber regiert das Kind.* Es bedient sich dessen, was man von ihm fordert, um dasjenige von einem zu erlangen, was ihm gefällt, und es weiß stets, einen eine Stunde Fleiß durch acht Tage Gefälligkeit bezahlen zu lassen. In jeden Augenblick muß man mit ihm verhandeln [pactiser]. Diese Verträge, die ihr nach eurer Art vorschlagt und die es nach seiner Weise erfüllt, gereichen stets seinen Launen [fantaisies] zum Vorteil ...". (Emile, S. 127 W, 362 P)

Die entscheidende Neuerung, mit der Rousseau zur ‚natürlichen' Erziehung zurückkehren will, besteht also in einer Umkehrung der Täuschung. In der traditionellen Erziehung gab der Lehrer nur dem äußeren Anschein nach die Befehle, in Wirklichkeit wurde er aber vom Zögling dirigiert. Die Befehlsgewalt des Erziehers erstreckte sich nur auf das äußere Verhalten des Zöglings, erreichte seinen inneren Willen nicht und führte so dazu, daß der Zögling nach außen etwas vortäuschte, was seinen wahren Absichten nicht entsprach. In Umkehrung dieser Täuschung ist es in der ‚natürlichen' Erziehung der Lehrer, der dem Schüler den ‚Schein der Freiheit' vorhält und ihn dadurch umso vollkommener unterwirft. Denn er unterwirft seinen Willen, nicht nur das äußere Verhalten.

„Man schlage einen entgegengesetzten Weg mit seinem Zögling ein. Er glaube, stets Meister zu sein, und man sei es stets selbst. Keine *Unterwerfung* [assujetissement] ist so vollkommen wie diejenige, welche den *Schein der Freiheit* [l'apparence de la liberté] beibehält. Man nimmt selbst den Willen auf diese Art gefangen." (Emile, S. 127 W, 362 P)

Emile ist dieser Form von Beherrschung ausgeliefert, da er sie als solche nicht durchschaut. Nicht die Herrschaft des Erziehers über den Zögling wird abgeschafft, sondern die Form der Machtausübung wird modifiziert. Rousseau proklamiert eine ‚Modernisierung' der Machttechniken, die in jüngerer Zeit von MICHEL FOUCAULT eingehend untersucht wurde. Foucault zufolge haben die Strategien der Macht seit dem 18. Jahrhundert ihr Gesicht verändert. Ein entscheidender Punkt ist die Umkehrung von Sehen und Gesehen-Werden, die er als Prinzip des „Panoptismus" beschrieben hat.[171] Auch in dem von Rousseau geschilderten Verhältnis von Erzieher und Zögling kehrt sich das Paar Sehen und Gesehen-Werden, Durchschauen und Durchschaut-Werden um. JOSUÉ V. HARARI hat Struktur und Funktion dieses ‚pädagogischen Theaters' analysiert. In ihm spielt der Erzieher die Rolle des Regisseurs, der hinter den Scheinwerfern steht und den kindlichen Akteur beobachtet. Das Licht macht den Zögling sichtbar und blendet ihn gleichzeitig dergestalt, daß er blind wird für die Erkenntnis der Position seines Erziehers.[172]

In der traditionellen Erziehung verstand „das Kind weit besser im Geist des Lehrers zu lesen als dieser im Herzen des Kindes".[173] In der ‚natürlichen' Erziehung ist es umgekehrt: Der Erzieher beobachtet unablässig und heimlich das Kind, während dieses für die Aktionsformen seines ‚heimlichen Tyrannen' blind ist.

„Das Kind muß ganz bei der Sache [à la chose] sein; wir aber müssen ganz bei dem Kinde sein, es beobachten, es unaufhörlich belauern und, *ohne daß es dessen gewahr wird* [sans qu'il y paroisse], alle seine Gefühle im voraus empfinden [pressentir tous ses sentiments d'avance] und denjenigen zuvorkommen [prévenir], die es nicht haben soll …". (Emile, S. 227 W, 461 P)

Die *List*, die ehedem beim Zögling lag, wird nun vom Erzieher okkupiert: Er verschleiert seine Handlungen, indem er ihnen den Anschein von Notwendigkeiten gibt. Die ‚negative Erziehung' besteht nicht darin, nichts zu tun, sondern den erzieherischen Interventionen den Anschein eines Nichtstuns zu geben. Diese Verstellung des Erziehers ist aber die Voraussetzung für die Offenheit des Zöglings, d. h. für dessen Unfähigkeit, sich zu verstellen.

„Sein Herz, das ebenso rein ist wie sein Leib, kennt die *Verstellung* [déguisement] so wenig wie das Laster. [...] Er hat alle Offenherzigkeit [indiscretion] der Unschuld; er ist ohne Bedenken naiv [naïf sans scrupule]; er weiß noch nicht, wozu die *Täuschung* dient [à quoi sert de tromper]. Es geht nicht eine Bewegung in seiner Seele vor, die sein Mund oder seine Augen nicht verraten; und oft sind die Gefühle, die er hat, mir eher bekannt als ihm." (Emile, S. 414 W, 642 P)[174]

Diese „Offenherzigkeit" Emiles ist die Voraussetzung für die Gewalt des Erziehers über ihn: So erkennt er jede gefährliche Regung rechtzeitig und kann ihr gegensteuern. Die Erziehung zur ‚Freiheit' wird also dann am besten erreicht, wenn der Erzieher seinen Eingriffen den Anschein eiserner Naturnotwendigkeiten verleiht. Die Freiheit des ‚natürlich' erzogenen Knaben Emile ist so vor allem eine schöne Illusion, der täuschende Effekt einer gigantischen Inszenierung, deren eigentliche Funktion in einer wirksameren Lenkung des Zöglings besteht.

Ich fasse das Ergebnis meiner bisherigen Lektüre zusammen: Emiles ‚Freiheit' erweist sich als das Ergebnis eines großangelegten Täuschungsmanövers, einer sorgfältig ausgeklügelten List. Sie ist, allen Beteuerungen zum Trotz, nichts, was man natürlicherweise hat, sondern muß sorgfältig erzeugt werden. Sie kommt nicht mit Selbstverständlichkeit und von allein – im Gegenteil: Sie bedarf eines *heimlichen Anderen,* um zu sich selbst zu kommen. Diese Figur des heimlichen Anderen ist wohl das raffinierteste Täuschungsmanöver in den Erziehungsidealen von Rousseau. So souverän sich das Kind auch wähnen mag: Immer ist da schon jemand, der seine Souveränität in Kraft setzt. Problematisch daran ist nicht nur, daß hier grundsätzlich ein Anderer entscheidet, was dem Kind sachlich angemessen ist und was nicht; problematisch ist vor allem, daß diese Unfreiheit sich als Freiheit maskiert. Allen Beteuerungen zum Trotz ist das von Rousseau so begehrte Bei-sich-sein nicht zu haben ohne eine vorgängige Abhängigkeit, also Selbstentfremdung. In diesem unlösbaren Paradoxon bleibt die Erziehung des männlichen Kindes gefangen: Es ist nur bei sich, indem es vollständig außer sich ist. Es wähnt, in freier Selbstbestimmung zu handeln, und wird doch vollkommen von außen gesteuert. Emiles ‚Freiheit' paßt also perfekt zu jener Freiheit im Gesellschaftszustand, von der es im *Gesellschaftsvertrag* heißt, sie komme nur zustande durch eine „aliénation totale" der ursprünglichen Freiheit des Einzelnen.

Rousseaus ‚Freiheit' basiert ferner auf Unkenntnis. Dies wird deutlich, wenn man für einen Augenblick Abstand nimmt von der Perspektive des Erziehers und die Frage stellt, wie ein Kind erzogen werden müßte, das sich einer solchen Erziehungsstrategie zu widersetzen vermag. Dieses Kind hätte zu lernen, hinter angeblichen Sachzwängen die persönlichen Interessen des Erziehers zu erkennen. Es hätte die Sprache nicht primär unter dem Aspekt der Repräsentation, sondern unter dem der Rhetorik zu erlernen. Es wäre mit allen Strategien der Verführung, Täuschung und List bekannt zu machen, damit es in der Lage ist, hinter den vermeintlich transparenten Worten die Strategien der Machtausübung zu erkennen. Das Kind hingegen, oder besser: der Mann, der nach 20 Jahren die Rousseausche Erziehung verläßt, lebt in mehrfacher Verblendung. Scheinbar umgeben ihn eine Sachwelt ohne persönliche Interessen, eine Gesellschaft ohne Machtverhältnisse und eine Sprache ohne Sprachlichkeit. Ein so erzogener Mann ist weniger frei von Herrschaft als vielmehr unfähig zu jeder adäquaten Einschätzung von sich und der Welt. So maskulin das Postulat männlicher Freiheit auf den ersten Blick erscheinen mag: Sobald es sich entfaltet, zeichnet es das Bild eines hilflosen Ausgeliefertseins. Was ist nur geworden aus dem Bild des freien, autarken, mit sich identischen Mannes? Ein sozial ungelenkes, seiner sprachlichen und emotionalen Bewegtheit unbewußtes Wesen. ‚Freiheit' wäre demnach vor allem der Name einer psychischen Konstitution voller Selbsttäuschungen.

HEINZ-HERMANN SCHEPP hat die Programmatik der ‚negativen Erziehung' auf das ungelöste Problem der politischen Philosophie von Rousseau bezogen:

> „Die Erziehung durch die Natur der Dinge, durch die dingliche Natur, soll den ‚Menschen' Emile vorbereiten auf seine Zukunft als ‚Bürger' Emile. Als Bürger soll er später die Macht der Gesetze ebenso als Widerspiegelung seiner freien Natur begreifen, wie er als Mensch (Kind) die Macht der Dinge als Ausdruck einer freiheitserhaltenden Notwendigkeit erfahren hat. Der pädagogische Regelkreis bereitet den politischen vor." [175]

Schepp sieht im *Emile* darum ebenso eine „theoretische Gewaltlösung" wie im *Gesellschaftsvertrag*[176]; auf beiden Ebenen – der pädagogischen und der politischen – habe sich Rousseau in einen „Zirkel unauflöslicher Aporien" verstrickt. Die angebliche „Erziehung zur Freiheit" produziere die massivste und unentweichlichste Abhängigkeit, den Rückfall in quasi-absolutistische Verhältnisse.

Ich werde in den folgenden Kapiteln zu ergründen versuchen, wer auf dem Feld jenes ‚heimlichen Anderen' agieren wird, sobald der Erzieher den Platz geräumt hat; daß es sich dabei um die Frau handelt, dürfte unschwer zu erraten sein. Doch schon hier will ich eine vorläufige Schlußfolgerung ziehen, die den meisten feministischen Kommentaren zuwiderläuft. Die Begriffe von ‚Natur' und ‚Freiheit' des männlichen Subjekts lösen bei näherem Hinsehen keine ihrer Versprechungen ein. Von einer ungehemmten Entfaltung aller Anlagen und Begabungen kann ebensowenig die Rede sein wie von einer Erziehung zur Selbstbestimmung und Selbstbehauptung. Damit stellt sich nun ein erstes Mal die Frage nach den Parametern jenes ‚feministischen Diskurses‘, der ein so offensichtlich schiefes Bild von Rousseaus Freiheitsbegriff erzeugt hat. Dieser Frage soll im folgenden Exkurs anhand einer markanten Position aus der ersten Phase feministisch engagierter Literaturwissenschaft nachgegangen werden. Sie stammt aus den USA und hat auch hierzulande die feministische Diskussion nachhaltig beeinflußt: KATE MILLETTs umfangreiche Abhandlung über *Sexus und Herrschaft*.

IV. DIE TYRANNEI DES MANNES

Exkurs zu Kate Millett

Der neuen Frauenbewegung stellte sich von Beginn an das Problem einer umfassenden Analyse geschlechtsspezifischer Herrschaftsverhältnisse, denn die Herrschaft des männlichen über das weibliche Geschlecht war offensichtlich mehr als ein materieller Sachverhalt und konnte folglich nicht nur in politischen, juristischen oder ökonomischen Termini analysiert werden. Zu beantworten war vielmehr die Frage, warum Frauen sich scheinbar freiwillig, d. h. ohne massive äußere Zwangsmechanismen, mit der untergeordneten Position in der Gesellschaft zufriedengaben. Die meisten Feministinnen der ersten Generation suchten die Antwort in einer Theorie der ideologischen Beeinflussung bzw. Manipulation von Frauen und versuchten, dem Problem mittels Ideologiekritik beizukommen.[177] Im Rückgriff auf SIMONE DE BEAUVOIR sprachen sie von der fundamentalen Fremdbestimmung der Frau durch eine ‚männliche Optik'[178] und sahen den Weg zur Befreiung darin, sich von dieser Optik loszusagen und ein eigenes Welt- und Selbstbild zu entwickeln. Neben Beauvoirs in jenen Jahren viel gelesener Untersuchung *Das andere Geschlecht* (1949, dt. 1951) haben Arbeiten wie BETTY FRIEDANs *Der Weiblichkeitswahn* (1963, dt. 1963), KATE MILLETTs *Sexus und Herrschaft* (1969, dt. 1971), GERMAINE GREERs *Der weibliche Eunuch* (1970, dt. 1973) und SHULAMITH FIRESTONEs *Frauenbefreiung und sexuelle Revolution* (1970, dt. 1975) entscheidend zu dieser Weichenstellung beigetragen. Milletts *Sexual Politics*[179] galt der neueren Frauenbewegung schnell als ein ‚Klassiker' feministischer Literaturkritik.[180] Ihre Arbeit ist für die Rekonstruktion des ideologiekritischen Ansatzes besonders geeignet, weil hier explizit der politisch-theoretische Kontext entfaltet wird, in dem literarische und philosophische Texte gelesen wurden – auch die Schriften von Rousseau. Ich werde deshalb vor allem an Milletts Arbeit die Probleme erörtern, die den ideologiekritischen Ansatz kennzeichnen.

1. FEMINISTISCHE MACHTANALYSEN

Wenn Kate Millett Ende der 60er Jahre die Frage nach dem Zusammenhang von Sexualität und Herrschaft stellt, so trifft sie damit ein zentrales Interesse der sich eben erst formierenden neuen Frauenbewegung. Im Unterschied zu den Emanzipationsbestrebungen des 19. und frühen 20. Jahrhunderts richtete die neue Bewegung ihr Augenmerk von Beginn an nicht nur auf die politische und ökonomische Sphäre, sondern verfolgte die Spuren männlicher Dominanz bis in ihre subtilsten Äußerungen in den privaten Beziehungen der Geschlechter. Gerade der ‚Privatbereich' bzw. die Trennung zwischen privater und öffentlicher Sphäre wurde als ein entscheidender Stützpfeiler patriarchalischer Herrschaft diagnostiziert. Die neue Parole lautete: „Das Private ist politisch" und zielte darauf, diese Trennung zu überwinden, indem das Private öffentlich gemacht wurde.

Millett trifft also mit ihrem Thema ins Zentrum des feministischen Interesses. Die Frage der sexuellen Gewalt, die von der Frauenbewegung auf die Tagesordnung gesetzt wurde, wird von ihr in einem klaren Täter-Opfer-Dualismus formuliert und zugleich als Fokus des gesamtgesellschaftlichen Zustandes patriarchalischer Herrschaft präsentiert. Eine „objektive Untersuchung unseres Systems der Sexualbeziehungen" müsse zu dem Schluß kommen, „daß die Beziehungen zwischen den Geschlechtern sowohl heute wie auch früher stets ein Phänomen aufwiesen, das Max Weber mit *Herrschaft* bezeichnete."[181] Diese Herrschaft sei fundamental für die gegenwärtige Gesellschaft.

Sie „ist haltbarer als jede Art erzwungener Segregation, unerbittlicher als Klassenschichtung, einheitlicher und zweifellos zeitüberdauernder. Wenn die gegenwärtige Form dieser sexuellen Herrschaft auch belanglos erscheinen mag, so ist sie vielleicht doch *die weitestverbreitete Ideologie unserer Kultur* und liefert deren fundamentalsten Machtbegriff. Der Grund ist darin zu suchen, daß unsere Gesellschaft, wie alle anderen historischen Zivilisationen, ein Patriarchat ist. Das Militär, die Industrie, die Technologie, die Universitäten, die politischen Ämter, das Finanzwesen, kurz, jeder Zugang zur Macht innerhalb der Gesellschaft [...] liegt in männlichen Händen." (K. Millett 1974, S. 39; Hervorh. C.G.)

Milletts Arbeit beschränkt sich deshalb nicht auf die Analyse eines gesellschaftlichen Teilbereichs – z. B. die Darstellung sexueller Beziehungen in moderner Literatur –, sondern sie nimmt das gesamte Gebäude patriarchalischer Herrschaft ins Visier. Dieses Gebäude erscheint in ihrer Darstellung als ein monolithischer Block: Die Macht des Patriarchats ist universell in ihrer zeitlichen Ausdehnung (nämlich so alt wie die menschliche Zivilisation selbst) und in ihrer aktuellen Geltung. Millett formuliert damit eine These, die im radikalen Feminismus Schule gemacht hat: Die Unterdrückung der Frau durch den Mann stelle ein viel globaleres Herrschaftsverhältnis dar als alle sozio-ökonomisch bedingten Formen von Herrschaft (Sklaverei, Feudalismus, Kapitalismus etc.). Alle bisherigen Revolutionen, so resümiert GÜNTER BARTSCH diese Position, hätten „lediglich zur Ablösung *einer* Männerkaste durch eine andere" geführt. „Ob Sklaverei, Feudalismus oder Kapitalismus, immer bildete das weibliche Geschlecht den Bodensatz. Es war der erste Kontinent, der kolonisiert wurde, eine vierte Welt neben den drei geographisch fixierbaren."[182] Es handelt sich, wie es scheint, um ein strikt duales Herrschaftsverhältnis: Männer und Frauen stehen sich in zwei Lagern klar identifizierbar gegenüber – als Herrschende und Unterdrückte, als Täter und Opfer.

Macht ist in dieser Sicht etwas Substantielles, was man ‚haben' oder ‚nicht haben' kann. Sie ist identifizierbar und personalisierbar, d. h. an konkrete Personen und deren Willkür gebunden. Millett legt ihrer These von der Herrschaft in den Geschlechterbeziehungen folgende Definition von MAX WEBER zugrunde: „Herrschaft im ganz allgemeinen Sinn von Macht, d. h. der Möglichkeit, den eigenen Willen dem Verhalten anderer Personen aufzudrängen ...".[183] Ihr Verständnis von „Patriarchat" basiert also auf einem Machtbegriff, der an die Willkür von Personen gebunden ist. Der Untertitel der deutschen Ausgabe von *Sexual Politics* bringt diese Sichtweise plakativ zum Ausdruck: „Die Tyrannei des Mannes in unserer Gesellschaft".

In der Weberschen Definition ist Macht aufs engste mit Gewalt und Herrschaft assoziiert[184]; sie erscheint gleichbedeutend mit Unterdrückung und Ausbeutung.[185] Insofern ist Macht eindeutig negativ konnotiert und unter moralischen Gesichtspunkten abzulehnen. Die Frauen, die sich dieser Sichtweise zufolge in der Position der Machtlosigkeit befinden, können mit ihrem Opferstatus zugleich ihre Unschuld und ihre moralische Überlegenheit behaupten. Dieser Diskurs erklärt die Machtfrage vor allem zu einem moralischen Problem; er fordert die moralische und faktische Rehabilitierung der Opfer[186] und weist jeden eigenen Anteil an den Machtverhältnissen von sich. In der Folge wurde die Mitverantwortung von Frauen für die patriarchalischen Verhältnisse ebenso geleugnet wie die Existenz von Hierarchien und Machtverhältnissen in der Frauenbewegung selbst. In der „Blockvorstellung von Macht", so resümiert HILGE LANDWEER, „ist die Macht selbst bereits etwas Patriarchales, etwas Unmoralisches; jede Kontamination mit der Macht ist gefährlich."[187]

Diese Machtanalyse hat – in der klaren Identifizierung von Tätern und Opfern, in ihrem Schwarz-Weiß-Schematismus und ihrem Moralismus – etwas verführerisch Eingängiges. Sie erfreute sich vor allem in den Anfängen der neueren Frauenbewegung großer Beliebtheit, die teilweise bis heute anhält. Allerdings zeigten genauere historische oder soziologische Untersuchungen bald, daß das dualistische Macht-Ohnmacht-Modell und die damit einhergehende ‚Lagermentalität' zu einfach sind. Nicht zuletzt die Auseinandersetzung mit sozialpsychologischen und psychoanalytischen Erklärungsmustern, die im Gefolge von Millett und anderen anglo-amerikanischen Feministinnen gründlich in Verruf geraten waren[188], zwangen die Frauen zu differenzierteren Analysen, in denen auch nach dem eigenen Anteil an Herrschaftsverhältnissen gefragt wurde.[189] Die „Blockmetapher" der Macht wurde als unzureichend erkannt und in den 80er Jahren vielfach abgelöst durch eine „Netzmetaphorik"[190], die den Schriften von MICHEL FOUCAULT entscheidende Anstöße verdankt.[191] Das Netz ist eine Struktur ohne Zentrum, deren einzelne Elemente sich zu immer neuen Konstellationen gruppieren können. Macht ist folglich ein stets bewegliches und nicht schon vorab moralisch kodiertes Feld von Kräfteverhältnissen, innerhalb dessen auch die Frauen und ihre Bewegung angesiedelt sind. Macht ist dann per se weder gut noch böse, sondern muß je spezifisch und situativ in ihren Wirkungen und Funktionsmechanismen analysiert werden. Insofern sie nicht substanziell gedacht werden kann, lassen sich nicht statisch Täter und Opfer (bzw. „Mittäterinnen") identifizieren; das System von Relationen ist stets in Bewegung, die Machteffekte werden als lokale, instabile und damit auch veränderbare gedacht.[192]

Diese neueren Machtanalysen implizieren unter anderem:
- eine Analyse der Mitverantwortung von Frauen für gesellschaftliche Machtverhältnisse[193],
- eine Auseinandersetzung mit Machtstrukturen innerhalb von Frauengruppen[194],
- eine Analyse struktureller Gewaltverhältnisse, denen durch moralisierende Schuldzuweisungen nicht beizukommen ist[195] und

– einen Abschied von der Haltung der großen Verweigerung, der sich moralisch im Recht wissenden Abstinenz von der Macht.

Frauen haben in vielfältigen – oft auch kontrovers eingeschätzten – Formen begonnen, an der Macht zu partizipieren, die herrschenden Mächte qua List zu irritieren, Terrain in den gesellschaftlichen Institutionen zu erobern oder außerhalb davon Gegenmächte aufzubauen. In die Machtfrage ist also Bewegung gekommen. Damit ist es auch möglich, die Formen weiblicher Machtausübung in der Geschichte sowie in literarisch inszenierten Geschlechterverhältnissen anders einzuschätzen als in der beschriebenen Phase – vielleicht auch die ‚weibliche Macht‘ in den Texten von Jean-Jacques Rousseau, die in den folgenden Kapiteln näher zu untersuchen ist.

2. Ideologie und ‚authentische‘ Erfahrung

Entscheidend für viele spätere Analysen war Milletts These, daß in der ‚patriarchalischen Ideologie‘ die Wurzel des Übels liege. Nicht zuletzt daraus erklärt sich die Vehemenz, mit der in den 70er Jahren die feministischen Angriffe auf die ‚ideologischen‘ Bastionen des Patriarchats geführt wurden – unter anderem auf die ‚männliche‘ Literatur und speziell deren Weiblichkeitsentwürfe. Ideologie wird dabei zunächst in einem recht unspezifischen Sinne verstanden als falsche, einseitig-verzerrte Weltanschauung. Millett beginnt folgerichtig ihre „Notizen zu einer Patriarchatstheorie" mit dem „ideologischen Gesichtspunkt".[196] Die patriarchalische Ideologie halte die Frauen in ihrer unterdrückten Position fest, indem sie ihnen von klein auf suggeriere, daß sie aufgrund ihrer ‚Natur‘ minderwertig und unterlegen seien. In der Ideologie liegt somit die entscheidende Stütze des Patriarchats und der Ansatzpunkt für seine Zerstörung durch die feministische „Kulturrevolution".[197] Die Männer als ‚herrschende Klasse‘ produzieren die ‚falschen‘ Ideologien, mit denen sie ihre Herrschaft aufrechterhalten und legitimieren; die Frauen glauben ihnen und fügen sich in ihre Rolle.

Millett setzt sich zum Ziel, die Beschaffenheit und Wirksamkeit dieser Ideologie auf möglichst vielen Ebenen nachzuweisen; im ersten Teil des Buches in Form von theoretischen Bausteinen (Ideologie, Biologie, Soziologie, Ökonomie, Pädagogik, Anthropologie, Religion, Psychologie); im zweiten Teil unter Bezug auf die Geschichte des 19. und 20. Jahrhunderts („Sexualrevolution" und „Gegenrevolution"); im dritten Teil schließlich im Hinblick auf zeitgenössische Literatur. Obwohl Literaturwissenschaftlerin, kommt sie auf diese Weise erst nach gut 300 Seiten Theorie und Geschichte zu ihrem eigentlichen Gegenstand, der Literatur. Gravierender allerdings als jene quantitative Dominanz von Theorie und Geschichte über die Literatur ist die inhaltliche Vereinheitlichung, die Millett betreibt. Ihre Analyse basiert, wie mir scheint, auf zwei Erbschaften eines deterministisch verengten Marxismus, die auf ein neues Objekt bezogen werden. Erstens: Die Gesellschaft erscheint als Zwei-Klassen-System – nicht von Bourgeois und Proletariern, sondern von Männern und Frauen. Zweitens: Die Literatur erscheint, ebenso wie die Theorie, als eine Form der Ideologie, die dem „Überbau" angehört, das heißt durch die ökonomisch-politische „Basis" (patriarchalischer Herrschaft) determiniert ist. Theorien und Literaturen werden daher unmittelbar auf ihre politische Funktion hin interpretiert und entsprechend klassifiziert.

> „Was immer an übernatürlicher Autorität, an ‚Göttlichem‘, an ethischen und moralischen Werten, an Philosophie und Kunst in unserer Kultur erhalten ist [...], stammt von Männern." (K. Millett 1974, S. 39)

Alle Beispiele sind so gewählt, daß sie diese Hauptthese stützen. Milletts Buch erhält dadurch eine bemerkenswerte Einheitlichkeit und ein hohes Maß an agitatorischer ‚Schlagkraft‘; es ist, wie Toril Moi schreibt, „ein mächtiger Fausthieb in den Solarplexus des Patriarchats".[198]

So kohärent und agitatorisch wirksam dieses Erklärungsmuster auch sein mag – es enthält eine folgenreiche Selbsttäuschung. Milletts Verfahren einer Vereinheitlichung all dieser unterschiedlichen Komponenten erzeugt nämlich erst jenes Bild vom allmächtigen ‚Patriarchat‘, das sie anschließend so leidenschaftlich attackiert. Wo Millett glaubt, die weibliche Kulturrevolution durch rhetorische Zuspitzung anfachen zu können, schafft sie in Wirklichkeit ein Weltbild, das seine fatale Wirksamkeit auf Frauen inzwischen oft genug unter Beweis gestellt hat: Schließlich lebt gerade die Resignation von der imaginären Aufblähung des Mannes zum allmächtigen Täter und der Stilisierung der Frau zum universalen Opfer. Die Gültigkeit dieses Weltbildes einmal vorausgesetzt: Woraus sollte der Feminismus eigentlich seine Kraft schöpfen, wenn sich der Schwung der ersten Aktionen verbraucht hat?

Auch das Aufklärungspathos, das dem ideologiekritischen Ansatz innewohnt, ist angesichts der Stabilität der bestehenden (Herrschafts-) Verhältnisse mittlerweile fragwürdig geworden. Daß Herrschaft sich nur auf Manipulation und falsche Glaubenslehren stützen kann, folglich durch Aufklärung allein zu gefährden wäre, darf unter Rekurs auf sozialpsychologische und psychoanalytische Erkenntnisse bezweifelt werden. Toril Moi hat nachdrücklich auf den Faktor des Unbewußten hingewiesen:

> „Laut Millett ist die Frau ein unterdrücktes Wesen ohne ein widerspenstiges Unbewußtes, mit dem zu rechnen wäre; sie muß bloß die falsche Ideologie des herrschenden Patriarchats durchschauen, um sie abzuschütteln und sich selbst zu befreien. Wenn wir jedoch mit Freud davon ausgehen, daß alle menschlichen Wesen – auch Frauen – die Normen ihrer Unterdrücker verinnerlichen können, und daß sie sich beunruhigenderweise sogar mit ihren eigenen Peinigern identifizieren können, dann kann Befreiung nicht mehr länger nur als logische Konsequenz einer rationalen Bloßstellung der falschen Glaubenslehren, auf denen die patriarchale Herrschaft beruht, gesehen werden."[199]

Wenn dennoch das ideologiekritische Erklärungsmuster für die Unterdrückung der Frauen lange Zeit seine Wirksamkeit entfaltet hat, muß der Grund dafür woanders liegen. Das Attraktive dieses Ansatzes besteht, wie mir scheint, in seiner umfassenden Exkulpation der weiblichen Seite. Die Frauen konnten die ‚Unschuld der Opfer‘ für sich reklamieren und die Integrität und Authentizität ihrer Erfahrung zum neuen Maßstab erheben.

66

Damit ist das Gegenstück zur patriarchalischen Ideologie gefunden: die ‚authentische Erfahrung' der Frauen. Ist bei Millett diese Instanz nur implizit mitgedacht, so wird sie bald schon zur expliziten Programmatik der Frauenbewegung[200], die ihren sichtbarsten Ausdruck in den „Selbsterfahrungsgruppen" fand. Diese – aus den USA importierte – Praxis zielte auf den Zusammenschluß von Frauen zu kleinen Gesprächsgruppen, in denen die persönliche Erfahrung jeder Frau den Ausgangspunkt für Lernprozesse bildete, an deren Ende die Einsicht in gesellschaftliche Determinanten des Frauseins stehen sollte.[201]

Aus dieser kollektiven Selbstverständigung über die eigenen ‚weiblichen' Erfahrungen resultierte dann die Kritik an den ‚ideologischen' Bildern der Frau in Wissenschaft, Kultur und Gesellschaft. Auf der ersten „Sommeruniversität für Frauen", die 1976 in West-Berlin stattfand und sich dem Thema *Frauen und Wissenschaft* widmete, erklärte beispielsweise die Historikerin GISELA BOCK:

> „Wir kritisieren die herrschende Wissenschaft, die es, was uns betrifft, mit der Wahrheit nie sonderlich ernst genommen hat. Hat sie doch entweder unsere Existenz, oder wenn nicht unsere Existenz, so doch unsere Kämpfe verschwiegen und unterschlagen. In ihren Büchern tauchen wir entweder gar nicht auf, oder verzerrt: positiv, unterwürfig, häuslich, konservativ, sittsam. Diese Lüge der Wissenschaft dient der gesellschaftlichen Realität, in der entweder unsere Existenz unbeachtet blieb oder unsere Kämpfe zerschlagen, verschwiegen oder reduziert wurden auf bloßes Schlafzimmer-und-Küchen-Gezänk […]. In der Frauenbewegung […] erkannten wir, daß wir anders sind, als diese Gesellschaft uns haben will, […] anders als das Bild, das man sich von uns macht."[202]

Diese Kritik artikuliert sich in Termini von „Wahrheit" und „Lüge"; sie spricht der „herrschenden Wissenschaft" das Recht und die Kompetenz ab, wahre Urteile über Frauen zu formulieren, und diagnostiziert stattdessen ein interessiertes Verschweigen, Unterschlagen oder Verzerren: Die Wissenschaft produziert – im Dienste der Aufrechterhaltung des gesellschaftlichen Status Quo – ‚falsche Bilder' über die Frauen. Diese werden von den Betroffenen nun im Namen einer authentischen weiblichen Erfahrung zurückgewiesen: Wir sind anders als das Bild, das die Wissenschaft von uns entwirft. Diese Formulierung zeigt, daß der Begriff des „Frauenbildes" – als Verzerrung der weiblichen Realität – einer der naheliegendsten Gegenstände feministischer Kritik werden mußte. Verfälschende Frauenbilder wurden nun allenthalben diagnostiziert: in der Werbung, in Massenmedien, Kulturbetrieb und Wissenschaft, kurz: im gesamten kulturellen ‚Überbau' der Gesellschaft. Auch die Lektüre von literarischen Texten geriet unter diesen Anspruch; die dort angebotenen Frauenbilder wurden an der eigenen Erfahrung überprüft und aus subjektiver Betroffenheit heraus kritisiert. So resümierte RENATE MÖHRMANN 1979 in einem Forschungsbericht über *Feministische Ansätze in der Germanistik*:

> „Der neue Feminismus bricht radikal mit dem herrschenden Objekt-Status der Frau und verweigert die Identitätsbestimmung durch den Mann. Allein die *authen-*

tische Erfahrung von Frauen wird zur verbindlichen Instanz erhoben, um Normatives über ihre Empfindungen und Wünsche, ihr Denken und Wollen zu entwickeln. Die empirische Frau wehrt sich gegen die maskulinen Weiblichkeitsprojektionen, gegen die Ontologisierung der Geschlechtergegensätze …".[203]

Die Kritik der ‚falschen Bilder', der zur Aufrechterhaltung von patriarchalischen Herrschaftsinteressen in Umlauf gesetzten Ideologeme, avancierte zu einem zentralen Anliegen der Frauenbewegung. In dem Dualismus von Bild und Realität, von verzerrender Projektion und authentischer Erfahrung formulierte sich die erste Etappe der feministischen Kritik. Die 70er Jahre können als das Jahrzehnt der Ideologiekritik bezeichnet werden.

Doch ähnlich wie die dualistische Machtanalyse der ersten Feministinnen wurde auch das Erklärungsmuster ‚Ideologie versus Erfahrung' später zunehmend in Frage gestellt. Problematisierte SILVIA BOVENSCHEN schon Ende der 70er Jahre, ob es jenseits der Bilder und Entwürfe von Frauen so etwas wie authentische Erfahrung überhaupt geben könne (vgl. Teil VI), so wurde diese Frage mit der sprach- und diskurstheoretischen Neuorientierung der Geisteswissenschaften in den 80er Jahren erst recht unabweisbar. Denn wenn es stimmt, daß Erfahrung nicht unabhängig von ihrer sprachlichen Verfaßtheit existiert, sondern uns nur als sprachlich vermittelte zugänglich ist, dann kann man auf die pure Erfahrung als Wahrheitsinstanz – und die dahinter stehende humanistische Konzeption eines integralen (sei's männlichen, sei's weiblichen) Subjekts – nicht länger rekurrieren.[204] Vielmehr richtet sich nun die Aufmerksamkeit auf die je spezifischen sprachlichen Muster und Diskurse, vermittels derer die Individuen ihren Erfahrungen Bedeutungen zuschreiben.[205] Wenn der Frauenbewegung insgesamt die Überzeugung zugrunde liegt, daß die Erfahrung von Frauen sich von der Erfahrung von Männern unterscheidet, dann ist das Kampfobjekt nun die Interpretation dieser Erfahrungen. Die Erkenntnis, daß wir unserer Erfahrung unterschiedliche Bedeutungen zuschreiben können, erscheint so als das eigentliche Ziel von Selbsterfahrungsgruppen.

> „Die gemeinsame Diskussion persönlicher Probleme und Konflikte, die zuvor oft als das Ergebnis persönlicher Unzulänglichkeiten und Neurosen begriffen wurden, führt zu der Erkenntnis, daß das, was wir als persönliche Mängel erlebt haben, von der Gesellschaft erzeugte Konflikte und Widersprüche sind, die wir mit vielen Frauen in ähnlicher sozialer Lage teilen. Dieser Erkenntnisprozeß kann zu einer Neuschreibung der persönlichen Erfahrung auf der Basis ihrer gesellschaftlichen, veränderbaren Ursachen führen."[206]

In diesem Prozeß wird zugleich deutlich, daß Erfahrung nichts ein für allemal Festgelegtes ist, das durch Sprache lediglich widergespiegelt wird, sondern daß sie durch Sprache konstituiert wird und demzufolge ganz unterschiedliche Deutungen erfahren kann. Der Prozeß der Selbsterfahrung kann dann nicht mehr gedacht werden als essentialistischer *Häutungsprozeß*, wie ihn VERENA STEFAN in ihrem die Reihe der weiblichen Selbsterfahrungsliteratur eröffnenden Roman[207] beschrieb: Frau lege eine fremde

Haut, sprich: eine männliche Weiblichkeitsprojektion nach der anderen ab, bis sie beim ‚wahren‘ Kern des eigenen Wesens angelangt ist. Die Existenz eines solchen ‚wahren Ichs‘ muß vielmehr – ausgehend von den sprachtheoretischen Prämissen des Poststrukturalismus – bezweifelt werden. Stattdessen scheint es mir sinnvoller, die Diskurse, mittels derer Frauen ihre Erfahrungen neu strukturieren können, zurückzuführen auf eine gesellschaftliche Situation, in der Frauen in unterschiedlichen Sphären mit verschiedenen und sogar widersprüchlichen Weiblichkeitsmustern konfrontiert werden. Die gesellschaftlichen Leitbilder der Frau, wie sie durch Staat und Wirtschaft, Massenmedien und Schule und nicht zuletzt durch die sich verändernden Familienstrukturen in Umlauf gesetzt werden, sind im letzten Drittel des 20. Jahrhunderts so vielfältig und widersprüchlich wie selten zuvor in der Geschichte. Aus den daraus resultierenden Konflikten und Widersprüchen in den Selbstdefinitionen von Frauen erwächst feministisches Bewußtsein weit eher als aus dem heroischen Widerstandskampf gegen einen ‚monolithischen Block‘ patriarchalischer Herrschaft.

3. Literarische Frauenbilder und reale Frauen

Die im ersten Kapitel meiner Arbeit am Beispiel der Rousseau-Rezeption dargestellte Lektürestrategie einer radikalen Wörtlichkeit geht zu einem guten Teil auf Kate Millett zurück. Ihr Verdienst ist es, ein neues Modell der Lektüre und Interpretation männlicher Texte (und kultureller bzw. politischer Sachverhalte überhaupt) vorgestellt zu haben: ein Modell, in dem die Leserin aus ihrer Anonymität und ‚wissenschaftlich-objektiven‘ Neutralität heraustritt und engagiert zu den von ihr analysierten Gegenständen Stellung nimmt. Hier gab sich eine Leserin *als Frau* zu erkennen und zeigte sich betroffen von den Bildern und Identifikationsangeboten, die in männlicher Literatur für sie bereitlagen. Millett läßt von Anfang an keinen Zweifel an ihrer Parteilichkeit:

„Ich habe es [...] für richtig befunden, die Ideen der Autoren ernst zu nehmen, wenn sie [...] ernst genommen werden wollen. Wenn ich mit einigen ihrer Ideen absolut nicht übereinstimme, habe ich es vorgezogen, darüber zu debattieren anstatt mich hinter Berufsfloskeln zu verstecken und eine andere Meinung als ‚wohlmeinenden Rat‘ oder als den noch unehrlicheren Vorwand, der Künstler sei ‚unbegabt‘ oder ein ‚schlechter Stilist‘ zu maskieren.“ (K. Millett 1974, S. 8)

Die Beziehung zwischen LeserIn bzw. KritikerIn und Buch soll nicht länger geprägt sein durch respektvolle Autoritätsgläubigkeit oder ‚selbstlose‘ Auslegungsbemühungen („Was will uns der Autor sagen?“), sondern sie wird neu definiert als gleichberechtigter Dialog zwischen Partnern. Literaturkritik emanzipiert sich aus der devoten Position gegenüber den ‚großen Werken‘ der Literatur; die Kritikerin nimmt ihre eigene Lebenserfahrung und Weltanschauung genauso ernst wie die eines Autors; sie nimmt sich auch das Recht, den Autor zu kritisieren und sein Angebot zurückzuweisen. Gegenüber dem seinerzeit in den USA vorherrschenden New Criticism, der sich fast ausschließlich mit ästhetischen Fragen befaßte, mußte eine solche Haltung eine ungeheure Provokation darstellen; schon aus diesem Grunde erregte Milletts Buch große Aufmerksamkeit.

Die Stärke einer solchen Lektüre besteht darin, daß die Kritikerin sich selbst als Subjekt bestimmt, und zwar als weibliches Subjekt, das betroffen ist von der Art und Weise, in der männliche Autoren über Frauen schreiben. CAROLYN HEILBRUN schrieb über *Sexus und Herrschaft*:

> „Zum ersten Mal werden wir dazu aufgefordert, die Literatur als Frau zu betrachten; wir alle, Männer, Frauen und Doktoren der Philosophie, haben sie immer als Männer gelesen. Es ist leicht, in der Art, wie Millett Lawrence, Stalin oder Euripides liest, Übertreibungen zu entdecken. Was macht das schon. Wir sind in unserem Gesichtspunkt verwurzelt, und wir müssen endlich woandershin verpflanzt werden." [208]

Heilbrun unterstreicht den provokanten Charakter dieses Ansatzes, dem Milletts Buch viel von seiner enormen Wirkung verdankte. Zweifellos macht sich die Autorin mit vielen Aussagen ihres Buches angreifbar; aber ebenso unzweifelhaft dürfte sein, daß sie ungezählten Leserinnen einen Anstoß dazu gegeben hat, die eigene Situation in der Gesellschaft unter einem neuen Blickwinkel zu betrachten. Kate Milletts *Sexus und Herrschaft* gehört zu den ‚Initiationsbüchern‘ der neuen feministischen Kritik; es initiierte aber auch einige folgenreiche literaturtheoretische Schwächen, die nun abschließend beleuchtet werden sollen.

Wer die allumfassende Unterdrückung der Frau auf möglichst vielen Ebenen nachweisen möchte, muß auch literarische Texte vor allem unter dem Aspekt der Herrschaftskritik betrachten. Die Literatur erscheint damit als ein zentrales Medium zur Vermittlung patriarchalisch geprägter Geschlechtsideologie, als herausragende Produktionsstätte jener ‚sexistischen‘ Frauenbilder, von denen man sich befreien wollte. Die Dominanz des politisch-ideologiekritischen Interesses legt es nahe, von vornherein nur solche literarischen Texte auszuwählen, die die eigene Hypothese bestätigen; die eindeutigsten Dokumente patriarchalischer Misogynie wären also am besten geeignet.

Diese *Selektivität in der Textauswahl* ist in der Tat charakteristisch für Kate Millett und viele der nachfolgenden feministischen Analysen; mit D.H. LAWRENCE, HENRY MILLER und NORMAN MAILER hat sie sich ausgesprochen drastische Beispiele „männlicher Sexualpolitik" ausgewählt, denen lediglich JEAN GENET als Beispiel eines (homosexuellen) männlichen Außenseiters gegenübergestellt wird. Texte, die keine maskulinen Gewaltphantasien oder repressiven Frauenbilder beschreiben, geraten gar nicht erst ins Blickfeld. Man könnte geradezu die Hypothese aufstellen, daß sich unter dieser Prämisse ein ganz eigener (freilich impliziter) ‚Kanon‘ männlicher Literatur herausgebildet hat. Wie ich bereits dargelegt habe, kommt Rousseau in diesem Kanon ein privilegierter Platz zu.

Die provokative Lektürehaltung, die die Herrschaftsfunktion eines Textes entlarven will, braucht einen ‚Gegner‘ vor sich. Millett kann ihre „bewundernswert ikonoklastische Lesart" (T. Moi) nur praktizieren, weil sie beinahe ausschließlich Texte untersucht, die ihr zutiefst zuwider sind: Texte von Autoren, die die männliche Vormachtstellung zu ihrem Programm gemacht haben und aufdringlich zur Schau stellen. Konsequenterweise hat Millett auch nur (bis auf eine Ausnahme) Texte von Männern analysiert. Für die Lektüre von Frauenliteratur sind von ihr keine Impulse ausgegangen.

Man könnte allerdings aus dem ihrer Arbeit zugrundeliegenden Dualismus von männlicher Ideologie versus weiblicher Erfahrung Vermutungen darüber ableiten, worin das Pendant bei der Lektüre der Texte von Frauen bestehen wird. Während die Texte männlicher Autoren prinzipiell unter Ideologieverdacht stehen, d. h. zum Gegenstand einer „Hermeneutik des Verdachts"[209] oder „Hermeneutik des Argwohns"[210] gemacht werden, sucht man in den Texten von Frauen umgekehrt nach Spuren authentischer weiblicher Erfahrung.[211] Es ist charakteristisch für viele feministische Analysen der 70er und teils der 80er Jahre, daß mit zweierlei Maßstab gelesen wird. Vorgängiges Beurteilungskriterium ist das Geschlecht des Autors bzw. der Autorin.[212]

Mit der Auswahl besonders ‚sexistischer' Texte muß Millett zugleich deren *Repräsentativität* behaupten, denn nur so fügen sie sich als Beweisstück in ihre Patriarchatsanalyse.

> „Die weiteren Kapitel des Buches konzentrieren sich hauptsächlich auf die Arbeit von drei Männern [Lawrence, Miller und Mailer, C.G.], die für diese Periode [die sexuelle ‚Gegenrevolution' in den Jahren 1930 – 1960, C.G.] *repräsentativ* sind …".
> (K. Millett 1974, S. 7; Hervorh. C.G.)

Die „Repräsentativität" von Autoren wie Lawrence, Miller und Mailer für ihre Epoche bleibt allerdings eine bloße Behauptung. Sie wird zudem durch Milletts nachfolgende literarische Analyse mehr als einmal in Frage gestellt. Denn hier, bei den Werkinterpretationen, verfährt sie oftmals differenzierter, als ihre theoretischen Prämissen erwarten lassen. Sie berücksichtigt eine Reihe von Gesichtspunkten, die in dem zuvor skizzierten Rahmen nicht auftauchten: zum Beispiel die individuelle Lebensgeschichte des Autors und die daraus resultierende psychische Disposition.

Insbesondere in der detaillierten Analyse des Werkes von D.H. LAWRENCE (S. 311 – 383) rekurriert Millett häufig auf psychoanalytische Erklärungsmuster.[213] Die Romane und Erzählungen von Lawrence erscheinen so nicht nur als Botschaften einer ‚konterrevolutionären Sexualpolitik'[214], sondern auch als individuell-biographische Verarbeitungen einer bestimmten persönlichen Situation bzw. Klassenlage (Lawrence als Aufsteiger, der das proletarische Herkunftsmilieu eindringlich zu beschreiben weiß[215]), und dabei insbesondere als kompensatorische Wunscherfüllungen.[216] Millett macht sogar in den unbewußten Wunschkonstellationen des Autors bestimmte Konfigurationen aus, die in unterschiedlichen Varianten in seinen Werken durchgespielt werden.[217] Und sie kommt schließlich zu dem Ergebnis, daß Lawrences literarische Stellungnahmen zur Geschlechterfrage in vielen Fällen „weit über das gegenrevolutionäre Ziel hinausgegangen" sind[218], was ja nichts anderes heißt, als daß die Dynamik einer individuellen Lebensgeschichte und ihrer Wunschkonstellationen keineswegs kongruent sein muß mit allgemein-politischen Tendenzen einer Epoche. Die Behauptung der „Repräsentativität" wäre damit durch die eigene Analyse in Zweifel gezogen.

Die literaturtheoretischen Widersprüche, in die sich die Autorin verwickelt, werden indes von ihr nicht reflektiert. Das gilt für die Frage, ob Literatur repräsentative Widerspiegelung bestimmter politischer Tendenzen ist oder Ausdruck einer individuellen Psyche, und es gilt vor allem für die daraus folgende Frage, wie diese beiden Funktionen miteinander vermittelt sein könnten. Die gesamte Frage des Verhältnisses von Besonderem und Allgemeinem, von Text und gesellschaftlichem Kontext, bleibt bei Millett ausgeblendet. Würde man diese Frage stellen, dann müßte man sofort eine ganze Reihe möglicher Differenzen und Widersprüche ins Auge fassen:

– zwischen der Biographie eines Autors und seinem Werk;
– zwischen der bewußten Schreibintention eines Autors und den unbewußten Tendenzen, die in seinem Werk zum Ausdruck kommen;
– zwischen unterschiedlichen Aussageebenen eines Werkes, bspw. zwischen ideologischem Konzept und narrativer Realisierung;
– zwischen den verschiedenen Werken eines Autors;
– zwischen Werk und Wirkungsgeschichte, die aus einer selektiven Rezeption resultieren kann usw.

Millett dagegen homogenisiert dieses Feld, indem sie den Autor mit seinen literarischen Figuren identifiziert, aber auch das Werk mit seiner (potentiellen) politischen Wirkung und den einzelnen Autor mit dem ‚patriarchalischen Gesamtsubjekt' Mann.

Auch die Frage, ob Literatur ‚Abbild' bestimmter gesellschaftlicher Verhältnisse ist oder ‚Vorbild', d. h. ob sie Realität lediglich reflektiert (und damit als Erkenntnismedium positiv einzuschätzen wäre) oder auch aktiv mitgestaltet (und damit – im Falle ‚reaktionärer' sexualpolitischer Implikationen – abzulehnen wäre), wird von Millett nicht explizit gestellt. Mal entscheidet sie sich für die eine Version, mal für die andere, obwohl doch jede Option für die Bewertung literarischer Werke ganz unterschiedliche Konsequenzen hat. Diese Ambivalenz wird zum Beispiel in Bezug auf HENRY MILLER deutlich. Er ist Millett zufolge ein „Repräsentant" seiner Epoche; und insofern geben seine Werke Einblick in deren Mentalität, in das durchschnittliche Männerbewußtsein der Zeit.

> „Miller ist [...] ein Sammelsurium der amerikanischen Geschlechtsneurosen, und sein Wert liegt nicht darin, daß er uns von diesen Krankheiten befreit, sondern daß er ehrlich genug ist, sie in Worte zu kleiden und zu dramatisieren. [...] Was Miller endlich zur Sprache bringt, ist die Abscheu, die Verachtung, die feindselige Haltung, die Gewalttätigkeit und das Gefühl des Schmutzes, mit dem unsere Kultur, oder besser ausgedrückt, die männliche Empfindsamkeit das Geschlechtsleben umgibt." (K. Millett 1974, S. 385) – Und ironisch kommentiert sie an anderer Stelle: „Da seine Mission darin besteht, ‚die Mösen' darüber zu informieren, wie sie in den Männervereinen verachtet und lächerlich gemacht werden, schulden die Frauen Miller vielleicht Dank dafür, daß er es ihnen weitererzählt hat." (Ebd., S. 404)

Als ‚Abbild‘ gesellschaftlicher Verhältnisse wäre Millers Werk also durchaus zu schätzen, da es für Frauen Medium von Erkenntnis sein könnte. Andererseits schreckt Millett aber vor der Konsequenz zurück, die Dokumente männlicher Gewaltphantasien in einer gegebenen kulturellen Situation als Erkenntnismedium zu affirmieren. Sie bringt deshalb auch den gegensätzlichen Aspekt zur Sprache, der viel später, in den Pornographiedebatten der Frauenbewegung, in der Forderung nach gesetzlichem Verbot aller ‚pornographischen‘ Literatur gipfelte. Denn diese Werke spiegeln nicht nur die männliche Gewalt gegen Frauen, sondern – so die Argumentation der Porno-Gegnerinnen – reproduzieren sie zugleich auch, setzen sie fort oder fachen sie erneut an.

> „Gleichgültig, wie giftig inhibierte Emotionen dieser Art sein mögen, die Tatsache, daß sie ausgedrückt werden, ist zweifellos ein Positivum. Andererseits aber können die überreiche Verachtung und Abscheu, die Miller freigesetzt hat und in Mode brachte, zum Selbstzweck und dadurch verhängnisvoll, vielleicht sogar bösartig werden.“ (K. Millett 1974, S. 409/410)

Millett läßt es bei dieser Ambivalenz des Urteils bewenden; die literaturtheoretischen Probleme werden nicht explizit gemacht. Beide Einschätzungen (Literatur als Erkenntnismedium bzw. Literatur als Wirkungsmedium) finden sich auch später häufig in feministischen Analysen unreflektiert nebeneinander. Sie prallten in den Pornographie-Debatten der Frauenbewegung unversöhnlich aufeinander.[219]

Den ideologiekritischen Ansatz leitet bei der Lektüre literarischer Werke ein ausschließlich thematisches Interesse an der Darstellung der Frau (dem „Frauenbild“) bzw. an ihrer Behandlung durch die männlichen Protagonisten. Literaturinterpretation reduziert sich folgerichtig auf *Inhaltsanalyse*; ein Text wird ausschließlich unter dem Gesichtspunkt seines Bezuges zum ‚wirklichen Leben‘ beurteilt. Literatur ist Politik bzw. wird auf die kurzschlüssigste Art und Weise mit Realpolitik verknüpft; etwa wenn Millett die Romane und Erzählungen von Lawrence, Miller etc. unmittelbar wie sexualpolitische Traktate liest, die Autoren gar als „Sexualpolitiker“ bezeichnet. Allein die wörtliche Lektüre vermag die erwünschten Aufschlüsse über die Botschaft und damit die politische Tendenz der Werke zu erbringen. Häufig werden darüber hinaus Autor, Held und Erzähler eines Werkes miteinander identifiziert; die Perspektive eines Protagonisten scheint auch diejenige des Autors zu sein, mit dem die Literaturkritikerin in eine inhaltlich-ideologiekritische Diskussion eintritt.

Damit wird letztlich jede Differenz zwischen literarischen und nicht-literarischen Texten eliminiert; ein literarischer Text wird genauso denotativ gelesen wie ein Gerichtsurteil, eine Zeitungsreportage oder eine wissenschaftliche Abhandlung. Ob D.H. Lawrence beispielsweise ein „schlechter Stilist“ ist, eine solche Fragen rückt für Millett in den Bereich eines subjektiven und letztlich belanglosen Geschmacksurteils.[220] Milletts Form der Literaturkritik besteht demgegenüber in der Analyse inhaltlicher Positionen des Autors; sie fragt nach deren ‚Wahrheitsgehalt‘ im Sinne einer adäquaten oder einseitig verzerrten Wiedergabe der Realität, und sie fragt nach dem ‚cui bono‘ solcher literarischer Stellungnahmen zur Realität.

Lesen wird also vorgestellt nach dem Modell eines Kommunikationsprozesses zwischen Autor und LeserIn, der Text erscheint folglich als ein transparentes Medium, das die Ansichten des Autors mitteilt. Alle Fragen der Form, der Konstruktion und der Sprache gelten als sekundär. Sprache hat kein eigenes Gewicht, keine eigene Materialität; ein Text ist keine selbständige Entität, die man abgelöst von seinem Urheber oder von seinem vermeintlichen Referenten, der sozialen Realität, betrachten könnte. Die literaturtheoretischen Kurzschlüsse, die daraus resultieren, sind vielfältiger Art. Die ästhetische Konstitution eines Textes wird ebenso vernachlässigt wie seine sprachliche Verfaßtheit, die figurale Dimension der Sprache, die Mehrdeutigkeit im Spiel der Wörter und Metaphern.

Aus den skizzierten Prämissen folgt eine weitere Option: Literatur wird auf eine normative Ästhetik des *Realismus* verpflichtet. Literarische Texte sollen entzaubert, ihres Nimbus beraubt und wieder in Beziehung zum Leben gebracht werden.

> „Ich gehe dabei von der Überzeugung aus, daß [...] Literaturkritik nicht auf eine Pflichtrunde von Bewunderungen beschränkt bleiben soll, sondern sich das Leben ansehen soll, das die Literatur beschreibt, interpretiert oder sogar verzerrt." (K. Millett 1974, S. 8)

Der Bezugspunkt für die Kritik literarischer Werke ist ein dezidiert außerliterarischer: „das Leben", die Realität, die Erfahrung der Leserin. Literatur soll die Wirklichkeit so darstellen, wie sie ist oder sein könnte bzw. sein sollte. Konsequenterweise wird moderne und avantgardistische Literatur ebenso abgelehnt oder ausgeblendet wie die ‚formalistische' Kritik.[221] Doch hält eine solche Position neueren sprachtheoretischen Einsichten nicht stand, denen zufolge Literatur die Realität schon deshalb nicht widerspiegeln kann, weil Sprache kein transparentes Medium der Repräsentation ist. Sprache konstituiert vielmehr eine je spezifische Sichtweise der Realität, und Literatur konstruiert eine zweite, fiktive Welt, mag diese sich auch noch so ‚realistisch' geben. Indem die ‚realistische' Kunst die Art und Weise unsichtbar macht, wie sie gemacht ist, erhebt sie zugleich Anspruch darauf, für die einzig gültige und mögliche Wahrheit gehalten zu werden. Sie hält einen autoritativen Wahrheitsdiskurs.[222] Feministische Kritik machte sich diesen Gestus in ihrer Frühphase häufig zueigen. Sie las die Werke männlicher Autoren wie realistische Dokumente der Wirklichkeit, räumte ihnen also zunächst eine absolute Autorität ein, um sie anschließend umso massiver zu attackieren, das heißt um ihre Frauenbilder und Weiblichkeitsentwürfe unter Verweis auf ihre mangelnde Realitätshaltigkeit bzw. ihre mangelnde Übereinstimmung mit der eigenen Erfahrung empört zurückzuweisen. Die literarische Frauenfigur erscheint in dieser Perspektive vor allem als Opfer und Objekt männlicher Diskurse; die ‚Frauenbilder' in literarischen Werken werden aus ihrem Kontext isoliert und unter Verweis auf eine anders geartete historische Realität oder die anders geartete Erfahrung der Leserin kritisiert. Im Extremfall wird Literaturkritik so zu einer bloßen Verlängerung der soziologischen Perspektive von der Gesellschaft auf den Text: Literatur wird daraufhin befragt, „inwieweit die empirischen soziologischen Fakten des Werks (z. B. die Zahl der Frauen, die außerhalb des Hauses arbeiten oder derjenigen,

74

die den Abwasch machen) mit den empirischen Daten der ‚wirklichen' Welt zu Lebzeiten des Autors / der Autorin übereinstimmten."[223] –

Verlassen wir vorerst die feministischen Debatten und kehren zurück zu den Schriften Rousseaus. Nachdem bereits die Konstruktion des männlichen Individuums und
die Erzeugung seiner ‚Freiheit' so gar nicht den Erwartungen einer ideologiekritischen
Lektüre entsprochen haben, werde ich im folgenden Kapitel untersuchen, was sich
hinter dem Etikett von der ‚weiblichen Natur' bei Rousseau verbirgt.

V. DIE SCHLEIER DER SCHAMHAFTIGKEIT

Rousseaus Theorie der Weiblichkeit

Emiles ‚Freiheit‘, so hatten wir im zweiten Kapitel ermittelt, ist das Produkt eines ‚heimlichen Anderen‘, der das Kind in dem Glauben heranwachsen läßt, es sei sein eigener Herr. Dieses Kind, in Abgeschiedenheit aufgewachsen und zur Selbstgenügsamkeit und praktischen Selbsterhaltung erzogen[224], soll später dennoch nicht als Eremit leben. Im Gegenteil: Emile soll ein nützliches Mitglied der Gesellschaft werden, im Idealfall der Bürger einer Republik, wie sie Rousseau im *Gesellschaftsvertrag* entwarf. Und Emile soll das Glück der Liebe zuteil werden, er soll eine geliebte Frau heiraten und eine Familie gründen. Es fragt sich allerdings, wie aus dem sozial ungelenken, sprachlich naiven und emotional gehemmten Wesen, das wir bis jetzt kennengelernt haben, ein Staatsbürger und Familienvater werden soll.

Es dürfte kaum überraschen, daß nur ein Bruch in Emiles Entwicklung diese Richtungsänderung herbeiführen kann. Diesmal nimmt Rousseau Zuflucht zu einer *List der Natur*. Das (männliche) Kind, so behauptet er, werde „sozusagen zweimal geboren", einmal als Gattungswesen, das nur physische Bedürfnisse kennt, und dann – im Falle von Emile 15 Jahre später! – als Geschlechtswesen, dessen Eigenschaft, Begierden zu haben, offensichtlich in diesem Alter ganz von allein ‚erwacht‘.

> „Wir werden sozusagen zweimal geboren: einmal, um zu existieren, und das andere Mal, um zu leben; das eine Mal für die Gattung und das andere Mal für das Geschlecht." (Emile, S. 256 W, 489 P)

Erst mit dieser ‚zweiten Geburt‘, die die Pubertät einleitet, überschreitet Emile das Stadium der bloßen Selbsterhaltung und tritt ein in das ‚Leben‘. Dieser Schritt ist gekennzeichnet durch das ‚Erwachen‘ des Geschlechtstriebes wie der Sinne überhaupt, die wiederum die Einbildungskraft und die Leidenschaften ‚entzünden‘. Schließlich ist es das auf einen anderen gerichtete Begehren, das Heraustreten aus der kindlichen Selbstgenügsamkeit, was den Menschen „menschlich"[225] (d. h. zu einem moralischen Wesen) macht.

> „Sobald der Mensch eine Gefährtin nötig hat, ist er nicht mehr ein Einzelwesen, sein Herz ist nicht mehr allein. All seine Beziehungen zu seinesgleichen, alle Regungen seiner Seele entstehen mit dieser. Seine erste Leidenschaft bringt die anderen bald zum Gären." (Emile, S. 260 W, 493 P)

Mit diesem naturalistischen Kunstgriff entzieht sich Rousseau der Frage, warum ein Wesen, das bislang keinerlei diesbezügliche Ambitionen kannte, plötzlich nach einer Gefährtin verlangt. Allein aufgrund natürlicher Wachstumsprozesse, so will er uns glauben machen, bedarf das bislang ‚autonome‘ Kind nun eines andersgeschlechtlichen Partners. Rousseaus Vokabular unterstreicht die biologische Zwangsläufigkeit dieser Prozesse: Die Sinne ‚erwachen‘, die Leidenschaften ‚wachsen‘ und die Einbildungskraft ‚entzündet sich‘.[226] Um den Vergleich zur Psychoanalyse wieder aufzunehmen:

SIGMUND FREUD spricht von einem „zweizeitigen Ansatz der Sexualentwicklung beim Menschen"[227], womit ein gewichtiger Unterschied zu Rousseau bezeichnet ist. Die dramatischen Äußerungen des Sexualtriebes werden bereits in der frühen Kindheit ein erstes Mal durchlebt, so daß die Pubertät – unterbrochen durch die Latenzzeit – lediglich eine Wiederaufnahme und Fortführung der frühkindlichen Sexualentwicklung darstellt. Eine ‚unschuldige‘, das heißt von allen triebhaften Begierden freie Kindheit gibt es für Freud nicht.

Rousseaus Konstruktion des ontogenetischen Entwicklungsprozesses ist aber auch unvereinbar mit seinem eigenen Konzept der phylogenetischen Entwicklung. Daß Einbildungskraft und Leidenschaftlichkeit durch die Sinne „erweckt" werden – wie er in Bezug auf Emile behauptet[228] –, würde Rousseau für die menschheitsgeschichtliche Entwicklung rundherum abstreiten. Der Wilde im Naturzustand kennt sehr wohl den physischen Geschlechtstrieb, ohne daß er deshalb bereits von Leidenschaften und Einbildungskraft affiziert wäre: Die Sexualität stellt lediglich ein Bedürfnis dar, zu dessen Befriedigung der erstbeste, also jeder gegengeschlechtliche Partner taugt. Keineswegs hat dieser ‚Instinkt‘ aus sich heraus die Kraft, Leidenschaften zu gebären. So sehr sich Rousseau um eine ‚natürliche‘ Erklärung bemüht: Sein Theorem der „zweiten Geburt" kommt daher wie ein deus ex machina.

Emile ersteht so vor uns als ein gespaltenes Subjekt. Ein Kind, das 15 Jahre lang isoliert und nüchtern erzogen wurde, soll nun plötzlich zu großen Empfindungen (wie Mitleid[229]) und Leidenschaften (wie Liebe[230]) fähig sein. Stand die Kindheit Emiles ganz im Zeichen des Bedürfnisses, der Nützlichkeit und des denotativen Sprachgebrauchs, so sollen mit der Pubertät auf einmal Begehren, Leidenschaft und Moralität hinzukommen. Diese Spaltung Emiles hat, soviel sei vorgreifend gesagt, auch eine soziale und politische Dimension: In der Sphäre der Öffentlichkeit und der politischen Geschäfte soll das männliche Subjekt allein als bedürftiges Wesen agieren, denn hier geht es um die kollektive Organisation der Selbsterhaltung[231]; sein Begehren und seine Leidenschaften dagegen soll es ausschließlich in der Privatsphäre ausleben. Ein großer Teil der ‚Menschlichkeit‘ des Menschen taugt offenbar nicht für die Öffentlichkeit. Ob und wie sich dieser Teil in der Interaktion der Geschlechter realisieren läßt, vor allem: welche Impulse dabei von der Frau ausgehen, wird uns in den folgenden Kapiteln beschäftigen.

Für die Frau gilt die skizzierte Diskontinuität in der lebensgeschichtlichen Entwicklung nicht: Sie ist, soviel sei hier vorgreifend gesagt, von Geburt an ein sowohl bedürftiges als auch begehrendes Geschöpf.[232] Der Preis, den sie dafür zu zahlen hat, ist allerdings beträchtlich: Die Frau bleibt mit ihrem gesamten Repertoire an Wünschen, Ambitionen und Fähigkeiten auf den Aktionsradius der Privatsphäre eingeschränkt. Sie hat, nach Rousseaus Vorstellungen, in der politischen Öffentlichkeit nichts zu sagen, ebensowenig in der außerhäuslichen Erwerbstätigkeit, in der ‚Gelehrsamkeit‘, den Wissenschaften und Künsten. „Ob ein Monarch über Männer oder Frauen regiert", schreibt Rousseau im *Brief an d'Alembert*, „kann ihm ziemlich gleichgültig sein, solange man ihm gehorcht, in einer Republik jedoch braucht man Männer."[233] Diesem Ausschluß der Frauen aus den ‚modernen‘ politischen Institutionen gilt im folgenden mein Interesse, genauer gesagt: der verborgenen Logik dieses Ausschlusses und seinen Implikationen für das Verhältnis der Geschlechter. Ist es hausväterliche Altbackenheit und folglich nichts als eine reaktionäre patriarchalische Geste, wenn Rousseau fordert,

> „daß es für die Frauen außerhalb eines zurückgezogenen und häuslichen Lebens keine guten Sitten gibt, [...] daß die friedliche Sorge für Familie und Haushalt ihr Teil ist, daß die Würde ihres Geschlechts in seiner Bescheidenheit [modestie] liegt, daß Scheu und Scham [la honte et la pudeur] bei ihr nicht von Ehrbarkeit zu trennen sind, daß sie sich bereits von den Männern verführen [corrompre] läßt, wenn sie ihre Blicke sucht, und daß jede Frau sich entehrt, die sich zur Schau stellt ..."? (BdA, S. 417/18, 110 F)

Es wird also in diesem Kapitel darum gehen, das ‚Arrangement der Geschlechter‘ bei Rousseau auszuloten. Das heißt vor allem: die Funktionsweise der von ihm als ‚natürlich‘ proklamierten Geschlechterdifferenz. Rousseaus Credo lautet, daß Mann und Frau nicht gleich sind und auch nicht danach streben sollten, es zu werden.[234] Dennoch sei die Frau keineswegs die Dienerin oder Sklavin ihres Mannes; denn sie sei mit Fähigkeiten ausgestattet, die sie zur ebenbürtigen Partnerin des Mannes machten. Eine der beiden ‚natürlichen‘ Gaben, mit deren Hilfe die Frau ihre physische Unterlegenheit kompensieren könne, sei die *weibliche List* [ruse, art, talent]. Mehr noch: Unter Berufung auf die List weist Rousseau auch implizit den Vorwurf zurück, er degradiere die Frauen zu bloßen Sklavinnen ihrer Männer, und unterstreicht sein Konzept der ‚Gleichwertigkeit in der Verschiedenheit‘ der Geschlechter, das im weiteren Verlauf meiner Arbeit genauer befragt werden soll.

> „Diese dem weiblichen Geschlecht verliehene eigentümliche Geschicklichkeit ist ein sehr gerechter Ausgleich für seine geringere Kraft; sonst wäre die Frau nicht die Gefährtin des Mannes, sondern seine Sklavin. Durch diese Überlegenheit an natürlichem Witz [talent] behauptet sie sich als seinesgleichen *und beherrscht ihn, indem sie ihm gehorcht* [elle le gouverne en lui obéissant]. Die Frau hat alles wider sich, unsere Fehler, ihre Furchtsamkeit [timidité], ihre Schwachheit. Sie hat nur ihre List [art] und ihre Schönheit für sich. Ist es nicht billig, daß sie beides ausbildet? Die Schönheit aber ist nicht allgemein [...]. Der Geist [esprit] allein ist das wahre Hilfsmittel des weiblichen Geschlechts; nicht der alberne Witz [...], sondern der Geist ihres Standes, die Kunst, sich des unseren zu bedienen und unsere eigenen Vorteile auszunutzen." (Emile, S. 486/87 W, 712/13 P)

Rousseau zufolge besteht der Mechanismus der List darin, sich an eine andere Person zu wenden und diese zu einem bestimmten Verhalten zu animieren, ohne die Form der direkten Aufforderung zu gebrauchen. Die List hat ihren Platz in hierarchischen Kommunikationsstrukturen, in denen die Befehlsgewalt und Entscheidungskompetenz a priori einem der beiden Gesprächspartner zusteht. Eben deshalb greift der andere, machtlose Part auf ein Verhaltensmuster zurück, mit dem er scheinbar die gegebenen

78

Gesprächs- und Machtverhältnisse respektiert, während er sie in Wirklichkeit unterläuft. Es handelt sich folglich um ein äußerst doppeldeutiges Verhalten:

> „Es ist ein großer Unterschied, ob man sich das Recht anmaßt zu befehlen [commander] oder ob man denjenigen beherrscht [gouverner], der befiehlt. Die Herrschaft der Frau ist eine Herrschaft der Sanftmut, der Geschicklichkeit und der Gefälligkeit. Ihre Befehle sind Liebkosungen, ihre Drohungen sind Tränen. Sie soll im Hause herrschen [régner] wie ein Minister im Staat, *indem sie sich befehlen läßt, was sie tun will.*" (Emile, S. 538 W, 766 P)[235]

Die List der Frau zielt darauf, den anderen eben das sagen zu lassen, was sie selbst sagen möchte, aber nicht darf. Sie versteht es ferner, den anderen dabei im Glauben zu wiegen, er selbst sei das Subjekt seiner Rede, seiner Anordnungen und Befehle, während er doch in Wirklichkeit nur das ausspricht, was sie ihm gewissermaßen in den Mund gelegt hat. Ein solches Verhalten macht den Adressaten nicht nur zum Objekt einer Täuschung, sondern auch einer Selbsttäuschung: Seine Willensfreiheit und Befehlsgewalt sind illusionär. Das listige Verhalten der nach Rousseaus Maximen erzogenen Frau scheint also perfekt zu der Naivität zu passen, mit der Emile das ‚offenherzige' Sprechen als die einzig mögliche Form der Rede kennengelernt hat. Man beginnt zu ahnen, wie die Kommunikation zwischen Emile und Sophie funktionieren wird: armer Emile …

1. Aktivität und Passivität

Zu Beginn des 5. Buches im *Emile* entwickelt Rousseau seine Überlegungen zur ‚natürlichen' Differenz der Geschlechter. In allem, was die Gattung betrifft, seien Mann und Frau gleich; in allem, was das Geschlecht betrifft, seien sie verschieden.[236] Fragt sich nur, was zur Beschaffenheit des Geschlechts gehört und was nicht. Rousseau wählt als Ausgangspunkt seiner Überlegungen einen doppeldeutigen Terminus: die „Vereinigung der Geschlechter" [union des sexes]. Im engeren Sinne könnte damit der Sexualakt selbst gemeint sein. Im weiteren Sinne wäre die „union des sexes" jedoch auch die Lebensgemeinschaft der Geschlechter, zum Beispiel in der Ehe. Interessant ist, daß derselbe Begriff auch im *Gesellschaftsvertrag* auftaucht, und zwar im Zusammenhang mit jenem gesellschaftskonstituierenden Akt, den Rousseau im Modell eines ursprünglichen Vertrages [pacte social] denkt. Der Einzelne wird zum Teil eines Ganzen, indem er sich „mit all seinen Rechten der Gemeinschaft völlig überantwortet."[237] Da diese Überantwortung „ohne Vorbehalt geschieht, ist die *Vereinigung* [union] darüber hinaus so vollkommen wie irgend möglich …"[238]; aus der Summe der Einzelpersonen wird augenblicklich ein „gemeinsamer sittlicher Körper [corps moral et collectif]".[239] Während jedoch der politische Körper, der durch die Anerkennung des Gesellschaftsvertrages zustandekommt, aus dem Zusammenschluß von gleichen Einzelnen besteht, basiert die „union des sexes" auf dem Zusammentreffen von differenten Elementen und Eigenschaften.

„Bei der Vereinigung der Geschlechter dient ein jedes gleichermaßen dem gemeinsamen Ziel, aber nicht auf die gleiche Weise. Aus dieser Verschiedenheit entspringt der erste benennbare Unterschied in ihren gegenseitigen moralischen Beziehungen. Das eine muß *aktiv und stark*, das andere *passiv und schwach* sein …“. (Emile, S. 467 W, 693 P)

Wenn Rousseau Aktivität und Stärke als primäre männliche, Passivität und Schwäche als primäre weibliche Eigenschaften postuliert, dann ist diese Definition alles andere als originell; man könnte darin geradezu einen philosophischen Gemeinplatz ersten Ranges sehen.[240] Doch Rousseau fügt seiner Behauptung eine Erläuterung hinzu, die geeignet ist, vorschnelle Schlußfolgerungen und Urteile in Zweifel zu ziehen; denn im Nachsatz zu jenem Hauptsatz führt er aus:

„Das eine muß aktiv und stark, das andere passiv und schwach sein; es ist notwendig, daß das eine will und kann, und es genügt, wenn das andere nur wenig *widersteht* [il faut nécessairement que l'un veuille et puisse; il suffit que l'autre résiste peu].“ (Emile, S. 467 W, 693 P)

Auf Seiten des Mannes entspricht die Paraphrase der ersten Aussage: Daß einer „will und kann“, läßt sich ohne weiteres mit der Behauptung, er sei „aktiv und stark“, zur Deckung bringen. Nicht identisch sind Hauptsatz und Erläuterung jedoch hinsichtlich der Frau: Warum soll sie „widerstehen“, wenn ihre primären Geschlechtseigenschaften „Passivität und Schwäche“ sind? Man würde doch eher erläuternde Begriffe wie „Hingabe“ oder „Unterwerfung“ erwarten. Stattdessen nun also das Postulat des Widerstandes: Die Frau soll sich widersetzen, ein wenig nur und kaum merklich; aber genau in dieser unscheinbaren Bedeutungsverschiebung zwischen Haupt- und Nachsatz kündigt sich das an, was Rousseau den ‚weiblichen Mechanismus‘ nennen wird. In der Differenz zwischen der eindeutigen Aussage und der zweideutigen Erläuterung lokalisiert sich, so meine These, das Weibliche.

Für die meisten feministischen Arbeiten ist hingegen charakteristisch, daß nicht diese Differenz untersucht, sondern allein die Übereinstimmung von Rousseaus Aussagen mit denen der philosophischen Tradition hervorgehoben wird. So ist beispielsweise bei Sarah Kofman zu lesen:

„Aber im selben Moment, wo Rousseau vorgibt, im Namen der Natur zu sprechen und sich gegen die Philosophie aufzulehnen, wiederholt er den traditionellsten philosophischen Diskurs, jenen von Aristoteles, der zugleich derjenige von Kant und Freud sein wird, derjenige aller vergangenen und zukünftigen Philosophie: Das eine Geschlecht muß aktiv und stark, das andere passiv und schwach sein.“[241]

Demgegenüber wäre zu fragen, was unter einer derart erläuterten Schwäche und Passivität zu verstehen ist. Wie arbeitet Rousseau mit jenen Theoremen, die er der aristotelischen Tradition entlehnt? Auch dort hieß es, die Frau sei dem Manne unterworfen. Das Recht des Stärkeren galt auch dort nicht nur für die Natur, sondern auch für die Gesellschaft. Dennoch setzt Rousseau einen anderen Akzent:

„Ist dieses Prinzip [daß der Mann aktiv und stark, die Frau passiv und schwach sein muß, C.G.] erst einmal etabliert, so folgt daraus, *daß die Frau eigens dazu geschaffen ist, dem Mann zu gefallen.* [...] Wenn die Frau dazu geschaffen ist, zu gefallen *und unterworfen zu sein,* so muß sie sich dem Manne angenehm machen, anstatt ihn herauszufordern: ihre Macht liegt in ihren Reizen ....". (Emile, S. 467 W, 693/ 94 P)

Auch diese Ausführungen entfalten eine untergründige Drift von Nebenbedeutungen und Abweichungen: Aus der Passivität und Schwäche der Frau folgt nämlich erst an zweiter Stelle, daß sie dem Manne unterworfen sei; die erste und unmittelbarste Konsequenz ihrer physischen Unterlegenheit besteht hingegen darin, daß sie ihm „gefallen" soll. Diese Aussage wurde oft als besonders krasser Ausdruck von Rousseaus sexistischen Anschauungen angeprangert; viele Feministinnen sahen darin die Degradierung der Frau zum bloßen Schmuckstück.[242] Wenn man die politisch-pragmatischen Auswirkungen des Rousseauschen Diskurses im Auge hat, ist diese Entrüstung sicherlich berechtigt. Meine Lektüre zielt jedoch zunächst auf die Rekonstruktion und Dekonstruktion der immanenten Logik dieses Konzepts; ich nehme daher Abstand von derlei Emotionen und frage, was es mit dieser ‚weiblichen' Gabe zu gefallen auf sich hat. Schon im vorangegangenen Kapitel hatte sich ja gezeigt, daß Rousseaus Begriffe selten das einlösen, was die wörtliche Lektüre erwarten läßt. Wir tun deshalb gut daran, auch bei der Entzifferung der Weiblichkeit in Rousseaus Texten eine mögliche Diskrepanz zwischen dem ideologischen Diskurs und seiner narrativen Entfaltung in Rechnung zu stellen.

Irritieren müßte dabei bereits die Tatsache, daß Rousseau die Frage der Macht im Geschlechterverhältnis keineswegs ausklammert, sondern offen thematisiert - und zwar in anderer Weise, als es die Behauptung von der unterworfenen Frau erwarten läßt. Die Kunst der Frauen, „sich angenehm zu machen", bietet ihnen die Möglichkeit, aus der Position der Ohnmacht herauszukommen: „Ihre Macht [violence] liegt in ihren Reizen", behauptet Rousseau, und es wäre zunächst einmal zu präzisieren, von welcher Art diese Macht denn nun eigentlich ist:

„... ihre Macht liegt in ihren Reizen; durch sie muß sie ihn zwingen, seine eigene Kraft zu entdecken und zu gebrauchen. Die sicherste Kunst, diese Kraft hervorzulocken [d'animer cette force], besteht darin, sie durch *Widerstand* notwendig zu machen." (Emile, S. 467 W, 694 P)

Die Bestimmung der weiblichen Reize als Waffen im ‚Kampf der Geschlechter' ist den Liebesdiskursen des 17. und 18. Jahrhunderts eine vertraute Metaphorik; und in der Tat knüpft Rousseau an die Tradition der Galanterie an, wenn er das Geschlechterverhältnis in den Begriffen von Angriff und Verteidigung beschreibt.[243] Indem sie seinen Bemühungen Widerstand entgegensetzt, soll die Frau den Mann animieren, seine Kraft zu gebrauchen. Diese Animation besteht aus zwei Elementen: Erstens stimuliert die Frau den Mann, indem sie ihre Reize in Szene setzt: sie „gefällt". Sobald sie sein Begehren geweckt hat, setzt sie zweitens seinen Werbungen „Widerstand" entgegen:

Sie hält ihn hin, weist ihn ab, türmt tausend kleine Hindernisse zwischen den entflammten Liebhaber und das Ziel seines Begehrens. Sie zwingt ihn auf diese Weise, seine Werbungen zu intensivieren. Das ist die Funktion ihres Widerstandes: Er verlängert den Weg vom Bedürfnis bis zur Befriedigung, oder besser: vom Begehren bis zu einer möglichen Erfüllung.

Damit erhält Rousseaus Theorie bereits einen deutlich anderen Akzent: Die Frau etabliert den Aufschub; sie durchbricht die Linearität der kürzestmöglichen Bewegung zwischen Ausgangspunkt und Ziel. Dabei umgibt sie den Mann mit einem Netz von zweideutigen Botschaften, die sein Begehren steigern, indem sie die Einbildungskraft erregen – und bevor er sich versieht, hat sie ihn in diesem Netz gefangen. Mit alledem führt die Frau ein prinzipiell anderes Verhaltensparadigma ein. Statt sich dem Dualismus von Aktivität und Passivität zu unterwerfen, entwickelt sie eine Form der Tätigkeit, deren Formel lauten könnte: Viel in Bewegung setzen, ohne etwas zu tun. Gefallen, sich angenehm machen, animieren, stimulieren – all diese Verben bezeichnen eine Form der Aktivität, die in dem Oppositionspaar ,aktiv – passiv' nicht vorgesehen ist: Die Frau macht sich – in ,aktiver Passion' – zum Objekt oder Ziel des männlichen Begehrens und schreibt – in ,passiver Aktion' – zugleich den Weg vor, den dieses Begehren zu gehen hat.

Beinahe unbemerkt haben wir uns weit vom Ausgangspunkt entfernt. Rousseaus erste Version hatte gelautet: Der Mann sei aktiv und stark, folglich überlegen – Herr und Meister. Die passive und schwache Frau dagegen sei ihm unterworfen. Doch offenkundig läßt sich eine Bestimmung des Geschlechterverhältnisses nicht auf einer Theorie der Kräfte aufbauen. Eher bietet sich dafür eine Theorie der Bewegungsformen an: Der bloßen Kraft steht die Strategie, sie gezielt in Bewegung zu setzen, gegenüber. Und hier ist es die Frau, deren vorgängige Aktion die männliche Aktivität erst weckt. Die Chance, seine Stärke – also seine Männlichkeit – zu entfalten, erhält der Mann erst durch die Initiative der Frau. Seine Qualitäten scheinen ,von Natur aus' lediglich als Potentialitäten zu existieren. Würde die Frau bereits seiner ersten Werbung nachgeben, blieben seine männlichen Eigenschaften sozusagen in Reserve, im Status der Virtualität. Wenn es aber die Frau ist, die den Mann veranlaßt, seine Fähigkeiten zu entfalten, wer ist dann eigentlich aktiv? Die zunächst so eindeutig erscheinende Distribution von Aktivität und Passivität wird fragwürdig, denn sie stellt sich erst her als das Produkt einer vorgängigen, im dualen Schema nicht zu verortenden weiblichen Aktion-Passion. Erst die Frau macht den Mann zum Mann. Erst ihr Widerstand provoziert seine Stärke – und transformiert sie zugleich; denn wir werden noch sehen, daß sich auch seine Aktion nicht auf den Einsatz von Körperkraft gründen darf.

2. DIE FRAU UND DAS ZEICHEN

Diese merkwürdige Aktivität der Frau stützt sich auf die Macht des Zeichens. Eine Erfahrung, die Emile um jeden Preis vorenthalten bleiben sollte, wird zum Regulativ weiblichen Handelns. Erinnern wir uns an Rousseaus Warnung vor der gefährlichangenehmen Erfahrung, „nichts weiter nötig zu haben, als nur seine Zunge zu bewegen, um die ganze Welt in Bewegung zu setzen."[244] In Rousseaus Augen wird die freie Entwicklung der Kinder durch diese Erfahrung korrumpiert: Sie werden „lästig, tyrannisch, herrschsüchtig, boshaft, unbändig".[245] Wir können nun präzisieren: Diese Gefahr besteht offenbar nur für den Jungen; das Mädchen bzw. die Frau sind davon nicht betroffen – oder soll man annehmen, für sie sei es natürlich, tyrannisch, herrschsüchtig und unbändig zu sein? Eher dürfen wir wohl schlußfolgern: Was für Emile ein Skandal wäre, ist für Sophie der Normalfall – sie muß und darf sich der Macht des Zeichens bedienen.

> „Die Frau, die schwach ist und von der Außenwelt nichts sieht, schätzt und beurteilt nur die Triebkräfte, die sie in Bewegung setzen kann, um ihre Schwachheit auszugleichen [suppléer]; und diese Triebkräfte sind die Leidenschaften des Mannes. Das Triebwerk der Frau [sa méchanique à elle] ist viel stärker als das unsere; all seine Hebel bewegen das menschliche Herz. Alles, was ihr Geschlecht nicht für sich selbst tun kann, was ihr aber nützlich oder angenehm ist [necessaire ou agréable], *muß sie uns durch ihre Kunst wollen lassen* [faire vouloir]." (Emile, S. 508 W, 737 P)

Diese Passage scheint mir zentral für Rousseaus Markierung der Geschlechterdifferenz; sie verdient, eingehend kommentiert zu werden. Zunächst ist festzuhalten, wie sehr sie um den Begriff des Supplements (der Ergänzung und zugleich des Ersatzes) zentriert ist: Um ihre Schwäche auszugleichen, bedarf die Frau des Mannes. Man könnte die Bedeutung dieser ersten Bestimmung der Geschlechterdifferenz geradezu übersetzen mit: „Schwach" zu sein heißt, angewiesen zu sein auf die supplementäre Hilfe von anderen. Die Frau, so kündigt sich hier an, ist ‚unfrei' – sie ist weder selbstgenügsam noch völlig bei sich selbst. Sie ist alles andere als eine Monade. Doppelt bindet sich der Begriff des Supplementären an die Existenz der Frau: Sie ist schwach und folglich abhängig – ergänzungsbedürftig. Um ihre Bedürftigkeit zu meistern, bedient sie sich zweitens ausgerechnet der Hilfsmittel, denen der Verdacht des Supplementären von alters her anhaftet: der Zeichen. Auch die Zeichen ersetzen ja (vermeintlich) das Bezeichnete.[246]

Diese Anmerkungen erhärten die Vermutung, daß das Telos der weiblichen Erziehung ein vollkommen anderes sein wird als das der männlichen; entsprechend unterschiedlich werden dann wohl auch die Erziehungsmethoden sein. Und in der Tat folgt die Unterweisung der Mädchen geradezu entgegengesetzten Maßstäben. Bis in die Formulierungen hinein sind die negativen Bestimmungen männlicher Erziehung mit den positiven Bestimmungen weiblichen Handelns identisch: Jede Handlung, die sich im französischen durch „faire qn. faire qc." ausdrücken läßt – was im deutschen etwa heißt: jemanden veranlassen, etwas zu tun –, ist für Emile gefahrvoll und verpönt; für Sophie dagegen ist dies der ausschließliche Modus des Handelns. Ist hinsichtlich der Frauen die Notwendigkeit des Supplements erst einmal akzeptiert, trachtet Rousseau auch gar nicht mehr danach, das ‚supplementäre Übel' zu begrenzen. Wir sahen ja, daß in der Erziehung von Emile die Unterscheidung zwischen dem physischen Bedürfnis und der auf ‚Phantasien' beruhenden Begierde eine wichtige Rolle spielte;

letztere war geradezu dadurch definiert, daß sie die supplementäre Hilfe von anderen erforderte und folglich die Abhängigkeit des Kindes vergrößerte. In Bezug auf die Frau findet sich diese Unterscheidung nicht; sie muß bzw. darf sich der Hilfe eines anderen bedienen bei allem, was ihr notwendig oder angenehm [necessaire ou agréable] ist, das heißt bei allem, was ihre Bedürfnisse und ihre Begierden betrifft. Denn die Frau ist per definitionem in beidem abhängig vom Mann:

> „Die Frau und der Mann sind füreinander gemacht; ihre gegenseitige Abhängigkeit aber ist nicht gleich. Die Männer hängen von den Frauen durch ihre Begierden [desirs] ab; die Frauen hängen von den Männern sowohl durch ihre Begierden als auch durch ihre Bedürfnisse [besoins] ab. Wir würden viel eher ohne sie als sie ohne uns bestehen können." (Emile, S. 476 W, 702 P)

Rousseau markiert hier eine deutliche Asymmetrie im Geschlechterverhältnis, deren Implikationen es zu ergründen gilt. Zunächst scheint seine Aussage den Protest des Feminismus zu bestätigen: Die Abhängigkeit der Frau vom Mann ist universal, diejenige des Mannes von der Frau lediglich partiell. Doch schon die Tatsache, daß hier überhaupt von einer Abhängigkeit des Mannes die Rede ist, sollte uns stutzig machen. Der Mann, dessen gesamte Erziehung darauf gerichtet war, ihn im Hinblick auf die Befriedigung seiner Bedürfnisse von anderen unabhängig zu machen, sieht sich dennoch als Erwachsener in Abhängigkeiten verstrickt: in der Befriedigung seiner Begierden. Hier, im „Reich der Liebe" [247], kommt er nicht umhin, sich abhängig zu machen; denn hier liegt die Herrschaft beim weiblichen Geschlecht. Die ‚Freiheit' des Mannes, die ihn zum Subjekt der ‚res publica' qualifiziert, findet ihre Grenze an der Frau, in der „union des sexes", die auf Liebe basiert. Hier gibt die Frau das Gesetz, und die Aktivität, Stärke und Unabhängigkeit des Mannes erweisen sich als Schein.

> „Es ist also eine dritte Folge der Beschaffenheit [constitution] der Geschlechter, daß das stärkere *dem Anschein nach* [en apparence] der Herr ist, *in der Tat aber* [en effet] von dem schwächeren abhängt [...] durch ein unveränderliches Gesetz der Natur, das es der Frau leichter macht, die Begierden zu erwecken, als dem Mann, sie zu befriedigen, und diesen also, so ungern er auch will, von dem Belieben der Frau abhängen läßt und *ihn zwingt, danach zu trachten, ihr seinerseits zu gefallen,* damit er bei ihr erreicht, daß sie ihn als den Stärkeren gelten läßt." (Emile, S. 469 W, 695/96 P)

Der Mann muß sich in der Liebe effeminieren. Auf seine überlegene Körperkraft kann er hier nicht bauen. Hatte Rousseau nicht soeben noch versichert, der Mann gefalle allein dadurch, daß er stark sei?[248] Diese Annahme muß nun selbst als bloßer Schein korrigiert werden. Der Mann bleibt ein hoffnungslos gespaltenes Subjekt. In den zwei verschiedenen Sphären seines Seins ist er zwei verschiedenen Gesetzen unterworfen. Im Bereich des Hauses: dem Gesetz der Frau. Fahren wir also fort, die Funktionsweise des ‚weiblichen Mechanismus' zu erkunden. Wenn die Frau in allem, was sie begehrt oder wessen sie bedarf, vom Mann abhängig ist, was liegt dann näher, als sich dessen Abhängigkeit zunutze zu machen, also auf das männliche Begehren zu spekulieren?

Richtschnur für das weibliche Verhalten muß folglich sein, Leidenschaften zu ent-
zünden und Gefühle zu beeinflussen: „Das Triebwerk der Frau ist viel stärker als das
unsere; all seine Hebel bewegen das menschliche Herz."[249] Die Frau konkurriert nicht
auf dem Feld des Mannes; der überlegenen Körperkraft setzt sie ihre kommunikativen
Kompetenzen entgegen – genauer: das Prinzip der Verführung, also den kalkulierten
Einsatz von sprachlichen und stummen Zeichen. Selbst der eigene Körper, seine
Mimik und Gestik, wird – wie noch untersucht werden soll – als widersprüchliches
Spiel von Botschaften inszeniert. Das anfängliche Modell der Mechanik (Austausch
von Kräften) wird abgelöst durch ein Modell der Kommunikation (Austausch von
Zeichen). Auf dem Feld der Kommunikation ist nun aber die Frau dem Mann über-
legen. Grund dafür ist eine Implikation des ‚weiblichen Mechanismus‘, die bisher unbeachtet blieb: Der Erfolg weiblicher Interaktion ist geknüpft an die Verschleierung,
die Geheimhaltung ihrer Intentionalität.

> Die Frau „muß die Gefühle [sentimens] der Männer aus ihren Reden, aus ihren
> Handlungen, aus ihren Blicken, aus ihren Gebärden erkennen lernen. Sie muß
> ihnen durch ihre eigenen Reden, durch ihr eigenes Tun und Lassen, durch ihre Blik-
> ke, durch ihre Gebärden die Empfindungen [sentimens] beizubringen wissen, die
> ihr gefallen, *ohne daß sie auch nur daran zu denken scheint* [sans même paroitre y
> songer]." (Emile, S. 508 W, 737 P)

Zwei folgenreiche Aussagen finden sich in dieser Passage. Zunächst die Prämisse, daß
das, was die Reden und Handlungen von Menschen lenkt, nicht Vernunftschlüsse
sind[250], sondern Empfindungen [sentiments]. Ferner, daß diese Empfindungen nicht
durch direkte Ansprachen oder Appelle beeinflußt werden können, sondern nur auf
subtileren Wegen; denn schließlich lenken die Empfindungen den Willen und nicht
umgekehrt. Die wichtigste Bedingung einer solchen subtilen Einflußnahme ist nun
aber ihre Geheimhaltung: Keinesfalls darf derjenige, auf dessen Empfindungen Einfluß
genommen werden soll, diese Absicht bemerken – sonst wäre ihr Erfolg vereitelt. Die
Handlungsweise der Frau besteht also aus zwei Komponenten: Erstens produziert sie
bei ihrem Adressaten Empfindungen, die ein Handeln hervorrufen sollen, dessen
Resultate sie für ihre Zwecke benötigt. Zweitens tilgt sie jede Spur ihres eigenen Handelns: Nicht nur handelt sie scheinbar nicht – sie scheint nicht einmal im Traum daran
zu denken [songer], irgendeine Handlung vorzunehmen.

3. DIE WIEDERKEHR DER MUTTER

Wir hatten im *Emile*-Kapitel gesehen, daß die ‚Freiheit‘ des Kindes und heranwachsenden Mannes auf einem Feld entsteht, das von einem ‚heimlichen Anderen‘
bestimmt wird. Den Platz dieses Anderen füllt in Emiles Entwicklung der Erzieher
aus; doch wer ist dieser Mann, der sein Leben hergibt, um ein Kind zu erziehen? Wer
ist dieser Mann, der sich selbst verleugnet, um im Hintergrund die Fäden zu ziehen?
Er ist – wie wir nach den vorangegangenen Ausführungen unschwer erkennen können

– genaugenommen eine Frau! Die entscheidenden Merkmale des erzieherischen Handelns, die sich hinter dem Konzept der ‚negativen Erziehung' verbergen – List, Täuschung, indirekte Beeinflussung etc. – haben wir mittlerweile als elementar ‚weibliche' Qualitäten identifiziert. Auch wenn im *Emile* diese Frau ein Mann ist – noch dazu ein Mann namens Jean-Jacques, was das Feld für biographisch-psychologische Spekulationen beträchtlich erweitert[251] –, gibt es keinen Grund zu leugnen, daß es fortan die Frauen sein werden, die eine solche Erziehung auszuführen haben. Erinnern wir uns noch einmal an jenes berühmte Postulat, das die schärfsten Proteste des Feminismus hervorgerufen hat:

> „Die ganze Erziehung der Frauen muß sich also auf die Männer beziehen [doit être rélative aux hommes]. Ihnen gefallen, ihnen nützlich sein, sich von ihnen lieben und ehren lassen, sie aufziehen, solange sie jung sind, sie umsorgen, wenn sie groß sind, ihnen raten, sie trösten, ihnen das Leben angenehm und süß machen, das sind die Pflichten der Frauen zu allen Zeiten, und das muß man sie von Kindheit an lehren." (Emile, S. 477 W, 703 P)

Daß die Frau ein ganz und gar relatives, d. h. stets auf andere bezogenes Wesen ist, wird in diesem Zitat mit allem Nachdruck behauptet; wenn wir allerdings die Sätze hinzufügen, mit denen Rousseau diese Forderung begründet, wird sofort auch die Wechselseitigkeit der Abhängigkeit deutlich. Es ist genau die Position des ‚heimlichen Anderen' in der Erziehung des Mannes, deretwegen die Frauen auf diese Mutterrolle eingeschworen werden müssen.

> „Von der guten Konstitution der Mütter hängt zunächst die der Kinder ab; von der Fürsorge der Frauen hängt die erste Erziehung der Männer ab; von den Frauen hängen auch ihre Sitten, ihre Leidenschaften, ihre Neigungen [leurs gouts], ihre Vergnügungen, sogar ihr Glück ab." (ebd.)

So sehr sich Rousseau auch bemühte, der Mütterlichkeit zu entkommen: Die Position, in die er die Mütter rückt, ist machtvoller denn je. Und hier, in der Tat, ist Rousseau ein Vorläufer von Freud. Man braucht, glaube ich, weder misogyne Absichten noch Omnipotenzphantasien zu bemühen, um das zu erklären: Rousseaus enorme Aufwertung der Mutterfunktion ist ein strukturelles Erfordernis seines Diskurses; sie ist das logische Pendant zur fiktiven Freiheit des männlichen Kindes bzw. des Mannes.[252] In der *Nouvelle Héloise* finden wir Rousseaus ‚weiblichen' Erzieher nun auch tatsächlich in der Gestalt einer Frau: Die Titelheldin Julie selbst wird als ideale Mutter zweier Söhne vorgestellt. Saint-Preux schildert seinem Freund, Mylord Eduard, das mütterliche Verhalten Julies wie folgt:

> Julies Kinder „trennen sich fast nie von ihrer Mutter, und man merkt kaum, daß sie da sind. Sie sind lebhaft, unbesonnen, ausgelassen, wie es sich für ihr Alter gehört, niemals zudringlich oder lärmend, und man sieht, daß sie bescheiden [discret] sind, ehe sie noch wissen, was Bescheidenheit ist. Was mich […] am meisten wunderte, war, *daß dieses gleichsam von selbst geschah* und daß sich Julie, trotz einer so leb-

haften Zärtlichkeit gegen ihre Kinder, so wenig mit ihnen abmühte. Man sieht in der Tat nie, daß sie es sich angelegen sein läßt, sie zum Reden oder Schweigen zu bringen, *noch ihnen dieses oder jenes vorzuschreiben oder zu verbieten*. Sie streitet nicht mit ihnen, sie hindert sie nicht bei ihren Spielen; man könnte meinen, sie begnüge sich, sie zu sehen und zu lieben, und all ihre Mutterpflichten wären erfüllt, wenn sie den Tag bei ihr zugebracht hätten." (NH, S. 588 W, 560/61 P)

Doch der Anschein der mütterlichen Untätigkeit trügt. Saint-Preux wird von Julie eines Besseren belehrt. Sie erläutert ihm ihre Erziehungsgrundsätze und läßt ihn erkennen, „daß sich unter diesem Anschein der Nachlässigkeit die wachsamste Aufmerksamkeit verbarg, die mütterliche Zärtlichkeit jemals bewirken konnte."[253] Denn Julie ist nur scheinbar nachlässig; in Wahrheit beobachtet und überwacht sie ihre Kinder auf das genaueste:

„Da sie sicher sind, daß sie weder gescholten noch bestraft werden, wissen sie weder zu lügen noch sich zu verstellen [se cacher], und in allem, was sie sagen, es sei nun unter sich oder zu uns, lassen sie ohne Zwang alles sehen, was auf dem Grunde ihres Herzens [au fond de l'ame] liegt. […] Ich verwehre es ihnen niemals, ich heiße sie nicht schweigen, ich tue auch nicht, als ob ich ihnen zuhörte, und wenn sie die tadelnswertesten Dinge von der Welt sagten, so würde ich doch nicht so tun, als ob ich etwas davon wüßte: In Wirklichkeit höre ich jedoch mit der größten Aufmerksamkeit zu, ohne daß sie es merken; ich führe genau Buch über das, was sie tun und was sie sagen …". (NH, S. 613 W, 584 P)[254]

Entsprechend trifft Julie dann ihre erzieherischen Maßnahmen, die für die Kinder als solche nicht erkennbar sind. Wir finden hier jenen heimlichen Panoptismus wieder, der auch das Prinzip für Emiles Erziehung darstellte.

Halten wir vorläufig fest: Das Rousseausche Konzept der Geschlechterdifferenz geht bei weitem nicht in dem schlichten Raster von der ‚Freiheit' (bzw. Herrschaft) des Mannes und der ‚Unterdrückung' der Frau auf; es handelt sich vielmehr um zwei unterschiedliche Sprach- und Aktionsmodi, die Rousseau mit- oder gegeneinander ins Feld führt. Im ‚Kampf der Geschlechter' hat er die Frau dabei mit einem beachtlichen – ja bisweilen geradezu tückischen – Waffenarsenal ausgestattet: Ob als Geliebte oder Mutter – die Frau befindet sich mitnichten in der Position der Ohnmacht. Denn ebenso wie der Erzieher bzw. die Mutter setzt auch die Frau die männliche Freiheit nicht einfach ins Werk, sondern unterläuft sie zugleich durch das weibliche Verhaltensparadigma der List. Der Mann sitzt einer Täuschung auf, und die Frau stützt diese Täuschung nach Kräften; sie ist zugleich Komplizin des Mannes, indem sie dessen Selbstverständnis mitträgt, und seine heimliche Feindin, indem sie aus seiner Täuschung ihren eigenen Profit schlägt. Deshalb greift das weitverbreitete feministische Interpretationsraster von der Spaltung des Frauenbildes – in die Mutter und die Hure, die gute und die böse Mutterimago, die tugendhafte und die lasterhafte Frau etc. – in Bezug auf Rousseau zu kurz: Die ‚tugendhafte' Frau ist unhintergehbar *zugleich* ‚lasterhaft'; sie stützt *und* untergräbt die männliche Autonomie mit jeder ihrer

Aktionen. Sie ist – allen Beschwichtigungsversuchen ihres Erfinders zum Trotz – eine durch und durch ambivalente Figur. Und sie ist vielleicht deswegen die permanente Unruhestifterin in der angestrebten ‚Ordnung der Geschlechter'.

Einmal mehr scheint sich die These von MICHEL FOUCAULT zu bestätigen, daß Macht und Ohnmacht in neuerer Zeit nur zum geringsten Teil in offen zur Schau gestellten hierarchischen Strukturen zu finden sind; sie haben sich distribuiert und dezentralisiert in ein komplexes Netz von lokalen Konfrontationen und Täuschungsmanövern. Als zentrales Element dieser Täuschungsmanöver erweist sich dabei im Falle Rousseaus die im folgenden zu analysierende Konzeption der weiblichen Scham.

4. DAS THEOREM DER SCHAMHAFTIGKEIT

Die ‚Schamhaftigkeit' der Frau ist das eigentliche Gegenstück zur ‚Freiheit' des Mannes; sie bildet die Grundlage der Rousseauschen Theorie der Weiblichkeit. Mit großer Vehemenz vertritt Rousseau insbesondere im *Brief an d'Alembert* die These, die Schamhaftigkeit gehöre zum ‚natürlichen' Geschlechtscharakter der Frau:

„Aber jede Frau ohne Scham ist schuldig und verderbt [dépravée], weil sie ein Gefühl, das ihrem Geschlecht *natürlich* ist, mit Füßen tritt." (BdA, S. 421, 114 F)

Auch im *Emile* finden sich heftige Attacken gegen Frauen, die öffentlich ihre Ablehnung der Schamhaftigkeit bekundet haben. Unter anderem heißt es dort:

„Wenn ihnen der stärkste Zügel ihres Geschlechtes genommen ist, was bleibt, das sie zurückhält, und aus welcher Ehre machen sie sich etwas, nachdem sie derjenigen entsagt haben, die ihnen eigen ist? Wenn sie einmal ihren Leidenschaften nachgegeben haben, haben sie kein Interesse mehr, ihnen zu widerstehen: *nec faemina amissa pudicitia alia abnuerit.*[255] Kannte ein Schriftsteller wohl jemals das menschliche Herz beider Geschlechter besser als der, der das gesagt hat?" (Emile, S. 506/07 W, 735 P, Fußnote)

Bezeichnenderweise bedient sich Rousseau auch hier jener Katastrophenrhetorik, der wir schon bei Emile begegnet waren: Wenn eine Frau einmal auf ihre Scham verzichtet, ist alles verloren. Sie habe nur ein Pfand, heißt es in der *Nouvelle Héloïse*, und wenn sie dies aus der Hand gibt, ist ihre Weiblichkeit dahin, genauer gesagt die Bedingung der Möglichkeit ihrer Weiblichkeit. Denn die Schamhaftigkeit beinhaltet weit mehr als den Schutz vor dem ‚Verlust der Unschuld' im streng anatomischen Sinne; es geht um etwas anderes als das zerstörte Jungfernhäutchen (das bekanntlich nicht irreparabel ist).[256]

Seine Theorie der Weiblichkeit hat Rousseau etwa gleichzeitig in der *Nouvelle Héloïse*, im 5. Buch des *Emile* und im *Brief an d'Alembert über die Schauspiele* entwickelt.[257] Er weiß sich mit dem Postulat weiblicher Schamhaftigkeit im ausdrücklichen Gegensatz zum ‚Zeitgeist' seiner Epoche, der eine solche Forderung als Relikt dunkler, unaufgeklärter Vergangenheit zurückwies. Es ist sicher kein Zufall, daß in die Zeit der Ausarbeitung dieses Theorems (zwischen 1756 und 1758) auch Rousseaus Bruch mit den Aufklärern fällt[258]; insbesondere DENIS DIDEROT hatte mehrfach die Auffassung vertreten, daß die Scham eine bloße Konvention sei, Ausdruck männlicher Despotie, die den Frauen die freie Artikulation ihrer Bedürfnisse verwehren wolle.[259] Im Namen von Aufklärung und Emanzipation forderten viele Zeitgenossen Rousseaus die Abschaffung des Gebots der Scham. Der Vorwurf der Ungleichheit bildet noch heute das Kernstück der Kritik an Rousseaus Geschlechterkonzeption. Auch feministische Interpretationen haben meist diese Argumentation im Blick, wenn sie das Postulat der ‚natürlichen‘ weiblichen Schamhaftigkeit als Vorwand zur Legitimation sexueller Repression der Frau[260] oder – in psychoanalytischen Termini – als Projektion männlicher Ängste attackieren. Rousseaus Angst vor der phallischen, kastrierenden oder verschlingenden Frau wäre demnach das Motiv für sein Postulat weiblicher Schamhaftigkeit.

> „Es geht in dieser gesamten Ökonomie der Scham letztendlich darum, dem Mann einen wie auch immer gearteten Verlust oder eine narzißtische Verletzung zu ersparen. Wenn die Natur den Frauen die Scham ‚schenkt‘, so wäre ihre Großzügigkeit gänzlich im Dienst des Mannes. Aber ist die Scham wirklich eine Gabe der Natur? Dient nicht ihre Großzügigkeit der phallokratischen Zielsetzung des rousseauistischen Diskurses als Schutz und Verschleierung?“[261]

Ich teile diese Auffassung von SARAH KOFMANN nicht; im Gegenteil will ich zeigen, daß das Konzept der Schamhaftigkeit nicht einfach mit der ‚feministischen Repressionshypothese‘ zu erklären ist. Die Scham der Frau läßt sich nicht gleichsetzen mit einem Verzicht auf Selbstbehauptung und Selbstdarstellung; vielmehr impliziert sie eine bestimmte Ökonomie der Darstellung, die mit Begriffen wie der angeblich von Rousseau eingeforderten Unschuld oder Reinheit nur unzureichend beschrieben ist. Meiner These nähere ich mich jedoch auf Umwegen. Erst wenn etwas genauer analysiert ist, was Rousseau den schamlosen Frauen vorwirft, werden wir verstehen, worin das Spezifische der schamhaften Frau besteht. Ich beginne meine Untersuchung also bei dem negativen Gegenstück zu Rousseaus Idealfrauen: bei den schamlosen und unnatürlichen Aristokratinnen der sittenlosen Großstadt Paris.

4.1. Die schamlosen Frauen

Der höchstwahrscheinlich erst nachträglich in den 2. Teil der *Nouvelle Héloïse* eingefügte 21. Brief von Saint-Preux an Julie über die Pariser Frauen soll den Ausgangspunkt meiner Untersuchung bilden.[262] Julies Geliebter beschreibt dort die Frau im Stadium fortgeschrittener zivilisatorischer Depravation; die Pariser Gesellschaft galt bekanntlich seinem Erfinder Rousseau als Inbegriff der Dekadenz.

> „Der erste Nachteil in großen Städten ist, daß die Menschen dort zu anderen Geschöpfen werden, als sie eigentlich sind. Die Gesellschaft gibt ihnen gleichsam *ein von dem ihrigen verschiedenes Sein* [un etre différent du leur]. Das ist wahr, vor allem in Paris, und vor allem im Hinblick auf die Frauen, für die erst durch die Blicke

anderer das Dasein erstrebenswert wird. Wenn man sich bei einer Gesellschaft einer Dame nähert, so sieht man, anstatt der Pariserin, die man zu erblicken glaubt, bloß ein Trugbild [simulacre] der Mode. Ihre Größe, ihr Umfang, ihr Gang, ihre Taille, ihre Brust, ihre Farben, ihre Miene, ihr Blick, ihre Reden, ihr Betragen, nichts von alledem ist wirklich sie selbst; und sähe man sie in ihrem natürlichen Zustande, man würde sie nicht erkennen. Dieser Tausch nun ist selten vorteilhaft für die, die ihn vornehmen; und überhaupt gibt es fast nie etwas zu gewinnen, wenn man die Natur durch etwas anderes ersetzt." (NH, S. 280/81 W, 273 P)

Die Vertauschung von eigentlichem Sein und gesellschaftlicher Erscheinung, von „état naturel" und „simulacre de la mode" scheint das Skandalöse an den Pariser Frauen zu sein. Ihre Selbstdarstellung (durch Kleidung, Schminke, Betragen etc.) kommt einer Verstellung gleich – gemessen jedenfalls an ihrem wirklichen Wesen, das Saint-Preux mit dem Attribut natürlich bezeichnet. Vergegenwärtigen wir uns diese Ausgangskonstellation: In einer ersten Unterscheidung von Schamlosigkeit und Scham scheint die Zuordnung von Differenz und Identität eindeutig zu sein. Die schamlose Frau befindet sich in Differenz zu ihrer Natur, die schamhafte Frau dagegen lebt in Übereinstimmung mit ihr. Wieder einmal scheint Rousseaus Argumentation darauf hinauslaufen zu wollen, Differenzen zu tilgen und Identität (von weiblicher Existenz und patriarchalischem Frauenbild) herzustellen. Wie im Falle der Zuordnung von „aktiv" und „passiv" werden wir allerdings auch in dieser Frage erleben, daß sich Rousseaus Grundbestimmung im Zuge ihrer narrativen Entfaltung merkwürdig verkehrt. Sehr bald wird sich nämlich zeigen, daß die Scham ganz eigene Differenzen erzeugt; und je weiter man Rousseaus Konzeption weiblicher Scham studiert, desto mehr stellt sich der Verdacht ein, der Begriff der Natur selbst sei im höchsten Maße ambivalent, ja, geradezu der Inbegriff der Differenz. Der Umsturz in der Zuordnung von Identität und Differenz gefährdet dann allerdings eine andere verbreitete, aber doch wohl vorschnelle Zuordnung: die von weiblicher Scham und bürgerlich-verklemmter Tugend.

Aber beginnen wir zunächst einmal mit der Lektüre. Eine erste Komplikation ergibt sich daraus, daß die Schamlosigkeit, die Saint-Preux an den Pariser Frauen beklagt, vor allem darin zu bestehen scheint, daß diese ihre Maskierungen offen zur Schau stellen.[263] Ergibt sich daraus nicht der Verdacht, die schamhafte Frau trage einfach nur eine perfektere Maskierung, befinde sich also in einer doppelten Differenz (sowohl zu ihrem ‚Wesen' als auch zu ihrer Maskerade)? Ohne die theoretischen Komplikationen zu bedenken, hat JOHN LECHTE in der Tat diesen Verdacht geäußert und im Tonfall kühner Enthüllungen festgestellt, die von Rousseau so heftig attackierten Pariser Frauen gäben doch immerhin die Maskerade, die sie tragen, deutlich als solche zu erkennen[264], während sich die so hoch idealisierten schamhaften Frauen nicht nur verstellten, sondern auch noch diese Verstellung selbst meisterhaft zu verbergen wüßten. Folgt man Lechtes Unterscheidung von schamhafter und schamloser Weiblichkeit, dann könnte man Rousseau den Vorwurf der Doppelmoral nicht ersparen: Denn wie es scheint, verurteilt er die Maskerade der Pariser Damen, während er, ganz dem Ideal weiblicher Reinheit verhaftet, übersieht, daß die schamhafte Frau ihre Absichten in weit perfekterem Ausmaße verhüllt – in einem Ausmaß, das sich nur als Täuschung kennzeichnen läßt.

Liest man Saint-Preux' Bericht genauer, so wird allerdings deutlich, daß sich sein Vorwurf gegen die Pariser Damen nicht (oder nur sekundär) aus moralischer Abscheu speist. Was ihn gegen diese Frauen aufbringt, ist keineswegs die Verstellung an sich (dann wäre er bzw. sein Autor Rousseau in der Tat bigott), sondern die spezifische Art dieser Verstellung. Ihre ‚Schamlosigkeit' äußert sich ja vor allem darin, daß sie sich nicht ver-, sondern enthüllen, daß sie sich und ihre Reize in der Öffentlichkeit ohne Bedenken exponieren.

> „Was ihren Busen anlangt, so sind sie gerade das Gegenteil der Walliserinnen.[265] Durch stark zusammengepreßte Schnürbrüste suchen sie Fülle vorzutäuschen; und es gibt andre Mittel, in der Farbe den Blick zu täuschen. Wiewohl ich diese Dinge nur aus großer Ferne erblickt habe, ist doch ihre *Musterung* [inspection] so frei erlaubt, daß wenig zu erraten übrigbleibt. Hierin scheinen diese Damen ihren Vorteil schlecht zu verstehen; denn wenn das Gesicht auch nur einigermaßen angenehm ist, würde ihnen des Beschauers Einbildungskraft weit beßre Dienste tun als seine Augen …". (NH, S. 273 W, 266 P)

Die schamlose Frau ist schamlos aufgrund der Exponierung und Über-Exponierung ihrer Reize. Solche Frauen verhüllen nichts, halten nichts ‚in Reserve', sondern enthüllen sich; sie präsentieren alles, was sie – und mehr, als sie – ‚zu bieten' haben. Die spezifische Art der Verstellung, die Saint-Preux den Pariser Frauen vorwirft, besteht im Vortäuschen ‚falscher Tatsachen'; sie täuschen insofern, als sie mithilfe von Illusionseffekten mehr präsentieren, als sie tatsächlich haben; sie stellen nicht nur ihre Reize aus, sondern täuschen auch noch solche vor, die sie nicht haben. Das gilt nicht nur für die Kleidung, sondern auch für die Schminke – nur daß die *sur-exposition* hier gerade umgekehrt verfährt. Sie verdeckt die natürlichen Reize des Gesichts unter einem ‚Gewand' von Schminke. Der Effekt ist auch hier nachteilig; die Reize des Gesichts werden nicht durch Dezenz dem „amoroso pensier"[266] des männlichen Betrachters kostbar gemacht, sondern im Gegenteil durch übertriebene Hervorhebung entwertet.

> „Ihre lebhaften, glänzenden Augen sind indes weder durchdringend noch sanft; wiewohl sie sie durch starkes Schminken *hervorzuheben* suchen, ähnelt der Ausdruck, den sie ihnen dadurch verschaffen, mehr dem Feuer des Zorns als dem der Liebe." (NH, S. 273 W, S. 266 P)

Bleiben wir zunächst bei diesen Äußerlichkeiten. Die Kritik von Saint-Preux zielt – entgegen seiner eigenen Ankündigung – nicht in erster Linie auf die Differenz von Sein und Schein, sondern im Gegenteil auf deren Indifferenz: Die schamlosen Frauen zeigen alles, was sie (zu bieten) haben. Ihre „Inspektion" ist allen Betrachtern freimütig erlaubt. Sie verschleudern – in der Sprache der Ökonomie – ihr weibliches ‚Kapital' an alle Welt zu ‚dumping'-Preisen. Formuliert man den Sachverhalt zeichentheoretisch, so ließe sich sagen, daß Rousseau das Ideal der transparenten Repräsentation, das für

Emile galt, hier ausdrücklich ablehnt. Das Zeichen (die äußere Erscheinung der Frau) darf sein Bezeichnetes (ihr ‚inneres‘ Wesen, ihr ‚natürliches‘ Sein, ihren Körper etc.) keinesfalls repräsentieren; erst recht darf es nicht mehr zeigen, als die Bezeichnete einzulösen vermag (wie im Falle der ‚sur-exposition‘). Das Verhältnis von Signifikant und Signifikat muß im Falle der Frau durch eine Differenz gekennzeichnet sein. Das Zeichen der Frau deutet das Bezeichnete lediglich an, ohne es zu enthüllen. Wie diese weibliche Ökonomie des Zeichens im einzelnen funktioniert, werde ich eingehender anhand der schamhaften Frauen untersuchen. Vorläufig bleibt festzuhalten: Nicht nur im ‚weiblichen Mechanismus‘ der List, sondern auch in der Ökonomie weiblicher Selbstdarstellung affirmiert Rousseau ausdrücklich die Differenz von Schein und Sein oder von Signifikant und Signifikat. Deshalb kann sich sein Protagonist Saint-Preux der allgemeinen Meinung über die Pariser Frauen keinesfalls anschließen; in seinen Augen sind sie weder kokett, noch raffiniert, noch verführerisch.

> „... ich teile, was die hiesigen Frauenzimmer betrifft, keineswegs die allgemeine Meinung. Man ist sich darin einig, man finde bei ihnen das einnehmendste Betragen, die verführerischsten Reize, die raffinierteste Koketterie, die ausgesuchteste Galanterie und den höchsten Grad der Kunst zu gefallen. Mir hingegen scheint ihr Betragen schockierend, ihre Koketterie abstoßend, scheinen ihre Manieren ohne Sittsamkeit." (NH, S. 285/86 W, 277 P)

Die Verführungskünste der Frauen setzen einen souveränen Umgang mit der Differenz von Zeichen und Bezeichnetem voraus. Auch wenn Saint-Preux seine Ablehnung an dieser Stelle vor allem in Kategorien moralischer Verurteilung vorträgt – und sich damit wieder einmal der Diskurs der Moral bei Rousseau als irreführend erweist –, geht es doch im Kern um eben diese Differenz. Dies läßt sich an einem anderen Frauentyp studieren: dem der *koketten Frau.* Sie steht gewissermaßen in der Mitte zwischen schamloser und schamhafter Frau. Im Unterschied zu den schamlosen Pariser Damen erregt sie die Männer nicht durch Exposition ihrer Reize, sondern verführt sie durch ihre zweideutige Rede; im Gegensatz zur schamhaften Frau ist sie allerdings nicht ernsthaft an dem von ihr verführten Mann interessiert. Im 5. Buch des *Emile* hat Rousseau dargestellt, worin die Kunst der Koketterie – auch sie ein „natürliches Talent" der Frauen – besteht.

> „In der Gesellschaft gefällt das Benehmen, das man allen Männern gegenüber zeigt, gewiß auch jedem einzelnen [...]; in der Liebe aber ist eine Gunst, die nicht andere ausschließt, ein Unrecht. Ein empfindlicher Mann würde hundertmal lieber sehen, daß er allein schlecht behandelt wird, als daß er wie alle anderen umschmeichelt würde, und das Schlimmste, was ihm begegnen kann, ist, wenn er nicht bevorzugt wird. Eine Frau also, welche viele Liebhaber behalten will, muß einen jeden überzeugen, daß sie ihn vorzieht, und sie muß ihn davon vor den Augen aller anderen überzeugen, welche sie wiederum vor seinen Augen ebenso überzeugen muß." (Emile, S. 504 W, 733 P)

Das Kokettieren ist umso mehr eine schwere Kunst, als es in der Öffentlichkeit gehandhabt sein will. Eine kokette Frau muß zur selben Zeit und am selben Ort unterschiedliche Zeichen an ihre verschiedenen Anbeter aussenden und diese Zeichen so wählen, daß sie – jedes für sich – konstitutiv zweideutig sind. Denn der Liebhaber soll sich durch dasselbe Zeichen geschmeichelt fühlen, welches der Konkurrent als eine Absage (einen „Korb") für den anderen deuten und folglich als Gunstbezeugung für sich verbuchen soll. Für Rousseau ist klar, daß ein Mann in dieser Kunst hoffnungslos überfordert wäre: „Will man einen Menschen verlegen sehen, so stelle man einen Mann zwischen zwei Frauen, zu denen er jeweils heimliche Beziehungen unterhält; darauf beobachte man, was für eine alberne Figur er da machen wird." (ebd.) Anders die kokette Frau, die diese Situation bravourös meistert:

„Man setze im gleichen Falle eine Frau zwischen zwei Männer […], und man wird sich über die Geschicklichkeit [adresse] wundern, womit sie beide hinters Licht führt und es fertigbringt, daß ein jeder den anderen auslacht. […] Oh, wieviel besser stellt sie es doch an! *Sie begegnet ihnen ganz und gar nicht auf gleiche Art, sondern befleißigt sich vielmehr sehr, eine Ungleichheit zwischen beiden herzustellen.* Sie macht es so gut, daß derjenige, dem geschmeichelt wird, glaubt, es geschehe aus Zärtlichkeit, und derjenige, der schlecht behandelt wird, glaubt, es sei aus Verdruß. Ein jeder ist also mit seinem Anteil zufrieden und sieht sie stets mit sich beschäftigt, während sie in der Tat nur mit sich allein beschäftigt ist." (Emile, S. 504/05 W, 733/34 P)

Die Geschicklichkeit der koketten Frau besteht also darin, Differenzen zu etablieren. Sie gibt den unterschiedlichen Männern unterschiedliche Zeichen, von denen wiederum jedes seine eigentliche Bedeutung, seine wahre Absicht verbirgt. Sie täuscht also nicht, indem sie Reize exponiert, sondern indem sie ihre ‚Wahrheit' – ihr narzißtisches Begehren – verbirgt. Jeder ihrer Liebhaber nimmt an, sie begehre eigentlich ihn, und wird sie weiterhin begehren, weil er nach Gewißheit strebt; während sie doch eigentlich nur begehrt, von ihnen begehrt zu werden.

So unüberhörbar Rousseaus Sympathie für die Kokotterie ist[267], so deutlich ist auch seine Reserve; denn die Kokotte praktiziert eine Art der Verstellung, die dem Ideal ‚natürlicher' Weiblichkeit an einem wichtigen Punkt nicht entspricht. Seinen Vorbehalt gegen die Kokotte formuliert Rousseau am präzisesten in einer Fußnote des *Emile*:

„Die Art von *Verstellung* [dissimulation], die ich hier meine [d. h. die die „Frauen von Welt" auszeichnet und die auch auf die Kokotte zutrifft, C.G.], ist derjenigen entgegengesetzt, die ihnen zukommt und die sie von der Natur haben. Die eine besteht darin, daß sie die Empfindungen *verbergen* [déguiser], die sie haben, und die andere darin, daß sie diejenigen *vortäuschen* [feindre], die sie nicht haben. Alle Frauen von Welt bringen ihr Leben damit zu, sich ihrer vorgeblichen Empfindsamkeit zu rühmen, und lieben doch immer nur sich selbst." (Emile, S. 570/71 W, 798 P)

Von diesen Überlegungen ausgehend, ließe sich eine bei aller scheinbaren Widersprüchlichkeit doch überraschend durchgängige Konzeption der Weiblichkeit bei Rousseau erkennen. ‚Weiblich' ist der Diskurs der Verstellung nicht per se, sondern nur insofern er eine Verschleierung beinhaltet. Das ‚Begehren' der Frau muß sich stets verkleiden [déguiser], verhüllen, hinter einem Schleier verstecken. Dieses elementare Gebot mißachten die Pariser Damen in der Exponierung und Über-Exponierung ihrer Reize, und die Kokotten im Vortäuschen falscher Empfindungen. An diesem Punkt angelangt, wird es Zeit, sich genauer anzusehen, was diese Art der Verstellung mit der postulierten weiblichen Schamhaftigkeit zu tun haben könnte.

4.2. Die weibliche Schamhaftigkeit

Rousseau entwarf die Konzeption der schamhaften Frau in zwei Versionen, die einander zu widersprechen scheinen. Die bekanntere – und von der feministischen Kritik vorrangig attackierte – Version findet sich vor allem im 5. Buch des *Emile*. Dort behauptet Rousseau, die Scham der Frau sei ein notwendiger Ersatz für den fehlenden tierischen Instinkt. Bei den Tierweibchen sei der Sexualtrieb qua Instinkt in einer Weise reguliert, die für die Fortpflanzung funktional sei: Wenn die Befruchtung erfolgt ist, erlischt ihr sexuelles Verlangen und sie verschmähen fortan die Männchen.[268] Die Frauen jedoch besitzen diesen instinktiven Regulationsmechanismus nicht; an seine Stelle tritt die Schamhaftigkeit. Da die Frau im Unterschied zum Tierweibchen „unbegrenzten Begierden"[269] ausgeliefert sei, erweise sich ein solches Regulativ als unbedingt notwendig.

> „Wenn es bei der Leichtigkeit, mit welcher die Frauen die Sinne der Männer und im Grunde ihrer Herzen die Überbleibsel eines fast erloschenen Temperaments erwecken, irgendeine unglückliche Himmelsgegend auf der Welt gäbe, wo die Philosophie diesen Brauch [die Schamhaftigkeit preiszugeben, C.G.] eingeführt hätte, vornehmlich in den heißen Ländern, wo mehr Frauen als Männer geboren werden, so würden diese, von jenen tyrannisiert, schließlich ihre Opfer sein und sich alle zum Tode geschleppt sehen, ohne daß sie sich jemals dagegen verteidigen könnten." (Emile, S. 468 W, 694 P)

Die triebökonomische Funktion der Scham scheint darin zu bestehen, den Mann vor den unbegrenzten Begierden der Frau zu schützen. Die Schamhaftigkeit wäre demnach das notwendige Korrelat und Korrektiv des weiblichen Begehrens. Denn während das Temperament des Mannes „fast erloschen" ist und er zur Beherrschung seiner Leidenschaften darüber hinaus Vernunft und Gesetz erhalten hat[270], muß dieser mangelnde Regulationsmechanismus bei der Frau durch eine andere Hemmung kompensiert werden. Auffallend ist dabei, wie leicht die Männer von der Maßlosigkeit der Frauen zu affizieren sind; soeben noch als das „aktive und starke" Geschlecht präsentiert, erweisen sie sich gegenüber der Wucht des weiblichen Begehrens als hilf- und machtlos: als „Opfer", die sich „zum Tode geschleppt sehen", ohne sich dagegen zur Wehr setzen zu können! Die Maßlosigkeit der Frauen setzt, wie es scheint, eine tödliche Ökonomie in

94

Gang, eine übermäßige Verausgabung von Kräften und Energien, die Körper und Seele schwächt und schließlich verzehrt. Es klingt deshalb einleuchtend, wenn Rousseau behauptet, die Scham müsse, gleichsam im Dienste einer Ökonomie des Lebens, die destruktiven Kräfte der Frauen im Zaum halten. Zurecht allerdings dürfte man seine Prämisse anzweifeln: Die ‚Maßlosigkeit‘ der Frauen ist eine unbewiesene Behauptung.

Diese im *Emile* vorgetragene Konzeption der Schamhaftigkeit scheint die schlimmsten feministischen Befürchtungen zu bestätigen: Die Sexualität der Frau soll im Zaum gehalten, domestiziert, am besten ganz unterdrückt werden. Solche Schlußfolgerungen erweisen sich jedoch als voreilig, wenn man untersucht, wie Rousseau das Postulat der Schamhaftigkeit in seinen Beschreibungen konkretisiert. Denn zunächst schreibt die Schamhaftigkeit der Frau lediglich vor, ihr Begehren nicht in der gleichen Weise zu äußern wie der Mann.

> „Wer kann wohl denken, daß sie [die Natur, C.G.] ohne Unterschied beiden Geschlechtern das gleiche Entgegenkommen [les mêmes avances] vorgeschrieben hat und daß das erste, dessen Verlangen sich regt, auch das erste sein solle, es zu äußern? Was für eine seltsame Verderbtheit [dépravation] des Urteils!" (Emile, S. 468 W, 694 P)

Nicht gesagt ist damit, daß die Frau auf gar keine Weise ihr Verlangen zum Ausdruck bringen dürfe; Rousseau fordert von ihr allerdings eine andere Form der Artikulation, eine andere Sprache.

> „Hat nicht die Frau die gleichen Bedürfnisse, die der Mann hat, ohne daß sie das gleiche Recht hat, sie zu äußern? Ihr Schicksal wäre zu grausam, wenn sie nicht einmal in den legitimen Begierden eine Sprache hätte, die derjenigen gleichwertig ist, die sie nicht zu führen wagt. Muß ihre Schamhaftigkeit sie unglücklich machen? Braucht sie nicht eine *Kunst, ihre Neigungen mitzuteilen, ohne sie zu enthüllen* [un art de communiquer ses penchans sans les découvrir]?" (Emile, S. 505/06 W, 734 P)

Wir stoßen hier auf eine erste Beschreibung der weiter unten näher zu analysierenden Sprache der List: Die listige Frau beherrscht die Kunst, ihre „Neigungen" mitzuteilen, „ohne sie zu enthüllen". Im Konzept der Schamhaftigkeit verdichtet sich also der bislang analysierte weibliche Modus der Kommunikation – ein Modus, für den die Differenz zwischen Gesagtem und Gemeintem, zwischen Signifikant und Signifikat konstitutiv ist. Die Kommunikation des Mannes wäre demnach ‚schamlos‘; denn sie zielt auf die einfache Enthüllung seiner Neigungen, die direkte Artikulation des eigenen Wunsches: „Der Mann soll kühn sein, das ist seine Bestimmung, *schließlich muß einer sich erklären.*"[271] Was Rousseau zu Beginn seiner Ausführungen im 5. Buch des *Emile* als Aktivität und Stärke des Mannes bezeichnet hatte, erweist sich in der bislang erfolgten Konkretisierung als ein bestimmter Modus des Sprechens: Er darf und soll sein Begehren direkt zur Sprache bringen, sein Anliegen ohne Umschweife erklären.

Ebenso können wir nun die angebliche Passivität und Schwäche der Frau als vorläufige und unzureichende Charakterisierungen des weiblichen Geschlechtscharakters erkennen. Ihnen liegt das Konzept der Schamhaftigkeit zugrunde, das eine bestimmte Ökonomie der Darstellung impliziert. Denn die schamhafte Frau, die „ihre Begierden selbst denen verbirgt, die sie einflößen"[272], braucht eine Kunst, ihre Neigungen mitzuteilen, ohne sie zu enthüllen. Die Scham meint also zunächst vor allem eine Hülle, einen Schleier, der sich vor das ‚nackte' Begehren der Frau schiebt. In dieser Funktion ist sie konstitutiv für die Sprache der Frau: Sie hat strukturell die Position des NEIN, des Verbots inne, das die Voraussetzung für den listigen (und zugleich verführerischen) Sprechakt (s.u.) bildet.

In der anthropologischen Konstruktion der Frau wird damit im Vergleich zu derjenigen des Mannes ein gewichtiger Unterschied erkennbar: Zielte das Konzept der männlichen Freiheit auf eine Kontinuität von Natur- und Gesellschaftszustand, so ist mit dem Konzept der weiblichen Schamhaftigkeit ein deutlicher *Bruch gegenüber dem Naturzustand* markiert. Denn im Rousseauschen Naturzustand gibt es auch bei den Frauen noch keine Schamhaftigkeit: „Die Weiber und Männer vereinigten sich, wie sie sich gerade begegneten, je nachdem sie Gelegenheit und Lust dazu hatten [...]. Sie gingen ebenso leicht wieder auseinander."[273] Eine genaue Lektüre der geschichtsphilosophischen Schriften (einschließlich des *Essai sur l'origine des langues*) könnte zeigen, was Rousseau selbst nirgendwo explizit macht: Der Übergang von der ‚schamlosen' zur ‚schamhaften' Weiblichkeit markiert jenen Einschnitt in die Triebstruktur des Menschen, der die Grundlage von Gesellschaft und Kultur darstellt. Wenn man mit SIGMUND FREUD davon ausgeht, daß alle Kultur auf Triebverzicht basiert, dann läßt sich für Rousseaus Konstruktion eine deutliche geschlechtsspezifische Distribution dieses Verzichts feststellen: Die Einschränkungen menschlicher ‚Freiheit' oder Triebhaftigkeit werden in erster Linie dem weiblichen Geschlecht aufgebürdet. Die ‚Kastration' des Subjekts, das heißt die notwendige Einschränkung des Lustprinzips, die im Freudschen Ursprungsmythos durch die Errichtung des Inzestverbotes erfolgt[274], wird bei Rousseau durch die Schamhaftigkeit der Frau gewährleistet. Rousseau bürdet die Last des Zivilisationsprozesses vor allem dem weiblichen Geschlecht auf. Der vermeintliche Gewinn der Männer ist allerdings erkauft durch eine phänomenale Blindheit: Wenn sie sich als freie, ganze und geschlossene Einheiten definieren, so nur um den Preis einer imaginären Verkennung, einer Leugnung jenes Einschnittes, jenes NEINs, das von dem ‚Kulturschicksal' des Menschen nicht zu trennen ist.

Schon aus diesem Grunde müßte es sich die feministische Kritik verbieten, die männliche ‚Freiheit' zum Maßstab und Orientierungspunkt zu nehmen. An der Notwendigkeit der Einschränkung des Lustprinzips kommt auch kein feministischer Gesellschaftsentwurf vorbei, es sei denn um den Preis des Abdriftens ins Imaginäre. Stattdessen hätte sich die Kritik darauf zu richten, daß die Anerkennung des Verbotes und die Repräsentation des Mangels in den patriarchalischen Entwürfen allein den Frauen aufgebürdet wird. Allerdings zeigt sich gerade an Rousseaus Entwurf die beinahe schon dialektische Kehrseite dieser Einseitigkeit: Denn das für die Weiblichkeit konstitutive Gebot der Schamhaftigkeit produziert eine Fülle von Effekten, die die Opferposition des weiblichen Geschlechts transzendieren. Darüber gibt die zweite Version der weiblichen Scham von Rousseau näheren Aufschluß.

Im *Brief an d'Alembert* erscheint die Schamhaftigkeit der Frau als Grundlage ihres Widerstandes. Sie verbietet ihr nicht nur, dem Manne von sich aus ,Avancen' zu machen, d. h. ihr Begehren zu enthüllen, sondern schreibt ihr auch vor, den Werbungen des Mannes zu widerstehen. Diese Hindernisse haben jedoch einen paradoxen Effekt: Erst sie machen aus dem Trieb eine Leidenschaft, aus dem Bedürfnis ein Begehren. Der Umweg, den die Scham vorschreibt, ist der Weg des Begehrens selbst; würden beide Geschlechter direkt auf ihr Ziel lossteuern, bliebe das Begehren ein flaues Bedürfnis, das sich gar nicht zur Leidenschaft entfaltete.

> „Wenn beide Geschlechter den ersten Antrag der Liebe gleichermaßen stellen wie annehmen könnten, so gäbe es keine vergebliche Zudringlichkeit, die *in ermüdender Freiheit* [dans une ennueuse liberté] immer schmachtenden Begierden würden nie erregt, die angenehmste aller Empfindungen würde im menschlichen Herzen nur einen flüchtigen Eindruck hinterlassen und ihr Ziel schwerlich erreichen. Das Hindernis, das uns dieses Ziel zu entrücken scheint, bringt es uns in Wirklichkeit näher. Das *Verlangen, das mit Scham verhüllt wird, wird dadurch nur um so verführerischer, die Scham entflammt es, indem sie es hemmt* [les desirs voilés par la honte n'en deviennent que plus séduisans; en les gênant la pudeur les enflamme], ihre Befürchtungen, ihre Ausflüchte, ihre Zurückhaltung, ihre schüchternen Geständnisse, ihre zarten und naiven Listen sagen besser, was sie zu verschweigen glaubt, als es die Leidenschaft ohne sie je gesagt hätte." (BdA, S. 419, S. 112/13 F)

Folgt man Rousseau, so muß man Freiheit und Gleichheit auf dem Feld menschlicher Leidenschaften als untaugliche Konzepte bezeichnen. Wenn beide Geschlechter in der gleichen Freimütigkeit ihr Verlangen äußerten, würde daraus kaum mehr als eine oberflächliche Begegnung entstehen; genau dies konstatierte Saint-Preux ja für das Verhältnis der Geschlechter in Paris. Erst das Hindernis macht aus der flüchtigen Regung des Bedürfnisses die leidenschaftliche Beharrlichkeit und Intensität des Begehrens.[275] Was also das Bedürfnis vom Begehren trennt, ist die Differenz zwischen einem physischen Akt und einem zeichenvermittelten Prozeß. Rousseaus Unterscheidung von physischer und moralischer Dimension der Liebe[276] können wir nun als Unterschied zwischen einer vor-sprachlichen und einer sprachlichen Aktion entziffern. Konstitutiv für diese Sprache ist die Scham der Frau, sofern sie sich in einem ambivalenten Sprechakt konkretisiert. In der initialen Position bleibt die Frau stumm; sie darf dem Mann ihrer Wahl keine Avancen machen. In der reaktiven Position sagt sie Nein; sie setzt den Werbungen des Mannes Hindernisse entgegen. In beiden Positionen jedoch verfügt sie gleichzeitig noch über eine zweite Sprache, die ihre eigentliche Domäne ist: die stumme Sprache des körperlichen Zeichens, die Selbstinszenierung oder Inszenierung von Umständen, die sie zu Anspielungen und Zweideutigkeiten nutzen kann.

> „Warum befragt man ihren Mund, wenn der nicht reden soll? Man befrage ihre Augen, ihre Gesichtsfarbe, ihr Atemholen, ihr furchtsames Aussehen, ihren schwachen Widerstand. Das ist die Sprache, die ihnen die Natur gibt, einem zu antworten. Der Mund sagt stets nein und soll es sagen; der Tonfall aber [accent], den er

hinzufügt, ist nicht immer gleich, und dieser Tonfall kann nicht lügen." (Emile, S. 505 W, 734 P)

Diese Zeichen sind Elemente einer Sprache, die gedeutet sein will. Der Mann wird zum hilflosen Hermeneuten; in der Ordnung des Denotats zu Hause, dürfte er der doppeldeutigen Rede der Frau kaum gewachsen sein. So sehr er sich auch müht: Ihr Mund gibt eine andere Auskunft als ihr Körper und ihr Gesichtsausdruck.

4.3. Die Verdopplung des Schleiers

An Julie und Sophie, den beiden literarischen Figurationen der schamhaften Frau, soll im folgenden untersucht werden, in welcher Weise sie die Ökonomie des Schleiers einzusetzen wissen. Im selben Brief, in dem Julie explizit die weibliche Schamhaftigkeit als natürliches Prinzip (statt als bloße Konvention) affirmiert[277], kündigt sie ihrem Geliebten an, daß sie ihn am folgenden Abend in Gesellschaft sehen werde. Man wird voreinander und vor den anderen die Leidenschaft verbergen müssen, und Julie verspricht, „seinen [Augen] so wenig schön als möglich vor[zu]kommen"[278], um ihm die Qualen besonders verführerischer Reize und Schönheiten zu ersparen. Im folgenden Brief beklagt sich Saint-Preux heftig:

> „O Boshafte! Ist das Deine mir versprochene Vorsicht? Schonst Du also mein Herz und verhüllst Deine Reize [voiles tes attraits]? Wie viele Überschreitungen Deines gegebnen Wortes zeugten wider Dich! Erstlich, Dein Putz; denn Du hattest gar keinen; nun weißt Du aber wohl, daß Du niemals gefährlicher bist. [...] Endlich jener unbeschreibliche, bezaubernde Reiz, den Du über Deine ganze Person ausgebreitet zu haben schienst, um alle Köpfe zu verdrehen, *ohne daß Du nur daran zu denken schienst* [sans paroitre même y songer]." (NH, S. 129 W, 129/30 P)

Was Rousseau bei einer Frau ‚natürlich' nennt, ist offenbar das Ergebnis dieser doppelten Inszenierung: Sie setzt ihre Reize so geschickt in Szene, daß das Artifizielle einer Inszenierung dabei zugleich verschleiert wird und das Ergebnis als natürlich erscheint. Die Frau inszeniert sich und tilgt gleichzeitig – sozusagen auf der Metaebene – die Spuren dieser Inszenierung, was sich verdichtet findet in der wiederholt auftauchenden Formel: „sans paraître même y songer". Im Falle ihres „Putzes" [parure], d. h. in Bezug auf Schminke, Kopfputz etc., ist das Ergebnis dieser doppelten Operation tatsächlich identisch mit dem natürlichen Ausgangspunkt: Julie läßt Gesicht und Haar im Naturzustand, d. h. ungeschminkt. Doch in dem Kontext, in dem Saint-Preux diese ‚Natürlichkeit' entziffert – und den er Julie als Intention zuschreibt – erhält sie eine andere Bedeutung als die bloße Natur. Julie signalisiert damit, daß sie es ablehnt, sich zu schminken und herauszuputzen wie die Pariser ‚Frauenzimmer', die auf diese Weise ihre verführerischen Absichten nur allzu klar dokumentieren.

Die Negation einer so eindeutigen Botschaft ist nun aber zwangsläufig mehrdeutig. Wenn Schminken gleichbedeutend ist mit Verführen-Wollen, besagt dann die Ablehnung von Schminke automatisch, daß man nicht verführen will? Oder beinhaltet sie lediglich die Ablehnung derart offensichtlicher Hilfsmittel? Saint-Preux ist geneigt, die zweite Bedeutung für wahr zu halten; gemäß einem Axiom, das in Abwandlung der Watzlawickschen Kommunikationstheorie lauten könnte: ‚Eine Frau kann nicht *nicht* verführen‘, gibt es für ihn nur die Wahl, ob sie ungeschickt oder raffiniert verführt. Dasselbe gilt übrigens auch für Emiles Erzieher, der Sophies Verhalten am Morgen nach der ersten Begegnung mit Emile beobachtet, das heißt nachdem sich die beiden ineinander verliebt haben. Sophie ist „noch schlichter und sogar noch nachlässiger" gekleidet als am Vorabend.[279] Der Erzieher, der sie – im Gegensatz zu Emile – durchschaut (auch darin ist er ‚weiblich‘!), sieht in dieser Art der Präsentation allerdings nur eine raffiniertere Form der Koketterie.

> „Sophie weiß gar wohl, daß eine gewähltere Kleidung [une parure plus recherchée] eine Erklärung ist; sie weiß aber nicht, daß eine lässigere Kleidung [une parure plus négligée] auch eine ist. Sie zeigt an, daß man sich nicht damit begnügt, durch das Äußere zu gefallen, sondern daß man auch durch die Person gefallen will." (Emile, S. 551 W, 779 P)

Die von Rousseau präferierte Darstellungsökonomie ist deutlich: Die Wirkung der weiblichen Verführung ist umso größer, je besser eine Frau ihre entsprechende Absicht verbirgt. Die Botschaft einer ungeschminkten Frau lautet so gesehen: Ich bin begehrenswert auch ohne jedes künstliche Supplement; ich habe es nicht nötig, mich besonders herauszuputzen. In der ‚natürlichen‘ Frau formuliert Rousseau das Ideal der bürgerlichen Ästhetik, die vollkommene ‚Nachahmung‘ der Natur durch Tilgung der ‚Künstlichkeit‘ der Kunst.[280] Während die aristokratischen Frauen mit ihrer Art des Putzes alle erotischen Reize enthüllen und präsentieren, wissen Julie und Sophie diese gezielt zu verbergen. Doch ist das nicht Ausdruck von Keuschheit, sondern von subtilerer Koketterie; ihre Präsentationsweise ist von der – sei's bewußten, sei's unbewußten – Einsicht bestimmt, daß die Verhüllung ihrer Reize viel effektvoller ist, als es eine Enthüllung je sein könnte.

> „Sophie liebt den Putz und versteht sich darauf. […] Ihr Putz ist *dem Anschein nach* [en apparence] sehr sittsam und *in Wirklichkeit* [en effet] sehr kokett; sie kehrt ihre Reize nicht hervor, sie bedeckt sie; indem sie sie aber bedeckt, läßt sie diese ahnen [elle sait les faire imaginer]." (Emile, S. 518 W, 746/47 P)

Im Gegensatz zur Pariser Aristokratin, die eine scheinbare Fülle leiblicher Reize präsentiert, und im Gegensatz zur Kokotte, die eine scheinbare Fülle der Leidenschaft präsentiert, verzichtet die schamhafte Frau auf jede Art der Präsentation einer Fülle. Sie zeigt keine scheinbare Präsenz, sondern eine interpretationsfähige Absenz: Die schamhafte Frau präsentiert kein falsches Ja, sondern ein vielversprechendes Nein. Die ‚Unschuld‘ und ‚Natürlichkeit‘ der schamhaften Frau sind also Effekte einer doppelten Verschleierung: Verhüllung ihrer Reize auf der Objektebene *und* Verhüllung der ‚Intentionalität‘ dieser Verhüllung auf der Metaebene. Das Ergebnis erscheint so als natürlich, das heißt absichtslos. JOHN LECHTE schlägt zur Abgrenzung dieser Präsentationsweise von derjenigen der aristokratischen Frauen die Begriffen „lure" [Köder;

Lockung, Zauber] und „illusion" [Illusion] vor. Den Illusionseffekten in der Kunst korrespondiere die Maskerade der Pariser Damen: Die Tatsache, daß sie sich mithilfe von Illusionseffekten herausputzen, machen sie selbst vollkommen explizit. Anders die bürgerlichen Frauen in ihren Idealgestalten Julie und Sophie: Ihre ,Maskerade' gleiche einer Verkleidung [disguise], die im Unterschied zur Maske darauf abzielt, als Ver-Kleidung nicht bemerkt zu werden. Insofern beabsichtigten sie nicht einen bloßen Illusionseffekt, sondern eine Täuschung und Köderung [lure] des Betrachters.[281] Im Unterschied zu Lechte meine ich allerdings nicht, daß man Rousseau diesbezüglich ,entlarven' müßte, denn er verrät uns ja selbst sein Geheimnis: Die schamhafte Frau verschleiert ihren Schleier und wirkt deshalb naiv und unschuldig; sie ist es aber mit-nichten. Rousseau selbst beschreibt sie vielmehr als raffiniert, subtil und kokett.

Die besondere Fähigkeit der schamhaften Frau zur doppelten Verhüllung ist keines-wegs überraschend. Denn die Frau ist nicht nur ein Leben lang abhängig vom Mann; sie lernt auch von klein auf, sich in diesen Abhängigkeiten zu bewegen, ohne sich selbst vollkommen aufzugeben oder unterzuordnen. Schon das kleine Mädchen lernt, die Wirkungen seines Verhaltens auf andere Menschen zu studieren, und es lernt, seine Wünsche indirekt – durch List und Verführung – zu kommunizieren. Für das Mäd-chen ist die Fähigkeit zu gefallen so elementar, daß es bei dieser Beschäftigung sogar seine primären Bedürfnisse gelegentlich vergißt.

> „Man beobachte einmal, wie ein kleines Mädchen den ganzen Tag mit seiner Puppe zubringt, sie unaufhörlich anders herausputzt, sie hundert und aberhundertmal an-kleidet und auskleidet, ständig neue Kombinationen der Zierate sucht, sie mögen gut oder schlecht zusammenpassen, das tut nichts. [...] Bei dieser ewigen Be-schäftigung verfließt die Zeit, ohne daß es daran denkt; die Stunden vergehen, es weiß nichts davon; *es vergißt das Essen sogar, es hungert mehr nach Putz als nach Nah-rung.* Aber, wird man sagen, sie putzt ihre Puppe und nicht ihre Person. Ohne Zweifel, sie sieht ihre Puppe und sieht sich nicht, sie kann nichts für sich selbst tun, sie ist noch ungeübt, sie hat weder Geschicklichkeit noch Kraft, sie ist noch nichts; sie lebt ganz in ihrer Puppe, sie wendet alle ihre Koketterie an, sie wird es nicht immer dabei bewenden lassen. Sie wartet auf den Augenblick, selbst ihre Puppe zu sein." (Emile, S. 480/81 W, 706 P)

Anders als der kleine Junge[282] ist das Mädchen offenbar bereits in der Kindheit ein begehrendes Wesen; und sein Verlangen lautet in erster Linie: „Liebe mich" [aime-moi] und nicht: „Hilf mir" [aide-moi]. Dies Begehren ist ihm sogar wichtiger als seine physische Bedürfnisse – ja, man könnte geradezu sagen, das Mädchen verhält sich sei-ner Puppe gegenüber wie eine leidenschaftlich Verliebte, die alles um sich herum ver-gißt. Das weibliche Kind kennt nicht nur den Mangel, das Verbot und die Abhängig-keit von Kindesbeinen an, sondern auch deren Kehrseite: das Begehren, die Leiden-schaft und die Einbildungskraft sind ihm – anders als Emile – bereits in diesem Alter vertraut. Denn schon die Verdopplung ihrer selbst in einer Puppe beinhaltet eine Art „metaphorischer Ekstase" (J. Derrida), ein Aus-Sich-Heraustreten und Sich-im-anderen-Spiegeln, das ohne das Vermögen der Einbildungskraft nicht denkbar wäre. Und auch der Wunsch, anderen zu gefallen, ist an die Fähigkeit zur Antizipation gebunden, die der Einbildungskraft bedarf.[283]

Ich fasse zusammen: Im Lager der weiblichen Darstellung stehen sich die demonstrative und die verhüllende Geste gegenüber – die Exposition und die Verschleierung. Rousseaus Kritik an den Pariser Frauen ist keine Kritik an der Verstellung per se, sondern eine Kritik der Exposition. Nicht zufällig findet sich seine ausführlichste Erörterung des Themas weibliche Schamhaftigkeit im Zusammenhang mit einer Kritik am Theater, an der schauspielerischen Repräsentation und insbesondere den Schauspielerinnen als Inbegriff der ‚liederlichen Frauen‘, welche alle guten Sitten verderben.[284] Der Schauspielerstand hat jene Kunst der demonstrativen Maskerade professionalisiert, er macht sie gewissermaßen zu Geld. Die schamhafte Frau dagegen ist zu einer Darstellungsform verpflichtet, die sich auf Andeutungen beschränkt. Zwar hat Rousseau stets vorgegeben, die Transparenz zu begehren und für Wahrhaftigkeit und Authentizität zu streiten[285], aber die Frau ist von diesem Gebot explizit ausgenommen – gerade die schamhafte Frau. Ja, sie ist die einzige, die die ‚natürliche‘ – und das heißt bei Rousseau: weibliche – Kunst der Verschleierung beherrscht. Ich komme also hinsichtlich der Präsentationsform der Frau zu einem der These von JOHN LECHTE entgegengesetzten Schluß: Keineswegs verurteilt Rousseau aus moralischen Gründen jede Art von Verstellung. Allerdings handelt es sich bei der Maskerade der von Lechte gegen Rousseau in Schutz genommenen Pariser Frauen im Grunde nicht wirklich um eine Verstellung, denn diese Frauen zeigen ja alles, statt etwas zu verbergen. Schon gar nicht handelt es sich bei ihnen um Verschleierung: Denn wenn sie täuschen, so nur in dem Sinne, daß diesseits des ‚Schleiers‘ etwas präsentiert wird, was jenseits davon keine Entsprechung hat – eine Maske ohne Referent. Die ‚natürlichen‘ Frauen dagegen verbergen das Bezeichnete oder zu Bezeichnende. In sprachtheoretischer Perspektive könnte man sagen: Die Maskerade der Pariser Frauen täuscht ein Denotat vor; das Zeichen (z. B. ein hochgeschnürter Busen) erzeugt die Illusion eines unmittelbar präsenten Referenten – in diesem Falle: einer Quelle der Lust. Oder anders: Was die schamlosen Frauen betrifft, so liegt das Element der Differenz zwischen Sprache und Realität (zeichentheoretisch: zwischen Signifikat und Referent). Die schamlose Frau umgibt sich mit Zeichen, die alle ein- und dieselbe Bedeutung haben, auf ein und dasselbe Signifikat zielen: Sex. Daß sie die sexuelle Lust nicht gewähren können, die sie versprechen, wäre also als Differenz von Signifikat und Referent zu beschreiben – oder profaner als Lüge: Die Realität und die Sprache stimmen nicht überein. Was nun aber die schamhafte Frau betrifft, so ist das Element der Differenz bereits innerhalb der Sprache lokalisiert, nämlich zwischen Signifikant und Signifikat. Die Zeichen gewähren keine klare Bedeutung mehr, alles ist Ambivalenz und Paradoxie. Während die schamlose Frau denotativ verfährt (der Signifikant unterwirft sich dem Signifikat „Sex"), ist die schamhafte Frau einer Sprache und Selbstdarstellung verpflichtet, als deren unhintergehbares Prinzip sich die Differenz in der Sprache selbst erweist.

Sofern die schamlose Frau ihren Körper quasi denotativ inszeniert, agiert sie einem männlichen Prinzip entsprechend – und so mag es nicht verwundern, wenn Saint-

Preux' Beschreibung der ‚Pariser Frauenzimmer' darin gipfelt, ihnen das Attribut der Weiblichkeit selbst abzusprechen:

„Mit einem Wort, wenn sie mir in all dem mißfallen, was *ihr Geschlecht, das durch sie entstellt wird* [défiguré], kennzeichnet, so schätze ich sie hingegen wegen der Ähnlichkeiten mit dem unsrigen, die uns Ehre machen. Meiner Meinung nach könnten sie hundertmal eher verdienstvolle Männer als liebenswürdige Frauenzimmer sein." (NH, S. 286 W, 278 P)

Das Anstößige und Verwerfliche am Verhalten dieser Frauen ist ihre Indifferenz, die Ununterscheidbarkeit ihres Auftretens von dem der Männer. In der „beständigen und unbesonnenen Vermengung beider Geschlechter, die jedes die Miene, Sprache und Sitten des andern annehmen lehrt", sieht Saint-Preux die Ursache für die beklagte Vermännlichung der Frauen (und die korrespondierende Verweiblichung der Männer, die Rousseau vor allem im *Brief an d'Alembert* anprangert).[286] Die Angleichung der Frauen an die Männer ist die Zielscheibe der Kritik – die Negation ihrer geschlechtsspezifischen Differenz durch die Ablehnung der ‚natürlichen' Schamhaftigkeit. Wenn Saint-Preux als Grundübel des großstädtischen Lebens beklagt hatte, daß die Frauen „un être différent du leur" annehmen, ein von ihrem eigentlichen Sein verschiedenes Sein, so ist das im Hinblick auf die Frauen so zu interpretieren: Sie negieren ihre Schamhaftigkeit, das heißt die Ökonomie der Differenz in ihrer Selbstdarstellung, sie setzen sich in Differenz zu dieser ihrer ‚natürlichen' Differenz – und praktizieren folglich die Indifferenz der Geschlechter. Damit hat sich die Zuordnung von Differenz und Indifferenz bzw. Identität nun endgültig verkehrt. Die Selbstrepräsentation der schamlosen Frau kennzeichnet eine doppelte Indifferenz: die von Signifikat und Signifikant und die von ‚männlich' und ‚weiblich'. Die schamhafte Frau dagegen repräsentiert nicht nur die Differenz zum ‚männlichen' Charakter, sie macht die Differenz vor allem zum Prinzip ihrer Darstellung.

Wieder einmal erweist sich, daß ein von Feministinnen heftig attackiertes Modell (das der schamhaften Frau) eine Reihe von Bestimmungen enthält, auf die der Feminismus nicht vorschnell verzichten sollte. Rousseaus Begriff der ‚weiblichen Natur' zielt ja, wie wir sahen, nicht auf eine duldsame, leidenschaftslose oder geistig etwas beschränkte Frau, sondern erweist sich als eine Metapher der Differenzialität selbst. Weil er nicht substanziell, sondern strukturell bestimmt ist, verlangt er kein Zurück zu einer idyllisch verlogenen Tugend, sondern die Entfaltung des Spiels und des Risikos der Kommunikation. Er ist dynamisch, insofern er das vielschichtige Potential des Begehrens und der Sprache entfaltet; und er ist problematisch, insofern er diese Entfaltung unter die patriarchalische Arbeitsteilung zwingt. Innerhalb der Erzählung von der weiblichen Subordination präsentiert Rousseaus Theorie eine abgründige Dynamik des Geschlechterverhältnisses. Das macht das Theorem der weiblichen Scham nun zwar gewiß nicht zu einem emanzipativen Faktor; eine strukturelle Lektüre kann jedoch zeigen, daß es in Rousseaus Konzept der ‚schamhaften Weiblichkeit' um weit mehr geht als um die sexuelle Unterdrückung und politische Entrechtung der Frau. Es geht um die Rettung *und* zugleich die Domestikation eines Potentials, das in den auf

Transparenz und Rationalität zielenden Diskursen und Lebensformen der Moderne immer mehr verschüttet zu werden droht. Dieses Potential hat viele Namen: Scham, Intransparenz, Differenz, List, Verführung, Leidenschaft, Begehren, Sprache der Liebe …

Wir sind in den vergangenen Abschnitten wiederholt darauf gestoßen, daß die Kommunikation und die Sprache als Domäne der Frau bestimmt werden. Es wird also Zeit, sich genauer mit Rousseaus Theorie der weiblichen Rede zu befassen.

5. Die Sprache der List

Nach allen Vorüberlegungen überrascht es nicht, wenn die sprachliche Erziehung des Mädchens Grundsätzen folgt, die denen des Jungen diametral entgegengesetzt sind. Während für Emile die Redekunst darin besteht, sich verständlich zu machen und die Dinge präzise zu benennen[287], ist für Sophie die Rhetorik ein Bestandteil der „Kunst zu gefallen":

> „Die Gabe zu reden hat den ersten Rang in der Kunst zu gefallen; durch sie allein kann man neue Reize denjenigen hinzufügen, die durch Gewöhnung den Sinnen vertraut sind. [...] Aus all diesen Gründen, glaube ich, eignen sich die jungen Mädchen so schnell das anmutige Plaudern an, geben sie ihren Worten, noch ehe sie sie ganz erfassen, einen besonderen Tonfall [accent] und hören ihnen die Männer schon bald gerne zu …". (Emile, S. 492 W, 718 P)

Im Gegensatz zum Jungen dient dem Mädchen die Sprache nicht primär dazu, sich verständlich zu machen, sondern „zu gefallen", das heißt: zu verführen. Die Bedeutung der Worte ist dabei zweitrangig gegenüber ihrer Wirkung; deshalb geben die Mädchen ihren Worten einen besonderen „accent", noch bevor sie sie selbst ganz verstehen.[288]

> „Die Frauen haben eine gewandte Zunge; sie reden viel eher, viel leichter und viel angenehmer als die Männer. Man beschuldigt sie auch, mehr zu reden. Das muß so sein, und ich würde diesen Vorwurf gern in einen Lobspruch verwandeln. Der Mund und die Augen sind bei ihnen gleich aktiv, und zwar aus demselben Grund. Der Mann sagt, was er weiß, die Frau sagt, was gefällt. Der eine hat zum Reden Wissen und die andere Geschmack nötig; der eine muß die nützlichen, die andere die angenehmen Dinge zum Thema haben. Ihre Reden brauchen keine andere Gemeinsamkeit als die Wahrheit zu haben. Man darf also das Geplauder der Mädchen nicht, wie das der Knaben, durch die harte Frage aufhalten: ‚Wozu ist das gut?', sondern durch die andere, auf welche nicht leichter zu antworten ist: ‚Was wird das für Wirkung tun?'" (Emile, S. 492/93 W, 718/19 P)

Die Rede des Jungen wird strukturiert durch das Gebot der Nützlichkeit und der Transparenz; ihm geht es um Wissen, nicht um Wirkung. Folglich wird seine Rede bestimmt durch das Verhältnis von Sprecher – Zeichen – Sache; er soll sich ausschließlich auf die Dingwelt beziehen. Die Rede des Mädchens dagegen ist strukturiert durch das Gebot der Wirkung auf andere. Dadurch tritt das Verhältnis Signifikant – Signifikat – Referent in den Hintergrund gegenüber dem Verhältnis von Sprecher – Zeichen – Adressat. Letzterer wird zum eigentlichen Objekt weiblichen Erkenntnisinteresses: Dessen Neigungen, Vorlieben, Schwächen, Charakterzüge etc. muß die Frau erforschen, um kalkulieren zu können, welche Wirkung eine von ihr ausgesandte Botschaft auf andere ausüben wird.

> „Worauf beruht alle diese Kunst sonst als auf feinen und ständigen Beobachtungen, die der Frau in jedem Augenblick zeigen, was im Herzen der Männer vorgeht, und die sie befähigen, bei jeder geheimen Regung, die sie wahrnimmt, die notwendige Kraft aufzubieten, um sie aufzuhalten oder zu beschleunigen? Wird nun diese Kunst erlernt? Nein, sie ist den Frauen angeboren [il nait avec les femmes]; sie haben sie alle, und niemals haben die Männer sie im gleichen Grad. Dies ist eines der charakteristischen Kennzeichen des weiblichen Geschlechts. Die Geistesgegenwart, die Scharfsichtigkeit, die feine Beobachtung sind die Wissenschaft der Frauen; die Geschicklichkeit, sich ihrer zu bedienen, ist ihr Talent." (Emile, S. 505 W, 734 P)

Worin diese „Geschicklichkeit", mit der sich die Frau ihre Beobachtungen zunutze macht, im einzelnen besteht, soll im folgenden untersucht werden. Die *List* als genuine Kommunikationsstrategie der Frau ist dem direkten, unverstellten Sprechen des Mannes überlegen – nicht nur, weil sie ihre Absicht zu verbergen weiß, sondern auch, weil ihre Rede von anderer Qualität ist. Das wird deutlich an dem Beispiel, das Rousseau anführt, um die List als „natürliches Talent des weiblichen Geschlechts"[289] zu demonstrieren. Dieses Beispiel geht von folgender Szene aus: Zwei Kindern, einem Mädchen und einem Jungen, ist untersagt, bei Tisch irgendetwas direkt zu fordern. Zu untersuchen ist nun, wie beide versuchen, dieses Verbot zu umgehen.

> „Jedermann kennt die Verschlagenheit [adresse] eines diesem Gesetz unterworfenen Knaben, welcher am Tisch vergessen worden war und daher auf den Einfall kam, Salz usw. zu verlangen. Ich will nicht sagen, daß man ihn deswegen zur Rede stellen könnte, daß er unmittelbar [directement] Salz und mittelbar [indirectement] Fleisch gefordert hatte; das Übergehen war so grausam, daß, wenn er offenbar [ouvertement] das Gesetz übertreten und geradeheraus [sans détour] gesagt hätte, ihn hungere, ich nicht glauben kann, daß man ihn deswegen bestraft haben würde. Man sehe aber, wie es in meiner Gegenwart ein kleines Mädchen von sechs Jahren in einem weit schwereren Falle anfing; denn abgesehen davon, daß es ihm auf das schärfste verboten war, jemals mittelbar oder unmittelbar etwas zu fordern, würde der Ungehorsam auch insofern unverzeihlich gewesen sein, als es von allen Gerichten [de tous les plats] gegessen, außer einem einzigen, wovon man ihm zu geben vergessen hatte und wonach ihm sehr gelüstete.
> Um nun zu erreichen, daß man diese Vergeßlichkeit wiedergutmachte, ohne daß man es des Ungehorsams beschuldigen könnte, ließ es alle Schüsseln [plats] Revue passieren, wobei es seinen Finger ausstreckte und ganz laut sagte, so wie es auf eine

jede wies: ‚Davon habe ich gegessen; davon habe ich gegessen.' Es bemühte sich jedoch so offensichtlich diejenige, wovon es nicht gegessen hatte, zu übergehen, ohne etwas zu sagen, daß jemand dies wahrnahm und zu ihm sagte: ‚Aber davon? Hast du davon gegessen?' – ‚O nein', erwiderte das kleine Leckermaul ganz sacht [doucement] und schlug die Augen nieder. Ich werde nichts hinzusetzen; man vergleiche: Dieser Trick ist eine Mädchenlist [ruse de fille], der andere war eine Knabenlist."
(Emile, S. 486 W, 712 P)

Untersuchen wir zunächst, worin die List des Knaben[290] besteht. Der Knabe, dem Rousseau hier interessanterweise zugesteht, das Verbot zu übertreten und sein Begehren direkt zu äußern, bedient sich semantisch gesehen einer Substitution: Er ersetzt das von ihm begehrte Objekt durch ein anderes, welches zu verlangen ihm nicht untersagt ist. Der Zusammenhang zwischen dem ‚Wunschobjekt' und dem ‚Ersatzobjekt' wird gestiftet durch ihre pragmatische Zusammengehörigkeit – man benötigt Salz zum Würzen des Fleisches. Im Bereich der Tropenlehre wird eine solche Art der Verschiebung am ehesten durch den Begriff der „Metonymie" bezeichnet. Auch der Junge bedient sich einer List; aber der Umweg, den er wählt, ist der kürzest mögliche. Ebenso wie der Sprecher muß auch der Adressat nur ein Zeichen durch ein benachbartes ersetzen, und schon ist der Junge am Ziel seiner Wünsche. Hinzu kommt, daß – aus der Sicht Rousseaus – selbst dieser kleine Umweg eigentlich überflüssig ist: Das Versehen der Erwachsenen war in seinem Falle so gravierend, daß er sogar direkt hätte sagen dürfen, was ihm fehlte; denn ihm wurde vorenthalten, was er zur Befriedigung eines physisch notwendigen Bedürfnisses (Hunger) brauchte – ein elementares Nahrungsmittel.

Es ist gewiß kein Zufall, daß das Mädchen vor einer wesentlich schwierigeren Situation steht: Erstens ist in seinem Falle das Verbot besonders hart („auf das schärfste verboten …"), zweitens betrifft dieses sowohl direkte als auch indirekte Wunschäußerungen (das Verbot bezüglich des Jungen betraf nur direkte Äußerungen), und drittens ist eine Übertretung des Verbots auch deswegen „unverzeihlich", weil das Mädchen bereits von allen Gerichten gegessen hatte außer von einem. Sein Verlangen entsprang also nicht dem nackten Hunger, sondern der Begierde eines „Leckermauls" – der Lust am Essen. Was also tut das Mädchen?

Es vollzieht eine komplexe sprachliche Operation. Zunächst signifiziert es nicht den begehrten Gegenstand, sondern dessen Umfeld. Das Mädchen konstruiert ein semantisches Feld aus all den Objekten, die es nicht mehr begehrt: Es zeigt und benennt alle Speisen, von denen es bereits gegessen hat. Im ersten Schritt gleicht seine Strategie also der des Jungen: Indem das Mädchen die Rede über das Objekt seines Begehrens durch die Rede über benachbarte Speisen ersetzt, agiert es zunächst metonymisch wie der Junge. Aber während für den Jungen die sprachliche Aktion damit bereits beendet war, verschiebt das Mädchen nicht nur den Begriff dessen, was es wünscht, sondern zugleich auch den Charakter seiner Aussage. Wie auch immer „Fleisch" durch „Salz" ersetzt wird, die Struktur der Aussage des Jungen bleibt identisch: „Ich möchte X". Das Mädchen dagegen sagt: „Ich hatte bereits X"; das heißt, selbst das Prädikat seiner

Rede – ein Begehren oder Wollen – ist in dieser Aussage ersetzt durch sein Gegenteil, ein Nicht-Wollen. Das Mädchen verfährt also inversiv, es verkehrt den Charakter seiner Aussage ins Gegenteil. Das begehrte Objekt wird auf diese Weise mit einer Fülle von nicht-begehrten Objekten umgeben, um in der Leerstelle zwischen all den benachbarten Speisen das einzige Begehrte anzudeuten.

Die Bedeutung dieses Sprechaktes konstituiert sich nicht durch die Fülle der Präsenz eines Denotats, und auch nicht durch ein einfaches metonymisches Substitut („Salz"), sondern durch das Prinzip der Differenz: Das Ungenannte (aber Gemeinte) erhält Signifikanz einzig aufgrund seiner Differenz zum Genannten (aber nicht Gemeinten); es wird signifiziert durch sein Gegenteil, oder genauer: durch die Lücke, die es in der Reihe der nicht-gemeinten Objekte hinterläßt.

Übrigens hat dieses Beispiel eine Pointe, die von äußerster Konsequenz zeugt – unabhängig von der Frage, ob dies dem Autor bewußt war: Der Leser erfährt tatsächlich nicht, *was* das Mädchen eigentlich begehrt; interessanterweise verfährt Rousseau bei der Bezeichnung des Begehrens des Mädchens selber metonymisch: Er spricht nur von Schüsseln [plats], die die begehrten Speisen enthalten und zugleich verhüllen. Anders als beim Jungen verschweigt auch der Autor das begehrte Objekt. Diese Tatsache ist ein weiterer Beleg dafür, daß Rousseaus Darstellungsweise eine verblüffende Konsistenz aufweist: Bereits der ersten Bestimmung des Männlichen (Stärke, Aktivität) entsprach auch die Form der Darstellung durch die Identität von Hauptsatz und Erläuterung; umgekehrt entsprach der Bestimmung des Weiblichen deren Differenz. Auch im Beispiel des Jungen und des Mädchens verdoppelt die Darstellung des begehrten Objekts die Art und Weise, wie sich dieses Begehren geschlechtsspezifisch artikuliert.

In der Kommunikation seines Begehrens vollzieht das Mädchen also einen beinahe maximalen Umweg: Weder teilt es mit, *daß* es begehrt, noch, *was* es begehrt. Sowohl Objekt als auch Prädikat seiner Rede sind ‚versteckt' in ihrem Gegenteil. Und dennoch markiert das Mädchen den Gegenstand seines Wunsches so geschickt, daß der Adressat nicht umhin kann, ihn zu erraten. Das Mädchen (und mit Einschränkung auch der in Rousseaus Beispiel genannte Junge) macht sich eine Eigenart der Sprache zunutze, deren theoretische Durchdringung sich vor allem mit dem Namen FERDINAND DE SAUSSURE verbindet. Wie ich in Teil III. 3 dargestellt habe, beschreibt die von ihm begründete strukturale Linguistik die Sprache als ein System, in dem die Bedeutung jedes einzelnen Zeichens durch die Nachbarschaft und zugleich Differenz zu angrenzenden Zeichen konstituiert wird. Bedeutungsgebend wäre demnach in erster Linie die interne Verkettung von Zeichen, nicht die externe Zuordnung von einer Bedeutung zu einem Zeichen, wie es etwa dem System des Lexikons entspräche – oder der denotativen Spracherziehung Emiles.

Der Sprechakt des listigen Mädchens folgt offensichtlich dieser sprachtheoretischen Prämisse: Nur wenn man die sprachlichen Zeichen als Kettenglieder versteht, die erst in ihrem wechselseitigen Bezug Sinn ergeben, kann man darauf vertrauen, daß die Auslassung eines Gliedes bemerkt und vom Adressaten ergänzt wird. Man könnte nun annehmen, das Prinzip der Differenzialität bestünde in einer rein substitutiven Aktion, die den Namen des gewünschten Objekts durch den eines benachbarten ersetzt. Die sprachliche Aktion des Jungen, statt um Fleisch um Salz zu bitten, könnte dieses Mißverständnis aufkommen lassen. Betrachtet man allerdings die Rede des Mädchens, so wird deutlich: Niemals ist der Name des verschwiegenen Objektes durch einen anderen in einer Weise ersetzt oder umkreist, daß man das Begehren des Mädchens eindeutig identifizieren könnte, wie es der Logik des Denotats entsprechen würde. Wenn das Prinzip der Differenzialität ein substitutives Verfahren wäre, dann bräuchte man die Substitution ja nur rückgängig zu machen und hätte zum ,ursprünglichen' Denotat zurückgefunden.

Der Vorgang ist indes komplizierter. Sofern man nicht – wie Rousseau in diesem Beispiel – zu wissen glaubt, was das Mädchen tatsächlich will, sofern man also selbst Zeuge dieses Vorganges ist, gewinnt der Sprechakt des Mädchens keine Eindeutigkeit. Er eröffnet vielmehr ein Spiel der Bedeutungen; vielleicht will es darauf hinweisen, daß es eine bestimmte Speise nicht erhalten hat. Möglicherweise geht es ihm auch nur darum, durch ein albernes Geplapper die Aufmerksamkeit der Erwachsenen auf sich zu ziehen; und für den Fall einer drohenden Rüge hat sich die Kleine die Möglichkeit gesichert, sich auf den reinen Wortlaut herauszureden – als ginge es ihr tatsächlich nur darum, beiläufig zu rekapitulieren, was sie schon alles gegessen hatte. In all diesen Unwägbarkeiten artikuliert sich ein Aspekt der Sprache, den der (Post-)Strukturalismus der letzten Jahrzehnte als ein Gleiten bzw. Entgleiten der Bedeutung beschrieben hat: Die Existenz eines Feldes semantischer Nachbarschaften erlaubt keine letzte Identifizierung des verschwiegenen Objekts durch seine benannten Nachbarn, sondern setzt eine tendenziell unabschließbare Bewegung des Weiterverweisens in Gang.

Der Sprechakt des Mädchens macht sich diesen (hier äußerst knapp skizzierten) Charakter der Sprache zunutze, während Emile und (deutlich weniger) auch der Junge im oben zitierten Beispiel auf der Ebene des naiven Augenscheins verhaftet bleiben. Emile wiegt sich in der Illusion der Repräsentation: Ein Zeichen steht für einen Gegenstand, und wer diese vertikale Verbindung beherrscht, kann sich in jedem Falle verständlich machen. Ist es ein Wunder, daß Emile so wenig wie möglich mit Metaphern und anderen Formen indirekter oder übertragener Rede in Berührung kommen soll? Er soll in dem Glauben bleiben, man könne durch ein Zeichen eine Sache eindeutig repräsentieren. Wie anders geht doch das Mädchen vor! In seiner ganzen raffinierten Unschuld redet es daher, als habe es die Illusion des Denotats längst durchschaut, als sei folglich gewiß, daß jede Bezeichnung nur als vorläufige Station einer sprachlichen Drift durch das Netz der Differenzialität zustandekommt.

Wir entdecken hier eine interessante Parallele zwischen der politisch-philosophischen Bestimmung der Geschlechter und ihrem Umgang mit Sprache. Soll nicht Emile eine isolierte und unabhängige Existenz führen – unter dem Etikett der ,Freiheit'? Wir sehen nun, daß er genau so sprechen soll: als führe auch jedes Zeichen eine isolierte und unabhängige Existenz. Und soll nicht Sophie stets auf andere bezogen sein, eine ganz und gar relative Existenz führen? Und siehe da: Auch Sophies Rede gebraucht die Zeichen in ihrer relativen, auf ihre semantischen Nachbarn bezogenen Existenz.

Das schamhafte NEIN, das zunächst vor allem eine Repression der weiblichen Sexualität zu beinhalten schien, hat paradoxerweise den Effekt, die Frau auf eine Rede- und Darstellungsweise zu verpflichten, die Rousseau selbst als die wirkungsvollere ansieht. Im *Essai* und im *Emile* betont er, daß die Sprache der doppeldeutigen Zeichen in ihrer Wirkung der Sprache der ‚kalten Vernunft' überlegen sei. Er demonstriert seine Auffassung an einem Beispiel aus den *Bucolica* des Vergil, nämlich am „discours charmant" der Galatea, die aus einem Versteck heraus einen Hirten mit Äpfeln bewirft und dann auffällig-unauffällig flieht[291]:

> „Was für eine liebreizende Rede [discours charmant] ist doch der Apfel der Galatea und ihre ungeschickte Flucht? Was soll sie noch hinzusetzen? Soll sie dem Hirten, der ihr unter die Weiden folgt, sagen, sie fliehe nur in der Absicht, ihn nach sich zu ziehen? Sie würde sozusagen lügen, denn dann würde sie ihn nicht mehr nach sich ziehen. Je zurückhaltender eine Frau ist, desto geschickter muß sie sein ...". (Emile, S. 506 W, 735 P)

Der ‚Diskurs' der Galatea besteht aus zwei stummen Zeichen: dem Apfelwurf und der ungeschickten Flucht. Damit sagt sie bereits alles, was eine Frau sagen darf, wenn sie verführen will: „Die nachdrücklichste Sprache [le langage le plus énergique] jedoch ist jene, in der das Zeichen alles gesagt hat, ehe auch nur ein Wort gefallen ist."[292] Galatea würde die Wirkung ihrer verführerischen Aktion zunichte machen, wenn sie sich verbal erklärte. Insofern käme das Benennen ihrer wahren Absicht einer Lüge gleich. Jedes offene Wort müßte die verführerische Wirkung des schamhaften Diskurses zerstören. Der weibliche Präsentations- und Aktionsmodus unterliegt nicht dem Gebot der Transparenz. Wir kennen bereits den Grund für diese eklatante Abweichung von Rousseaus allgemeinem Ideal der Wahrheit: Die verbale und non-verbale Aktion der Frau hat ihr ‚Wahrheitskriterium' in der Wirkung auf andere. Der Wirkungsmechanismus aber, der aus physischen Bedürfnissen persönliche Leidenschaften macht, ist die Einbildungskraft, die wiederum durch die weibliche Scham geweckt wird. Nur das, was nicht offen zutage liegt, kann die Einbildungskraft stimulieren, ohne die aus einem Bedürfnis niemals ein Begehren wird. Die Einbildungskraft ist deshalb die Voraussetzung der Liebe.

> „... was ist die wahre Liebe denn anderes als Phantasiegebilde, Lügen, Verblendung [chimére, mensonge, illusion]? Man liebt weit mehr das *Bild* [image], das man sich macht, als den *Gegenstand* [objet], auf welchen man es anwendet. Wenn man das, was man liebt, genauso sähe, wie es ist, so würde keine Liebe mehr auf Erden sein. Wenn man aufhört zu lieben, so bleibt die Person, die man liebte, noch dieselbe, die sie vorher war, man sieht sie aber nicht mehr so. Der *Schleier* des Zaubers [le voile du prestige] fällt, und die Liebe verschwindet." (Emile, S. 428 W, 656 P)

Der „Schleier des Zaubers", der eine zunächst beliebige Frau in das Objekt eines heißen Verlangens verwandelt, ist der Schleier der Scham. Der Unterschied zwischen der Liebe und dem bloßen Bedürfnis besteht darin, daß die Liebe ihr Objekt erst konstituiert: Der Liebende stattet es mit jenen imaginären Vollkommenheiten aus, die er anbetet, während das Bedürfnis sein Objekt nimmt, wie es ist. Der Liebende verkennt das Objekt seines Verlangens, doch entfaltet dieses Verkennen eine performative Kraft; denn das Gefühl, das es hervorbringt, ist real. Das Objekt des leidenschaftlichen Begehrens verspricht stets mehr, als es einlösen wird; und diese Differenz zwischen Wunsch und Erfüllung ist der Motor des Begehrens. Die Frauen sind nicht verführerisch obwohl, sondern weil – und nur insofern – sie schamhaft sind. Die schamhafte Frau muß ihr Begehren verhüllen, um das Begehren des anderen zu stimulieren, das heißt ein rein physisches Bedürfnis in ein leidenschaftliches Verlangen zu transformieren. Wenn sich Mann und Frau mit der gleichen Freizügigkeit Avancen machen könnten, so würden, wie wir gehört hatten, „die in ermüdender Freiheit immer schmachtenden Begierden … nie erregt [werden], die angenehmste aller Empfindungen würde im menschlichen Herzen nur einen flüchtigen Eindruck hinterlassen".[293]

Oder verhält es sich vielleicht doch anders? Würde das schamlose Begehren der Frau vielleicht doch (wie in Rousseaus erster Theorie der Scham) alles mit sich in den Abgrund reißen, gierig und unersättlich? Die Antwort bleibt in der Schwebe: Wir werden nie wissen, was es mit ihm ‚wirklich' auf sich hat; die Ungewißheit ist ein konstitutiver Bestandteil seiner selbst. Daher entzieht sich jedes Begehren der Repräsentation; es läßt sich nicht im Modus direkter Benennung artikulieren. Die schamhafte Sprache der Frauen ist die einzig angemessene Sprache des Begehrens.

> „Ob nun das Menschenweibchen die Begierden des Mannes teilt oder nicht und sie befriedigen will oder nicht, es stößt ihn immer zurück und verteidigt sich, aber nicht immer mit der gleichen Kraft und folglich auch nicht immer mit dem gleichen Erfolg. Damit der Angreifende siegreich sei, muß der Angegriffene es erlauben oder anordnen; denn was für geschickte Mittel hat er nicht, den Angreifenden zu zwingen, seine ganze Kraft einzusetzen? […] Alsdann ist es das süßeste für den Mann, bei seinem Siege *in der Ungewißheit zu schweben* [de douter], ob es Schwachheit ist, die der Stärke weicht, oder ob es der Wille ist, der sich ihr ergibt; und *die gewöhnliche List* [ruse ordinaire] der Frau ist es, daß sie stets diese Ungewißheit [doute] zwischen sich und ihm bestehen läßt." (Emile, S. 469/70 W, 695/96 P)

Würde es sich um einen ‚wirklichen' Kampf handeln, dann hätten Rousseaus Behauptungen keinerlei Sinn; denn in einem solchen hängt der Sieg nicht davon ab, ob der Gegner ihn erlaubt oder nicht, und kein ernsthaft Angegriffener würde den Angreifer ermuntern, ihn zu überwältigen. Würde der Mann sich also über die Zeichen der Frau hinwegsetzen und tatsächlich Gewalt brauchen, um an sein Ziel zu kommen, dann würde er damit seiner Gefährtin „den Krieg" erklären und sie zu jeder Art wirklicher, nicht vorgetäuschter Gegenwehr ermächtigen, um „ihre Freiheit selbst auf Kosten des Lebens des Angreifers zu verteidigen".[294] Rousseau weist hier ausdrücklich darauf hin, daß „die Natur" auch die Frau „mit so viel Kraft ausgestattet hat, wie sie braucht, um zu widerstehen, wenn es ihr gefällt".[295] Die ‚Schwäche und Passivität' der Frau bedeuten nicht, daß sie wehrloses Opfer männlicher Gewalt wäre. Nachdrücklich insistiert

Rousseau darauf, daß sie im erotischen Spiel sehr wohl einen freien Willen hat; und er attestiert ihr für den Notfall – das heißt für den Fall, daß der Mann die Spielregeln nicht respektiert – genügend Kräfte, um ihre Freiheit zu verteidigen.[296]

Wenn man den Überlegungen Rousseaus folgt, dann müßte man wohl zu dem Fazit kommen, daß die Leidenschaft nur gesagt werden kann, indem sie verschwiegen wird; daß sie immer nur ver-sprochen, nie ge-sprochen werden kann: eingekleidet, verhüllt, metaphorisiert, angedeutet durch Gesten oder Worte. Die Liebe selbst ist unaussprechlich.[297]

> „So wie ich die schreckliche Leidenschaft der Liebe begreife", schreibt Rousseau im *Brief an d'Alembert*, „ihre Verwirrung, ihre Verirrungen, ihr Herzklopfen, ihre Begeisterung, ihre brennenden Ausdrücke, ihr noch kraftvolleres Schweigen, ihre unaussprechlichen Blicke [...], scheint es mir, daß nach einer so ungestümen Sprache eine liebende Frau ihrem Liebhaber, der ihr nur ein einziges Mal ‚Ich liebe dich' sagte, empört antworten müßte: ‚Sie lieben mich nicht mehr', um ihn im Leben nicht wiederzusehen" (BdA, S. 441, 140 F)

Die Schamhaftigkeit der Frau bringt die Metaphern der Liebe hervor. Zugleich kann sie selbst als eine Metapher aufgefaßt werden für die stets nur partielle Darstellbarkeit des menschlichen Begehrens und die grundsätzliche Metaphorizität der begehrenden Sprache: Die denotative Funktion der Sprache findet ihre Grenzen an der Leidenschaft. Der in leidenschaftlicher Liebe entflammte Mann muß sich darum effeminieren; er muß von der ihm zugedachten Position des Souveräns Abstand nehmen. Soll er sich etwa ‚ohne Umschweife' erklären und damit riskieren, von der empörten Frau in die Wüste geschickt zu werden?

> „Die Liebe ist das Reich der Frauen. Notwendig sind sie es, die dort das Gesetz geben, weil ihnen nach der Ordnung der Natur der Widerstand gehört und weil die Männer ihn nur um den Preis ihrer Freiheit überwinden können." (BdA, S. 380, 63 F)

Die Schamhaftigkeit der Frau ließe sich entziffern als eine Metapher für die Metaphorizität der leidenschaftlichen Sprache. Und wie anders sollte man von dieser Eigenschaft der Sprache sprechen als metaphorisch?

7. DAS FINGIERENDE GESCHLECHT

Abschließend will ich die Frage stellen, was die skizzierte weibliche Sprache mit Rousseaus eigener Sprache zu tun hat und welche Konsequenzen sich daraus für eine seinem Werk angemessene Lektüre ergeben. Bekanntlich hat Rousseau sich stets gerühmt, ein uneigennütziger ‚Diener der Wahrheit' zu sein. Er wählte Juvenals „Vitam impendere vero" [Sein Leben der Wahrheit weihen] zum Leitspruch seines Lebens und beteuerte die „Reinheit" und „Interesselosigkeit" seiner schriftstellerischen Absichten.[298] JEAN STAROBINSKI hat unterstrichen, daß „das Skandalon der Lüge" den Anstoß zu Rousseaus gesamtem Werk gegeben habe.[299]

Nun findet sich allerdings bei näherem Hinsehen eine interessante Parallele zwischen der Verortung der Frauen im Feld der Wahrheit und Rousseaus eigener Begehrens- und Schreibposition. Wenn er im *Emile* behauptet, die Frauen seien stets „diesseits oder jenseits des Wahren [au deça ou au delà du vrai]"[300], so meint er damit keineswegs einfach, daß sie lügen. Genauer gesagt: Wenn sie lügen, so doch nicht in dem moralischen Sinne, den er normalerweise diesem Begriff unterlegt. Denn nur wenige Seiten weiter im *Emile* wendet er sich ausdrücklich gegen die Behauptung, die Frauen seien falsch.

> „Die Frauen sind falsch, sagt man uns; sie werden es. Die Gabe, die ihnen eigen ist, ist die Gewandtheit [adresse] und nicht die Falschheit; in den wahren Neigungen ihres Geschlechts sind sie, *selbst wenn sie lügen*, nicht falsch." (Emile, S. 505 W, 734 P)

Wie ich bereits dargelegt habe, gilt für die Frauen ein anderes Kriterium der Unterscheidung von Wahrheit und Lüge als für das männliche Geschlecht: Eine Frau würde geradezu lügen, wenn sie nur schlicht die Wahrheit sagte. Denn das ‚Wahrheitskriterium' ihrer Rede ist die verführerische Wirkung auf andere. Als Frau kann man offenbar „jenseits des Wahren" sein, ohne deshalb als „falsch" gelten zu müssen. Interessanterweise taucht diese Paradoxie (zu lügen, ohne falsch zu sein) noch in einem anderen Zusammenhang auf. In Rousseaus letztem Werk, den *Träumereien eines einsamen Spaziergängers*, setzt er sich mit dem indirekten Vorwurf seiner ‚Gegner' auseinander, er habe in der Praxis (des Redens und Schreibens) des öfteren gegen sein öffentliches Gelöbnis, sein Leben der Wahrheit zu weihen, verstoßen. Auf der Suche nach Erklärungen und Entschuldigungen entwickelt er den Gedanken, daß nicht jede Lüge verwerflich sein muß: „Lügen ohne Nutzen noch Nachteil für sich oder andere heißt nicht lügen, es ist nicht eine Lüge, sondern *Erdichtung* [fiction]."[301] Mit dieser Überlegung wird auf einem zweiten Feld das strenge Wahrheitspostulat in Frage gestellt; auch die Kunst (bzw. die Literatur) braucht sich nicht mit der bloßen Repräsentation der Wirklichkeit zu begnügen; sie darf ausschmücken und erfinden – vorausgesetzt, sie schadet niemandem. Die ‚unschuldige' Lüge ist die Fiktion; und wir dürfen nun wohl schlußfolgern, daß die Frauen somit das ‚fingierende Geschlecht' wären. Rousseau selbst bekennt in seinem *Vierten Spaziergang*, er habe allenfalls aus Scham oder Schüchternheit gelogen, oder er habe sich durch die „Lust am Schreiben" dazu hinreißen lassen, seinem Lebensmotto untreu zu werden.

> „Nein, habe ich je wissentlich etwas wider die Wahrheit geschrieben, so ist es immer nur bei gleichgültigen Gelegenheiten geschehen, und mehr aus Verlegenheit im Reden oder aus *Lust am Schreiben* [plaisir d'écrire] als aus irgendeinem eigennützigen Beweggrund oder zum Vorteil oder Schaden anderer." (Träumereien, S. 690 R, 693 P)

Seine Fiktionen seien „mehr die Wirkung einer überspannten Einbildungskraft [l'effet du délire de l'imagination] als einer Willenshandlung" gewesen[302]; er wurde „*hingerissen* durch das Vergnügen [entraîné par le plaisir]" am Schreiben.[303] Bis in den Wortlaut hinein läßt sich die Parallele zur Charakteristik des weiblichen Geschlechts verfolgen: Auch für die Frauen ist der Grund ihrer Abweichungen vom ‚Wahren‘, daß sie sich „von tausend fremden Antrieben *hinreißen* lassen [se laissant entraîner par mille impulsions étrangéres]".[304]

Folgt man JEAN STAROBINSKIS Analysen, dann hat Rousseau selbst nie anders als schamhaft begehrt und eine große Meisterschaft in passiven Äußerungsformen und Verhüllungen seines Begehrens entwickelt[305]; in Verlängerung dieses Befundes könnte man die These wagen, daß er auch als Autor in nicht unerheblichem Ausmaß die ‚weibliche‘ Position eingenommen hat. Das hieße: Seine Texte spielen mit den LeserInnen dasselbe Spiel wie die Frau mit dem Mann auf dem Feld der erotischen Kommunikation. *Entgegen aller ‚mannhaften‘ Vorsätze schreibt Rousseau ‚weibliche‘ Texte.* Wie die schamhafte Frau ihren potentiellen Liebhaber umwirbt, so präsentieren sich seine Texte den LeserInnen: Sie bieten sich dar *und* entziehen sich zugleich; sie versprechen Klarheit und Eindeutigkeit *und* dementieren dies im selben Atemzug. Folglich wäre der Rousseausche Leser diesen Texten ausgesetzt wie der begehrende Mann dem erotischen Diskurs einer Frau: Er wird nie genau wissen, woran er bei ihr ist.[306]

Solche Ungewißheit kann die Lust des Liebhabers / Lesers steigern und seinen ‚Sieg‘ versüßen; sie kann aber auch zur unerträglichen Pein werden, wenn sein Verlangen nach Wissen und Gewißheit größer ist als nach der Frau / dem Text. Dann wird er an deren / dessen ‚Schamhaftigkeit‘ verzweifeln oder sich – wie der ungeduldige und grobe, stümperhafte Liebhaber – mit Gewalt Zutritt zu dem begehrten Objekt zu verschaffen suchen. Damit begeht er aber nicht nur einen Frevel an der Frau / dem Text, sondern bringt auch sich selbst um den Genuß der Liebe / der Lektüre. Der Akt der Lektüre ist ein Akt der Liebe – oder der gewaltsamen Aneignung und Vereinnahmung, der Vergewaltigung des begehrten Objekts. An diesem Punkt endet allerdings die Analogie von Liebe und Lektüre, die Ähnlichkeit der Beziehung Mann – Frau und Leser – Text; denn im Unterschied zur Frau, die in Rousseaus Augen über genug Kraft verfügt, um sich gegen gewalttätige Übergriffe eines Mannes zur Wehr zu setzen, ist ein Text seinen Lesern ausgeliefert.

Rousseaus Texte sind – um in diesem Bild zu bleiben – in der Geschichte ihrer Rezeption selten mit der unruhigen Neugierde und der sorgfältigen Aufmerksamkeit eines Liebhabers gelesen worden; häufiger kam wohl der abgestumpfte Ehemann oder der brutale Rohling zum Zuge. Oder einfach der Mann, der – wie Emile am Ende seiner Kindheit – nur in der Ordnung des Denotats zuhause ist. Rousseau versuchte, die figurale Dimension der Sprache unter Kontrolle zu halten, indem er sie dem weiblichen Geschlecht zuordnete und der Aufsicht des männlichen unterstellte. Die bedrohliche Vieldeutigkeit in Grenzen zu halten, sie einzudämmen und in eine Ordnung zu integrieren, ist Aufgabe des männlichen Geschlechts. Der Mann ist Träger und Garant der referentiellen Funktion des sprachlichen Zeichens, er repräsentiert die Transparenz zwischen Zeichen und Sache. Darum kann der Mann eigentlich kein Lesender sein – mit einer Ausnahme: Als Liebender ist er genötigt, das intransparente Reich der Frau zu betreten, sich ein Stück weit zu effeminieren.

Die feministische Kritik an Rousseau verkennt meines Erachtens weithin diese Dimension seiner Texte. Indem sie seine Theorie der Geschlechterdifferenz wörtlich liest, vollzieht sie paradoxerweise an der ‚weiblichen' Dimension seiner Texte genau das, was Aufgabe des Mannes ist: Das ‚Weibliche' vermittels der denotativen Funktion der Sprache unter Kontrolle zu halten. Ist der feministische Diskurs am Ende ein männlicher Diskurs? Stellt er in Wirklichkeit erst jene Ruhe und Ordnung her, die er Rousseaus Entwürfen vorhält, indem er dasjenige unsichtbar macht, was in seinen Texten von den Grenzen und Überschreitungen dieser Ordnung zeugt? Bedienen sich die feministischen Analysen in ihrer Mehrzahl der Sprache des Mannes – und zwar nicht derjenigen des Liebhabers, der sich verführen läßt, indem er sich effeminiert, sondern derjenigen des Ehemannes und Familienvaters, der die Gattin und Mutter seiner Kinder ins Haus einsperrt und sie derart domestiziert zu haben glaubt?

Betrachten wir unter dieser Fragestellung eine weitere Variante des feministischen Diskurses, die sich mit dem Konzept der ‚weiblichen Natur' in ‚männlichen' Theorien und Imaginationen gründlich befaßt hat; ich meine den geschichtsphilosophisch-kulturkritischen Ansatz von SILVIA BOVENSCHEN.[307]

VI. DIE IMAGINIERTE WEIBLICHKEIT

Exkurs zu Silvia Bovenschen

In der zweiten Hälfte der 70er Jahre tauchten im deutschen Sprachraum die ersten Auseinandersetzungen mit dem anglo-amerikanisch inspirierten Begriff des ‚Frauenbildes' auf.[308] Während die Beiträge von Literaturwissenschaftlerinnen auf der ersten „Sommeruniversität für Frauen" (1976 in West-Berlin) noch weitgehend im Zeichen der amerikanischen Theoriebildung standen[309], brachte im Herbst 1976 die Zeitschrift *Ästhetik und Kommunikation* ein Heft zum Thema *Frauen – Kunst – Kulturgeschichte* heraus, in dem überwiegend der Frankfurter Schule nahestehende Autorinnen publizierten; u. a. erschien hier SILVIA BOVENSCHENs berühmt gewordener Aufsatz „Über die Frage: gibt es eine ‚weibliche' Ästhetik?"[310] Ebenfalls 1976 legte die Bremer Zeitschrift *Alternative* erstmals eine Auswahl poststrukturalistisch-feministischer Theorien französischer Provenienz in deutscher Übersetzung vor, mit Texten von HÉLÈNE CIXOUS, LUCE IRIGARAY, JULIA KRISTEVA u. a.[311] Mitte der 70er Jahre erschienen auch die ersten profilierten Texte einer ‚neuen Frauenliteratur'.[312] Die Implikationen dieser Texte für eine andere Sicht der Frau oder eine ‚weibliche Ästhetik' wurden in Zeitschriften wie *Kassandra, Courage* oder *Die schwarze Botin* kritisch erörtert. 1979 bündelten sich Bestandsaufnahme wie Kritik des bisher Erreichten in zwei wichtigen Publikationen: in der von GABRIELE DIETZE herausgegebenen Anthologie *Die Überwindung der Sprachlosigkeit*[313] und in der Dissertation von SILVIA BOVENSCHEN zur *imaginierten Weiblichkeit*.[314] Vor allem am Konzept von Bovenschen will ich im folgenden die Weiterentwicklung gegenüber dem Ansatz von KATE MILLETT erörtern, aber auch die (von heute aus sichtbaren) Grenzen einer der Frankfurter Schule verpflichteten feministischen Theoriebildung.

1. DIE GESCHICHTE WEIBLICHER GESCHICHTSLOSIGKEIT

Bovenschen trägt ihre Überlegungen zur Herrschaft des männlichen über das weibliche Geschlecht in ein geschichtsphilosophisches Modell ein, das vor allem der Kritischen Theorie verpflichtet ist. Anders als Millett geht es ihr dabei nicht um den Nachweis eines personalisiert gedachten männlichen Herrschaftswillens, sondern um die Analyse eines vom männlichen Geschlecht geschaffenen Systems, das die Frau auf den Status der Natur reduziert. Die Etablierung patriarchalischer Herrschaft bestimmt sie als Begleiterscheinung der Anstrengungen des Menschen – genauer gesagt: des Mannes – zur Beherrschung der Natur. Dieser welthistorische Prozeß der „Entzauberung der Welt", dessen zwiespältigen Charakter THEODOR W. ADORNO und MAX HORKHEIMER in der *Dialektik der Aufklärung* dargestellt haben, zielte darauf, Mythos und Magie durch Rationalität zu ersetzen, um „von den Menschen die Furcht zu nehmen und sie als Herren einzusetzen."[315] Da die Frauen schon seit jeher mit der Natur identifiziert wurden (vor allem aufgrund ihrer Gebärfunktion), ereilte sie im Zuge dieses Prozesses dasselbe Schicksal wie die Natur: Domestikation und Unterwerfung.

„Immer schon repräsentierte die Frau Natur; das galt auch für die frühen Formen der Naturaneignung. [...] Die neue Rationalität etablierte sich um den Preis der fortschreitenden Distanz der Menschen zur Natur und damit auch zu Teilen ihrer selbst. ‚Die Menschen bezahlen die Vermehrung ihrer Macht mit der Entfremdung von dem, worüber sie Macht ausüben.' [Adorno/Horkheimer] – Diese Ambivalenz, die dem Fortschritt der Naturbeherrschung zugrunde liegt, prägt bis heute das Bild von der Frau; sie teilt gewissermaßen das Schicksal der unterjochten Natur." (S. Bovenschen 1977, S. 274)

Bovenschen folgt damit der *Dialektik der Aufklärung*, in der die Herausbildung von Männlichkeit mit dem Willen zur Beherrschung von Natur – und damit auch von Frauen – identifiziert wird.[316] In dem geschichtlichen Faktum, daß die Frauen lange Zeit von der direkten Auseinandersetzung mit der Natur ausgeschlossen waren, daß sie aufs bloße ‚Empfangen' verpflichtet waren und daher dem männlichen Denken wie natürliche Materialien und Rohstoffe erschienen[317], sieht Bovenschen die Grundlage für die Thematisierung des Weiblichen in Kulturtheorie, Philosophie und literarischer Imagination. Je nach Bedürfnislage des männlichen Geschlechts wurde dieser ‚weibliche Stoff' theoretisch definiert, literarisch geformt und pädagogisch zugerichtet.

Wenn der Prozeß der Aneignung von Natur (marxistisch gesprochen: der Entfaltung von Produktivkräften und Produktionsverhältnissen) konstitutiv für die geschichtliche Entwicklung des Menschen ist, dann bedeutet der Ausschluß der Frauen aus diesem Prozeß zugleich deren *Geschichtslosigkeit*. Daß die Frauen „in den Dokumentationen der politischen, kulturellen und wissenschaftlichen Entwicklungsprozesse keine Spuren hinterließen"[318], ist demzufolge nicht das Ergebnis vorsätzlicher Boshaftigkeit männlicher Akteure, sondern hat tieferliegende Wurzeln in einem strukturellen Ausschluß der Frauen aus dem Prozeß der abendländischen Zivilisation. Die Kehrseite der historischen „Schattenexistenz" von Frauen ist nun aber, Bovenschen zufolge, der „Bilderreichtum" des Weiblichen in der Kunst.

„Die Geschichte der Bilder, der Entwürfe, der metaphorischen Ausstattungen des Weiblichen ist ebenso materialreich, wie die Geschichte der realen Frauen arm an überlieferten Fakten ist." (S. Bovenschen 1979, S. 11)

Der Abwesenheit der realen Frauen auf der historischen Bühne korrespondiert die Allgegenwart der Bilder, der „imaginierten Weiblichkeit". Die Bilder des Weiblichen sind folglich keineswegs Abbilder der Realität; sie haben vielmehr einen anderen, vertrackteren ontologischen Status: Erst die Abwesenheit der realen Frauen ermöglicht die vielfältige Produktion und Präsenz der Imaginationen. Die Bilder des Weiblichen sind gleichsam anstelle der Frauen da, sie verweisen auf etwas Fehlendes, einen Mangel, eine Leerstelle; und zugleich verschleiern sie diese Lücke, machen das Fehlende unsichtbar und zementieren so den Ausschluß der Frauen aus dem geschichtlichen Prozeß. Schließlich sind die Bilder des Weiblichen weniger Abbilder als vielmehr Vorbilder für die realen Frauen: Da diese auf der historisch-politischen Bühne keine Rolle zu spielen haben und auch sonst keinen Subjektstatus beanspruchen können, sind sie umso mehr gezwungen, ihre Selbstbilder aus den männlichen Vorgaben zu beziehen. Voraussetzung der enormen Macht der Bilder über die Frauen ist folglich die reale Machtlosigkeit der letzteren. Sie ist das Resultat einer langen Tradition patriarchalischer Herrschaft, in der die Männer zusätzlich zur realen Unterwerfung der Frauen auch die Definitionsmacht über das Weibliche usurpierten. Die Frauen wurden zum inferioren Geschlecht erklärt und ausgeschlossen nicht nur aus den Zentralen der Macht, sondern auch aus der historischen Überlieferung, ja sogar aus der theoretischen Reflexion.

> „Dem belegbaren Ausschluß der Frauen aus den geschichtsprägenden politischen und kulturellen Institutionen und Positionen entspricht die thematische Absenz des Weiblichen in den historischen Überlieferungen. Daß weder die faktischen Ausschließungen des Weiblichen aus der Geschichte noch seine Verdrängungen aus dem Geschichtsbewußtsein von der Theorie sonderlich beachtet worden sind – es könnte geradezu von einem dreifachen Ausschluß gesprochen werden –, ist nicht ohne Folgen für die hier vorgelegte Untersuchung …". (S. Bovenschen 1979, S. 15)

Dieser umfassende Ausschlußmechanismus ist Bovenschen zufolge konstitutiv für die „weibliche Geschichtslosigkeit". In einer Art circulus vitiosus führt diese Geschichtslosigkeit wiederum dazu, daß die männlichen Dichter und Denker dieses „geschichtslose Weibliche" je nach ihrer historisch-spezifischen Bedürfnislage zurichten konnten, wodurch sie dessen Geschichtslosigkeit immer wieder reproduzierten.

Zur Dialektik der Aufklärung gehört allerdings auch, daß die wissenschaftliche Rationalität immer mit der Angst behaftet bleibt, die sie zerstreuen soll.[319] In dem Maße, wie der Mann sich von der Natur entfremdet, wächst seine Angst vor deren Rache, d. h. vor katastrophischen Einbrüchen ins soziale Leben. Der Versuch, die Natur zu bändigen, kann der Angst, die ihn einst hervorrief, nicht entkommen, aber er kann sie in großem Maßstab auf das weibliche Geschlecht projizieren. Schon qua biologischer Funktion erinnern die Frauen an die „kreatürliche Herkunft der Menschen"[320], die der ‚aufgeklärte' Mann zwanghaft zu verleugnen sucht. Zu Beginn der Neuzeit, als die Subsumtion der menschlichen Arbeitskraft unter das Kapital sowie die Überwindung des magischen Weltbildes zugunsten wissenschaftlicher Rationalität auf der historischen Tagesordnung standen, gipfelte die Angst des Mannes vor der ‚weiblichen Natur' im Vernichtungsfeldzug gegen die ‚Hexen' – eine Zuschreibung, die potentiell jede Frau treffen konnte. Die Hexenpogrome zu Beginn des bürgerlichen Zeitalters beschreibt Bovenschen insofern als die zweite Phase der patriarchalischen Machtergreifung.[321]

Während des gesamten bürgerlichen Zeitalters bleibt die Frau unter den Begriff der Natur subsumiert; allerdings wird sie nun nicht länger als Subjekt der Naturaneignung (wie die ‚Hexen') verfolgt, sondern als ein Objekt der Naturbeherrschung betrachtet. Die Reste der alten magischen Macht der Frauen hatte man im Zuge der Hexenverfolgungen getilgt; die bürgerliche Frau wurde ins Haus eingesperrt und gezähmt, von ihr ging keine ernsthafte Bedrohung mehr aus. Zwar artikulierten sich männliche Ängste und Wünsche nach wie vor in den Bildern des Weiblichen; aber die vorbürgerlichen Hauptrepräsentanzen der imaginierten Weiblichkeit (die Heilige und die Hexe) säkularisierten sich im bürgerlichen Zeitalter zur Mutter und zur Hure, wobei letztere als ‚femme fatale' oder als ‚Vamp', aber auch in Gestalt alter Rächerinnen-Mythen (Judith, Salome, Medea) auftreten kann.

> „Die Jagd auf die Frauen war vorerst eingestellt, ins Haus verbannt war ihr Aktions-
> radius sehr klein. Der Literatur und der Kunst dagegen in ihren ‚erhabenen' wie in
> ihren trivialen Formen wurden die Archetypen der Weiblichkeit zum großen The-
> ma." (S. Bovenschen 1977, S. 296)

Bovenschen führt die Spaltung in ‚gute' und ‚böse' Repräsentanzen des Weiblichen auf eine gemeinsame Wurzel zurück, nämlich die Allegorie der „Natura", die stets als Frau dargestellt worden war. Von alters her wurde die Natur für beides verantwortlich ge-macht: für den Segen reicher Ernten und fruchtbarer Jahre ebenso wie für den Fluch von Dürre, Mißernten und Hungerkatastrophen. Diese Ambivalenz der Natur wird aufgespalten in die ‚gute Mutter' einerseits (die Jungfrau Maria als christlicher Ersatz der heidnischen Fruchtbarkeitsgöttinnen) und die ‚böse Hexe' andererseits (die schwar-ze Magierin, die mit dem Teufel im Bunde steht). Die Frauen repräsentieren daher stets beides: „die Angst vor der Rache der Natur" und „die Sehnsucht nach der Versöhnung mit der Natur"[322] – Bedrohung und Utopie.

Dies ist das allgemeine geschichtsphilosophische Modell, in das Silvia Bovenschen ihre Untersuchungen einträgt. Die „invariante Struktur" patriarchalischer Unterdrük-kung der Frau besteht also darin, daß sie aus dem geschichtlichen Prozeß ausgeschlos-sen und auf den Status von ‚Natur' reduziert blieb; nur der Mann war historisches Subjekt. Allerdings muß dieses Grundmuster in seinen je spezifischen geschichtlichen Ausprägungen untersucht werden; insofern postuliert Bovenschen die Rekonstruktion einer *Geschichte der weiblichen Geschichtslosigkeit*.

> „Da die Frauen seit der Vernichtung matristischer Gesellschaftsformation unter
> männlicher Herrschaft stehen, gibt es tatsächlich eine *invariante Struktur*: die ihrer
> inferioren gesellschaftlichen Stellungen nämlich. Diese Struktur muß aber für jede
> *historische Situation* differenziert analysiert werden. […] Innerhalb des geschlechts-
> spezifischen Herrschaftszusammenhangs hat sich die Situation der Frauen – wenn
> auch nicht grundlegend, so doch graduell – laufend verändert." (S. Bovenschen
> 1977, S. 304; Hervorh. C.G.)

2. Schattenexistenz und Bilderreichtum

Die apodiktische Behauptung von Adorno und Horkheimer: „Die Frau ist nicht Sub-jekt" macht Bovenschen zur Grundlage ihrer theoretischen Konstruktion. Was im Rahmen eines „philosophischen Fragments"[323] als provokante Behauptung seine Berechtigung haben mag, wird aber problematisch, wenn es systematisch verall-gemeinert wird. Bovenschen leitet daraus die skizzierte Hypothese der „weiblichen Geschichtslosigkeit" ab. Daß Frauen „keinen selbständigen Anteil an der Tüchtigkeit [haben], aus welcher diese Zivilisation hervorging"[324], bedeutet ihr, daß Frauen im geschichtlichen Prozeß des Abendlandes stumm blieben, keine Spuren hinterließen.

> „Auf der Suche nach dem geschichtlichen Einfluß der Frauen läßt sich an den historischen Dokumenten *vor allem* die Geschichte eines Verschweigens, einer Aussparung, einer Absenz studieren." (S. Bovenschen 1979, S. 10; Hervorh. C. G.)

In dieser Aussage findet sich eine vorsichtige Einschränkung („vor allem"), die die Frage nach den Restspuren weiblicher Existenz in den historischen Dokumenten offenhält. Feministische Wissenschaft hätte demnach die Möglichkeit, die historischen Überlieferungen erneut zu sichten, sie ‚gegen den Strich zu lesen', um Hinweise auf Lebensbedingungen und Artikulationsformen von Frauen zu finden. Allerdings schlägt Bovenschen wenig später die Tür zu einer solchen Forschungsrichtung wieder zu:

> „Da die Frauen in den Dokumentationen der politischen, kulturellen und wissenschaftlichen Entwicklungsprozesse *keine Spuren* hinterließen, da aber zugleich der ihnen zugestandene Bereich des häuslichen Alltags historisch nicht sehr beredt ist und nur selten seinen Weg in die Dokumente findet, muß die Forschung andere Diskurse aufsuchen. So scheint zum Beispiel der literarische Diskurs einer der wenigen zu sein, in denen das Weibliche stets eine auffällige und offensichtliche Rolle gespielt hat …". (Ebd., S. 11; Hervorh. C.G.)

Hier redet Bovenschen nun deutlich von „keine Spuren" und zieht auch sogleich die Konsequenz aus dieser vermeintlichen Tatsache: Statt sich mit mühsamer historischer Kleinarbeit aufzuhalten, plädiert sie dafür, „andere Diskurse" aufzusuchen – nämlich solche, in denen *über* Frauen geredet bzw. geschrieben wird. Weil die Geschichte der Frauen so arm an überlieferten Fakten ist, wendet Bovenschen sich der „Geschichte der Bilder"[325] zu. Allein hier, in den (meist) männlichen Fiktionen, scheint das Weibliche präsent zu sein.[326] Und aus diesen „Bildwelten" will Bovenschen nun indirekt Rückschlüsse ziehen auf die „kulturhistorischen Konjunkturen des Weiblichen".

> „… weil die Frauen selber stumm blieben, muß ihr jeweiliger Status vielmehr indirekt an den Modalitäten seiner metaphorischen und diskursiven Präsentationen abgelesen werden." (S. Bovenschen 1979, S. 15)

Mit dieser Option verschiebt Bovenschen ihr Forschungsinteresse mit weitreichenden Konsequenzen: Statt einer Geschichte der Frauen will sie eine Geschichte der Weiblichkeit schreiben. Das Vertrackte an dieser Weichenstellung ist jedoch, daß sie ihre eigene Falsifikation nicht erlaubt. Das, was empirisch erst einmal zu überprüfen wäre (die Geschichtslosigkeit der Frau), wird als scheinbar feststehende Tatsache vorausgesetzt. Auf welche Dokumente die Literaturgeschichte auch immer treffen mag: Deren Charakter als männliche Imagination steht bereits fest. Damit vermischen sich allerdings zwei Ebenen: die der Empirie und die der kulturellen Norm oder Ideologie. Das Thema ‚Frau' vergeistigt sich sozusagen zum Thema ‚Weiblichkeit', während die Männer weiterhin als empirische Wesen in der Diskussion präsent bleiben: als diejenigen nämlich, die als reale Subjekte an den Schaltstellen der Produktion kultureller Normen sitzen. Daß die Männer empirisch gesehen die kulturelle Sphäre dominieren, liefert

118

aber noch keine aussagefähige Kritik der kulturellen Produkte – auch nicht deren Zuordnung nach ‚männlich‘ und ‚weiblich‘.

Diese Vermischung von Argumentationsebenen scheint mir der Dreh- und Angelpunkt der Theorie der „imaginierten Weiblichkeit". Sie tut so, als könnten sich historisch-empirische und ideologiekritische Forschung gegenseitig aus ihren jeweiligen Verlegenheiten helfen: Weil wir über die Realgeschichte der Frauen angeblich nichts wissen, fragen wir nach den Frauenbildern – und umgekehrt: Weil sich anhand kultureller Produkte ‚männlich‘ und ‚weiblich‘ nur schwer unterscheiden lassen (falls eine solche Unterscheidung überhaupt sinnvoll ist), verweisen wir auf das empirische Geschlecht der Akteure, das heißt auf die Dominanz von Männern. Mit dieser operativen Voraussetzung arbeitet Bovenschen allerdings bereits an einer Theorie der Opfer; den Frauen bleibt nämlich in diesem Falle nur die Unterwerfung unter das „Diktat der Bilder".[327] Solange sich die Frage nach der ‚Weiblichkeit‘ voreilig auf die empirische Dominanz maskuliner Subjekte stützt, wird sich dieses resignative Argumentationsmuster beinahe zwangsläufig aufdrängen: Weil es immer die Männer sind, die an den entscheidenden Positionen im kulturellen Apparat sitzen, erscheint ‚Weiblichkeit‘ lediglich als eine Art Identitätszuweisung an die empirische Frau – als eine Erfindung der Männer. So gesehen gibt es Weiblichkeit nur als männliche Ideologie. Die einzelne Frau, bar jeder eigenen Identität, Norm oder Kultur, bewegt sich in einer Totalität männlicher Werte. Was auch immer sie sagt: Es ist im Grunde männlich determiniert. Um Mißverständnisse zu vermeiden: Es spricht absolut nichts dagegen, die Geschichte von Weiblichkeits-Imaginationen zu untersuchen, im Gegenteil. Es käme dann aber darauf an, sie nicht unter dem vorschnellen Verweis auf die empirische Dominanz von Männern als eine im Grunde bekannte Geschichte stillzustellen. Diese Befürchtung drängt sich allerdings auf, wenn man liest, wie Bovenschen das Verhältnis von realen Frauen und Frauenbild illustriert: mit der Geschichte vom Wettlauf zwischen Hase und Igel. Der Igel – das männliche Bild von der Frau – ist immer schon vor dem Hasen – der realen Frau – da; letztere hat nur insofern Erfolgschancen, beispielsweise im männlich dominierten Kulturbetrieb, als sie sich diesem Bild anpaßt.

> „Die realen Frauen vermochten nur so lange aktive – wenn auch vorgeschriebene – Rollen im Kulturprozeß zu übernehmen, solange die Ideen vom Weiblichen sich als eine relativ feste Standfläche für ihre Integrationsanstrengungen erwiesen. Das heißt aber, daß die Frauen immer nur versuchen konnten, die symbolischen Präsentationen des Weiblichen, wenn sie ihren Wünschen und Ambitionen günstig waren, einzuholen. Es war ihnen übrigens bis heute nicht möglich, über die in einer männlich dominierten Kulturlandschaft jeweils bestehenden Präfigurationen des Weiblichen hinausweisende und quer zu diesen liegende Imaginations- und Darstellungsformen kulturprägend zu entwickeln. Ihr Kulturschicksal ist in der Geschichte vom Wettlauf zwischen Igel und Hase abgebildet – der Igel, der vorgegebene Entwurf, ist immer schon vor ihnen da." (S. Bovenschen 1979, S. 139)

Einige für die Frankfurter Schule typische Wendungen wie „immer nur" und „immer schon" suggerieren die Unausweichlichkeit eines Fatums: Aus dem weiblichen „Kulturschicksal" gibt es kein Entkommen. Daraus folgt für Mann und Frau ein völlig unterschiedlicher ontologischer Status: Freiheit oder Determiniertheit des Menschen verteilen sich – ähnlich wie bei Rousseau – auf Mann und Frau. Der Mann scheint kulturellen Normen nicht unterworfen zu sein, er produziert sie ja; die Frau hingegen kann sich aufgrund der ihr verordneten Sprachlosigkeit nicht einmal wehren. Doch wie ich an Rousseaus Erziehungsroman gezeigt habe, läßt sich diese Distribution nicht einmal auf der Ebene der Fiktion aufrechterhalten: Der ‚freie' Mann ist durch und durch von Unfreiheit affiziert; die ‚unfreie' Frau gestattet sich dagegen so manche heimliche Freiheit.

Bei genauerem Hinsehen kann auch Bovenschen die Vorstellung von der Frau als universalem Opfer und dem Mann als Subjekt der kulturellen Normen nicht aufrechterhalten; ihre eigenen Ausführungen geraten in Widerspruch zu dieser These. So fällt beispielsweise an der oben zitierten Passage auf, daß sie einige ihren Intentionen zuwiderlaufende Aspekte enthält: Wie es heißt, konnten Frauen immer nur versuchen, die symbolischen Präsentationen des Weiblichen einzuholen, „wenn sie ihren Wünschen und Ambitionen günstig waren". Diese Sichtweise wirft allerdings manche Frage auf: Was für Wünsche und Ambitionen sind das? Woher kommen sie? Wie äußern sie sich? Wie konnten sich Frauen, wenn auch möglicherweise nur für sich selbst, dieser Wünsche und Ambitionen bewußt werden, wenn sich einer weiblichen Selbstreflexion angeblich nur männlich geprägte Bilder zur Verfügung stellten? Oder waren diese Bilder eben doch zwar parteilich, aber auch inkohärent? Ist es überhaupt denkbar, daß die intellektuellen und kreativen Fähigkeiten der halben Menschheit nicht an diesen Bildern gearbeitet haben – und auch sonst an keinen Bildern? Entstehen diese Bilder also möglicherweise aus einer, wenn auch ungleichen, Verschränkung von ‚weiblichen' und ‚männlichen' Anteilen? Sind denn kulturelle Repräsentanzen und literarische Bilder jemals in sich kohärent; sind sie dagegen gefeit, eine ihren vermeintlichen Intentionen zuwiderlaufende soziale Wirkung zu entfalten? Und wenn nicht, welcher Spielraum eröffnete sich dann einer weiblichen List und Subversion?

Alle diese Fragen bleiben so lange blockiert, wie man mit Bovenschen davon ausgeht, daß die Frau (im Gegensatz zum Mann) kein Subjekt sei. Statt nach Widersprüchen zu suchen zwischen den Wünschen und Ambitionen von Frauen und dem ihnen vorgegebenen Rahmen, nach Konflikten und deren Ausdruck in den künstlerischen Manifestationen von Frauen, neigt Bovenschen zu einem universalen Geschichtspessimismus: Wenn man eine Frau ist, gibt es kein Entrinnen.

Es zeigt sich aber, daß dieser theoretische Rahmen selbst für Bovenschens „exemplarische Untersuchungen" zur Kulturgeschichte der Frauen im 18. Jahrhundert zu eng ist. Das Modell vom Wettlauf des Hasen und des Igels trifft nämlich bereits für das „Kulturschicksal" der schreibenden Frauen in der Empfindsamkeit nicht mehr zu. Denn hier handelt es sich darum, daß eine relativ große Zahl schreibender Frauen *trotz* einer zunehmend restriktiven Konzeptualisierung des Weiblichen Eingang in die Literatursphäre fand. Der Grund dafür liegt nach Bovenschen in einer strukturellen Verschiebung innerhalb der literarischen und poetologischen Diskurse, in einer Veränderung literarischer Formen und Sujets (Brief, Briefroman, Roman), die den in „vorästhetischen Räumen" entwickelten Fähigkeiten von Frauen entgegenkamen. In dem Maße, wie der gekünstelte Schreibstil und der strenge regelpoetische Kanon der Aufklärung in Verruf gerieten, wurden die im Windschatten der offiziellen Briefkultur von Frauen entwickelten Formen privater Mitteilung, psychologischer Beobachtung und direkter Schreibweise entdeckt und zum Maßstab empfindsamen Schreibens stilisiert. Den Brief beschreibt Bovenschen als das „Entree-Billett" vieler Frauen in die Literatur; und man fragt sich irritiert, wie dieser Befund mit ihrer These übereinstimmt, daß die Frauen sich einer männlich dominierten Kultur immer nur anpassen konnten.

Schon allein die Existenz einer weiblichen Briefkultur stellt ja die Theorie von der Stummheit der Frauen in Frage – ganz abgesehen davon, daß ausgerechnet die Briefkultur zum Paradigma einer ganzen Literaturepoche wurde, also auch für ‚männliches' Selbstbewußtsein Gültigkeit erlangte. Auch hier zeigt sich wieder die Vermischung von empirischer und ideologischer Ebene: Weil ein bestimmter Diskurs von Frauen gepflegt wird, ist er ‚weiblich'; wenn er dann aber zur kulturellen Norm avanciert, scheint er allein schon deshalb ‚männlich' zu werden, weil Männer die entscheidenden Institutionen besetzen. Aber wie kommt es, daß Frauen eine eigene (Brief-) Sprache finden; wie kommt es außerdem, daß Männer die dominante Kultur (also ihre eigene) als ‚gekünstelt' und unangemessen reglementiert empfinden? Offensichtlich geschehen hier Dinge, die sich mit dem Hinweis auf ihr vermeintliches empirisches Subjekt nicht erklären lassen. Die Metaphorik von ‚männlich' und ‚weiblich' ist mit dem realen Schicksal von Mann und Frau nicht identisch. Deshalb plädiere ich dafür, die beiden Ebenen methodisch erst einmal sorgfältig zu trennen. Das Studium der Literatur und der kulturellen Werte erlaubt nicht per se Rückschlüsse auf die empirische Situation der Frauen. Die Frage nach dieser empirischen Situation, zum Beispiel nach den kulturellen Artikulationsmöglichkeiten von Frauen in je spezifischen historischen Konstellationen, ist aus methodischen Gründen zu trennen von der Frage nach dem, was als ‚Weiblichkeit' Eingang in die Kultur gefunden hat. Eine Kongruenz von Empirie und kultureller Repräsentanz kann nicht unterstellt, sie müßte erst bewiesen werden. Und ich vermute, man wird dabei auf Schwierigkeiten stoßen.

Wenn ich in der vorliegenden Arbeit Rousseaus Modell von ‚Weiblichkeit' untersuche, dann vor allem, um einen Teil jener Metaphern zu verstehen, mittels derer Frauen gesehen wurden, mittels derer sie sich aber auch selbst sahen. Daß diese Metaphern den Stempel des Patriarchats tragen, daß sie unter anderem geprägt sind von der Suprematie des Mannes, steht außer Zweifel, macht aber den Versuch nicht überflüssig, ihre Bewegungsformen nachzuvollziehen und Widerständiges auszuloten. Die Bilder des Weiblichen sind niemals rein repressiv. Insofern sie je unterschiedliche historisch-soziale Konstellationen zu verstehen und zu verändern suchen, sind sie stets auch produktiv. Es geht also zunächst darum, die Strukturen dieses Verstehens zu verstehen. Wie es sich mit ihnen lebt, ist eine andere Frage.

Die Weichenstellung von Bovenschen, die auf der dualistischen Opposition von „Schattenexistenz" der Frau und „Bilderreichtum" des Weiblichen beruht, erzwingt dagegen einen fatalen Weg. In dem Bestreben, die umfassende Macht des Patriarchats nicht zu verharmlosen, den Ausschluß der Frauen aus der Geschichte zu betonen, gelangt sie unversehens dahin, diese ‚Allmacht' des Patriarchats nur noch einmal zu bestätigen und somit die Geschichtslosigkeit der Frauen ungewollt zu reproduzieren. Die Nachfolgerinnen von Silvia Bovenschen sind ihr in diesem Punkt glücklicherweise nicht gefolgt. Stattdessen haben viele Forscherinnen in den 80er Jahren eine neugierige Sammler- und Entdeckertätigkeit an den Tag gelegt. Statt eine ‚weibliche Geschichtslosigkeit' zu konstatieren, haben sie nachgesehen, welche Dokumente von und über Frauen vielleicht doch in den Archiven lagern. Vor allem SIGRID WEIGEL hat darauf bestanden, die verschiedenen Ebenen zu trennen. Sie schlägt 1983 auf der ersten Tagung des Zusammenschlusses von „Frauen in der Literaturwissenschaft" vor, im Verhältnis von Frau und Weiblichkeit drei Ebenen zu unterscheiden:

– die *ideologische Ebene* (Weiblichkeitsmuster und Frauenbilder in den philosophischen, literarischen u. a. Entwürfen von Männern),
– die *empirische Ebene* (Sozialgeschichte von Frauen, Rekonstruktion der faktischen Beiträge von Frauen zur Kulturgeschichte, Frage nach ‚anderen' Schreibweisen in der Literatur von Frauen)
– und die *utopische Ebene* (Zukunftsentwürfe der ‚befreiten Frau' von Frauen selbst; feministische Utopien).[328]

Auch in ihren eigenen Analysen legt Weigel von Anfang an Wert auf diese Unterscheidung, so beispielsweise in einem 1984 gehaltenen Vortrag über das *Verhältnis von ‚Wilden' und ‚Frauen' im Diskurs der Aufklärung*, der ebenfalls die *Dialektik der Aufklärung* von Adorno/Horkheimer zum Ausgangspunkt nimmt. Hier schreibt sie:

„Um jedes Mißverständnis auszuschließen: Wenn hier vom Verhältnis von Wilden und Frauen die Rede ist, handelt es sich immer um eine diskurshistorische Beobachtung, nie um Aussagen über reale Frauen bzw. die Einwohner Tahitis, Südamerikas oder einer anderen fernen Kultur. Untersucht wird ja, wie die Bedeutungen vom Wilden und von der Frau sich durch spezifische Redeweisen und Perspektiven im Aufklärungs-Diskurs konstituieren und welche Funktion sie darin einnehmen. Die Strukturanalogie von Wilden und Frauen im Diskurs sagt noch nichts über deren reale Beziehung aus …".[329]

Da die feministische Forschung in den 80er Jahren tatsächlich vielfach erst einmal empirisch-positivistisch gearbeitet hat, wissen wir inzwischen, daß Bovenschen mit ihrer These von der ‚weiblichen Geschichtslosigkeit' nur begrenzt recht hatte.[330] So wirkungsvoll der politisch-agitatorische Effekt dieser These sein mag – darin ist Bovenschen KATE MILLETT nicht unähnlich –, so untauglich ist sie als wissenschaftliche Forschungsprämisse. Die Arbeiten vieler Historikerinnen, aber auch empirisch forschender Literaturwissenschaftlerinnen haben gezeigt, daß dem angeblich universalen Verschweigen der Frau doch eine Menge Hinweise auf weibliche Listen und weiblichen Widerstand zu entreißen sind.[331] Befreit man allerdings Bovenschens Ansatz von der problematischen Identifizierung von Realgeschichte und Diskursgeschichte, dann eröffnet er der feministischen Literaturwissenschaft das Feld der Arbeit an den Bildern und Diskursen über die Frau.

Das Konzept der „imaginierten Weiblichkeit" ist literatur- und gesellschaftstheoretisch weitaus elaborierter als der Ansatz von Millett und ihren Nachfolgerinnen. Bovenschen bezweifelt beide Eckpfeiler dieses Ansatzes: sowohl das Abbildverhältnis zwischen Gesellschaft und Literatur als auch die Beurteilung von Literatur im Namen einer ‚authentischen' weiblichen Erfahrung. Das Problem einer ‚weiblichen Ästhetik' stellt sich ihr zufolge radikaler: Wenn eine empirische Frau liest, schreibt oder malt, heißt das noch lange nicht, daß sie das *als Frau* tut. Im Gegenteil: Auch Frauen lesen (schreiben, malen etc.) mit ‚männlichem' Blick, denn das Kennzeichen einer patriarchalischen Kultur besteht ja gerade darin, daß die ‚männliche Optik' auch von Frauen mit der ‚allgemeinen Wahrheit' verwechselt wird.[332] Gegen alle essentialistischen und biologistischen Tendenzen innerhalb des Feminismus insistiert Bovenschen darauf, daß es ein ‚weibliches Wesen' oder eine ‚authentische Erfahrung' von Frauen jenseits der patriarchalischen Zuschreibungsmuster nicht gibt.

> „Das Vertrauen auf eine in jedem Fall kreative weibliche Spontaneität verkennt die gewaltsame Einwirkung der [...] historisch-kulturellen Deformationen auch auf die Subjektivität der Frauen. [...] Wie sprechen wir? In welchen Kategorien denken wir? [...] Wie fühlen wir? [...] Zweifellos haben wir das alles auch schon immer ganz anders getan als die Männer. [...] Aber die Ausdrucksmöglichkeiten der Empfindungen, Denkvorgänge etc., die so aufdringlich zur Verfügung stehen – Sprachen, Formen, Bilder –, sind meistens nicht originär unsere, sind oft nicht selbstgewählt." (S. Bovenschen in A. Anders 1988, S. 122)

In dieser Sicht muß es geradezu naiv erscheinen, gegen eine bestimmte Literatur bzw. das darin propagierte Frauenbild im Namen der ‚lebendigen' Frauen Einspruch zu erheben. Denn dieses ‚Leben' selbst ist affiziert von den ‚falschen' Bildern. Dennoch operiert Bovenschen mit der Idee von den „ganz anderen Erfahrungen" von Frauen, die auch in ihren ästhetischen Produktionen zum Ausdruck kommen müßten.

> „Die Vorstellung einer historisch immer existenten weiblichen Gegenkultur sollten wir uns abschminken. Andererseits: die so ganz andere Weise der Erfahrung, die so ganz anderen Erfahrungen selbst lassen andere Imaginationen und Ausdrucksformen erwarten." (Ebd., S. 123)

Von diesen Überlegungen aus ließe sich die Fragestellung für eine feministische Analyse männlicher Diskurse folgendermaßen bestimmen: Inwiefern ist bereits in die Sprache, die Formen und Bilder der männlichen Kulturgeschichte weibliche Erfahrung eingedrungen? Und inwiefern erlaubte deren widersprüchliche und möglicherweise inkohärente ästhetische Verarbeitung (durch die Männer selbst) die Allianz von Frauen und ‚männlichen' Bildern? Bovenschen deutet in ihrem frühen Aufsatz eine solche Fragerichtung an[333], verfolgt diese allerdings nicht weiter. Stattdessen hat sie sich in ihren nachfolgenden Arbeiten vor allem der Erforschung der idealisierten Bilder und Mythen des Weiblichen gewidmet, das heißt jenes Panoptikum an ‚positiven' Frauengestalten in der Literatur erschlossen, zu dem der Abbild-Realismus von Millett keinen Zugang eröffnet hatte. Bovenschen knüpft dabei an VIRGINIA WOOLF an, die bereits in den 20er Jahren auf die irritierende Diskrepanz von ‚Schattenexistenz' und ‚Bilderreichtum' der Frau hingewiesen hatte.

> „Ein höchst seltsames, gemischtes Wesen entsteht vor unserem Auge. Im Reich der Phantasie ist sie von höchster Bedeutung; praktisch ist sie völlig unbedeutend. Sie durchdringt die Dichtung von Buchdeckel zu Buchdeckel; sie ist alles andere als historisch abwesend. Sie beherrscht das Leben der Könige und Eroberer in der Fiktion; in der Wirklichkeit war sie der Sklave eines jeden beliebigen Jungen, dessen Eltern ihr einen Ehering auf den Finger zwangen. Einige der inspiriertesten Worte, einige der tiefgründigsten Gedanken der Literatur kommen ihr über die Lippen; im wirklichen Leben konnte sie kaum lesen, kaum buchstabieren und war Eigentum ihres Ehemannes."[334]

Die Frage, warum das Weibliche zum Mythos werden kann, läßt sich mit Bovenschen erklären aus der realgeschichtlichen Abwesenheit der Frau, die sie zur Projektionsfläche für männliche Wünsche und Ängste geradezu prädestiniert. Zugleich erklärt dieser Ansatz auch die Aufspaltung der Weiblichkeitsprojektionen in zwei gänzlich konträre Diskursformen, die häufig bei ein und demselben Autor zu finden sind. Bovenschen hat sie ansatzweise bei Rousseau demonstriert: Die eine, vorwiegend in den pragmatisch orientierten Schriften vorherrschende, zielt auf die Domestizierung und Disziplinierung (der realen Frau); die andere, den literarischen ‚Höhenflügen' vorbehaltene, auf die Idealisierung (der imaginierten Frau).[335] Damit wird auch die hoffnungslose Vergeblichkeit aller Versuche deutlich, sich als Frau den kursierenden Idealbildern anverwandeln zu wollen; denn sie sind aus einem anderen Stoff gemacht und in einer anderen Sphäre angesiedelt als die empirische Frau.

> „Da aber das Weibliche in gestalteter Form immer nur als das durch die männliche Phantasie Intendierte, in deren Traumgebilden Eingeschlossene erscheint, wird sich die Analyse, die seine Spur symptomatologisch verfolgt, davor hüten müssen, diese Vexierbilder unmittelbar der Wirklichkeit zuzuschlagen. Diese Bilder haben nämlich ihre eigene Realität in der Welt der Träume, und eben das macht, daß sie verheißungsvoll sein können; sie sind jedoch mit den beiden alltäglichen ‚Gebrauchstypen' des Weiblichen [der Mutter/ Ehefrau/Hausfrau und der Prostituierten, C.G.] nicht in Einklang zu bringen." (S. Bovenschen 1979, S. 58)

Wenn man von der bereits kritisierten Prämisse absieht, das Weibliche „immer nur als das durch die männliche Phantasie Intendierte" zu verstehen, bleibt zu konstatieren, daß Bovenschen die Eigengesetzlichkeit ästhetisch-ideologischer Bilder in ganz anderer Weise zur Kenntnis nimmt als die demgegenüber naiv anmutenden Frauenbild-Konzeptionen. Sie kann darum auch wesentlich komplexere ästhetische Gebilde zum Untersuchungsgegenstand machen als dies in Kate Milletts Perspektive möglich war. Ich möchte dies am Beispiel von FRANK WEDEKINDs *Lulu*-Dramen skizzieren.

In Wedekinds *Lulu* sieht Bovenschen ein Problem dramatisch gestaltet, dem sie theoretisch auf die Spur zu kommen sucht: Die Inszenierung der „imaginierten Weiblichkeit". Auch wenn Lulu am Ende ein Opfer männlicher Gewalt wird, ist Bovenschen weit davon entfernt, den feministischen ‚Opferdiskurs' zu halten. Von Interesse ist für sie nicht die Tatsache, daß Wedekind seine Frauengestalt umkommen läßt, sondern die Art und Weise, wie Lulu männlichen Zuschreibungsmustern zu entgehen sucht, indem sie sich selbst zum Subjekt ihrer Rolle macht. Sie ‚spielt' mit den männlichen Projektionen und macht sie dadurch als solche erkennbar.

> „… dem Autor gelingt es, einen Vorgang in Szene zu setzen, der in der Tat die Struktur der Wiederholung und der Geschichtslosigkeit in sich trägt: die ewige Projektion des ‚ewig Weiblichen'. Das, was im großen die repräsentativen Weiblichkeitsvorstellungen und –imaginationen sind, an deren kulturgeschichtlicher Entstehung die wirklichen Frauen keinen Anteil hatten, symbolisieren im kleinen des Stückes die Rollen der Lulu – auch sie wurden nicht von ihr geschaffen. Lulu spielt die ihr zugewiesenen Rollen, aber – und das macht sie zu einer lebendigen Bühnenfigur – sie spielt auch *mit* ihnen …". (S. Bovenschen 1979, S. 50/51; Hervorh. v. d. Autorin)

Bovenschen wählt also im Gegensatz zum verbreiteten feministischen ‚Entlarvungsdiskurs' ein literarisches Beispiel, an dem sich etwas lernen läßt. Literatur kann Aufschlüsse über gesellschaftliche Unterdrückungsmechanismen liefern, sie kann aufklärerische Wirkung entfalten. Wedekind ist, obwohl männlichen Geschlechts, kein Repräsentant des Patriarchats; eher schon ein Komplize des Feminismus. Freilich auch das nicht ganz; nach Bovenschen ist er selber verstrickt in die Widersprüche, die er aufdecken will. So präsentiert und destruiert Lulu zwar alle männlichen Weiblichkeitsprojektionen, soll aber zugleich nach Wedekinds Willen eine ‚natürliche' und ‚ursprüngliche' Weiblichkeit verkörpern, die jenseits der kulturellen Deformationen liege.[336]

> „Während sich Lulu in ihr jeweiliges Rollenschicksal scheinbar fügt, soll sie doch allemal des Autors Ideal von ‚Ursprünglichkeit' und ‚Natürlichkeit' bleiben, ein Ideal, das sowohl Widerstand gegen die genormten Geschlechterbestimmungen anzeigt als auch einer damals virulenten […] Vorstellung vom Phänomen des Weiblichen entspricht. Die Schwierigkeit der Analyse nun gründet darin, daß sich diese Momente ständig überlappen: Lulu ist ein Synkretismus, ist Trägerin abstrakter Weiblichkeitsbestimmungen, Symbol weiblicher Befreiung von den Rollenzwängen, einer Idee vom ‚eigentlichen Wesen' des Weiblichen; sie wird aber auch gezeigt als eine Frau, die sich, um zu überleben, immer wieder in den Besitz von Männern zwingen läßt, gegen die sie dann in verhängnisvoller Weise ihre vermeintliche Selbständigkeit zu behaupten sucht." (ebd., S. 52)

In dieser Mehrdeutigkeit sieht Bovenschen keine Schwäche, sondern die spezifische Qualität des Stückes. Eine Interpretation, die die Lulu-Figur eindeutig festlegen wollte und das Drama dementsprechend als emanzipatorisch oder frauenverachtend zu klassifizieren suchte, würde damit gerade die „Gebrochenheit" ignorieren, „in der die konventionalisierten Bilder des Weiblichen im Stück präsentiert werden."[337] Lulu demonstriert Bovenschen zufolge die Austauschbarkeit dieser Klischees; und wenn sie am Ende ihr Leben doch kommerzialisieren muß, wenn sie zur Prostituierten und zum Opfer des Frauenmörders Jack the Ripper wird, dann verweist dies nicht nur auf ein Scheitern von Lulus Widerstand gegen die ihr zugemuteten Codierungen, sondern bezeugt auch ein Scheitern von Wedekinds Ideal einer ursprünglichen Weiblichkeit. Vor allem aber scheint darin eine Bestätigung von Bovenschens These zu liegen, daß es hinter den Bildern und Zuschreibungen keine ‚eigentliche' Weiblichkeit, kein natür-liches, mythisches, ahistorisches Wesen der Frau gibt, auf das Lulu sich bei ihrem Widerstand gegen die männlichen Instrumentalisierungen stützen könnte. So gesehen, wäre ihr Tod – genauer gesagt: ihre Ermordung – am Ende des Stückes der ange-messenste Ausdruck des „weiblichen Kulturschicksals": Wenn man eine Frau ist, gibt es kein Entrinnen. Der feministische Kulturpessimismus hätte recht behalten.

Dabei fällt allerdings auf, daß Bovenschen mit dieser Deutung dem Stück doch eine abschließende Interpretation gibt, die der eingangs behaupteten „Gebrochenheit" bzw. „Offenheit" der Präsentationsweise des Weiblichen widerspricht. Dieses Problem hängt damit zusammen, daß Bovenschen die materiale Basis für die behauptete Offenheit des Stückes außer Acht läßt, nämlich die Mehrdeutigkeit sprachlicher Zeichen. Nicht die ‚unbezähmbare Natur' der Frau tritt (wie es Wedekind vorgeschwebt haben mag) in Widerspruch zu den männlichen Weiblichkeitsprojektionen, sondern, wie JOHANNA BOSSINADE betont hat, „die potentielle Unbezähmbarkeit der dramatischen Sprache als solcher"[338], die stets einen Überschuß an Bedeutungen mit sich führt. Bovenschen in-teressiert sich nicht für die sprachliche Verfaßtheit des Textes; sie fragt ganz traditionell nach den Figuren des Stückes, den von ihnen dargestellten Charakteren, den von der Hauptfigur repräsentierten bzw. demontierten Weiblichkeitsklischees, dem Hand-lungsablauf, den Intentionen des Autors – kurz: nach den inhaltlichen Effekten der Sprache. Deshalb kann sie letztlich die „Gebrochenheit" der Darstellungsweise von Lulu ebensowenig am Text selbst nachweisen wie die angebliche spielerische Souveräni-tät der Figur; solche Einschätzungen bleiben unbewiesene Behauptungen. In dieser „partiellen Sprachblindheit" sieht Johanna Bossinade m. E. zu Recht eine Grenze ihrer Erkenntnisleistung.[339]

Dennoch hat Bovenschen mit dieser Art von literarischer Analyse ein neues Feld eröffnet: Sie nimmt das ganze Spektrum literarischer Frauenfiguren in den Blick. Sie versucht, den Status dieser Bilder zu ermitteln, und wirft damit explizit die Frage nach dem spezifischen Präsenzmodus des Weiblichen in der Geschichte auf. Ferner insistiert sie darauf, daß bei der Ermittlung dieses (historisch je spezifischen) Präsenzmodus alle Diskurse in den Blick genommen werden müssen, und nicht nur diejenigen, in denen explizit von Frauen die Rede ist. Denn erst die Untersuchung „des zunächst undurchsichtig und willkürlich erscheinenden Verhältnisses von Präsentation und Absenz, von Thematisierung und Ausblendung des Weiblichen in den verschiedenen Diskursen"[340] mache es möglich, den je spezifischen Status des Weiblichen zu er-mitteln und beuge der Gefahr vor, sich bei der Konstruktion einer separaten weib-lichen Kulturgeschichte in die Ausbildung neuer Frauenmythen zu verstricken.[341]

126

Es ist ein großes Verdienst von Bovenschen, gegen alle essentialistischen und biologistischen Tendenzen eines naiven Feminismus energisch Einspruch erhoben zu haben. Ihre Warnung davor, alle Zeugnisse aus weiblicher Hand vorschnell zu Dokumenten einer ‚authentischen' weiblichen Erfahrung und Gegenkultur zu stilisieren, darf ebensowenig ignoriert werden wie der Hinweis auf die enormen Anpassungsleistungen, die erfolgreiche Frauen vollbringen mußten und müssen, um beispielsweise im Kulturbetrieb zu reüssieren.[342] Doch scheint mir, daß Bovenschen in ihrer Kritik am authentizitäts-orientierten Feminismus ins gegenteilige Extrem verfallen ist und nun ihrerseits den Frauen jegliche Subjektivität oder Handlungsmöglichkeit abspricht. Was sie auf der Produktionsseite den Bildern des Weiblichen an Autonomie zugutehält, das kappt sie umso rigoroser auf der Rezeptionsseite: Hier, in ihrer Wirkung auf Frauen, scheinen die Bilder eine fatal determinierende, destruktive Kraft zu entfalten. –

Kehren wir nach diesem Exkurs ins ‚Reich der Bilder' zurück in den Text von Rousseau. Ich erinnere an Bovenschens These, in Rousseaus Konzeption der Geschlechterdifferenz werde der Mann (Emile) „zu einem potentiell autarken, frei entscheidungsfähigen Individuum" mit „sozialen und politischen Handlungsmöglichkeiten" erzogen, während die Frau (Sophie) als „Appendix" konstruiert sei und ausschließlich die Funktion habe, die „männliche Perfektibilität" zu stützen.[343] Wir hatten bereits festgestellt, daß diese Lesart der Überprüfung von Rousseaus Ausführungen zu den ‚privaten' Geschlechterbeziehungen nicht standhält. Doch steht noch die Beantwortung der Frage aus, wie es mit der männlichen ‚Freiheit' und der weiblichen ‚Unterwerfung' im Bereich der Öffentlichkeit, das heißt in Rousseaus politischer Theorie steht.

VII. DER ORT DER FRAUEN
IN ROUSSEAUS POLITISCHER THEORIE

Der Gesellschaftsvertrag

„Ob ein Monarch über Männer oder Frauen regiert, kann ihm ziemlich gleichgültig sein, solange man ihm gehorcht; in einer Republik jedoch braucht man Männer." (BdA, S. 436/ 437, 135 F)

Kehren wir nach dem bisherigen Parcours durch die Verzweigungen des privaten Geschlechterverhältnisses in die öffentliche Sphäre zurück: Warum hat Rousseau sich so vehement dafür eingesetzt, den Frauen die Bürger(-innen)rechte vorzuenthalten, sie aus dem politischen Gemeinwesen auszuschließen und in die Privatsphäre des Hauses zu verbannen? Warum sollte man ausgerechnet in einer Republik, in der es nicht auf blinden Gehorsam, sondern auf die öffentliche Ausübung des Gemeinwillens ankommt[344], keine Frauen gebrauchen können? Nach allem, was wir bislang über die Konstruktion der Weiblichkeit bei Rousseau erfahren haben, empfiehlt es sich, die Frage anders zu formulieren: Was schließt Rousseau aus der politischen Sphäre aus, wenn er die Frauen ausschließt? Wie lassen sich die Grenzziehungen zwischen Öffentlichkeit und Privatsphäre im Lichte der damit verbundenen Geschlechterdistribution neu interpretieren? Was ist das für eine Politik, die alle ‚weiblichen' Attribute von sich fernhalten muß? Welche Täuschungsmanöver wird sie implizieren?

Die feministische Kritik hat sich bislang weitgehend darauf beschränkt, Rousseaus Plädoyer für den Ausschluß der Frauen aus dem öffentlichen Leben anzuprangern.[345] Aus dieser Kritik erwuchs zunächst vor allem die Forderung nach gleichen Rechten und gleicher Partizipation für Frauen. Daß eine solche Forderung die Gleichheit der Frauen als Angleichung an männliche Lebensmuster begreife, wird in der Frauenbewegung mittlerweile vielfach bemängelt.[346] Allerdings müßte diese Problematisierung auch zu einer substantiellen Kritik jener politischen Entwürfe führen, die auf dem Ausschluß der Frauen basieren. Dieser Ausschluß ist kein Akzidenz, das durch die bloße Wiedereingliederung der Frauen in den vorgegebenen Rahmen behoben werden könnte; vielmehr muß dieser Rahmen selbst – inclusive seiner Begrifflichkeit und seiner rhetorischen Figuren – in Frage gestellt werden.[347] Wenn das höchste Gut der politischen Theorie Rousseaus die ‚Freiheit' ist, so steht dieser Freiheitsbegriff selbst zur Debatte und nicht bloß seine fehlende Anwendung auf die Frauen.

LEO STRAUSS hat dargelegt, daß Rousseaus politische Entwürfe die Krise des modernen Naturrechts einleiten und zugleich antike Traditionen wiederzubeleben suchen.[348] Rousseaus Sehnsucht gilt der Polis als politischer Lebensgemeinschaft, in der nicht nur die physische Reproduktion gemeinsam organisiert wird, sondern ein identitätsstiftendes Band zwischen den Bürgern existiert, eine substantielle Gemeinschaft auf der Basis moralischer Werte. Die Begründung einer solchen Polis stützt Rousseau jedoch auf die Vorgaben der modernen Naturrechtstheoretiker (z. B. Hobbes), die von den

Prämissen der Naturwissenschaften her dachten und den Staat als ‚politische Maschine‘ oder mathematisches Modell konstruierten. Im Gegensatz zu den klassischen Theorien versteht das moderne Naturrecht den ‚natürlichen Menschen‘ als isolierte Monade[349] und den Staat als ein notwendiges Übel, das die natürliche Freiheit oder Willkür des Menschen einschränkt. Er wäre demnach ein bloßer Zweckverband zur Selbsterhaltung. Aus dieser gegensätzlichen Orientierung von moralischer Gemeinschaft und Zweckverband erwächst, Strauss zufolge, die eigentümliche Doppelbödigkeit des Rousseauschen Entwurfes, die beinahe mechanische Konstruktion einer selbstlaufenden Maschinerie bei gleichzeitigem Versprechen eines substantiellen gesellschaftlichen Bandes.

Nach allem, was unsere bisherige Lektüre des *Emile* und der *Nouvelle Héloïse* ergeben hat, liegt eine Hypothese nahe, die uns hilft, die von Strauss beschriebene Doppelbödigkeit genauer zu bestimmen. Wie schon oft, so kann man vermuten, geraten auch in Rousseaus politischer Theorie Absicht und Durchführung gegeneinander. Auch hier gelangt die Argumentation nach und nach zu anderen Ergebnissen als die ursprüngliche Intention vorgab. In der Tat versucht Rousseau, den Gesellschaftsvertrag als ein organisches Ganzes zu denken; die Figur, die sich ihm dafür anbietet, ist auch in diesem Falle die Monade: ein autarkes, mit sich selbst identisches System. Die rhetorische Strategie, die eine solche substantielle Gemeinschaft beschreibt, nennt PAUL DE MAN eine metaphorische Totalisierung[350], die darauf abziele, den Einzelnen als organischen Teil eines Ganzen vorzustellen. Die Einheit und Absolutheit, die der Einzelne aufgibt, kehrte dann also auf der Ebene des Ganzen als dessen Einheit und Geschlossenheit wieder. Das prägnanteste Bild für diese rhetorische Strategie ist jenes vom „politischen Körper“ und seinen „Gliedern“; es suggeriert, daß Teile und Ganzes eine organische Verbindung dergestalt eingehen, daß keines ohne das andere existieren kann. Alle potentiellen Differenzen sind in diesem Modell getilgt. So formuliert Rousseau den gesellschaftskonstitutiven Akt folgendermaßen:

> „*Jeder von uns unterstellt gemeinschaftlich seine Person und seine ganze Kraft der obersten Leitung des Gemeinwillens, und wir nehmen als Körper jedes Glied als untrennbaren Teil des Ganzen auf.* Dieser Akt der Verbindung erzeugt augenblicklich anstelle der Einzelperson jedes Vertragspartners einen gemeinsamen sittlichen Körper, der aus ebenso vielen Gliedern besteht, wie die Versammlung Stimmen hat, und der durch eben diesen Akt seine Einheit, sein gemeinschaftliches *Ich*, sein Leben und seinen Willen erhält. Diese öffentliche Person, die solchermaßen aus der Verbindung aller anderen entsteht, [...] wird heute *Republik* oder *politischer Körper* genannt ...“. (GV, S. 280/81 W; Hervorh. v. Rousseau)[351]

Mit diesem Modell eines „gemeinsamen sittlichen Körpers“ [corps moral et collectif], in dem man unschwer die Sehnsucht nach der Polis wiedererkennt, handelt sich Rousseau allerdings einige Schwierigkeiten ein, deren von ihm angestrebte Lösung ebenso zwingend wie undurchführbar ist. Ich betrachte im folgenden nur das Zustandekommen des gesellschaftskonstitutiven Aktes und die Frage nach der Beschaffenheit des Gemeinwillens. Die grundlegende Frage des *Gesellschaftsvertrages* besteht nämlich darin, wie die unbegrenzte Freiheit des Menschen im Naturzustand in die relative Freiheit des gesellschaftlichen Menschen verwandelt werden kann. Anders gesagt: Wie wird aus einer autarken Monade das Glied einer Gemeinschaft?

Rousseau denkt diese Transformation in zwei divergierenden rhetorischen Figuren, die sich wechselseitig unterminieren und der ganzen Konstruktion des *Gesellschaftsvertrages* einen äußerst fragilen Charakter verleihen. Er möchte den die Gesellschaft konstituierenden Akt als die Angelegenheit eines Augenblicks denken; doch die temporale Bestimmung „augenblicklich" [à l'instant] verdeckt die logische Aporie: Solange die „personnes particulières" noch Einzelpersonen sind, gibt es keine „volonté générale", deren oberster Leitung sie sich unterstellen könnten. Wie aber soll sich „jedes Mitglied mit all seinen Rechten der Gemeinschaft völlig überantworten"[352], wenn es diese Gemeinschaft noch gar nicht gibt? Die von jedem Einzelnen geforderte Handlung (die „aliénation totale" zugunsten der „communauté") setzt bereits die Existenz eben jenes Gemeinwillens voraus, der erst als Folge dieser Handlung entstehen kann. Der gesellschaftskonstitutive Akt basiert folglich auf einem logischen Paradox. Der Einzelne müßte bereits aus dem Naturzustand herausgetreten sein und über die Fähigkeiten verfügen, die der Gesellschaftszustand erst hervorbringen soll.

Rousseau benennt dieses Problem selber (bezeichnenderweise in einem späteren Kapitel!) als eines der unumgänglichen Vertauschung von Ursache und Wirkung; er ist gezwungen, die Regeln der Logik zu ignorieren und damit seinem Entwurf einen erkenntnistheoretisch höchst zweifelhaften Status zu verleihen.

> „Damit ein Volk, das erst im Werden ist, die gesunden Maximen der Politik gutheißen und den Grundregeln der Staatsräson folgen kann, wäre es erforderlich, *daß die Wirkung zur Ursache würde;* daß der Gemeinsinn [esprit social], der die Frucht der Verfassung sein soll, die Verfassung selbst ins Werk setzte; daß die Menschen schon vor den Gesetzen das wären, was sie durch diese erst werden sollen." (GV, S. 303 W, 383 P)

Zur Lösung dieser Aporie greift er sodann auf einen Deus ex machina zurück, der den Gemeinwillen antizipieren und in Gesetzesform zum Ausdruck bringen soll zu einem Zeitpunkt, da ein solcher noch nicht existiert. Es handelt sich bei dieser prekären Figur um den Gesetzgeber [législateur], dem das 7. Kapitel des 2. Buches im *Gesellschaftsvertrag* gewidmet ist. Dieser Gesetzgeber soll das Wunderwerk vollbringen, „gleichsam die menschliche Natur zu verändern, jedes Individuum, das für sich selbst ein vollkommenes und selbständiges Ganzes ist, in einen Teil eines größeren Ganzen umzuwandeln, von dem dieses Individuum gewissermaßen Leben und Dasein empfängt".[353]

In diesem Gesetzgeber lebt eine Figur wieder auf, die wir bereits aus dem *Emile* kennen: der Erzieher, der hinter dem Rücken des Zöglings an dessen ‚Freiheit' arbeitet. Auf einer prinzipiellen Ebene behauptet Rousseau, die Selbstaufgabe (aliénation totale) jedes Einzelnen zugunsten eines gemeinsamen Ganzen geschehe freiwillig und in einem bewußten Tauschakt (Preisgabe der eigenen absoluten Freiheit zugunsten der Garantie von Gerechtigkeit und Sicherheit).[354] In der narrativen Entfaltung seines Projekts ist er jedoch wieder einmal gezwungen, einen ‚heimlichen Anderen' einzuführen, der diese Transformation anstelle der Individuen und unter Vortäuschung falscher Tatsachen bewerkstelligt. Prinzipiell behauptet Rousseau, das Volk (als der Souverän) müsse sich die Gesetze selbst geben; in seinen Ausführungen jedoch taucht eine Schwierigkeit auf:

> „Das Volk, das den Gesetzen unterworfen ist, muß auch deren Urheber sein; nur denen, die sich zur Gesellschaft vereinigen, steht es zu, die Bedingungen der Gesellschaft zu bestimmen. Aber wie sollen sie diese bestimmen? Etwa durch eine gemeinschaftliche Übereinkunft, durch plötzliche Eingebung? Hat der politische Körper ein Organ, um seinen Willen zu bekunden? [...] Wie kann *eine blinde Menge* [une multitude aveugle], die oft nicht weiß, was sie will, weil sie selten erkennt, was ihr guttut, aus sich selbst heraus ein so großes und so schwieriges Unternehmen durchführen, wie es ein System der Gesetzgebung ist?" (GV, S. 299/300 W, 380 P)

Die Metapher von der „blinden Menge" unterläuft allerdings das anfängliche, verführerische Bild vom „gemeinsamen sittlichen Körper" und wirft erneut das Problem auf, das Rousseau mit der figuralen Rede vom „politischen Körper", vom „gemeinsamen Ich" oder der „öffentlichen Person" gelöst zu haben vorgab. Eine Ansammlung [multitude, aggrégation] von Einzelpersonen ergibt eben nicht automatisch eine Vereinigung [association], der Zusammenschluß von lauter Partikularwillen nicht automatisch einen Gemeinwillen, der „immer im Recht"[355] wäre. Stattdessen ist diese Menge „blind" und bedarf – ähnlich wie Emile – der „Führung", um den rechten Weg zu sehen und nicht „der Verführung durch den Willen einzelner" anheimzufallen.[356] Wodurch aber zeichnet sich dieser Führer aus, wie unterscheidet man ihn von den Volks-Verführern, die nur ihren Eigennutz im Auge haben? Rousseau formuliert die Anforderungen an einen idealen Gesetzgeber nicht nur im Konjunktiv, er irrealisiert diese Figur zusätzlich durch den Hinweis auf die für diese Aufgabe erforderlichen göttlichen Qualitäten.

> „Um die besten gesellschaftlichen Regeln, die den Nationen gemäß wären, zu finden, bedürfte es eines höheren Vernunftwesens, das alle Leidenschaften der Menschen sähe und selbst keine davon empfände, das keinerlei Verwandtschaft mit unsrer Natur hätte und sie doch von Grund auf kennte, dessen Glück nicht von uns abhinge und das gleichwohl willens wäre, sich mit dem unsern zu beschäftigen [...]. *Götter wären vonnöten, um den Menschen Gesetze zu geben.*" (GV, S. 300 W, 381 P)

Die Figur des Gesetzgebers weist erstaunliche Ähnlichkeiten mit derjenigen des Erziehers auf: Jener kannte alle Leidenschaften, ohne selbst welchen unterworfen zu sein, durchschaute die menschliche Natur und schien dennoch ihren Versuchungen enthoben zu sein; schließlich war er selbstlos genug, zwanzig Jahre seines Lebens ausschließlich der Erziehung seines Zöglings zu widmen. Auch der Gesetzgeber müßte solche übermenschlichen Qualitäten haben; und auch er muß zu einer *List* greifen, um die seiner „Führung" Anheimgegebenen auf den ‚richtigen Weg' zu bringen.

> „Da der Gesetzgeber also weder Stärke noch Vernunftschlüsse anwenden kann, muß er notwendig auf eine Autorität anderer Art zurückgreifen, die ohne Gewalt

mitzureißen vermag und zu überreden, ohne zu überzeugen. Dies ist es, was zu allen Zeiten die Väter der Nationen zwang, in der Vermittlung des Himmels [intervention du ciel] ihre Zuflucht zu suchen und die Götter mit ihrer eignen Weisheit zu beehren, damit die Völker sich den Gesetzen des Staates wie denen der Natur unterwarfen, dieselbe Macht in der Erschaffung des Menschen wie in der Erschaffung der Polis anerkannten und somit freiwillig gehorchten [obéissent avec liberté] und das Joch des öffentlichen Glücks [le joug de la félicité publique] gelehrig trugen." (GV, S. 303 W, 383 P)

Der Gesetzgeber greift zu einem ähnlichen Täuschungsmanöver wie der Erzieher von Emile: Er verleiht einem Menschenwerk den Anschein ewiger und unveränderlicher Gesetzmäßigkeit; Staatsgesetze sollen wie Naturgesetze erscheinen, die selbst göttlichen Ursprungs und somit unantastbar sind. Der „freiwillige Gehorsam" der Völker ist, wie hier deutlich wird, das Ergebnis einer listigen Manipulation, nicht das einer reflektierten Einsicht, wie uns Rousseau anfangs in dem Kapitel „Vom Gesellschaftsvertrag" glauben machen wollte.[357]

Wie man sieht, ist die ursprüngliche Rhetorik des „ganzen Körpers" im Verlaufe ihrer Entfaltung in arge Bedrängnis geraten. Weil der Staat auf höherer Ebene reproduziert, was den Einzelnen vermeintlich schon immer bestimmt (seine Existenz als Monade), ist der Übergang von der einzelnen Monade zur ‚Gesamtmonade' nur unter größten Verrenkungen zu denken. Entscheidend ist dabei allerdings, daß diese ‚Gesamtmonade' gar nicht länger als ein wirklich organischer, sittlicher Körper gedacht werden kann, sondern als Zweckverband. Solange Rousseau die Fiktion von der natürlichen Freiheit des Einzelnen aufrecht erhält, ja, im Gemeinwesen aufgehoben sehen möchte, muß ihm die intendierte Rhetorik des organischen Ganzen entgleisen. Still aber zwangsläufig vollzieht die rhetorische Figur der Monade ihre dekonstruierende Arbeit; was sie auf der Ebene des Gemeinwesens erzeugen soll, unterläuft sie stattdessen, weil ihr Ausgangspunkt ja Rousseaus Bestimmung von der natürlichen Freiheit des Einzelnen war. Die Strategie der metaphorischen Totalisierung führt Rousseau zu einem Denkmuster, in dem sich die ‚Freiheit' reduziert auf die freiwillige oder erzwungene Unterwerfung unter Gesetze, die sich mit göttlicher Autorität schmücken.[358] Damit gewinnt nun aber ein zweites rhetorisches Muster die Oberhand, das die organische Totalisierung unterminiert, indem es in Anlehnung an die modernen Naturrechtstheorien die Differenz von Einzelnem und Gemeinschaft betont.

In diesem Muster kommt die Tatsache zur Geltung, daß die Freiheit in Rousseaus Verständnis nicht Freiheit der Wahl oder der Entscheidung *für* etwas ist, sondern Freiheit *von* etwas – in diesem Falle: Freiheit von aller personalen Abhängigkeit.[359] Die Autarkie des ‚natürlichen Menschen' definiert sich, wie wir sahen, vor allem negativ als die Fähigkeit, ohne die anderen auszukommen. Da Rousseau (wie die Begründer des modernen Naturrechts vor ihm) den ‚natürlichen' Menschen als ein ‚asoziales' Einzelwesen denkt, erhält die Frage nach dem gesellschaftlichen Band eine besondere Dringlichkeit. Im *2. Discours* und im *Gesellschaftsvertrag* weist Rousseau alle Annahmen über eine ursprüngliche Geselligkeit des Menschen zurück.[360] Es gibt folglich keine natürliche Gesellschaft, sondern jede Form des gesellschaftlichen Zusammenschlusses basiert auf Gewalt oder auf Konventionen, die im günstigsten Falle die Form eines ursprünglichen Vertrages annehmen. Aus dieser Prämisse folgt, daß die zentrifugale Kraft der einzelnen Monaden auch im Gesellschaftszustand weiterwirkt als bedrohliche Potenz für den ‚politischen Körper'. Der rhetorische Modus ist nun nicht mehr das Bild einer organischen Verbindung von Teil und Ganzem, sondern das einer radikalen Andersheit von Einzelnen und Gesamtheit, von Partikular- und Gemeinwillen.

Diese Fremdheit oder Entfremdung gilt, wie PAUL DE MAN gezeigt hat, für das Verhältnis von verschiedenen Staaten zueinander ebenso wie für das Verhältnis der Individuen gegenüber dem Staat oder Souverän.[361] Dies zeigt sich in Rousseaus Konstruktion darin, daß das Ganze nur in einer einfachen Beziehung zu seinen Teilen steht, die Teile aber in einer doppelten Beziehung zum Ganzen. Die souveräne Gewalt, die den Gemeinwillen repräsentiert und exekutiert, verhält sich zu den Individuen (Bürgern), aus denen sie sich zusammensetzt, wie das Ganze zu seinen Teilen. Deshalb kann der Souverän als Ganzes keinen Partikularwillen haben, das heißt keinem seiner Glieder Schaden zufügen wollen.

> „Da nun der Souverän nur aus den Einzelnen gebildet wird, aus denen er besteht, hat er kein Interesse, das dem ihrigen widerspricht, und kann es nicht haben; demzufolge bedarf die souveräne Macht keines Bürgen gegenüber den Untertanen, denn unmöglich kann der Körper allen seinen Gliedern schaden wollen ...". (GV, S. 283 W, 363 P)

Umgekehrt steht jedoch jeder einzelne Bürger in einer doppelten Beziehung [double rapport] zur Souveränität: „als Glied des Souveräns [das heißt als Teil des Ganzen, C.G.] gegenüber den Einzelnen [les particuliers] und als Glied des Staates [das heißt als Einzelner, C.G.] gegenüber dem Souverän."[362] Jeder Bürger partizipiert als Teil des Souveräns am Gemeinwillen und hat doch zugleich einen Partikularwillen, der dem Willen der Allgemeinheit zuwiderlaufen kann. Aus dieser Gespaltenheit des Einzelnen, das heißt aus der Tatsache, daß er zugleich als ein organischer *und* als ein partikularer Teil des Ganzen gedacht wird, ergibt sich die Notwendigkeit der Einführung von zwei getrennten Sphären: der Privatsphäre, in der der *bourgeois* seinen Partikularwillen behaupten darf, und der politischen Öffentlichkeit, die idealiter nur durch den Gemeinwillen der *citoyens* geprägt wird. Wie wir sehen, ist diese Spaltung von Privatsphäre und Öffentlichkeit das argumentative Opfer, das der Fiktion der natürlichen Freiheit dargebracht werden muß; und wie wir bereits ahnen, werden sich aus dieser Spaltung weitreichende Konsequenzen für die Bestimmung des Weiblichen ergeben. Außerdem ist damit zugleich die Anfälligkeit der politischen Sphäre markiert: In den Partikularinteressen liegt, sofern sie über die Privatsphäre hinaus die öffentliche Sphäre affizieren, der Keim zum Untergang des politischen Körpers.

> „In der Tat kann jeder Einzelne [individu] als Mensch einen besonderen Willen [volonté particuliere] haben, der dem Gemeinwillen, den er als Staatsbürger hat,

widerspricht oder sich doch von ihm unterscheidet. Sein besonderes Interesse kann etwas anderes von ihm verlangen als das Gemeininteresse; *sein uneingeschränktes und von Natur aus unabhängiges Dasein* [son existence absolue et naturellement indépendante] kann ihn das, was er der gemeinsamen Sache schuldig ist, als einen überflüssigen Beitrag ansehen lassen [...] und er könnte [...] am Ende seine Rechte als Staatsbürger genießen, ohne die Pflichten des Untertans erfüllen zu wollen: eine Ungerechtigkeit, deren Ausbreitung den Untergang [ruine] des politischen Körpers verursachen würde." (GV, S. 283 W, 363 P)

Aus dieser Konstellation folgt, daß das „sinnreiche Spiel der politischen Maschine" [l'artifice et le jeu de la machine politique][363] die Unterwerfung unter den Gemeinwillen notfalls erzwingen muß: „Wer dem Gemeinwillen den Gehorsam verweigert, soll durch den ganzen Körper dazu gezwungen werden. Das heißt nichts anderes, als daß man ihn zwingt, frei zu sein ..."[364]

Die ‚natürliche', vorgesellschaftliche Freiheit des Menschen wird im Gesellschaftszustand vom Gemeinwillen beschränkt; die „bürgerliche Freiheit"[365] reicht nur so weit, wie der Einzelne von den Pflichten der Allgemeinheit nicht tangiert wird. Da das Gemeinwesen weder auf natürlicher Geselligkeit noch auf sonst einem substantiellen natürlichen Band beruht, ist es im Kern negativ definiert: Es soll die Freiheit des Einzelnen gerade so weit einschränken, wie notwendig ist, um die gemeinsame Selbsterhaltung aller zu sichern. Wenn der Einzelne aber den Tribut an die Gemeinschaft verweigert, muß er dazu gezwungen werden.

Aus dieser Konstruktion folgt aber auch, daß sich die substantielle Bestimmung des eigenen Lebens aus dem öffentlichen Raum zurückzieht. Die Preisgabe der Rhetorik vom ganzen Körper (und der damit verbundenen Utopie) bedeutet, daß der bürgerliche Mensch eben nicht als ein politisches Wesen zu definieren ist. In den skizzierten ‚asozialen' Prämissen von Rousseaus politischer Theorie läßt sich vielmehr die Grundfigur der ‚männlichen Freiheit' wiedererkennen. Diese Freiheit ist offenbar nur möglich auf dem Feld der Notwendigkeiten, das heißt der physischen Bedürfnisse. Wie Emile in seiner gesamten Kindheit nur physische Bedürfnisse [besoins], keinesfalls aber Wünsche [désirs] oder Leidenschaften [passions] kennenlernen soll, so soll auch das männliche Subjekt in der Sphäre der Öffentlichkeit und der politischen Geschäfte allein als bedürftiges Wesen agieren. Hier geht es um die kollektive Organisation der Selbsterhaltung, das heißt um das physische Überleben des Einzelnen und der Gattung. Der gesellschaftliche Zusammenschluß, der den Verlust der ‚natürlichen Freiheit' des Menschen mit sich bringt, wird erst in dem Moment notwendig, wo äußere Hindernisse es dem Einzelnen verunmöglichen, weiterhin seinen Lebensunterhalt allein zu bestreiten.[366] Die Gründung einer Gesellschaft erfolgt also aus einer Überlebensnotwendigkeit; ihr Ziel ist es, fortan die elementare Bedürfnisbefriedigung gemeinsam zu sichern.[367]

„Der Gesellschaftsvertrag hat die *Erhaltung* [conservation] der Vertragschließenden zum Zweck." (GV, S. 296 W, 376 P) – „Das Recht, welches der Gesellschaftsvertrag dem Souverän über die Untertanen [sujets] gibt, überschreitet nicht [...] die Grenzen des *öffentlichen Nutzens* [utilité publique]. Die Untertanen sind also dem Souverän nur insoweit Rechenschaft über ihre Ansichten [opinions] schuldig, als diese für die Gemeinschaft wichtig sind." (GV, S. 388 W, 467/68 P)

Es geht in der politischen Sphäre folglich um die Sicherung der Existenz, nicht um die Entfaltung des „Lebens" in jenem Sinne, den Rousseau für die „zweite Geburt" von Emile postulierte.[368] Die Freiheit und Gleichheit der Staatsbürger [citoyens] sind im politischen Gemeinwesen rein formal definiert: Freiheit ist auch hier nichts anderes als die Einsicht in die Notwendigkeit, sie erschöpft sich in der freiwilligen Anerkennung der vermeintlich selbstgegebenen Gesetze. Leo Strauss kommt zu einem ähnlichen Schluß:

„Es ist nicht überraschend, daß Rousseau die freie Gesellschaft, wie er sie verstand, nicht als die Lösung des menschlichen Problems ansah. Selbst wenn diese Gesellschaft die Forderungen der Freiheit besser als irgendeine andere Gesellschaft erfüllte, dann wäre die Folge davon ganz einfach, daß die wahre Freiheit jenseits der bürgerlichen Gesellschaft gesucht werden muß. Wenn bürgerliche Gesellschaft und bürgerliche Pflicht, wie Rousseau andeutet, den gleichen Bereich einnehmen, dann müßte die menschliche Freiheit sogar jenseits von Pflicht und Tugend gesucht werden." – „Die höchste Rechtfertigung der bürgerlichen Gesellschaft ist somit die Tatsache, daß diese Gesellschaft einem bestimmten Typ von Einzelpersonen erlaubt, das höchste Glücksgefühl durch den Rückzug aus dieser Gesellschaft, d. h. durch ein Leben an ihrem Rande, zu genießen."[369]

Sofern sich die eigentliche Existenz des Bürgers ins Private zurückzieht, wird man für die Frauen einiges befürchten müssen. Es läßt sich leicht absehen, wer die Last eines solchen ‚Privatlebens' zu tragen hat, auch wenn er dabei mystifiziert werden sollte. Im *Gesellschaftsvertrag* selbst findet sich darauf nur ein versteckter Hinweis im 12. Kapitel des 2. Buches: „Einteilung der Gesetze". Hier unterscheidet Rousseau zwischen vier Arten von Gesetzen und stellt ausdrücklich fest, daß nur die erste Art, nämlich die „Staatsgesetze, welche die Regierungsform bestimmen", für den Gesellschaftsvertrag von Belang sei. Die anderen drei Gesetzesarten – die bürgerlichen Gesetze, die Strafgesetze und die Sitten und Gebräuche – bleiben hingegen ausgeklammert, und damit auch der Ort der Frauen in der politischen Theorie Rousseaus. Denn dieser Ort wird durch die vierte Art von Gesetzen angedeutet, über die Rousseau schreibt:

„Zu diesen drei Arten von Gesetzen tritt eine vierte hinzu, *die wichtigste von allen*, die weder in Marmor noch Erz, sondern in die Herzen der Bürger eingeschrieben wird. Sie bildet die *wahre Verfassung* [véritable constitution] des Staates; sie gewinnt jeden Tag neue Kraft; wenn die andern Gesetze altern oder erlöschen, gibt sie ihnen neues Leben oder tritt an ihre Stelle [les ranime ou les supplée]; sie erhält ein Volk im Geiste einer verfaßten Ordnung und setzt unmerklich die Macht der Gewohnheit an die Stelle der Staatsmacht. Ich spreche von den *Sitten und Gebräuchen* und vor allem von der *öffentlichen Meinung*, einem Feld, das unsern Politikern unbekannt ist, von dem aber der Erfolg aller andern Gesetze abhängt ...". (GV, S. 314 W, 394 P)

Die Sitten und Gebräuche, die öffentliche Meinung, die Macht der Gewohnheit – dies umschreibt ein Feld, das die Frauen beherrschen, wie Rousseau am ausführlichsten im *Brief an d'Alembert* erläutert hat. Doch auch in der Widmung „An die Republik zu Genf", die er seinem 2. *Discours* vorangestellt hat, äußert er sich zu dieser Funktion der Frauen.

> „Könnte ich wohl jene kostbare Hälfte der Republik übergehen, auf welcher das Glück der andern Hälfte beruht und deren Sanftmut und Weisheit den Frieden und die *guten Sitten* in diesem Staate aufrechterhalten? Liebenswürdige und tugendhafte Bürgerinnen, die Herrschaft über unser Geschlecht bleibt ewig das Los des Eurigen. Welch ein Glück, wenn sich eure keusche Gewalt nur in der ehelichen Verbindung äußert und nur zum Ruhme des Staates und zum allgemeinen Glück [bonheur public] spürbar wird. [...] Es geziemt also euch, durch eure liebenswürdige und unschuldige Herrschaft und durch eure gewinnende Art, die *Liebe zu den Gesetzen im Staate* und die Einhelligkeit unter seinen Bürgern wachzuhalten, getrennte Familien durch glückliche Eheverbindungen zu vereinigen [...]. Bleibt also für immer das, was ihr jetzt seid; bleibt die keuschen *Wächterinnen der Sitten* und die süßen Bande des Friedens! Fahrt fort, die Rechte des Herzens und der Natur bei jeder Gelegenheit zum Besten der Pflichten und der Tugend zur Geltung zu bringen." (2. Discours, S. 50 W, 119/120 P)

Wie es aussieht, werden alle qualitativen Bande innerhalb der Gemeinschaft von den Frauen gestiftet: der Frieden, das Glück, die guten Sitten, die Liebe zu den Gesetzen. Die Frauen vereinigen getrennte Familien, sie fungieren als Bindeglieder zwischen den freien Bürgern der Republik, den Männern bzw. deren Familien. Diese wären ansonsten möglicherweise so ‚frei', daß ein Gesellschaftsverband nie zustande käme oder von Dauer wäre.

Wie im Falle der Erziehung oder der Sprachentwicklung stoßen wir auch hier wieder auf das Phänomen, daß Rousseau eine bestimmte Theorie bis in ihr Extrem entwickelt, um dann die Gültigkeit des Entwickelten extrem einzuschränken. Alles was wir über die Erziehung zur Freiheit erfahren, beansprucht eine fast dogmatische Strenge, gilt allerdings nur für die Erziehung des jungen Mannes. Ebenso einseitig ist Rousseaus Theorie der Sprachentwicklung aus den Leidenschaften, aber sie gilt nur für die südlichen Völker. Indem er jeweils den Antipoden einführt (die Erziehung des Mädchens bzw. den Spracherwerb der nördlichen Völker), kann er immer auch das Gegenteil behaupten, ohne sich widersprechen zu müssen.

Ähnlich scheinen die Dinge auch in politischen Fragen zu liegen: Nachdem Rousseau den Staat als eine rein sachliche Angelegenheit bestimmt hat, kann er nun erklären, dies alles gelte nur für die erste Art von Gesetzen. Damit ist das Hintertürchen geöffnet, durch das die Frauen die politische Bühne betreten. Wie sich herausstellt, basiert die politische Sphäre auf einer heimlichen Sphäre, die alles das beizusteuern hat, was zur Gewähr von Freiheit und Gleichheit aus der ersteren verbannt wurde. Die Verborgenheit der Frauen sichert auch hier den Schein der Autonomie des Politischen; aber wie schon bei der vermeintlichen Freiheit von Emile, stützt die „stumme Arbeiterin hinter den Kulissen" (Julia Kristeva) nicht nur die Fiktion der männlichen Freiheit, sondern unterminiert sie zugleich. Die verborgene Frau, für die es „außerhalb eines zurückgezogenen und häuslichen Lebens keine guten Sitten gibt"[370], kann auch stets einen verderblichen Einfluß auf den Mann und über diesen auf das politische Gemeinwesen haben. Das im zweiten Kapitel am Beispiel von Emiles Erziehung analysierte Geflecht von Aktivität und Passivität, Macht und Ohnmacht entfaltet auch hier wieder seine dialektischen Tücken.[371]

Halten wir fest, daß sich die ‚wahre' Freiheit des Individuums nur jenseits seiner rein formalen Vergesellschaftung realisieren läßt. Daher werden die „Grenzen der souveränen Gewalt" von Rousseau exakt festgelegt.[372] Die wichtigste Sorge jener „moralischen Person", die er Staat oder Polis nennt, hat der Selbsterhaltung ihrer ‚Glieder' zu gelten; um diese in einer für alle zweckmäßigen und gerechten Form zu bewerkstelligen, hat „der politische Körper eine unbeschränkte Gewalt [pouvoir absolu] über alle seine Teile".[373] Jenseits dieser Erfordernisse der Selbsterhaltung jedoch muß der Staat seinen Bürgern die Freiheit zur Gestaltung ihres Lebens lassen; das ist die Domäne der Privatpersonen [personnes privées]. Rousseaus wichtigstes Abgrenzungskriterium ist, daß „der Gemeinwille, um wirklich ein solcher zu sein, in seinem Ziel wie in seinem Wesen allgemein sein muß; daß er von allen ausgehen muß, um auf alle angewandt zu werden; und daß er seine naturgemäße Richtigkeit verliert, sobald er auf einen einzelnen und bestimmten Gegenstand ausgerichtet ist [...]."[374] Ein Gesetz hat also nur dann Gesetzesqualität (aufgrund seiner Eigenschaft als Ausdruck des Gemeinwillens), wenn es unterschiedslos auf alle Staatsbürger anwendbar ist.

Spätestens hier wird sichtbar: Das Gemeinwesen, wie es Rousseau uns vorstellt, beruht nicht nur auf einem paradoxen Gründungsakt vermittels eines dubiosen Gesetzgebers; sofern es „Freiheit" und „Gleichheit" reklamiert, beruht es vor allem auf Abstraktionen. Der Begriff der Freiheit abstrahiert dabei von den Leidenschaften, Verstrickungen und Phantasmen der Privatpersonen, aber auch von faktischen Abhängigkeiten und ökonomischen Zwängen[375]; der Begriff der Gleichheit abstrahiert von allen Besonderheiten und Unterschieden zwischen den Einzelnen. Wie die Freiheit des politischen Bürgers das Ergebnis eines listigen Täuschungsmanövers ist (analog zur Freiheit von Emile), so ist seine Gleichheit das Produkt einer sprachlichen Abstraktion und damit einer Verkennung. Letzteres würde Rousseau vermutlich bestreiten, versucht er doch im *Essai sur l'origine des langues* und im *2. Discours* die Entstehung des egalitären Begriffes vom „Menschen" aus der spontanen Metapher vom „Riesen" als Durchbruch zur Wahrheit zu beschreiben.[376]

„Ein Wilder wäre, wenn er anderen begegnete, zunächst erschrocken. Seine Furcht hätte ihn diese Menschen größer und stärker als sich selbst sehen lassen; er hätte ihnen den Namen *Riesen* gegeben. Nach etlichen Erfahrungen würde er erkannt haben, daß, da diese vermeintlichen Riesen weder größer noch stärker waren als er, ihre Leibesgröße keineswegs mit der Vorstellung übereinstimmte, die er zuvor mit dem Wort Riese verknüpft hatte. Er würde also einen anderen Namen ersonnen haben, der ihnen und ihm gemein wäre, wie zum Beispiel den Namen *Mensch*, und er würde den des *Riesen* bei dem falschen Gegenstand belassen, der sich ihm während seiner Täuschung eingeprägt hatte. Dies veranschaulicht, wie das bildhafte Wort vor dem Wort im eigentlichen Sinn entsteht, nämlich sobald die Leidenschaft unsere Augen verblendet und der erste Eindruck, den sie uns darbietet, nicht auch der wahre ist." (Essai, S. 171/72 W, 47 F, Hervorh. von Rousseau)

Am Ursprung des Wortes „Mensch" steht Rousseau zufolge erstens der spontane Eindruck der Ungleichheit (der andere ist größer und stärker, mithin gefährlich) und zweitens eine Metapher, ein „bildhaftes Wort". Diese durch keine Vernunft kontrollierte Metapher „Riese" wird in der Folge genaueren Objektstudiums ersetzt durch den Begriff „Mensch". Wie es scheint, basiert diese Begriffsbildung auf Erkenntnis und löst den spontanen Irrtum auf. Die Metapher wird ersetzt durch ein angeblich wahres Abstraktum. Aufgrund von Erfahrungen, quantitativen Vergleichen oder Messungen („der andere ist weder größer noch stärker als ich …") wird der andere nun „Mensch" genannt und damit eine fiktive Gleichheit zwischen beiden statuiert. Die abstrahierende Operation verdankt sich einem buchstäblichen Gebrauch von Zahlen bzw. quantitativen Bestimmungen (Größe, Stärke etc.), so als könnten diese die tatsächlichen Qualitäten der Dinge erfassen. Die Zahl ist aber das Konzept par excellence, das wirkliche Differenzen unter der Illusion der Gleichheit (Identität) verbirgt. So gesehen ist auch die Abstraktion nur eine begriffliche Metapher ohne objektive Gültigkeit. Bezogen auf Rousseaus Beispiel heißt dies: Wenn der andere ein Mensch ist wie ich, kann er mir nicht gefährlich werden – ein Irrtum, wie man weiß.

Der Begriff „Mensch" verdankt sich also einer doppelten metaphorischen Operation: Das blinde Moment des leidenschaftlichen Irrtums („Riese") wird ersetzt durch einen weiteren Irrtum, der sich der Abstraktion und der Zahl bedient, um die wilde Metapher in Harmlosigkeit zu bannen. Die begriffliche Sprache, das Fundament der bürgerlichen Gesellschaft, ist gewissermaßen eine Lüge, die dem spontanen Irrtum hinzugefügt wurde. Der Mensch erfindet den Begriff des „Menschen" mithilfe eines anderen Begriffs, der Zahl, der selbst illusionär ist. Diese zweite Metapher ist weder unschuldig noch folgenlos: Sie etabliert Gleichheit in der Ungleichheit der bürgerlichen Gesellschaft; sie domestiziert die potentielle Wahrheit der ursprünglichen Furcht in die Illusion der Identität. Der Begriff interpretiert die Metapher numerischer Gleichheit, als wäre sie ein buchstäbliches Faktum. Ohne diese Verbuchstäblichung gäbe es keine Gesellschaft. So gesehen erweist sich der *Gesellschaftsvertrag* als ein mathematisches Modell.

Von hier aus läßt sich nun die Logik des Ausschlusses der Frauen aus dem *Gesellschaftsvertrag* rekonstruieren. Zwar sind sie, wie wir sahen, „stets diesseits oder jenseits des Wahren"[377], weil sie die Sprache der spontanen Leidenschaften und der daraus erwachsenen Metaphern sprechen; doch entkommt dem, wie wir nun feststellen können, auch die Sprache der abstrakten Begrifflichkeit nicht. So betrachtet stellt die mit dem

Weiblichen assoziierte Möglichkeit des Irrtums letztlich die Wahrheit der Sprache dar. Jene ‚Wahrheit' des begrifflichen Sprechens aber, die ihre metaphorische Herkunft verdrängt hat und sowohl für Emiles Sprache wie für diejenige der Männer in der politischen Öffentlichkeit charakteristisch ist, basiert auf einem doppelten Irrtum, der sich als Wahrheit verkennt.[378]

Allmählich beginnt sich die Analogie von Emiles ‚Freiheit' und der des Gemeinwesens in ihrer ganzen Tragweite abzuzeichnen; wie es scheint, hat Rousseau die Illusion des autarken, sich selbst transparenten Subjekts auf die Ebene des Staates gehoben und dort zu reproduzieren versucht. Auch dieser Staat ist autark nach außen und transparent nach innen, er ist lediglich an Bedürfnissen orientiert (nicht an Begierden) und basiert auf sachlichen Verhältnissen und scheinbar wahren Begriffen (nicht auf Metaphern). Damit läßt sich nun auf einer zweiten Ebene eine Grundtendenz von Rousseaus theoretischen Konstruktionen beschreiben: Sowohl für den Mann als auch für den Staat (und übrigens auch für die nördlichen Völker) gilt, daß die Illusion der Wörtlichkeit (Referentialität) vor dem Einbruch des Metaphorischen geschützt werden muß. Wie Emiles Freiheit auf der Ordnung des Denotats und des Bedürfnisses beruht und auf der Illusion der Unabhängigkeit (z. B. vom Erzieher), so beruht die Fiktion des Gemeinwesens auf dem Ausschluß von Differenz, Begierde, Einbildungskraft, Verführung, Unsachlichkeit und Metaphorik – kurz: Das Gemeinwesen basiert auf dem Ausschluß all dessen, was Rousseau als das ‚Weibliche' bestimmt hatte. Der Ausschluß der Frauen wäre demnach nur die ‚wörtliche' Konsequenz dieser Eliminierung des Weiblichen aus dem politischen Entwurf; und nur eine wörtliche Lesart wird darin allein den Versuch erkennen, den Frauen die bürgerlichen Rechte vorzuenthalten. Die figurale Lesart dagegen erkennt im Ausschluß der Frauen vor allem die Metapher für die Bedingung der Möglichkeit des bürgerlichen Gemeinwesens selbst. Worauf es einer emanzipativen Theorie ankommen müßte, wäre also nicht primär, die Eingliederung der Frauen in ein solches Gemeinwesen zu verlangen, vielmehr die Konstruktion dieses Gemeinwesens insgesamt auf der Basis dessen, was es ausschließt, in Frage zu stellen.

Dies ist im übrigen bei Rousseau selbst angelegt: So sehr er immer wieder die Ordnung der Sachlichkeit und der Transparenz anstrebt, täuscht er sich doch über die Fragilität seiner politischen Konstruktionen nicht: „Denn dieselben Laster, um deretwillen gesellschaftliche Einrichtungen nötig sind, machen auch ihren Mißbrauch unvermeidlich."[379] Der „Tod des politischen Körpers"[380] schien Rousseau unvermeidlich, eine innere Notwendigkeit und kein äußeres Verhängnis. Das menschliche Bestreben könne sich allenfalls darauf richten, diesen Tod hinauszuzögern, die immanente Destruktivität des Systems temporär zu überlisten.

„Wie der Wille des einzelnen [volonté particuliere] unablässig gegen den Gemeinwillen handelt, so kämpft die Regierung ständig gegen die Souveränität an. Je stärker dieser Druck wird, desto mehr wird die Verfassung untergraben, und da es hier keinerlei anderen körperschaftlichen Willen gibt, der dem Willen des Fürsten widerstehen und ihm damit gleichgewichtig gegenübertreten könnte, so muß es früher oder später dazu kommen, daß der Fürst schließlich den Souverän unterdrückt und den Gesellschaftsvertrag bricht. Dies ist nun *das unvermeidliche Gebrechen* [le vice inhérent et inévitable], das von Anfang an dem politischen Körper innewohnt und ohne Unterlaß auf seine Zerstörung hinwirkt, so wie das Alter und der Tod den Körper des Menschen zerstören." (GV, S. 341 W, 421 P)

Paul de Man kommt deshalb in seiner Analyse des *Gesellschaftsvertrages* zu der Einschätzung, dieser sei eine komplexe und rein defensive verbale Strategie, mit deren Hilfe der buchstäblichen Welt eine gewisse fiktive Konsistenz verliehen wird, ein kompliziertes Set von Finten und Listen, das den Moment hinauszögern soll, in dem die fiktionalen Verführungen nicht länger fähig sein werden, ihren Transformationen in buchstäbliche Akte zu widerstehen. „Es wurde oft gesagt, daß Rousseaus Roman *Julie* auch seine beste Abhandlung zur politischen Theorie ist; man sollte hinzufügen, daß der *Gesellschaftsvertrag* auch sein bester Roman ist."[381] –

Bevor ich abschließend auf Rousseaus Roman *Julie ou La Nouvelle Héloïse* eingehe, soll noch eine weitere Variante feministischer Literaturkritik diskutiert werden, die in mehr oder weniger offenkundiger Form viele feministisch engagierte Lektüren leitet: die psychoanalytische Betrachtung von Autor oder Werk, wie sie beispielsweise ULRIKE PROKOP entfaltet hat.

VIII. SZENEN DES GESCHLECHTERKONFLIKTES

Exkurs zu Ulrike Prokop

Ähnlich wie Silvia Bovenschen interessiert sich auch ULRIKE PROKOP[382] für das 18. Jahrhundert, speziell für die Umbrüche in den Weiblichkeitsentwürfen und Lebensbedingungen von Frauen dieser Zeit. Prokop ist allerdings nicht Literatur-, sondern Sozialwissenschaftlerin; neben der Soziologie hat sie sich schon früh der Psychoanalyse zugewandt, und zwar jener Richtung, die im Umkreis von ALFRED LORENZER eine Verbindung von Psychoanalyse und Kritischer Gesellschaftstheorie anstrebt und sich seit einigen Jahren unter dem Stichwort „Kultur-Analysen" verstärkt mit literarischen Gegenständen auseinandersetzt.[383] Insofern sie mit den Methoden der Sozialwissenschaften und der Psychoanalyse auf dem Gebiet der Frauenforschung „tiefenhermeneutische Kulturanalysen"[384] erstellt, arbeitet Prokop vorrangig interdisziplinär. Bereits ihre 1976 erschienene Untersuchung zum *weiblichen Lebenszusammenhang*[385] enthielt Auseinandersetzungen mit psychoanalytischen, philosophischen und literarischen Weiblichkeitskonzepten (u. a. eine Analyse von Flauberts *Madame Bovary*). In den 80er Jahren hat sie einige eher literaturwissenschaftliche Arbeiten vorgelegt; so einen Aufsatz über den *Mythos des Weiblichen und die Idee der Gleichheit in literarischen Entwürfen des frühen Bürgertums*[386] und einen Essay über *Geschlechterkonflikt und literarische Produktion um 1770.*[387] Im vorliegenden Zusammenhang beschränke ich mich darauf, an Prokops Beiträgen zur feministischen Literaturwissenschaft die Ergiebigkeit dieser psychoanalytischen Methode für die Literaturwissenschaft zu prüfen. Da Prokops Analysen den methodischen Vorgaben von Alfred Lorenzer[388] folgen, erscheint es mir zweckmäßig, zunächst dessen Ansatz vorzustellen.

1. DIE PSYCHOANALYTISCHE KULTURANALYSE (ALFRED LORENZER)

Ähnlich wie LACAN, aber mit deutlich anderen Akzenten, plädiert auch Lorenzer für eine *Rückkehr zu Freud.*[389] Er versteht darunter eine Erweiterung der Psychoanalyse über die therapeutische Anwendung hinaus in Richtung auf eine *materialistische Sozialisationstheorie*[390] und eine *tiefenhermeneutische Kulturanalyse.*[391] Das Verfahren der Kultur- wie auch der Psychoanalyse besteht Lorenzer zufolge in „szenischem Verstehen", das heißt in Verstehensprozessen, die stets an den Kontext von Szenen und damit von Interaktionsformen gebunden sind.[392] Mit den Berichten eines Klienten konfrontiert, achtet ein Analytiker auf alle Indizien, die Rückschlüsse auf verdrängte Wunden zulassen. Allerdings rekonstruiert er nicht vorrangig ein Realgeschehen, sein Verstehen richtet sich vielmehr auf dessen subjektiven Niederschlag; nicht wie etwas ‚wirklich' gewesen ist, interessiert den Analytiker, sondern welche Bedeutung ein Ereignis für einen Klienten gewonnen hat. Diese Bedeutungen sind dem Klienten verborgen, da sie der Zensur anheimfielen und ins Unbewußte abgedrängt wurden. Im Unterschied zu anderen hermeneutischen Verfahren richtet sich die Tiefenhermeneutik auf die Entzifferung dieses Unbewußten; und sie kann dies, Lorenzer zufolge, nur, wenn sie sich in kritischer Opposition weiß zu denjenigen gesellschaftlichen Normen, die das Verdrängen bestimmter Wünsche und Ängste bewirkten.

> „Das Unbewußte ist das Verbotene. Es sind Wünsche, die der allgemeine Konsens verpönte; sie widersprechen den Normen und Werten der geltenden Kultur. [...] Wenn psychoanalytische Tiefenhermeneutik ins Geheimnis des Unbewußten eindringen will, muß sie sich gegen jene Verbote wenden, die dagegen aufgerichtet sind, daß die Auseinandersetzung zwischen Wünschen, Normen und Werten offen und mit Bewußtsein geführt wird." (A. Lorenzer 1986, S. 27)

Von diesen Prämissen aus lassen sich Gemeinsamkeiten und Unterschiede zwischen der Analyse eines Klienten und der Analyse kultureller Gebilde, z. B. literarischer Texte, skizzieren. In der therapeutisch angewandten Psychoanalyse bildet das Leiden des Klienten den Ausgangspunkt der Behandlung; diese besteht in lebendiger Interaktion zwischen Therapeut und Klient; das Interpretandum der therapeutischen Tiefenhermeneutik wird erst in der analytischen Situation produziert. Dieser ‚Text' der Lebensgeschichte des Klienten liegt nur in mündlicher Form vor; er ist offen, in dauernder Veränderung begriffen und durch die Interventionen des Analytikers mitgestaltet. Der literarische Text – das Interpretandum einer tiefenhermeneutischen Literaturanalyse – ist dagegen ein schriftlich fixiertes Gebilde. Es ist durch die interpretative Anstrengung nicht zu verändern.[393] Dafür ist es wiederholt lesbar und (anders als die analytische Therapie) der individuellen wie der kollektiven Rezeption zugänglich. Der entscheidende Unterschied liegt für Lorenzer aber darin, daß die therapeutische Analyse auf eine Veränderung des Analysanden zielt, während die Literaturinterpretation allenfalls den ‚Analytiker' verändert, also den Leser. Und darin liegt eine (von Lorenzer allerdings nicht thematisierte) Falle: Möglicherweise beschäftigt sich der Wissenschaftler auf der Suche nach den vermeintlichen Phantasmen eines Autors bald nur noch mit den eigenen Phantasmen – und dies auch noch unbemerkt. Denn in dieser Hinsicht ist die Schrift geduldiger als das gesprochene Wort, schon allein deshalb, weil jeder Klient in der einen oder anderen Weise auf eine Lösung seines Problems drängt. Selbst wenn es dem Wissenschaftler gelingen sollte, sich aller Phantasmen zu enthalten (wobei durchaus die Frage wäre, ob dies möglich oder auch überhaupt erwünscht sein kann, ob Texte nicht vielmehr genau diesen Status kultureller Institutionen zur Projektionsbildung besitzen), falls es also einem Wissenschaftler gelingen sollte, seine Lektüre von Phantasmen freizuhalten, bliebe die Frage: Warum entschlüsselt man einen Text nach psychoanalytischen Methoden? Der unmittelbar humanitäre Aspekt entfällt; niemandem wird bei der Lösung drängender Probleme zu helfen sein. Ohne direkt auf die Frage nach der Berechtigung einer Psychoanalyse von Texten einzugehen, gibt Lorenzer doch immerhin eine Begründung für die psychoanalytisch inspirierte Lektüre von Literatur:

> „Insoweit Kunstwerke [...] Handlungs- und Denkmuster ‚öffentlich' zur Diskussion stellen, erfüllen sie eine zentrale politische und kulturelle Funktion [...]. Die

‚kulturellen Zeugnisse' bergen, analog den Traumbildern, die verpönten Lebens-entwürfe. Sind die Traumbilder in der psychoanalytischen Therapie Zwischensta-tionen der Erkenntnis des Unbewußten, so sind die kulturellen Objektivationen [...] Zwischenstationen der Äußerung sozial unterdrückter Praxisentwürfe – oder Bollwerke wider sie. Anders ausgedrückt: Die kulturellen Objektivationen sind entweder *Symbole der Freiheit* oder *Symptome des Zwangs*, wobei im einzelnen Kunstwerk der Symbolcharakter sich mit dem Symptomcharakter nicht nur mischen kann, sondern in aller Regel vermischt." (A. Lorenzer 1986, S. 85; Her-vorh. C.G.)

Literatur und Kunst sind für Lorenzer kulturelle Gebilde, in denen sich individuelles Leiden an gesellschaftlichen Verhältnissen öffentlich artikuliert. Im Unterschied zum Neurotiker, dessen Leiden sich nur in privatsprachlich-verzerrter, und darum gerade nicht allgemeinverständlicher Form kundtut, gelingt es dem Dichter, in seinen künst-lerischen Gebilden dem Dissens mit den gesellschaftlichen Verhältnissen einen allge-mein-verständlichen Ausdruck zu geben. Lorenzer beruft sich dabei auf Goethe, der seinen Tasso sagen läßt: „und wenn der Mensch in seiner Qual verstummt, gab mir ein Gott, zu sagen wie ich leide".[394] Dem Dichter (oder allgemein: dem Künstler) gelingt es, die ‚Asozialität' seiner gesellschaftlich tabuisierten Regungen mit dem System sozial tolerierter Symbole zu vermitteln. Er überlistet gleichsam die allgemeine Zensur, indem er einen doppeldeutigen Text hervorbringt, der jenseits des manifesten Sinnes eine zweite, latente Sinnebene transportiert. Diese ermöglicht es dem Leser oder In-terpreten, sein eigenes Unbewußtes in den Gebilden des literarischen Textes wiederzu-erkennen.

„Der Dichter bzw. Künstler [...] muß dem Unbewußten einen unübersehbaren Platz im öffentlichen Raum schaffen, indem er das vom allgemeinen Bewußtsein Verworfene, Ausgeschlossene oder doch Unbeachtete zu jenen sichtbaren, hörbaren, greifbaren Gebilden gestaltet, an denen sich die Imagination der anderen entzünden kann. Das Unsagbare muß in eine Mitteilungsform eingebunden werden, die stummgewordene oder unerlöste Empfindungen spürbar macht." (A. Lorenzer 1986, S. 24/25)

Die kritische oder utopische Funktion literarischer Texte bestünde also darin, daß sie in ihren ‚Subtexten' verpönte Lebensentwürfe transportieren, die den Leser dazu ani-mieren, „die Grenze zu den noch-nicht-bewußtseinsfähigen Lebensentwürfen zu ver-ändern".[395] Die ‚affirmative' Funktion literarischer Texte bestünde hingegen darin, die bestehenden Verhältnisse zu stabilisieren, indem sie sich zu Komplizen herrschender Macht- und Ausgrenzungsmechanismen machen. Wenn man davon absieht, daß – wie Lorenzer betont – die Unterscheidung von kritischen und affirmativen Funktionen eines Textes nur auf der Basis der subjektiven Reaktionen des Rezipienten getroffen werden kann, so ergibt sich ein überraschend einfaches Schema: Literarische Texte sind entweder „Symbole der Freiheit" oder „Symptome des Zwanges", entweder kritisch oder affirmativ (bzw. sie sind zu Teilen dies, zu Teilen jenes). Literatur wird folglich unmittelbar im Kontext ihrer vermeintlichen gesellschaftlichen Funktionen verortet, und die dahinterstehende Absicht ist (wen wundert's?) eine aufklärerische:

> „Letzten Endes ist diese *Aufklärung* [über den Befreiungs- oder Zwangscharakter kultureller Objektivationen, C.G.] die hauptsächliche Aufgabe einer tiefen-hermeneutischen Kulturanalyse." (A. Lorenzer 1986, S. 86; Hervorh. C.G.)

Das literaturtheoretische Grundmuster, das sich bei Lorenzer herauskristallisiert, ist Literaturwissenschaftlern nicht unvertraut: Es handelt sich um ein psychoanalytisch modifiziertes Realismus-Konzept. Ein Text ist ‚szenisch' organisiert und handelt vom Leiden des Individuums an der Gesellschaft. Der Leser identifiziert sich mit den leidenden Protagonisten aufgrund eigener Leidenserfahrungen und gelangt mittels des Kunstwerkes zu ‚kathartischer' Einsicht in dieses Leiden und seine gesellschaftlichen Ursachen. Einer solchen aufklärerischen Wirkungsästhetik korrespondiert eine nicht weniger traditionelle Auffassung von Sprache bzw. Literatur. Sie orientiert sich ausschließlich am Inhalt oder der Bedeutung eines Werkes, ohne der Darstellungsform sonderliche Aufmerksamkeit zu widmen. Damit handelt sich Lorenzer eine bekannte Schwierigkeit ein: Er untersucht Literatur als Ausdruck von etwas anderem (einem psychischen Prozeß), aber eben nicht ist *als Literatur*, d. h. als eine spezifische Art und Weise der Darstellung.[396] TERRY EAGLETON schlägt in seiner *Einführung in die Literaturtheorie* vor, zur Überprüfung der Tauglichkeit von literaturtheoretischen Ansätzen die Probe auf James Joyce' *Finnegans Wake* zu machen.[397] Man darf wohl bezweifeln, daß dieser Roman sich allen Ernstes auf die Formel bringen ließe, „Symbol der Freiheit" und / oder „Symptom des Zwanges" zu sein.

Die Vernachlässigung der Textualität eines literarischen Werkes zugunsten seines Inhalts entspringt einer traditionellen (man könnte sagen: vor-saussureschen) Sprachauffassung: Im Gegensatz zu JACQUES LACAN und weiten Teilen der französischen Psychoanalyse geht Lorenzer nämlich davon aus, das Unbewußte selbst sei sprachlos. Die Sprache wäre demnach stets ein nachträglicher Faktor und folglich für das Verständnis psychischer Prozesse nicht weiter relevant. Oder anders ausgedrückt: Die Sprache ist in dieser Sicht lediglich ein System von Regeln, der normative Gegenpol zum scheinbar noch nicht genormten Unbewußten.[398] Dieses Unbewußte konstituiert sich durch „sinnlich-symbolische Interaktionsformen", die nicht zur Versprachlichung zugelassen, also nicht zu „sprachsymbolischen Interaktionsformen" wurden.[399] Deshalb ist für Lorenzer das „Gefüge von Praxisfiguren" oder von sprachlosen „Interaktionsformen", das sich im Unbewußten ablagert, weiterreichender als das System von Sprache und Bewußtsein. Folglich liegt das gesellschaftskritische und utopische Potential von Literatur im Nicht-Sprachlichen, das heißt genau in diesen „sinnlich-symbolischen Interaktionsformen", die ein Text jenseits seines manifesten sprachlichen Sinnes inszeniert und die gleichsam sein Unbewußtes darstellen. Daher die ‚Doppelbödigkeit' jedes literarischen Textes: Er setzt ein manifestes Drama in Szene, das zugleich auf ein anderes, verborgenes Drama verweist. Erst der Bezug dieser beiden Ebenen stellt eine ‚Tiefe' des literarischen Werkes her und erzeugt seine Spannung.

„Der Text ist als Symbolgefüge zu respektieren; er ist als Vermittlung einander widerstrebender Impulse aus zwei eigenständigen Ordnungssystemen zu lesen. Die eine Ordnung ist bewußtseinsfähig, sie ist Bewußtsein, sie bestimmt den manifesten Textsinn. Die andere Ordnung ist das Unbewußte, die im latenten Textsinn zum Vorschein kommt. [...] Am Text ist die Einheit beider Sinnebenen festgemacht. Das Symbol ist der Doppelsinn." (A. Lorenzer 1986, S. 57/58)

Literarische Texte interessieren deshalb vor allem als ‚äußere' Verkleidung dieser Interaktionsformen; das „szenische Verstehen" der tiefenhermeneutischen Analyse richtet sich darauf, die unbewußten Interaktionsformen *hinter den Texten* zu entschlüsseln. Die Deutung (oder: Lektüre) richtet sich auf das, was der Text *nicht* sagt. Offenbar interessiert sich dieser Ansatz nicht für Erzählstrategien und sprachliche Darstellungsmittel, nicht für die komplizierten Vermischungen wörtlicher und übertragener Bedeutung sowie die daraus resultierenden Doppeldeutigkeiten – kurz: nicht für die Funktionsweise von Sprache. Sehen wir nun, wie sich Lorenzers Option, die Sprache als ein Transportmittel vorsprachlicher Erfahrung zu definieren, bei der Interpretation von literarischen Gegenständen auswirkt, speziell in einer feministisch interessierten Kulturwissenschaft, wie sie Ulrike Prokop betreibt.

2. Szenisches Verstehen in der feministischen Kulturkritik

Lorenzers Ansatz, Literatur als Ausdruck von exemplarischen Leidenserfahrungen zu analysieren, scheint eine große Affinität zum feministischen Anliegen zu haben. Seine Anwendungsmöglichkeiten im Bereich feministischer Kulturkritik hat Ulrike Prokop in ihren kulturhistorischen Arbeiten umfassend vorgestellt. In gewisser Weise nimmt sie den Befund von Silvia Bovenschen (1979) auf und forscht nach weitergehenden Antworten: Wie ist es zu erklären, daß um die Mitte des 18. Jahrhunderts mit der Empfindsamkeit ein unübersehbares ‚roll-back' in den männlichen Definitionen der weiblichen Geschlechterrolle einsetzte? Wie kommt es, daß in der unruhigen und aufbegehrenden Generation der Stürmer und Dränger um 1770 die Rebellion der Söhne gegen die väterliche Ordnung einherging mit extrem konservativen Vorstellungen über die Verhaltensspielräume des ‚anderen' Geschlechts? Wie läßt sich erklären, daß diese Generation von Frauen sich durch extreme Stummheit und Depressivität auszeichnete?

Prokop beschreitet in ihrer Analyse allerdings andere Wege als Bovenschen. Die Untersuchung und Kritik der philosophischen und literarischen Entwürfe der „imaginierten Weiblichkeit" allein hält sie für unzureichend; die „Ideologiekritik" müsse durch eine „psychoanalytisch-tiefenhermeneutische Analyse" ergänzt werden.[400] Sie will damit jene unbewußten Dimensionen des subjektiven Handelns ergründen, die den bewußten Wahrnehmungen unzugänglich sind. Die Tiefenhermeneutik zielt darauf, mehr zu verstehen als die Protagonisten der Historie selbst verstanden haben. Den Zugang zu diesem Bereich bildet die „verstehende Vergegenwärtigung" von „Szenen", die vorzugsweise in Tagebüchern, Briefen, Memoiren und Biographien berichtet sind.[401] Das ist – was Prokops spezielles Interesse betrifft – in zweierlei Hinsicht legitim und produktiv: Erstens interessiert sie sich nicht primär für die Literatur einer Epoche, sondern für die „Lebensentwürfe" der (literarisch produktiven oder nicht-produktiven) Subjekte.[402] Zweitens ist der biographische und kulturgeschichtliche Zugang auch gerechtfertigt im Hinblick auf das Problem, das die feministische Literaturwissenschaft generell interessiert: die Frage nämlich, warum Frauen *nicht* ‚Geschichte gemacht' bzw. *keine* großen literarischen ‚Werke' hervorgebracht haben. Die Literaturwissenschaft muß dann allerdings fragen, wie weit dieser Ansatz bei der Interpretation von literarischen Texten hilfreich sein kann. Diese Frage werde ich im folgenden Abschnitt an Prokops Rousseau-Interpretation erörtern.

Wie bereits erwähnt, organisiert Ulrike Prokop ihr Interpretandum grundsätzlich in Gestalt von Szenen.[403] Untersuchen wir ein Beispiel, das in Prokops Arbeiten einen zentralen Stellenwert einnimmt[404], ja geradezu den Fokus ihrer Interpretation der *Szenen des Geschlechterkonfliktes* in der Generation der Stürmer und Dränger bildet. Es handelt sich um das Verhalten des jungen GOETHE in seinen Leipziger Studienjahren gegenüber den Töchtern des Kupferstechers STOCK, in dessen Familie er aus und ein ging. Die Töchter Dorothea und Maria waren damals, 1767, gerade neun und sieben Jahre alt, Goethe 18 Jahre. Die beiden Frauen erinnern sich beinahe vierzig Jahre später an ihre Jugend und an einige Episoden mit dem jungen Goethe, der sich, salopp gesagt, den Mädchen gegenüber als ein wahrer ‚Macho' gebärdete, dabei den Vater auf seiner Seite hatte und offenbar auch die Mutter in ambivalenter Weise zu fesseln wußte.[405] Diese fünf Szenen werden von Ulrike Prokop in ihrer Deutung nun zu einem veritablen ‚bürgerlichen Trauerspiel' dramatisiert, was der Spannung und Leselust zweifellos zugute kommt. Lesen wir Prokops Fazit der fünf Episoden:

> „Die fünf Szenen enthalten das Modell einer systematischen Beeinträchtigung, ja der Subjektzerstörung. Auf der psychischen Ebene korrespondiert den patriarchalischen Strukturen eine narzißtische Traumatisierung der Mädchen. [...] Die Mädchen werden durch systematische Verwirrung, Beschämung und Ausgrenzung aus der Gleichrangigkeit als Objekte männlicher Launen verfügbar gemacht. [...] Es liegt nahe – wenn wir diese Szenen hier einmal exemplarisch nehmen –, daß die Mädchen dazu gedrängt werden, an der Größe des bewunderten anderen Geschlechts durch Identifikation teilzuhaben. Sich in der Phantasie zum Teil des geliebten Bruders, später des Freundes und Ehemannes zu machen, ist der Ausweg aus der Demütigung, welcher ihnen nahegelegt wird. [...] Wie eine Narbe dieses Vorgangs bleibt die selbstlose Anteilnahme an der Freiheit und dem Glück des Ersatzobjekts – Bruder, Geliebter, Sohn. [...] Selbstverleugnung und narzißtische Identifikation sind an die Stelle der aktiven Auseinandersetzung getreten." (U. Prokop 1988, S. 338/39)

Zweifellos ist dies eine interessante, in ihrer psychologischen Plausibilität zunächst einmal bestechende Deutung. Ich will jedoch, da es sich hier um Textinterpretationen handelt, das Augenmerk auf einige Probleme richten, die bei der Evidenz dieser Deutung leicht in Vergessenheit geraten könnten. Zunächst einmal die Frage der Textbasis: Das Material, auf das sich Prokops Interpretation stützt, sind nicht schriftliche

146

Aufzeichnungen, etwa Briefe oder Memoiren, der Schwestern selbst, was bei einem Abstand von 40 Jahren allein schon genügend Zweifel an der ‚Authentizität‘ des Berichteten rechtfertigen würde. Nein, diese Episoden wurden von dritten Personen aufgezeichnet und schließlich von einer vierten Person beinahe 150 Jahre nach den Ereignissen (nämlich 1910) in ein 6-bändiges Werk über den jungen Goethe aufgenommen.[406] Bei Prokop allerdings findet sich weder ein Hinweis auf diesen verschlungenen Weg der Überlieferung[407], noch wird die Frage nach ihrer Verläßlichkeit gestellt oder auch nur erwähnt, daß in der überarbeiteten Neuausgabe dieses Standardwerkes der Goetheforschung von 1963 die von ihr benutzten Quellen aus guten Gründen gänzlich fehlen.[408] Stattdessen behandelt Prokop die fünf Szenen im Hause Stock wie eine unmittelbare, mündliche Beschreibung eines authentischen Geschehens – man könnte sagen: wie den Bericht einer Analysandin, deren verdrängte Affekte nun von Analytikerin und Klientin gemeinsam freigelegt werden.

Was bereits bei Lorenzer auffiel, wird hier nochmals evident: Ein Text interessiert keineswegs als Text, seine schriftliche Form erscheint allenfalls als notwendiges Übel, als unumgängliches Medium zur Vermittlung ehedem ‚lebendiger‘ Erfahrung. Für Prokop heißt das, „den Texten – den Briefen, Romanen und Autobiographien – *Leben zu verleihen*, den Figuren *Körper zu geben*".[409] Das Verstehen auch von historisch entfernten und mehrfach tradierten Ereignissen verläuft über eine möglichst anschauliche *Vergegenwärtigung* der berichteten Szenen.

> „Vergegenwärtigen wir uns also die Rollen und Situationen, als wollten wir sie auf der Bühne aufführen. Wie sie zu spielen sind – den Zugang zur Situation, um die es geht –, finden wir über unsere Lesereaktionen, über die Analyse unserer eigenen Reaktionen, mit denen wir auf die Beschreibung reagieren." (U. Prokop 1988, S. 332)[410]

Eine solche Art der Vergegenwärtigung unterstellt dem schriftlich fixierten Test einen virtuell gleichen Status wie der spontanen mündlichen Rede. Daß am schriftlichen Ausdruck einerseits eine ganze Reihe anderer soziokultureller Faktoren und Normen mitbeteiligt sind, daß er andererseits gerade durch seine fixierte, also ‚geduldige‘ Form weit größere Spielräume für Ambivalenzen und Phantasmen schafft als der mündliche Dialog, bleibt unberücksichtigt. Die strukturelle Hermetik jeder Schrift, die man ja nicht nach ihrer Aussageabsicht befragen kann, wird übersprungen durch den voluntaristischen Akt der Selbstbetroffenheit. Gegen eine solche Betroffenheit wäre grundsätzlich nichts einzuwenden, wenn sie sich nur darüber im klaren wäre, daß sich eine solche Betroffenheit mehr aus der eigenen Biographie speist als aus den Texten, an denen sie sich entzündet. Während Lorenzer immerhin noch unterscheidet zwischen einer Therapie (die einen Zugang zum Klienten sucht) und einem Text (anhand dessen der Leser sich mit sich selbst beschäftigen soll), wird diese Differenz in jedem Verfahren ignoriert, das die Betroffenheit des Lesers in einen Zugang zum Text umzubiegen trachtet.

Eine solche Art der Vergegenwärtigung ignoriert aber nicht nur den unterschiedlichen Status von Text und Dialog, sie leugnet auch historische Differenzen. Obwohl

Prokop immer wieder für sich in Anspruch nimmt, „historische Differenzen" in Rechnung zu stellen und sich durch fremde Sachverhalte „irritieren" zu lassen[411], deutet schon der oben skizzierte Umgang mit dem überlieferten Material auf eine eher sorglose Aktualisierung historischer Ereignisse. Problematisch scheint mir aber vor allem die von Prokop behauptete historische Kontinuität zwischen damals und heute: Weil wir noch in derselben Epoche leben, sind uns, wie es scheint, die Erfahrungen der Frauen von damals unmittelbar zugänglich und somit an unseren eigenen Erfahrungen meßbar. Das ausgehende 18. Jahrhundert ist für Prokop kein beliebiger historischer Zeitabschnitt; vielmehr ist es der Beginn einer Epoche, an deren heutigem Ende wir stehen.

> „Ausgehend von unseren gegenwärtigen Konflikten – am Ende des Zeitalters der Intimität und am Ende des Fetischs vom Großen Paar – haben uns [d.i. die Frauen, die in Seminaren und Arbeitskreisen mit U.P. gearbeitet haben, C.G.] die Geschichten der Frauen interessiert, die am Ausgang des 18. Jahrhunderts in diese Epoche eingetreten sind. [...] Unsere Arbeit [...] war Selbstverständigung (über bis heute geltende Verhältnisse) *und* historische Forschung." (U. Prokop 1991, S. 7)

Exakt diese Verschränkung von Selbstverständigung und historischer Forschung profiliert den Feminismus zwar einerseits als sozialpolitische Kraft, zeugt aber andererseits von einer theoretischen Blindheit. Unreflektiert wird die optimistische Prämisse aller Hermeneutik übernommen, wonach es über historische oder kulturelle Differenzen hinweg einen gemeinsamen Verstehenshorizont gibt; Skeptiker und Anti-Hermeneuten wenden seit langem dagegen ein, daß diese Art des Verstehens durch Vergegenwärtigung auf eine Assimilation des Fremden an die eigene Begrifflichkeit hinauslaufe, ja, daß sie die imperiale Geste der Aneignung verschleiere und letztlich alle Differenzen tilge.

Neben dem bedenklichen Umgang mit dem Status (bzw. der Überlieferung) von Texten und der Behauptung einer historischen Kontinuität muß an Prokops Methode noch eine dritte Frage gestellt werden: Wie verhält sich das „szenische Verstehen", das die konkrete Besonderheit des Einzelfalles zu erfassen sucht, zur Theorie der Psychoanalyse und zu den Ergebnissen historischer und soziologischer Forschung? Anders gesagt: Wie denkt und handhabt Prokop das Verhältnis von Besonderem und Allgemeinem, von Einzelfall und Struktur? An den skizzierten Szenen im Hause Stock wird schnell deutlich, daß es Prokop um die Rekonstruktion „exemplarischer" Dramen geht. Das Exemplarische der Goethe-Episoden scheint vor allem darin zu bestehen, daß die allgemeine Struktur bürgerlich-weiblicher Sozialisation – die „narzißtische Traumatisierung der Mädchen"[412] – sich hier anschaulich illustrieren läßt. Der einzelne Fall wäre also keineswegs heuristisch oder induktiv, sondern Demonstrationsmaterial.[413] Nun wäre gegen eine markante Verallgemeinerung nichts einzuwenden (eine profilierte These hat durchaus ihre heilsame Wirkung); problematisch ist dabei allerdings der theoretische Ernst, der sich mit solchen Demonstrationen verbindet. Sobald ihm die Selbstironie abhanden kommt (und damit das Bewußtsein, willkürliche Selektionen vorzunehmen), neigt das verallgemeinernde Denken bekanntlich zum Determinismus. Das Allgemeine ist dann nicht länger ein für das Selbstverständnis hilfreicher Begriff, sondern scheint plötzlich in den Status einer Ursache gerutscht zu sein, die jeden Einzelfall zwangsläufig nach sich zieht. Der Begriff der „patriarchalischen Struktur" oder der „narzißtischen Traumatisierung der Mädchen" kehrt sich dann plötzlich gegen seine ursprünglich emanzipative Intention. Er produziert ideologisch jene Allmacht des Patriarchats, das empirisch möglicherweise gar nicht so allmächtig ist.

Der Status des Besonderen, des Einzelfalles, muß in diesem Ansatz also als problematisch eingeschätzt werden. Damit stellt sich die Frage nach den Folgen einer solchen Prämisse für die tiefenhermeneutische Interpretation von *Literatur* als jenem Genre von Texten, das sich bekanntlich in privilegierter Weise diesem Besonderen widmet. Ich werde dieser Frage an Prokops Rousseau-Lektüre nachgehen.

3. Die demaskierende Lektüre

Für Prokop ist auch Jean-Jacques Rousseau ein exemplarischer Fall: exemplarisch für den „pädagogischen Furor" jener Generation junger Männer, die ihre unbewältigten Konflikte gegenüber Müttern, Schwestern und Geliebten durch die Entwicklung großartiger theoretischer oder literarischer Entwürfe zu kompensieren suchte.[414] Die Erzieherrolle, die sie sich dem weiblichen Geschlecht gegenüber anmaßte, ist Prokop zufolge die pädagogische Verschleierung ihres Kontrollbedürfnisses, letztlich eine Form der Angstbewältigung.[415]

> „Die Bemächtigung durch Vorherrschaft des Mannes über den Geist der Frau erhebt Rousseau im *Emile* zum Erziehungsprogramm. Doch sollten wir uns nicht täuschen lassen – auch hier geht es um die Phantasie über das Geschlechterverhältnis, nicht um Schulprogramme. Wer ist abhängig? Wer ist ‚er selbst'? Wer dominiert, die Frau oder der Mann? Diese Generation der großen Traditionsbildner der bürgerlichen Gesellschaft ist besessen von der Frage nach der Dominanz. Das ist die große Furcht: Der Mann ist das Opfer der Frau. Es handelt sich um eine kollektive Imagination bei diesen Autoren und vermutlich bei ihrem Publikum." (U. Prokop 1988, S. 343)

Wie ist der aggressive ‚pädagogische Furor' der jungen Männer zu erklären, den Prokop als eine „Grundfigur bürgerlich patriarchalischer Subjektivität"[416] einschätzt? In ihren Studien von 1988 und 1991 skizziert sie das kulturhistorische und sozialpsychologische Grundmuster des neuen Geschlechterverhältnisses. Sie bezieht sich dabei auf den (in Teil II.2 der vorliegenden Arbeit) skizzierten historischen Prozeß der Trennung von Erwerbs- und Familienleben, in dessen Verlauf die Frau vom öffentlichen Leben abgeschnitten und ins bürgerliche Haus verbannt wurde. Auch Prokop konstatiert für die entstehende bürgerliche Gesellschaft einen „strukturellen Machtverlust der Frau gegenüber dem Mann [...], eine Auflösung der Machtbalance zwischen Mann und Frau" zuungunsten der Frauen.[417]

„Im Bildungsbürgertum wurde die Frau zum Kind, wirklich unmündig, machtlos, unwissend. Kein Arbeits- und kein Wissensmonopol hielt das Patriarchat in Schach. Keine Frauengemeinschaft stützte sie." (U. Prokop 1991, S. 394)

Dieser Machtverlust der Frauen hat eine Kehrseite. In ihrem Bereich, der entstehenden bürgerlichen Kleinfamilie, strebten sie danach, ihre Machtposition auszubauen – vor allem in ihrer Eigenschaft als Mütter. Was ihnen an ökonomischer, kultureller oder politischer Selbstverwirklichung untersagt blieb, das projizierten sie als Hoffnung auf ihre Söhne, während sie sich den Töchtern gegenüber als „wahre Rabenmütter" verhielten.[418] Doch auch für die Söhne hat die Veränderung der Mutter-Imago in der neuen Intimität der Kleinfamilie fatale Folgen. Mit der Last der mütterlichen Projektionen beladen, entwickeln sie eine äußerst ambivalente Beziehung zum weiblichen Geschlecht.[419]

„Die Reaktion auf die Furcht vor der machtvollen Imago der Frau nimmt die Gestalt kaum verhüllter Aggression und eines ausgeprägten Kontrollbedürfnisses an. Die Idealisierung der Frau, die zugleich ausgebildet wird, ist psychologisch gesehen eine Gegenbesetzung zur Aggression. [...] Bei der unbewußten Angstphantasie geht es um die Problematik Nähe – Distanz; um die Thematik der Abgrenzung und der Abhängigkeit. Wir erkennen im Hintergrund auf dem Boden dieser Seele die Verleugnung des einen Traumas: nicht aus sich selbst heraus zu sein, sondern geschaffen, abhängig, abgeleitet – ein Zweites. Genauer? Kind einer Mutter, deren Imago übermächtig ist." (U. Prokop 1988, S. 344)

Die ‚Spaltung des Frauenbildes' – dieser Haupteinsatz der psychoanalytisch orientierten feministischen Kritik – scheint von hier aus erklärbar: Sie ist eine Folge des gespaltenen Verhältnisses der Söhne zu ihren Müttern. Prokop stellt fest, daß diese Söhne der ersten ‚entmachteten' Müttergeneration (Rousseau, Herder, Goethe, Schiller) zu einflußreichen, meist aristokratischen Frauen Verbindungen eingingen, die nach dem Vorbild einer Mutter-Sohn-Beziehung strukturiert waren: Rousseau – Mme de Warens, Goethe – Frau von Stein usw. Aus ihrem Ideal der Weiblichkeit jedoch tilgten sie alle Züge, die an diese machtvolle Mutterfigur hätten erinnern können. Auch als Lebenspartnerin wird die ‚unschuldige' und geistig unterlegene Frau bevorzugt: Rousseau – die Wäscherin Thérèse Levasseur, Goethe – Christiane Vulpius usw.

Diese soziologisch-psychoanalytische Analyse des Geschlechterverhältnisses in der bürgerlichen Gesellschaft hat vieles für sich, nicht zuletzt ihre Sichtweise auf die Frauen, die nicht einfach nur als Opfer erscheinen, sondern als aktive (Mit-)Reproduzentinnen dieser Struktur gesehen werden. Allerdings hat sie auch einen gewichtigen Nachteil: Sie verführt zu einer Lektüre, die ich demaskierend nennen möchte.

Ich erinnere an die oben gestellte Frage: Wem hilft eine psychoanalytische Lektüre von Literatur, wenn doch der Autor (anders als der Klient) in keinem Dialog mit dem Analytiker steht? Lorenzer hat aus dieser Konstellation die meines Erachtens richtige Konsequenz gezogen, den Leser ins Zentrum seiner analytischen Arbeit mit Texten zu rücken. Diese Unterscheidung von Klienten-Bezug (in der Therapie) und Leser-Bezug (in der Lektüre) verwischt Prokop nun allerdings wieder; sie rückt den Autor in die Position eines Klienten, dessen psychische Problematik fortan im Zentrum der analytischen Arbeit steht. Dies scheint für weite Teile der feministischen Literaturwissenschaft eine verführerische Variante zu sein: Man liest einen (meist autobiographischen) Text, um die psychische Problematik seines Autors aufzudecken. Diese ‚Wahrheit' wiederum erscheint dann als determinierend für die Werke dieses Autors überhaupt, so als habe man einen Roman verstanden, wenn man die psychische Disposition seines Verfassers zu durchschauen glaubt.

So untersucht Prokops Rousseau-Essay von 1989 zunächst „einige Szenen" aus Rousseaus *Bekenntnissen*, um daran „den Rousseauschen Erfahrungsmodus" hinsichtlich der Frauen zu rekonstruieren.[420] Dieser wiederum ist nur insofern von Interesse, als Prokop glaubt, aus ihm den Inhalt aller theoretischen und literarischen Äußerungen Rousseaus über das Weibliche ableiten zu können. Rousseau eröffnet uns also, wie es scheint, in seinen *Bekenntnissen* den Zugang zu seiner Seele, zu seinen unbewußten Wünschen und Ängsten, und gestattet uns dadurch, seine sonstigen Texte in diesem Lichte zu lesen: als Abbildungen seiner psychischen Konflikte. Rousseaus theoretisch-literarische Konstruktion der „idealen Frau" ist Prokop zufolge *ausschließlich* das Resultat seiner ungelösten psychischen Problematik; eine Eigenständigkeit oder gar ein ‚Wahrheitsgehalt' komme ihr nicht zu.

> „Rousseau hat das Geschlechterverhältnis ausschließlich nach dem Muster seines Konflikts *abgebildet*. Der Konflikt um männliche Geschlechtsidentität und Heterosexualität zeichnet sich durch die folgenden Dichotomien aus: Ohnmacht/Macht; Bewußtlosigkeit/Reflexion; Schweigen/Sprache. Im Verhältnis zur Frau wird die Problematik der männlichen Identitätsbildung projektiv *abgebildet*. Die Dichotomien werden sozusagen geschlechtsspezifisch personalisiert." (S. 95; Hervorh. C.G.) – „Rousseau *bildet* ausschließlich die Probleme männlicher Subjektivität *ab*. Er schildert keine weibliche Wirklichkeit. Von den wirklichen Frauen hat er keine Ahnung." (Ebd.; Hervorh. C.G.)

Zwischen Rousseaus Erfahrungsmodus hinsichtlich der Frauen und seinen theoretischen Entwürfen der Weiblichkeit besteht nach Prokop ein Verhältnis direkter Abhängigkeit. In einer Art psychoanalytischer Abbildtheorie begreift sie die literarische oder theoretische Artikulation als Symptom. Diese Lektüre spaltet Rousseaus Text auf, mißt seine Aussagen mit zweierlei Maß. Was Rousseau in den biographischen Schriften über sein Verhältnis zu Frauen sagt, wird gewissermaßen für ‚bare Münze' genommen; es gibt Auskunft über eine empirische Psychostruktur, die der analytisch geschulte Blick tiefenhermeneutisch erfaßt. Die so gefundene ‚Wahrheit' erscheint determinierend für Rousseaus Theorie, die dann demaskiert wird im Hinblick auf das vermeintliche psychobiographische Substrat, das ihn angeblich hervorgebracht hat.

Ist aber die Bedeutung einer Theorie oder eines literarischen Werkes mit dem Hinweis auf die Biographie seines Autors hinreichend erfaßt? Existiert zwischen einer bestimmten psychischen Problematik und einem Text derselben Person eine Kausalverknüpfung? Von einer solchen Kausalität insgeheim überzeugt, bezieht die demaskierende Lektüre leider allzu häufig die Beobachtungen, Reflexionen und Utopien eines Autors auf seine gestörte Psyche, um sie damit ‚ad acta' zu legen. Weil der Autor ‚krank' ist, hat er deshalb unrecht? Eine solche Lektüre treibt die oben skizzierte deterministische Denkfigur bis in ihr denunziatorisches Extrem.

Sie beruht damit (ein weiteres Mal) auf einer problematischen Bestimmung des Status von Texten: Nicht nur wird ein autobiographischer Text als Quasi-Mitteilung eines Klienten behandelt, die demaskierende Lektüre zwingt darüber hinaus zu einer Zweiteilung von Texten. Rousseaus Werk zerfällt unter dem Blick dieser Lektüre in zwei Textsorten: Die biographischen Texte werden als Fundgrube für die Rekonstruktion der psychischen Problematik ihres Autors herangezogen; die theoretischen und literarischen Texte rücken in den sekundären Status eines Symptoms bzw. einer Manifestation der aus den primären Texten extrahierten psychischen Struktur. Prokops Rousseau-Essay basiert auf diesen beiden Prämissen: Erstens auf der Annahme einer „emotionale[n] Authentizität der Rousseauschen Schriften"[421], und zweitens auf der Behauptung, Rousseau habe in all seinen Schriften – nicht nur in seiner Biographie – „das Geschlechterverhältnis ausschließlich nach dem Muster seines Konflikts abgebildet".[422] Die Psyche des Autors (bzw. das, was man über diese Psyche zu wissen glaubt) gerät so in den Status einer letzten Wahrheitsinstanz für seine literarischen und theoretischen Texte. Auch dabei zeigt sich, daß diese Prämisse den Texten Gewalt antun muß. Sei es, daß unverzichtbare Kontexte ignoriert werden[423], sei es, daß das Gegenteil von dem behauptet wird, was im Text selbst steht[424] – in jedem Falle bleibt die Interpretation hochgradig selektiv.

Nach diesen eher allgemeinen Anmerkungen zum Umgang mit Literatur werde ich mich auf die Frage konzentrieren, wie Prokop diese Prämisse in der Detailanalyse zur Entfaltung bringt. Die folgenden Darstellungen und Überlegungen mögen deshalb etwas weitschweifig erscheinen; jedoch sollte man sich den Einzelheiten einer tiefenhermeneutischen Lektüre nicht entziehen. Die Rekonstruktion des Rousseauschen Erfahrungsmodus hinsichtlich der Frauen betreibt Prokop an einer Episode aus den *Bekenntnissen*, in der Rousseau uns ein jugendliches „Verbrechen" beichtet, das er sein Leben lang bereut habe. Er wurde, gerade 17-jährig, als Lakai im Hause der Gräfin von Vercellis angestellt, die kurz nach seinem Dienstantritt verstarb. In den Wirren der Haushaltsauflösung stahl Rousseau von der Kammerfrau, Fräulein Pontal, ein „schon altes rosa- und silberfarbenes Bändchen"[425] und behauptete, als man es bei ihm fand, das Küchenmädchen Marion habe es ihm geschenkt. Diese Lüge hält er auch mit Nachdruck aufrecht, als er der Beschuldigten gegenübergestellt wird. So steht Aussage gegen Aussage, und der Fall läßt sich nicht restlos klären; da ohnehin alle Bediensteten entlassen werden, hat er auch keine unmittelbaren Folgen. Für Rousseau ist die Episode dennoch folgenreich; vierzig Jahre, so erklärt er in den *Bekenntnissen*, trage er nun an der „Erinnerung an das Verbrechen" und der „unerträglichen Last der Gewissensbisse", daß er vielleicht „ein liebenswürdiges, sittsames, achtbares Mädchen … in Schande und Elend" gestürzt habe.[426] Auch in seiner letzten Schrift, den *Träumereien eines einsamen Spaziergängers*, kommt er auf die Marion-Geschichte noch einmal zurück[427], was Prokop allerdings nicht erwähnt. Es scheint also durchaus berechtigt, diesen Vorfall für eine Schlüsselszene zu halten.

Diese Episode erscheint Prokop als exemplarisch für Rousseaus Verhältnis zu Frauen insgesamt, das einer charakteristischen Spaltung unterliege. Mme de Vercellis, die Aristokratin, wäre demzufolge eine allmächtige Mutterfigur, deren Günstling der junge Rousseau zu werden begehrt. Doch erlebt er eine schmachvolle Kränkung, denn seine Herrin sieht in ihm nur den Lakaien und behandelt ihn mit entsprechender Gleichgültigkeit. Die Racheimpulse werden nun verschoben ausagiert am Küchenmädchen Marion, das Rousseau gemäß seinem Idealbild als ‚ländliche Unschuld‘ zeichnet. In diesen beiden Figuren (Aristokratin und Küchenmädchen) kristallisiert sich, Prokop zufolge, gleichsam idealtypisch sein gespaltenes Verhältnis zu Frauen: Der „Imago des Weiblich-Mütterlich-Machtvollen“ stehe die „Imago der Unschuld“ gegenüber.[428] Während die erste mit Glückshoffnungen, aber auch mit der Angst vor dem Verlust der Männlichkeit assoziiert sei, verbinde sich die zweite mit sadistischen Akten des Mannes. Während er der einen gegenüber in passiver Erwartung und beinahe schon in ‚Opferposition‘ verharre, mache er sich der anderen gegenüber zum aktiv Handelnden, ja zum ‚Täter‘.

> Die „beiden Figuren Marion und Frau von Vercellis [...] sind polar aufeinander bezogen: die Imagination der allmächtigen Mutter, um die er wirbt, die ihn noch im Sterben erhören könnte, zu der er in einer sehnsuchtsvoll hingegebenen Erwartung steht. Auf der anderen Seite Marion, das Mädchen vom anderen Ende der sozialen Skala. Hier ist Er das Gesetz des Handelns. Er stiehlt das Band. Er läßt es finden. Er erfindet eine Geschichte, und Er siegt als der Redner, der lügt, und schließlich als der Autor, der seine Geschichte erzählt und deutet.“ (S. 91)

Das klingt plausibel, doch zeigen sich bei näherer Betrachtung einige Brüche und Ungereimtheiten. Da ist zunächst die Frage nach der Mutterrepräsentanz von Mme de Vercellis. Rousseaus Beziehung zu dieser Aristokratin sei geprägt von der „Sehnsucht nach einer allgütigen und allmächtigen Mutter“[429], ja, Frau von Vercellis sei „die grandiose Mutter der frühen Sehnsucht“ und „konnte in seiner Phantasie alles was sie wollte.“[430] Worauf stützen sich solche Deutungen? Von Rousseau selbst erfahren wir darüber nur soviel, daß er sich als „Günstling“ der Aristokratin imaginierte, und daß er sich bei den Worten, eine „Dame von Stande“ wolle ihn sehen, bereits „allen Ernstes in großartige Abenteuer verwickelt“ sah.[431] In bezug auf seine Dienstzeit beklagt sich Rousseau vor allem über die Kälte und Gleichgültigkeit von Frau von Vercellis.[432] Das ist wenig für so weitreichende Schlußfolgerungen. Prokop greift deshalb auf eine andere Figur zurück, nämlich auf Mme de Warens, Rousseaus „maman“, und behauptet eine strukturelle Identität beider Beziehungen: Rousseaus auf Mme de Vercellis gerichteten Wünsche seien, so lesen wir, „von gleicher Art wie die in den Szenen mit Frau von Warens [...] in den Bekenntnissen glückhaft beschriebenen. Es sind, was Rousseau offen ausspricht, Mutterübertragungen.“[433] In bezug auf Mme de Warens läßt Rousseau daran in der Tat keinen Zweifel; doch außer daß beide Frauen älter als Rousseau und von höherem Stand sind, gibt es kaum Indizien, die eine solche Gleichsetzung rechtfertigen würden. Was anhand des Textmaterials genau zu untersuchen wäre (z. B.

die Frage nach möglichen Parallelen zwischen Mme de Warens und Mme de Vercellis), wird hier nicht nur behauptet, sondern auch verallgemeinert: „Immer geht es um Mutterbilder, die zugleich sozial strukturiert sind: Der herumstreunende Junge und die Aristokratin."[434] Für andere Behauptungen fehlt gar jeder Beleg. Wo steht beispielsweise, daß Mme de Vercellis in Rousseaus Phantasie „alles [konnte] was sie wollte"?

Ein anderes Beispiel ist die Frage nach der Bedeutung des gestohlenen Bändchens. Rousseau stiehlt das Band bei der Kammerfrau der Verstorbenen, Fräulein Pontal. Diese und ihre Tante, die Rousseau zufolge in erbschleicherischer Absicht um die Gunst ihrer todkranken Herrin buhlten, sind in der Tat Objekte der Aggression des jungen Lakaien. So scheint Prokops Deutung („Fräulein Pontal war die Rivalin des Jünglings im Kampf um die Gunst der Herrin des Hauses"[435]) durchaus plausibel. Man kann Prokop vielleicht auch darin folgen, daß Frau von Vercellis, Fräulein Pontal und deren Tante für Rousseau unbewußt „zu einer einzigen [Person] verschmolzen".[436] Dann aber fährt sie in ihrer Deutung fort: Auf der „Verbindungslinie" zwischen der „grandiosen Mutter der frühen Sehnsucht", Mme de Vercellis, und ihrer Kammerfrau, Fräulein Pontal, spiele sich die „Abspaltung und Verschiebung des bösen Anteils" ab. An der letzteren könne Rousseau die „direkt aggressive Rache als Entgeltung der Abweisung nehmen" – vermutlich indem er ihr das Band stiehlt? Der Diebstahl wäre also ein aggressiver Akt, der in letzter Instanz Mme de Vercellis, der abweisenden Mutter, gälte. Aber weiter oben hatte Prokop erklärt, weil Mme de Vercellis, Fräulein Pontal und deren Tante in Rousseaus Phantasie zu einer einzigen Person verschmolzen seien, war das Band von Fräulein Pontal „ein Symbol der Frau von Vercellis. Es gehörte zu ihr."[437] Und wenig später heißt es: „Das Band hatte den Charakter eines sexuellen Fetischs. Es war ein Zeichen der Verbindung zu Frau von Vercellis und ein Ausdruck der Verfügung über sie."[438] Was also symbolisiert das Band: den Wunsch nach einer Verbindung mit Mme de Vercellis, den Wunsch vielleicht, so wie die anderen Diener auch etwas von ihr vererbt, geschenkt zu bekommen? Den Wunsch nach einer Verfügung über sie? Oder den Wunsch nach Rache für eine erlittene Kränkung?

Noch prekärer wird die Angelegenheit bei der Frage nach der Funktion von Marion, dem Küchenmädchen, dem Rousseau das Geschenk des Bandes (und damit den Diebstahl) zuschiebt. Was hat sie mit der ganzen Geschichte zu tun? Wieso kommt sie, die doch der imaginären Einheit Vercellis – Pontal – Tante nicht angehört, überhaupt mit ins Spiel? Für Prokop ist „die Antwort einfach"; Rousseau könne mit seinen negativen Impulsen (die ja eigentlich Mme de Vercellis gälten) nicht bei Fräulein Pontal bleiben, denn „es muß die idealisiert-gute Mutter sein. Die Mutter der narzißtisch-vollkommenen Einheit."[439] Eine solche Art der Begründung vollzieht einen logischen Zirkelschluß: Das, was zu beweisen wäre – nämlich eine bestimmte Psychostruktur von Rousseau – wird für eben diesen Beweis vorausgesetzt. Dabei bleibt gänzlich unplausibel, wieso Marion plötzlich eine Mutterrepräsentanz zugewiesen bekommt. Repräsentiert sie nicht, Prokop zufolge, die „Imago der Unschuld", die der „Imago des Weiblich-Mütterlich-Machtvollen" strikt entgegengesetzt ist? Und hat nicht Prokop weiter oben interpretiert, Rousseaus Impuls, Marion das Band zu schenken, sei Ausdruck einer Verliebtheit?[440] Wenig später allerdings bemerkt sie selbst: „Von

Verliebtheit in Marion war in der ausführlichen Schilderung des Dienstes im Hause Vercellis niemals die Rede."[441] Was also ist die Funktion von Marion für Rousseau? Ist er heimlich in sie, die „Imago der Unschuld", verliebt? Oder ist sie lediglich ein „Substitut für Frau von Vercellis", repräsentiert wie diese die „Mutter der narzißtisch-vollkommenen Einheit"?[442] Offenbar versagt Prokops Begriffsinstrumentarium vor diesem merkwürdigen Fall von „Verkehrung ins Gegenteil"[443], den Rousseau uns in seiner Darstellung in den *Bekenntnissen* zumutet.[444]

Besonders prekär erscheint mir dabei Prokops Umgang mit dem Begriff des „Ersatzes" bzw. der Substitution. Offenbar geht Prokop von der Idee eines Originals aus; bereits Fräulein Pontal, die Kammerfrau, wird als „Ersatz-Mutter"[445] des „Originals" Mme de Vercellis bezeichnet. Und Marion, das Küchenmädchen, rückt ebenfalls in die Position des „Substitut[s] für Frau von Vercellis": „Sie vertritt nur das *ursprüngliche Liebesobjekt. Sie ist Stellvertreterin, Zeichen.*"[446] Aber wer wäre denn das „ursprüngliche Liebesobjekt"? Rousseaus leibhaftige Mutter, die an den Folgen seiner Geburt starb? Oder seine (Ersatz-) „maman", Mme de Warens? Oder Mme de Vercellis? Was sagt ein solcher Ersatz-Begriff eigentlich noch aus? Schon die Rede vom „ursprünglichen Liebesobjekt" und seinem Ersatz muß skeptisch machen. Sofern es jemals ein „Original" gab, wäre dies die Mutter oder primäre Bezugsperson des Kindes, die aber durch das Inzestverbot untersagt ist. Das Schicksal der menschlichen Libido besteht nach SIGMUND FREUD deshalb ohnehin in der erzwungenen Substitution des ersten Liebesobjekts und der fortwährenden Suche nach einer ‚verlorenen' Befriedigung. Schon Freud hat aus dieser spezifischen Kulturhemmung der menschlichen Sexualität die pessimistische Überlegung abgeleitet, „daß etwas in der Natur des Sexualtriebes selbst dem Zustandekommen der vollen Befriedigung nicht günstig ist."[447] JACQUES LACAN hat diesen Gedanken in seiner Konzeption des menschlichen Begehrens radikalisiert: Dieses strukturiere sich entlang einer Kette von Substitutionen und gelange nie zu einer vollkommenen Erfüllung. Prokop aber konstruiert mit der Rede vom „ursprünglichen Liebesobjekt" und seinem „Substitut" eine Hierarchie; als ließe sich bei dem vermeintlichen Original volle Befriedigung finden, während das Substitut bloß funktionalisiert würde, degradiert zur „Stellvertreterin", zum „Zeichen".[448] Mit einer solchen Sichtweise des Zeichens als einer bloßen Stellvertretung des eigentlich Gemeinten arbeitet man allerdings bereits an einer Theorie des (weiblichen) Opfers; diese Rede selbst suggeriert ja bereits, daß man ohne Substitute auskäme – wo doch im Gegenteil die Aufmerksamkeit darauf zu richten wäre, welchen Weg die unumgänglichen Substitutionen in der Begehrensstruktur eines Individuums oder in einem Text nehmen.

Ich fasse zusammen: Mit dem psychoanalytischen Instrumentarium von „Abspaltungen", „Verschiebungen" und „Verschmelzungen" läßt sich offensichtlich so ziemlich alles behaupten – zumindest dann, wenn man dem Gewebe des literarischen Signifikanten keine Aufmerksamkeit widmet. Die Interpretation ist dann in Gefahr, zu einer durch nichts beglaubigten Transskription eines fremden Textes in die eigene Terminologie zu werden. In seiner Rousseau-Studie kritisiert JACQUES DERRIDA diese Form psychoanalytischer Interpretation, die die signifikante ‚Oberfläche' eines Textes eilends überschreitet im Bestreben, zu einem psycho-biographischen Signifikat oder gar zu einer allgemeinen psychologischen Struktur zu gelangen.[449] Im Falle von Prokops Rousseau-Essay wird folgender psycho-biographische ‚Kern‘ herauspräpariert: Am Ursprung aller Werke Rousseaus steht die Spaltung in die „Imago der Unschuld" und die „Imago des Weiblich-Mütterlich-Machtvollen". Dieser biographische Kern scheint nun nicht nur sämtliche Werke Rousseaus zu determinieren (siehe oben); mit ihrer psycho-biographischen Lesart hebt Prokop darüber hinaus eine weitere Unterscheidung Lorenzers wieder auf: die Differenz von Dichter und Neurotiker. Die von Prokop erwähnten Autoren scheinen samt und sonders Neurotiker zu sein (für Autorinnen dürfte sie ähnliches mit aller Entschiedenheit bestreiten). An ein utopisch-kritisches Potential in der Darstellung psychischer Konflikte (wie es Lorenzer noch für möglich hielt) ist nun gleich gar nicht mehr zu denken. Zumindest läßt die demaskierende Lektüre in ihrem Rückgriff auf deterministische Erklärungsmuster keine mögliche Scheidelinie von kritischer und affirmativer Literatur erkennen. Inwiefern die künstlerische Verarbeitung psychischer Konflikte „dem Dissens mit den gesellschaftlichen Verhältnissen einen allgemeinverständlichen Ausdruck geben" könnte (Lorenzer), ist nicht mehr zu erkennen. Die psychische Deformation (des Mannes!) ist nun endgültig ein Makel geworden und damit gewissermaßen erneut tabuisiert.

Was folgt daraus für psychoanalytisch orientierte Lektüren literarischer und theoretischer Texte? In jedem Falle soviel: Sie müssen sich der Frage nach dem Status von Sprache und Literatur stellen. Sind Metaphern und fiktionale Szenarien unmittelbarer Ausdruck einer deformierten Seele, oder enthalten sie die Fähigkeit zur Eigenentwicklung und Bedeutungsverschiebung? Bilden sie eine psychische Problematik ab, oder arbeiten sie zugleich auch an ihr? Sind sie Symptom oder Prozeß? Damit verbindet sich die Frage nach dem Lesen: Soll die Lektüre einen Text verlassen, ihn eilends überschreiten, weil er ja doch nur Repräsentant einer Krankheit ist, die allein unsere Aufmerksamkeit verdient, oder gilt ihre Aufmerksamkeit in erster Linie der textinternen Entfaltung und Verknüpfung von Metaphern und Konzepten? Meine Lektüre hat sich für den zweiten Weg entschieden. Sie geht davon aus, daß gerade Rousseaus Texte sich in zunehmende Widersprüchlichkeiten verwickeln, je länger sie sich weiterspinnen. Sie öffnen damit den Spielraum für die Verschiebung von Bedeutung. Literatur ist niemals Repräsentation einer psychischen Problematik allein, sie ist zugleich auch Arbeit des Unbewußten und Arbeit am Unbewußten. Wenn man es für einen Augenblick personalisiert betrachten will: Es ist eine Arbeit, die sich nicht nur im Unbewußten *eines* Autors vollzieht. Sofern jede literarische Artikulation in eine Gesamtheit kultureller Praktiken verflochten bleibt, muß man im Gegenteil wohl von einer kollektiven Arbeit sprechen. Weil literarische Bilder auch von denen geprägt sind, über die sie sprechen, geht in sie das kulturell ‚Andere‘ ein. Das ‚Weibliche‘ spricht also immer schon mit. Interpretierend oder lesend kommt es folglich darauf an, die Bilder zu entfalten, statt sie in der Denunziation zu arretieren.

IX. DIE VERFEHLUNG
DER GESCHLECHTER IN DER LIEBE

Julie oder Die neue Héloïse

> *„Die Liebe ist das Reich der Frauen. Notwendig sind sie es, die dort das Gesetz geben, weil ihnen nach der Ordnung der Natur der Widerstand gehört und weil die Männer ihn nur um den Preis ihrer Freiheit überwinden können."* (BdA, S. 380, 63 F)

Ich werde im folgenden das Phänomen des Begehrens, diesen beinahe schon mythischen Fluchtpunkt vieler feministischer Interpretationen, näher untersuchen. Im Mittelpunkt steht dabei Julie von Etange, die Heldin von Rousseaus Briefroman, die sich trotz ihrer leidenschaftlichen Liebe zu dem bürgerlichen Hauslehrer Saint-Preux für eine standesgemäße Ehe mit dem älteren und vernünftigeren Herrn von Wolmar entscheidet. Es soll gefragt werden, ob diese Entscheidung, diese ‚Konversion', als eine bloße Anpassungs- und Verdrängungsleistung gewertet werden muß, wie es der feministischen Kritik überwiegend erscheint. Hat Julie, um dem väterlichen Gesetz zu gehorchen, ihr ureigenstes, „exzessiv-weibliches" Begehren geopfert?[450] Ist sie fortan, als Ehefrau des vernünftigen, aber ungeliebten Herrn von Wolmar und als Mutter zweier Söhne, nichts weiter als eine Stütze der patriarchalischen Ordnung?[451]

Wenn man davon ausgeht, Julie habe nur dem väterlichen Gebot nachgegeben, so kann man ihren ‚Konversionsbrief'[452], in dem sie ihre Absage an die leidenschaftliche Liebe begründet, lediglich als ein Verschleierungsmanöver lesen. Julie scheint sich ihrer selbst nicht bewußt zu sein oder bewußt werden zu wollen. Wie aber, wenn dieser Brief auch ein Element der Erkenntnis enthielte, wenn Julie folglich als erkennendes und handelndes Subjekt agierte? Anders gesagt: Auch in ihren dem Feminismus unannehmbaren Äußerungen käme es darauf an, Julie ernst zu nehmen. Ich verabschiede mich daher für die weitere Lektüre von der feministischen Gepflogenheit, die literarische Frauenfigur stets nur als ein Objekt männlicher Imaginationen oder Repressionen wahrzunehmen, da meines Erachtens genau durch diese Perspektive ihr Objektstatus (re-)produziert wird. Stattdessen soll Julie als ein (fiktives) weibliches Subjekt ernst genommen werden. Ich folge in meiner Lektüre den beiden großen Konstellationen, in denen die Titelheldin des Romans ihr Glück sucht: der Figur der leidenschaftlichen Liebe (amour-passion) zu Saint-Preux im ersten Teil des Romans und der Figur der vernünftigen und tugendhaften Ehe und Familie im zweiten Teil. In beiden Konstellationen werde ich versuchen, die besondere Perspektive Julies zu akzentuieren, um auf diesem Hintergrund die Frage nach der Bedeutung ihres Todes erneut zu beleuchten.

1. Die Paradoxien der ‚amour-passion'

Bekanntlich zählt die Liebe zu den großen Figuren der Einswerdung. In der vollkommenen Verschmelzung, der Symbiose zweier Seelen, in der Aufhebung der Differenz zwischen dem Ich und dem Du, dem Selbst und dem Anderen, entfaltet sie ihre harmonisierende Macht. Saint-Preux läßt sich von dieser Macht blenden:

> „Bisweilen bin ich kühn genug, mir zu schmeicheln, der Himmel habe unsern Neigungen [affections] nicht weniger als unserm Geschmack und Alter eine verborgne Übereinstimmung [conformité secrete] gegeben. In uns, die wir noch jung sind, ändert nichts der Natur Triebe, und alle unsre Regungen scheinen sich ähnlich. Noch ehe wir der Welt gleiche Vorurteile angenommen hatten, waren wir in unsrer Art zu denken und empfinden gleich; warum sollte ich dann also nicht von unsern Herzen die nämliche Übereinstimmung vermuten können, die ich in unsern Urteilen finde?" (NH, S. 32 W, 32 P)

Dies war nicht immer so: Erst seit dem 18. Jahrhundert löst sich das, was man Liebe nennt, von den überkommenen äußerlichen Kriterien der Liebenswürdigkeit. Man liebt jemanden nicht mehr zu allererst wegen seiner Schönheit, seiner Tugenden oder seiner Verdienste; man liebt ihn, weil man ihn versteht – genauer: weil man sich mit ihm versteht. Im Gespräch mit dem Geliebten will man nicht in erster Linie Dinge und Vorgänge verstehen, vielmehr will man verstehen, daß der andere sie genau so versteht wie man selbst. Und falls sich diese Hoffnung bestätigt, empfindet man dies als das Glücksgefühl der Liebe. Es kommt also darauf an, das Verstehen des anderen zu verstehen; das Verstehen wird selbstreflexiv.[453] Den anderen zu verstehen oder von ihm verstanden zu sein, ist nun aber mehr als ein kumulatives Verstehen einer fortlaufenden Folge von Handlungen oder Meinungen. All dies beträfe ja immer noch die Äußerlichkeit einer Figur, die ebenfalls seit dem 18. Jahrhundert stark von sich reden macht: des Individuums. Worum es geht, ist, dieses neue Individuum zu verstehen: seine Art zu denken und zu fühlen, dieses ganze komplexe System einzigartiger Verhaltensweisen, Anschauungen und Gefühle, kurz: sein Innerstes, sein ‚Herz'. Offensichtlich ist die emphatische Liebe die Antwort auf die im Grunde aussichtslose Situation dieser neuen Figur. Je einzigartiger und komplexer dieses Individuum, desto anspruchsvoller und insofern unwahrscheinlicher wird der Begriff des Verstehens. Wer soll ein so kompliziertes und komplexes Individuum denn noch begreifen? Und wie soll man sein Innerstes verstehen können, wo es sich doch niemals in Präsenz offenbart?

Da sich dieses Innerste, dieses Wesen eines Individuums, nur an Äußerlichkeiten manifestiert, ist das neue Liebesgefühl, „ein Herz und eine Seele zu sein", darauf angewiesen, von einer sichtbaren auf eine verborgene Übereinstimmung, von einem Äußeren auf ein Inneres zu schließen. Wenn Saint-Preux und Julie auf die gleiche Art und Weise denken, empfinden und urteilen, dann muß diese Übereinstimmung auch ihre Herzen, ihre Seelen, den innersten Kern ihrer Persönlichkeit betreffen.[454] Sofern man geneigt ist, dem Diskurs dem Empfindsamkeit folgend, das Herz als das verborgene

Ganze einer Persönlichkeit zu begreifen, offenbart der Schluß vom Äußeren aufs Innere seine rhetorische Figur: die Synekdoche.[455] Der sich im 18. Jahrhundert neu formierende Liebesdiskurs setzt einen sichtbaren Teil (pars) für das imaginäre Ganze (pro toto) und strebt unaufhörlich danach, sich dieser Übereinstimmung zu vergewissern. Genau darin besteht die totalisierende Anmaßung der Liebe – und ihr fortwährender Irrtum. Die Figur der Synekdoche strukturiert die Sehnsucht der Liebenden und bringt ihr unabschließbares Gespräch hervor, die angestrengte Arbeit an einer imaginären Übereinstimmung.

Ihrem totalisierenden Anspruch folgend, bringt die intime Liebe im 18. Jahrhundert auch den leidenschaftlichen Diskurs unter ihr Regiment. Dieser Diskurs, der die Jahrhunderte zuvor auf Verehrung, Anbetung, Faszination, also auf die Artikulation von Distanzen spezialisiert war, wird nun auf ‚Nähe' eingeschworen, genauer: auf die Kommunikation von Individualität. Intimität und Leidenschaft scheinen unter dem Dach der Liebe eins geworden zu sein. Was uns heute als selbstverständlich gilt, erweist sich bei näherer Betrachtung allerdings als problematisch. Dies nicht nur, weil die Leidenschaft (die ja vom Wechsel und vom Reiz des Unerfüllten lebt), die Fortdauer einer erfüllten Intimität bekanntlich schlecht erträgt. Leidenschaft und Intimität geraten vor allem dort in eine strukturelle Kollision, wo sich die Liebenden im intimen Gespräch über ihre Leidenschaft zu verständigen suchen. Der Geliebte ist dabei nämlich zugleich der Begehrte und der Verständige (Gesprächsgegenstand und Gesprächspartner). Er soll verständnisvoll sein, ohne an Attraktivität zu verlieren. Leidenschaft und Intimität verbinden zu wollen, gleicht dem paradoxen Versuch einer Reise, deren möglichst verläßlicher Begleiter zugleich auch das exotische Reiseziel sein soll. Die Liebesdiskurse arbeiten seit dem 18. Jahrhundert an dieser Paradoxie. Die Folgen sind bekannt: Seither scheitern die Liebespaare der Weltliteratur nicht mehr an äußeren Hindernissen (an der Feindschaft ihrer Väter oder der Willkür borniertter Aristokraten) – sie scheitern vor allem an sich selbst, am totalisierenden Anspruch der Synekdoche. Insofern ist es konsequent, wenn als Instanz der Gewißheit nur noch die höchste Autorität, der Himmel selbst, die Liebesbeteuerungen begleitet. Saint-Preux beschwört seine Geliebte:

> „Nein, erkennen Sie es endlich, meine Julie: Des Himmels ewiger Beschluß bestimmte uns füreinander; das ist das erste Gesetz, dem man Gehör geben muß, das die erste Sorge des Lebens, sich mit dem Objekt zu vereinigen [s'unir], das uns das Leben versüßen soll." (NH, S. 91 W, 92 P)

Als Garanten für die Gewißheit, die Saint-Preux suggeriert, braucht er eine höhere Instanz: den Himmel, die Vorsehung, Gott, die Gesetze der Natur. Eine dieser absoluten Instanzen muß herhalten, um die Kühnheit der Synekdoche (von einem Teil auf das Ganze zu schließen) abzusichern. Wir werden noch sehen, daß sich Julie in ihrem Rechenschaftsbrief ebenfalls auf eine dieser Instanzen (die Gesetze der Natur) beruft, allerdings in anderer Absicht: Sie bezweifelt diesen metaphysischen Rekurs.

Die Analyse der ersten Liebessequenz der *Nouvelle Héloïse* (Teil I, Briefe 1 – 15) kann die These erhärten, daß seit dem 18. Jahrhundert die äußeren Hindernisse (insbesondere die Standesdifferenz) eine zunehmend periphere Rolle spielen.[456] Der Liebesantagonismus artikuliert sich hier vorrangig in Termini von Liebe und Schuld. Saint-Preux fühlt sich nicht in erster Linie schuldig angesichts der Standesdifferenz, sondern angesichts des Anstandes von Julie.

> „… ich hoffe, ich werde mich nie so weit vergessen, daß ich […] die Ehrerbietung [respect], die ich Ihrem *Anstand* [moeurs] weit mehr noch als Ihrer *Herkunft* und Ihrem Liebreiz schuldig bin, verletzen sollte." (NH, S. 31 W, 31 P)

Julie artikuliert ihre ‚Schuld' in analogen Termini:

> „… keine lasterhaften Neigungen beherrschten meine Seele. Ich schätzte Sittsamkeit [modestie] und Rechtschaffenheit [honnêteté] und suchte sie in einem einfachen, arbeitsamen Leben zu pflegen. […] Vom ersten Tage an, da ich das Unglück hatte, Dich zu sehen, fühlte ich das meine Sinne und meine Vernunft verzehrende Gift [je sentis le poison qui corrompt mes sens et ma raison] […]. Alles nährt die Glut, die mich verzehrt; alles überläßt mich mir selbst, oder vielmehr, alles gibt mich Dir preis. […] Nein, ich fühle, wie mich dieser erste Schritt in den Abgrund treibt, und nun steht es bei Dir, mich so unglücklich zu machen, als Du nur willst." (NH, S. 39 W, 39/40 P)

Wenn die in Liebe entbrannten Individuen ihre Regungen in den Begriffen der Tugend und der Schuld zu begreifen suchen, so geht es dabei nur vordergründig um den Konflikt von Keuschheit und Sexualität. Es ist das Mißverständnis nicht nur der feministischen Kritik, den moralischen Diskurs auf seinen scheinbar materiellen Kern zu reduzieren: die Repression sexueller Regungen. Im Gegensatz dazu scheint mir das 18. Jahrhundert den Bereich intimer Diskurse geradezu sexualisiert zu haben. Sexualität wurde zur Metapher geglückter oder mißlungener Intim-Kommunikation – und damit zur Meta-Metapher für das Befinden des Individuums. Das Ausmaß an Intimität scheint nur sexuell meßbar zu sein, und so ist es kein Wunder, daß gerade auch in der Form des Tabus und hinter vorgehaltener Hand immer nur von jenem ‚Einen' die Rede ist.[457] Statt die tugendhaften Liebesdiskurse von Julie und Saint-Preux der Sexualfeindlichkeit zu verdächtigen, käme es im Gegenteil darauf an, sie nach ihrem semantischen Wert (nach ihren Projektionen, wenn man so will) zu befragen. Worüber spricht die individuelle Seele, wenn sie von „Gift" und „verzehrender Glut", von „Abgrund" und „Preisgegebensein" spricht? Offenbar geht man in die Irre, wenn man die Begriffe der Tugend und der Schuld nur nach ihren moralischen Implikationen befragt. Vielmehr scheint die Tugend strukturell der Idee des Denotats zu gleichen, insofern sie eine mit sich identische Figur meint (wie ja die Idee des Denotats eine mit sich identische Signifikation voraussetzt). Das tugendhafte Individuum ist im Besitz seiner selbst, was man vom Laster nicht behaupten kann. Nur so ist es zu verstehen, wenn Julie das Ende ihrer leidenschaftlichen Liebe als Befreiung beschreibt.

> „Dieses so gefürchtete Band [die Heirat eines ungeliebten Mannes, C.G.] *befreit* mich von einer weit fürchterlicheren Knechtschaft, und mein Gemahl wird mir da-

durch noch lieber, daß er mich mir selbst wiedergegeben hat." (NH, S. 380 W, 364/65 P)

Tugendhaft ist das Bei-sich-Sein, die innere Übereinstimmung von Pflicht und Neigung, lasterhaft hingegen die haltlose Begierde des Subjekts. Es wird verzehrt von Gift und Glut, löst sich auf, gibt sich hin und verschmilzt. Die Entfaltung der Paradoxien von Leidenschaft und Intimität erfährt das Subjekt vorerst nur im Zustand des Lasters. Vor diesem Hintergrund erweist sich jede zeitweilige Balance zwischen den Liebenden als ein flüchtiger Augenblick auf dem Weg zum nächsten Gleichgewichtsverlust. In Julies Worten:

> „Ich weiß nicht, welche traurige Ahnung in meiner Brust erwacht und mir zuruft, daß wir jetzt die einzige glückliche Zeit genießen, die uns der Himmel bestimmt hat – ich ahne, daß die Zukunft nur Trennung [absence], Stürme, Aufruhr, Widersprüche bringen wird. Die geringste Änderung unsres gegenwärtigen Zustands scheint mir nur ein Unglück sein zu können. […] Ich beschwöre Dich, mein zärtlicher, einziger Freund, suche der eitlen Begierden Trunkenheit zu stillen, denen allemal Klagen, Reue und Traurigkeit folgen. Laß uns unsern gegenwärtigen Zustand in Frieden genießen!" (NH, S. 51 W, 51/52 P)

Ein unmögliches Unterfangen, denn der Freund genießt ja nicht, sondern leidet! Julie kommentiert ihren entscheidenden Fehltritt (den Verlust ihrer Unschuld) retrospektiv folgendermaßen:

> „Die Unschuld und die Liebe waren mir gleich notwendig; da ich sie nicht zusammen bewahren konnte und Ihre Verstörung sah, so dachte ich bei meiner Wahl nur an Sie und gab mich verloren, um Sie zu retten." (NH, S. 357/58 W; 344 P)

In diesem an die Adresse von Saint-Preux gerichteten Bekenntnis präsentiert sich Julie als eine aufopfernde Frau. Weil er am inneren Kampf zwischen Tugend und Leidenschaft zugrundezugehen scheint, gibt sie ihm nach. Sie vertauscht also, wie es scheint, die Positionen von Selbst und Anderem: Weil der Andere ihr wichtiger ist als sie sich selbst, setzt sie ihn an die Stelle von sich selbst. Um ihn zu retten, gibt sie sich verloren. Doch die Angelegenheit ist komplizierter, denn gegenüber ihrer Cousine Clara hatte Julies Geständnis seinerzeit anders gelautet:

> „Die Liebe allein hätte vielleicht meiner geschont; mein Verderben […] war das Mitleid. Es schien, als wollte meine unselige Leidenschaft, um mich zu verführen, die Maske aller Tugenden annehmen [se couvrir du masque de toutes les vertus]. […] Ohne zu wissen, was ich tat, wählte ich mein eignes Unglück, vergaß alles und dachte nur an die Liebe. So hat eines Augenblicks Verirrung mich auf ewig unglücklich gemacht." (NH, S. 95 W, 96 P)

Hier ist Julies tugendhaftes Mitleid weitaus zweideutiger: Wäre es denkbar, daß es selbst nur ein Abkömmling ihrer unseligen Leidenschaft ist? Wäre es also denkbar, daß sich das Laster als Tugend maskiert? Die Trennlinien scheinen keineswegs mehr klar zu sein. Vor der Wucht der Leidenschaft zerfällt jede analytische Logik. Sie weicht einer Totalisierung, die den Widerspruch nur in Gestalt der Paradoxie kennt (als Einheit der Gegensätze und nicht als deren logische Unvereinbarkeit). Das mit sich vermeintlich identische Einzelne unterwirft sich einem Ganzen, das die Widersprüche in seinem Innern reproduziert; es ist ein Ganzes voller interner Ambivalenzen. So sehr der Diskurs der Synekdoche das Einzelne in einem Ganzen aufzuheben trachtet, so sehr radikalisiert er dabei offensichtlich die Differenzen. Und so entschieden neigt er zu der rhetorischen Figur des Widerspruchs par excellence: zum Oxymoron. Das geliebte Wesen wird zugleich gefürchtet, verabscheut und begehrt; es ist Gegenstand höchsten Genusses und tiefsten Leids. Saint-Preux beginnt seine erste Liebeserklärung an Julie mit einem Fluchtimpuls: „Ich merke wohl, Mademoisell, ich muß Sie fliehen; und ich hätte nicht so lange warten, oder vielmehr, hätte Sie niemals sehen dürfen.“[458] Sein Liebesgeständnis an Julie nimmt folgerichtig die Form einer Bitte um Abweisung an.

> „Ich sehe, Mademoisell, nur ein Mittel, meiner Verwirrung zu entkommen, daß nämlich dieselbe Hand, die mich darein stürzte, mich wieder herauszieht, daß meine Strafe [peine], so wie meine Schuld [faute], von Ihnen kommt und Sie wenigstens aus Mitleid gegen mich die Güte haben, mir Ihre Gegenwart zu versagen.“ (NH, S. 32 W, 32 P) – „Verstopfen Sie, wenn möglich, des Gifts Quelle, die mich nährt und zugleich tötet. Ich will entweder geheilt werden oder sterben; und ich bitte Sie um Ihre Strenge, so wie ein Liebhaber um Ihre Güte bitten würde.“ (Ebd., S. 33 W, 33 P)[459]

Zu den Paradoxien der Leidenschaft gehört seit langem auch der Widerspruch von Begehren und Erfüllung: Die ‚amour-passion‘ kann sich aus strukturellen Gründen nur in der Ferne zum geliebten Wesen artikulieren. So sehr sie auf glückselige Vereinigung drängt, so sehr verwickelt sie sich in Ambivalenzen und Komplikationen. Sie agiert tendenziell katastrophisch. Und wie es scheint, ist sie nur in der ‚glücklichen Katastrophe‘ wirklich bei sich selbst, ist sie nur in der Entfernung zu Hause. Rousseau selbst hat diese Struktur theoretisch artikuliert, und zwar sowohl durch den Mund des Erziehers im *Emile*[460] als auch durch den Mund Julies:

> „Man genießt weniger das, was man erhält, als das, was man erhofft, und *man ist nur glücklich, bevor man glücklich ist.* Der begierige und eingeschränkte Mensch [...] empfing vom Himmel eine tröstende Kraft, die ihm all das näher bringt, was er begehrt, es seiner Einbildungskraft [imagination] unterwirft, es ihm gegenwärtig und fühlbar macht [...]. All dieser Zauber [prestige] verschwindet aber vor dem Gegenstand selbst; nichts kann ihn mehr in des Besitzers Augen verschönern; man stellt sich das nicht mehr vor [se figurer], was man bereits sieht; die Einbildungskraft schmückt das nicht mehr, was man besitzt; die Täuschung [illusion] hört auf, wo der Genuß [jouïssance] anfängt. *Das Land der Trugbilder* [chimeres] *ist in dieser Welt das einzige, das bewohnt zu werden verdient ...*“. (NH, S. 729 W, 693 P)

Wenn die Liebenden nur glücklich sind, bevor sie glücklich sind, so entfaltet sich darin die temporale Dimension der Paradoxien der Leidenschaft. Die Liebenden sehen sich in Katastrophen verwickelt, die bei nüchterner Betrachtung gar nicht existieren; sie fühlen sich von ambivalenten Gefühlen erschüttert, die ein kühler Kopf klar zu differenzieren wüßte; und sie statten sich gegenseitig mit Vollkommenheiten aus, die außer ihnen niemand zu erkennen vermag. Kurz: Wer liebt, lebt in einer anderen Welt. Auch wenn Rousseau das Moment der Täuschung, der Illusion unterstreicht, insistiert er doch darauf, daß ohne solche Täuschung die Liebe nicht zu haben ist: Wer im nüchternen Diskurs des Denotats verbleibt, wird für das emphatische Gefühl der Liebesleidenschaft unzugänglich sein. Denn wer liebt, scheint vor allem in Metaphern zu leben. So schreibt Rousseau in der 2. Vorrede zur *Nouvelle Héloïse*:

> „Die Liebe ist nur ein Trugbild [illusion]; sie schafft sich sozusagen eine andere Welt [...]; und weil sie alle ihre Empfindungen in Bilder kleidet, so ist ihre Sprache allezeit figürlich [figuré]." (NH, S. 12 W, 15 P)

Aber der Liebende ignoriert den figürlichen Charakter seiner Selbstreflexion; und nur insofern er die Metaphern wörtlich nimmt, ist er ein Liebender. Er erfährt die Wahrheit der Metaphern und ist doch ein Getäuschter. Die Liebe führte schon lange das Leben einer übertragenen Rede, aber im 18. Jahrhundert beginnt sie, ihre Metaphern wortwörtlich zu nehmen. Sie rebelliert damit gegen jene Differenz, die sie erst konstituiert und die, wo sie übergangen zu werden droht, als Selbsttäuschung und wechselseitige Verkennung wieder in Erscheinung tritt. Zu Zeiten der Galanterie mochte man um die Metaphorizität der Leidenschaften noch gewußt haben, unter dem Diktat des intimen und individuellen Diskurses gerät die figürliche Seinsweise aber unter den Anspruch einer letzten Wahrheit und einer authentischen Kommunikation. Sie erhöht damit ihr paradoxes Potential. Es fragt sich allerdings, ob die liebende Frau als Stimulatorin dieses paradoxen Diskurses in gleicher Weise sein Opfer ist wie der Mann, der sich mit Differenzen, wie wir bereits wissen, nicht auskennt.

2. Julies Differenz im Liebesdiskurs

Julie ist nur scheinbar auf gleiche Weise wie Saint-Preux in den Paradoxien des leidenschaftlichen Diskurses gefangen. Nicht nur ist sie es, die eine späte Absage an die ‚amour-passion‘ formuliert, sie praktiziert auch von Beginn an eine gewisse Unaufrichtigkeit und führt damit eine Ambivalenz in den pathetischen Liebesdiskurs ein. Entgegen ihrer eigenen Beteuerung[461] ist sie zu ihrem Geliebten keineswegs offen; stets verheimlicht sie ihm etwas, läßt ihn über die eigenen Wünsche, Empfindungen und Motive im Unklaren. Sie bekennt dies Saint-Preux zwar später, läßt dabei aber immer noch einige Geheimnisse bestehen. Sie enthüllt ihm, aus welchen Gründen sie ihn nach dem ersten Kuß fortgeschickt hatte und aus welchen Gründen sie sich ihm dann doch hingab, obwohl sie bereits einem anderen Mann versprochen war (was sie Saint-Preux ebenfalls verheimlicht hatte). Sie entdeckt dem ehemaligen Geliebten auch ihre

Schwangerschaft und den späteren Abort, aber über eines wird Saint-Preux auch weiterhin im Unklaren gelassen: über ihr Begehren und ihre Lust.

Der Unterschied zwischen Saint-Preux' und Julies Sprache läßt sich vielleicht am genauesten im Umfeld der Liebesnacht in Julies Kabinett erkennen. Saint-Preux, der schon vor der Begegnung aus seinem brennenden Verlangen keinen Hehl macht[462], gibt sich in dem darauffolgenden Briefwechsel ungehemmt dem Taumel seiner Begeisterung hin.

> „O laß uns sterben, meine süße Freundin! Laß uns sterben, o Geliebte meines Herzens! Was sollen wir nun mit einer fade gewordenen Jugend anfangen, deren ganze Wonnen wir ausgeschöpft haben? Erkläre mir, wenn Du kannst, was ich in dieser unaussprechlichen Nacht empfunden habe." (NH, S. 148 W, 147/48 P)

Saint-Preux spricht über seine Lust: das Vergnügen, die Wonnen, das Glück. Für ihn gibt es keinen Zweifel: Er hat die „ganzen Wonnen" der Liebe ausgeschöpft und versucht nun, sich schreibend zu vergegenwärtigen, worin sein vollkommenes Glück besteht. Der eigentliche Genuß beginnt für Saint-Preux erst nach dem Genuß; nicht die Befriedigung der sinnlichen Begierde ist es, die das Glück dieser Erfahrung ausmacht, sondern die „enge Vereinigung der Seelen" in der Stunde nach dem Genuß.

> „Ich war ruhig und war doch bei Dir; ich betete Dich an und verlangte nach nichts. Ich stellte mir nicht einmal eine andre Glückseligkeit vor als diese, daß ich also Dein Gesicht an dem meinigen, Deinen Atem auf meiner Wange und Deinen Arm um meinen Hals fühlte. Was war da für eine Stille in allen meinen Sinnen! Welche reine, anhaltende, universelle Wollust! Der Reiz des Genusses war in der Seele; er verlor sich nicht wieder aus ihr; er dauerte stets fort. Welche Verschiedenheit zwischen der Liebe Raserei und einem so ruhigen Zustande! Bei Dir empfand ich ihn das erste Mal in meinem Leben; und gleichwohl […] ist das unter allen Stunden meines ganzen Lebens die mir liebste, die einzige, die ich gewünscht hätte ewig verlängern zu können." (NH, S. 149 W; 148/49 P)

Was soll Saint-Preux von der Liebe und der Sinnlichkeit Freuden noch mehr erwarten? Alle Stufen des Genusses hat er ausgekostet; die sinnliche Liebe ist aufgehoben in der Verschmelzung der Seelen. Saint-Preux scheint zu jener Einheit und Ganzheit gefunden zu haben, die er stets als das Ziel seiner und Julies Liebe artikuliert hat, und sein einziger Wunsch richtet sich nun darauf, diesen Zustand unbegrenzt zu verlängern. Das heißt aber auch, die Differenz von Augenblick und Dauer, von Ich und Du zu löschen: „Nimm, was noch von meiner Seele bleibt, und setze an ihre Stelle ganz die Deinige!"[463]

Aber schon der folgende Brief leitet die Trennung ein. Für Julie hat diese von Saint-Preux so emphatisch gepriesene Liebesnacht eine ganz andere Bedeutung. Abgesehen davon, daß sie diese (zweite) Liebesnacht zunächst mit keinem Wort erwähnt, war auch ihr bereits zitiertes, an Clara gerichtetes Geständnis über die erste Liebesnacht weitaus zweideutiger als die Schilderung von Saint-Preux. Julie braucht offenbar vor sich selbst eine Entschuldigung für ihr sinnliches Begehren; eine Entschuldigung freilich, die sie zunächst ihrem Geliebten verheimlicht.[464] Wo Julie sich Saint-Preux als eine Begehrende präsentiert („... so kann dieser Abend noch mein Versprechen erfüllen und mit einem Mal alle Schulden der Liebe bezahlen"[465]), ist sie es in ihrem eigenen Selbstverständnis nicht: Retrospektiv gibt sie zu erkennen, daß sie die gefährliche Zusammenkunft arrangiert habe, weil sie sich ein Kind wünschte. Andererseits deutet Julie zumindest an, daß die von ihr präsentierten Motive für ihre Bereitschaft zum Liebesakt vorgeschoben und somit eine (Selbst-)Täuschung sein könnten: Die Tugend des Mitleids habe ihre „unheilvolle Leidenschaft"[466] möglicherweise nur maskiert; und die Tollkühnheit des nächtlichen Rendez-vous habe ihre „törichte Liebe [fol amour]" mit einer „süßen Entschuldigung" verschleiert.[467] Offensichtlich sind nicht nur die Aktionen der Frau undurchsichtig; auch ihr Begehren und ihre Leidenschaft bleiben in einer unauslotbaren Zweideutigkeit verborgen.

Das Wesen der leidenschaftlichen Liebe scheint nun aber genau in diesem unentwirrbaren Geflecht von Täuschung und Selbsttäuschung zu bestehen – und eben diese Erkenntnis artikuliert Julie in dem berühmten Rechenschaftsbrief (oder ‚Konversionsbrief') an Saint-Preux nach ihrer Eheschließung mit Wolmar. Noch bis vor zwei Monaten habe sie geglaubt, heißt es da, nur menschliche Willkür könne ihr Glück mit Saint-Preux verhindern.

> „... die *blinde Liebe* [l'aveugle amour], sagte ich mir, hatte recht; wir waren füreinander gemacht; ich würde ihm angehören, wenn die menschliche Ordnung nicht die Naturgesetze [les rapports de la nature] gestört hätte ...". (NH, S. 354 W, 340 P)

Doch indem sie sich die Geschichte ihrer Liebe noch einmal vergegenwärtigt, erkennt Julie deren Scheitern als eine immanente Notwendigkeit. Jetzt spricht sie davon, daß sich das Einssein nur im Selbst empfinden lasse, nicht im anderen; daß sich deshalb niemals eine letzte Gewißheit darüber erzielen lasse, ob die Einheit von zwei Seelen tatsächlich vollkommen sei und ob der andere tatsächlich genauso empfinde wie man selbst. Julies Rechenschaftsbericht artikuliert diese Einsicht fast ausschließlich in Termini des Scheins und der Täuschung.

> „Es ist beinahe sechs Jahre her, daß ich Sie zum ersten Male sah ... Ihnen gehörte mein Herz vom ersten Anblicke an. Ich *glaubte* auf Ihrem Gesichte die Züge der Seele zu sehen [je crus voir], deren die meine bedurfte. Mich *dünkte* [il me sembla], meine Sinne dienten als Organe nur edlern Empfindungen; und ich liebte an Ihnen weniger, was ich sah, als das, was ich in mir selbst zu empfinden *glaubte*." (NH, S. 354 W, 340 P)

Während die Liebenden sich unaufhörlich dieser Illusion überlassen konnten, weil äußere Hindernisse (der Standesunterschied und das Verbot des Vaters) für ihr Unglück verantwortlich zu sein schienen, erkennt Julie retrospektiv, daß die Leidenschaft den Trugschluß in sich selbst trägt. Sie spricht aus, daß die Leidenschaft etwas vortäuscht, was nie erreichbar ist. Ihre Liebesbeziehung erscheint ihr so als eine Kette von Täuschungen und Enttäuschungen.

„Was mich lange Zeit getäuscht [abusé] hat und Sie vielleicht immer noch täuscht, ist der Gedanke, die Liebe sei notwendig für eine glückliche Ehe. Mein Freund, dies ist ein Irrtum; Rechtschaffenheit, Tugend, bestimmte Übereinstimmungen, weniger in Stand und Alter als in Gemütsart und Temperament, sind für zwei Eheleute ausreichend. Dies schließt nicht aus, daß aus dieser Vereinigung [union] nicht eine sehr zärtliche Zuneigung entspringt, die, wenn auch nicht gerade Liebe, so deswegen nicht weniger süß und dadurch nur um so dauerhafter ist. Die Liebe ist von einer beständigen Unruhe aus Eifersucht oder Angst vor Verlust begleitet, die der Ehe wenig dienlich ist, welche ein Zustand des friedfertigen Genusses [de jouissance et de paix] ist. Man heiratet nicht, um einzig und allein aneinander zu denken, sondern um miteinander die Pflichten des bürgerlichen Lebens zu erfüllen, das Haus mit Umsicht zu regieren, seine Kinder richtig zu erziehen. Die Verliebten sehen niemals etwas anderes als sich selbst, sie beschäftigen sich unaufhörlich nur mit sich, und das einzige, was sie zu tun wissen, ist, sich zu lieben. Dies ist für Eheleute nicht genug, die so viele andere Aufgaben zu erfüllen haben. *Es gibt keine Leidenschaft, die uns in so starkem Maße verblendet als die Liebe* [qui nous fasse une si forte illusion que l'amour]. Man hält ihre Heftigkeit [violence] für ein Zeichen ihrer Dauer .... Allein, es ist im Gegenteil ihre Glut selbst, die sie verzehrt ...“. (NH, S. 388/389 W, 372 P)

So sehr sich Julie hier der Vokabeln einer geruhsamen Aufgeklärtheit bedient: Es wäre zu einfach, ihrem Brief jeden Erkenntniswert abzusprechen, ihn der Kapitulation vor den patriarchalischen Werten zu bezichtigen. Tatsächlich deuten sich in ihren Worten jene Paradoxien der Liebe an, jene dramatische Verkettung von Leidenschaft und Intimität, die ich oben zu skizzieren versucht habe. Julie nimmt Abstand und Abschied von den täuschenden Versprechungen der Synekdoche und scheint dabei in den altbekannten Diskurs der Aufgeklärtheit zurückzufallen – eine Vermutung, der ich im nächsten Abschnitt nachgehen werde. Zunächst bleibt festzuhalten: Für Julie kann die Erfüllung der Liebe nur im Verzicht auf Erfüllung, in der Entsagung bestehen – auch wenn dies, wie wir noch sehen werden, keine dauerhafte Lösung darstellt.

Julie: „Ja, mein lieber und würdiger Freund, um uns für immer zu lieben, müssen wir einander entsagen.“ (NH, S. 379 W, 364 P)
Saint-Preux: „... so sind Sie doch niemals mehr meine Julie gewesen als in dem Augenblicke, da Sie mir entsagten. Ach, indem ich Sie verliere, habe ich Sie wiedergefunden.“ (NH, S. 381 W, 366 P)

3. Die ‚Ordnung der Geschlechter‘ in Clarens

Im folgenden soll untersucht werden, wie sich das neue, das zweite Glück von Julie in der Ehe mit Wolmar, als Mutter und ‚Seele‘ im Gemeinwesen von Clarens gestaltet. Zu nahe liegt nämlich der Verdacht, Julie trachte von nun an danach, sich in einer behäbigen Bürgerlichkeit einzurichten. Zunächst scheint sich dieser Verdacht auch zu bestätigen, wenn Julie schreibt:

> „Was Herrn von Wolmar betrifft, so nimmt uns keine Verblendung [illusion] füreinander ein; *wir sehen uns so, wie wir sind.* Die Empfindung, die uns verbindet, ist nicht der blinde Überschwang verliebter Herzen [l'aveugle transport des coeurs passionnés], sondern die unerschütterliche und beständige Zuneigung zweier rechtschaffener und vernünftiger Personen, denen bestimmt ist, den Rest ihrer Tage miteinander zu verbringen, die mit ihrem Schicksale zufrieden sind und sich bemühen, es einander angenehm zu machen.“ (NH, S. 389 W, 373 P)

Rousseau scheint seinen Lesern hier die Option der Aufklärer zu präsentieren: Die vernünftige Ehe darf sich nicht auf Leidenschaften gründen, sondern basiert auf der harmonischen Ergänzung unterschiedlicher Fähigkeiten und Charaktereigenschaften sowie auf einem freundschaftlichen, leidenschaftslosen Umgang. In der Gestalt von Julie, so ließe sich behaupten, inszeniert Rousseau die beiden konkurrierenden Liebesdiskurse des 18. Jahrhunderts: amour-passion versus vernünftige Ehe. Irritierend mag sein, daß Julie ihre Ehe mit Wolmar teilweise in derselben Metaphorik zu beschreiben scheint wie einst ihr Verhältnis zu Saint-Preux: als Einheit oder Vereinigung zweier Seelen.

> „Es scheint, wenn wir in der Absicht geschaffen worden wären, *vereint* zu werden [pour nous unir], so hätte es nicht besser gelingen können. [...] Jeder von uns beiden ist genau das, was der andere braucht. Er verhilft mir zu Klarheit, und ich belebe sein Herz [il m'éclaire et je l'anime]; vereint sind wir daher mehr wert, und es scheint, als sei es unsre Bestimmung, zusammen nur *eine einzige Seele* zu bilden, deren Verstand er ist, während ich der Wille bin.“ (NH, S. 389/90 W, 373/74 P)

Der Unterschied zwischen der Einheit der Liebenden und jener der Eheleute scheint zunächst nur darin zu bestehen, daß die erstere auf Verkennung und Verblendung basierte, während letztere ohne Selbsttäuschung zustandekommt. Aber erinnern wir uns: Die Leidenschaft im Zeichen der Synekdoche intendierte die Vereinigung der Seelen in Form ihrer Identität, ihrer *Deckungsgleichheit* gewissermaßen. Die Einheit der Eheleute beruht dagegen auf der *Komplementarität* ihrer Seelen („Jeder von uns beiden ist genau das, was der andere braucht“). Damit ist der totalisierende Anspruch der leidenschaftlichen Liebe nun auch in struktureller Hinsicht abgewiesen. Untersuchen wir also, ob sich das Modell der vernünftigen Ehe als tragfähiger erweist als jenes der leidenschaftlichen Liebe. Anders gesagt: Läßt sich aus Rousseaus Inszenierung der Ehe eine Präferenz, ein Plädoyer für dieses zweite Modell herauslesen? Hat der empfindsame Schwärmer Rousseau das Lager gewechselt, seinen Irrtum erkannt und ist reumütig zurückgekehrt in den Schoß der Vernunft? Nach allem, was wir bisher über Rousseaus Theorie der Weiblichkeit erfahren haben, müßte uns eine solche Wende überraschen; sehen wir also, welche Aufschlüsse uns die zweite Hälfte der *Nouvelle Héloïse* verschafft.

Man könnte in der Tat das neue Leben, das Julie nach ihrer Eheschließung auf dem Gut von Clarens führt, als eine idealtypische literarische Konkretisierung dessen bezeichnen, was in der feministischen Diskussion die „Ergänzungstheorie der Geschlechter" genannt wird.[468] Anders als Emile und Sophie, die in die Großstadt übersiedeln, wo ihre Beziehung an den Klippen städtischer Sitten und heimtückischer Verführungen zerschellt[469], anders als dieses Paar also bleiben Julie und Wolmar auf dem Lande, wo sie gemeinsam ein funktionierendes Gut in Clarens aufbauen. Hier kann sich nun die harmonische Ergänzung der Geschlechter in Form einer geschlechtsspezifischen Arbeitsteilung entfalten. Herr von Wolmar übernimmt dabei den Part des vernünftigen Hausherren und Familienvaters; er regelt die Bewirtschaftung des Gutes und beaufsichtigt die Bediensteten. Julie charakterisiert ihn als vernünftig und leidenschaftslos.[470] Stets habe er ein „regelmäßiges und ordentliches Leben" geführt, weshalb er trotz seines fortgeschrittenen Alters (beinahe 50 Jahre) gesund und frisch sei und nur die Vorteile des Alters – Erfahrung und Klugheit – mit in die Ehe bringe. Selbst die „Leidenschaft", die er für Julie hegt, „ist so gleichförmig und so gemäßigt, daß man meinen könnte, er liebe nur, so sehr er lieben wolle, und wolle es nur in dem Maße, als es die Vernunft erlaubt."[471]

Während Wolmar also die Oberaufsicht über das Gut führt, unterstehen Julie Konsumtion und Distribution der erwirtschafteten Gebrauchsgüter.[472] Dazu gehört nicht nur die Versorgung der Gemeinschaft mit dem Nützlichen und Notwendigen, sondern auch die Gestaltung der Annehmlichkeiten und die Organisation der Vergnügungen. Julie pflegt diese „Kunst des Genießens"[473], indem sie Genußmittel und Annehmlichkeiten sorgfältig dosiert.[474] Clara beschreibt ihr Prinzip folgendermaßen: „sich enthalten, um zu genießen, das ist Deine Philosophie, das ist der Epikureismus der Vernunft."[475] Vor allem aber ist Julie der emotionale Mittelpunkt von Clarens, das soziale Bindeglied der Gemeinschaft. Ihre gefühlsmäßigen Bindungen erstrecken sich weit über den engen kleinfamiliären Kreis von Mann und Kindern hinaus; jeder Einwohner von Clarens wird im Prinzip zu ihrem *Kind*. Unsere Romanheldin erscheint nunmehr in Gestalt einer *großen Mutter*:

> „Taglöhner und Bedienstete, alle, die ihr gedient haben, und wäre es auch bloß für einen einzigen Tag gewesen, werden sämtlich zu ihren Kindern; sie nimmt an ihren Freuden, ihrem Kummer, ihrem Schicksal teil, sie fragt nach ihren Umständen, ihre Wünsche sind die ihrigen; sie nimmt sich ihrer auf tausenderlei Weise an, gibt ihnen Ratschläge, schlichtet ihre Zwistigkeiten und bezeigt ihnen ihr freundliches Wesen nicht durch honigsüße, aber leere Worte, sondern durch wahre Dienste und fortgesetzte Beweise ihrer Güte." (NH, S. 464 W, 444 P)[476]

Es ist also die Frau, die in der (groß-)familiären Gemeinschaft die emotionalen Bande herstellt – und zwar nicht nur zwischen Vater und Kindern, sondern auch zwischen allen anderen Mitgliedern der Gemeinschaft. Rousseau läßt in seinen Schilderungen keinen Zweifel daran, daß Wolmar der Kopf, der vernünftige Organisator, und Julie das Herz des Gemeinwesens ist.[477] Er zeigt auch, daß die Ausstrahlung, die Wirkung von Julie ungleich größer ist als diejenige Wolmars: Dieser bereitet gewissermaßen den Boden, auf dem sich Julies alles überstrahlender Einfluß entfalten kann. Es scheint so, als habe Julies Konversion sie in den Stand der ‚Unschuld‘ zurückversetzt, so daß sie nun gleichsam zwanglos und vor-reflexiv all das Gute verkörpern kann, das beim Mann nur durch Vernunft und Lebenserfahrung erworben wird.[478] So sieht es LIESE-LOTTE STEINBRÜGGE:

> „Die Frau ist das Zentrum der Tugend. Sie lebt in ihrer Person die Philosophie von Clarens. Sie kann dies, weil der Prozeß der moralischen Einsicht sich bei ihr weder als Vernunftakt [wie bei Wolmar] noch als Kampf zweier widerstreitender Seelen [wie bei St. Preux] vollzieht, sondern als spontanes Einfühlen in das moralische Klima von Clarens. Ihre Tugendhaftigkeit ist nicht Resultat einer Anstrengung, sondern Verwirklichung, Entfaltung ihrer Natur. [...] Clarens ist gleichsam die Materialisierung ihrer inneren Natur."[479]

Wenn dem so wäre, dann müßte die eingangs gestellte Frage nun klar mit ja beantwortet werden: Rousseau hätte dann tatsächlich die vernünftige Ehe als den erstrebenswerten Idealzustand konzipiert und die leidenschaftliche Liebe als unbrauchbares Modell abgewiesen; er hätte klar für eine der beiden Alternativen Partei ergriffen und die ruhige Freundschaft als Modell zwischenmenschlicher Beziehungen an die Stelle der tobenden Leidenschaften gesetzt. Aber so einfach ist die Lösung, die Rousseau uns anbietet, nicht. Auch hier gilt es, den ‚weiblichen Text‘ zu entziffern. Und in der Tat durchzieht die gesamte zweite Hälfte des Romans eine tiefe Zweideutigkeit, angefangen bereits bei jenem für lange Zeit letzten brieflichen Zwiegespräch zwischen Julie und Saint-Preux. Schon hier ist Julies Antwort auf seine besorgte Frage, ob denn nun wenigstens sie in ihrer neuen Lebenssituation glücklich sei[480], alles andere als einfach und klar. Julie schreibt: „Ich bin es indes in jeder Hinsicht; und nichts fehlt zu meinem Glück als das Ihre."[481] Dieser Satz enthält eine contradictio in adjecto: Man kann nicht „in jeder Hinsicht" glücklich sein, wenn doch etwas „fehlt". Und beinahe wie die Zumutung eines ‚double-binds‘ muß ihr Geständnis scheinen, sie könne nicht glücklich sein, wenn Saint-Preux aufhöre, sie zu lieben; hat sie ihm nicht andererseits verordnet, ihr zu entsagen? Gleich zweimal macht Julie ihr Glück von demjenigen Saint-Preux' abhängig und relativiert es damit auf eine Weise, die erst in ihren auf dem Sterbebett geschriebenen Abschiedsbriefen nähere Erläuterung finden wird.

Doch bereits vorher gibt uns der Text genügend Hinweise darauf, daß vollkommene Einheit und Harmonie eine Täuschung sind, ein Schein, der einen geheimen Mangel verbirgt.[482] Die in der zweiten Hälfte des Romans gehäuft eingesetzte Metapher dieser Zweideutigkeit ist das Bild des Schleiers, der gleichsam den Zugang zu Julies Innerstem verwehrt. Am prägnantesten formuliert dies ihr Gatte Wolmar, wenn er über Julie schreibt:

> „Ein *Schleier von Tugend und Ehrbarkeit* [un voile de sagesse et d'honnêteté] liegt in so vielen kleinen Falten rings um ihr Herz, daß es dem menschlichen Auge, sogar

ihrem eignen, nicht mehr möglich ist, hineinzudringen [y pénétrer]." (NH, S. 531 W, 509 P)[483]

In dieser Aussage findet sich die Gegenthese zur Lesart von Peggy Kamuf, der zufolge Julie in der Hochzeitszeremonie ihr Innerstes offenbart habe und fortan für ihren Ehemann als den „Inspektor" ihrer Tugend transparent sei.[484] Kamuf nimmt an, Julie habe in ihrem Bekenntnis zur ehelichen Treue ihre eigene Identität wiederhergestellt und damit die Möglichkeit der Täuschung (und Selbsttäuschung) ein für alle Mal eliminiert.[485] Ich möchte diese Interpretation bezweifeln und beziehe meine Einwände zunächst auf jene Täuschungen, mit denen Julie ihr ‚Elysée' umgibt.

4. Der weibliche Ort in Clarens: das Elysée

Julies Elysée, also jener Garten in Clarens, den Julie ganz in eigener Regie gestaltet hat, ist der ‚weibliche Ort' des Gemeinwesens, die Metapher für die Frau in der vernünftigen und tugendhaften Ehe und Familie. Die Sekundärliteratur erkennt im Elysée gemeinhin das symbolische Zentrum des Romans, die intensivste Darstellung von Julies Tugend und Integrität, und macht sich damit, wie wir sehen werden, die männliche Perspektive von Saint-Preux und Wolmar zueigen. Auf den ersten Blick scheint dieser Ort Rousseaus Parteinahme für die aufklärerische Option zu bestätigen; das Elysée präsentiert sich, Peggy Kamuf zufolge, als das sinnfälligste Zeichen der gelungenen Konversion von Julie.

> „Was Saint-Preux [im Elysée, C.G.] zu sehen bekommt, ist das konkrete Resultat von Julies Konversion, in der ein verborgener, innerer Raum potentieller Täuschung bloßgelegt und so der Erneuerung zugänglich wurde. Der Garten ist eine räumliche Repräsentation des Momentes, in dem aus Julie Mme de Wolmar wurde, das heißt, die neue Julie – und die neue Héloïse."[486]

Herr von Wolmar selbst bringt diese Deutung auf den Punkt, wenn er Saint-Preux erläutert, Julie habe das Elysée angelegt als Ersatz für jenes Wäldchen von Clarens, wo die leidenschaftliche Liebe zwischen Julie und ihrem Hauslehrer seinerzeit im ersten Kuß ihren sinnlichen, ‚lasterhaften' Ausdruck gefunden hatte.[487]

> „Niemals hat meine Frau seit ihrer Heirat einen Fuß in die Wäldchen gesetzt, von denen Sie reden. Ich kenne den Grund, obwohl sie ihn mir stets verschwiegen hat. Sie, dem er nur zu gut bekannt ist, lernen Sie den Ort, an dem Sie sich befinden, achten; *ihn hat die Hand der Tugend gepflanzt*." (NH, S. 506 W, 485 P)

Auch Saint-Preux vollzieht an diesem Ort, wie es scheint, seine Konversion vom Geliebten zum Freund. Zum ersten Mal gelingt es ihm, in Wolmar nicht mehr den siegreichen Rivalen, sondern den väterlichen Freund zu sehen.[488] Saint-Preux, der das Elysée betritt, um sich die Reize seiner ehemaligen Geliebten zu vergegenwärtigen, sieht überall nur die Spuren ihrer Tugend; er hat offensichtlich Wolmars Deutung dieses Gartens übernommen.

„Indem ich … das Elysium betrat, erinnerte ich mich plötzlich des letzten Wortes, das mir gestern Herr von Wolmar ungefähr an derselben Stelle gesagt hatte. Die Erinnerung an dieses einzige Wort änderte sogleich den ganzen Zustand meiner Seele. Ich glaubte, *das Bild der Tugend* zu sehen, wo ich *das Bild des Vergnügens* gesucht hatte. Dieses Bild hat sich in meinem Geiste mit Frau von Wolmars Zügen vermengt, und zum ersten Male seit meiner Rückkunft habe ich Julien in ihrer Abwesenheit nicht so gesehen, wie sie für mich war und wie ich mir sie noch immer gern vorstelle, sondern so, wie sie sich meinen Augen täglich zeigt". (NH, S. 507 W, 486 P)

Im Elysée also scheint die ‚Therapie‘ anzuschlagen, die der weise Herr von Wolmar – er selbst spricht von „Heilung"[489] – für den noch immer durch seine Leidenschaft gefährdeten Saint-Preux ersonnen hat. Er soll das Bild seiner ehemaligen Geliebten (Julie d'Etange) durch das Bild der Ehefrau und Mutter (Mme de Wolmar) ersetzen. Die Gefahr für seine Leidenschaft kommt von der Erinnerung und der Einbildungskraft, die Wolmar jetzt „in eine andere Richtung" zu lenken beabsichtigt – mit Erfolg, wie es scheint.[490] Wie schon Wolmar, so liest nun auch Saint-Preux das Elysée als Symbol für *das Innere* jener Frau, die diese Zeichen gesetzt hat.

„In diesem Namen [‚Elysium‘, C.G.] *spiegelte sich* gewissermaßen derjenigen *Inneres* ab, die ihn erfunden hatte [Il me peignoit en quelque sorte l'intérieur de celle qui l'avoit trouvé] [...]. Der Friede, sagte ich mir, regiert in ihrem Herzen wie in dem Zufluchtsort [azile], dem sie den Namen gegeben hat." (NH, S. 508 W, 487 P)

Saint-Preux insistiert auf der einfachen Äquivalenz von außen (Garten) und innen (Herz, Seele). Mit dieser Annahme überträgt er zugleich sein eigenes Verhältnis zur Landschaft als Spiegel der Seele auf dasjenige Julies. Für Saint-Preux trifft es in der Tat zu, daß seine Landschaftswahrnehmung eine Projektion seines Seelenzustandes auf die äußere Natur darstellt, wie sich am Beispiel des Ortes Meillerie leicht zeigen ließe.[491] In seiner Wahrnehmung des Elysée findet sich also jenes Grundmuster wieder, das ich anhand seiner und Julies Liebesbeteuerungen analysiert hatte: die Synekdoche. Dieses Rezeptionsmuster taucht ironischerweise genau zu dem Zeitpunkt auf, als Saint-Preux im Brustton der Überzeugung kundtut, nunmehr die alte unselige Leidenschaft überwunden zu haben. Wir sollten also gewarnt sein.

Wie es scheint, finden sich in Wolmar und Saint-Preux die ersten beiden Verfechter jener These, die die Rousseau-Forschung von Beginn an begleitet hat und die auch von vielen Feministinnen übernommen wurde, der These nämlich, das Elysée stelle die vollkommene symbolische Repräsentation für Julies Tugendhaftigkeit und ihre qua Weiblichkeit überlegene Moral dar.[492] Was den Feminismus von den traditionellen Interpretationen unterscheidet, ist lediglich die unterschiedliche Bewertung dieses Sachverhaltes: Die Tugend der Frau ist für ihn gleichbedeutend mit der Unterwerfung des weiblichen Begehrens unter eine ideologische Figur des Patriarchats. Aber womöglich bestätigt sich auch hier wieder jene paradoxe Beobachtung, daß viele Feministinnen allzu leichtgläubig auf die Lektüren ihrer männlichen Kollegen hereinfallen.

Hatten wir die natürliche, schamhafte Frau als das Produkt einer doppelten Verschleierung kennengelernt, so enttäuscht uns auch die „räumliche Repräsentation" (Peggy Kamuf) dieser Frau im Elysée keineswegs; denn die Natur oder Natürlichkeit dieses Gartens ist nichts anderes als Schein. Daraus macht der Roman im übrigen keineswegs ein Geheimnis.[493] Julie beeilt sich im Gegenteil, den Gast, der sich inmitten einer Wildnis, ja gar auf einer menschenleeren Südsee-Insel wähnt, über seinen Irrtum aufzuklären. Übrigens täuscht sich Saint-Preux in diesem Wunderwerk noch in anderer Hinsicht: Weil er nach wie vor am Mythos von der Identität von Frau und Natur festhält, kann er nicht glauben, daß dieses Elysée menschliche Planung und Arbeit verkörpere. Und so erklärt er Julie gegenüber:

> „Wahrhaftig, [...] es hat Sie weiter nichts gekostet als ein wenig Vernachlässigung. Wahr ist's, der Ort ist bezaubernd; aber auch wild und sich selbst überlassen; *ich sehe da keine Spur menschlicher Arbeit*. Sie haben die Türe verschlossen; das Wasser ist, ich weiß nicht wie, hereingeflossen; die Natur allein hat das übrige getan, und Sie selbst hätten es niemals so gut gemacht als sie." (NH, S. 492/93 W, 472 P)

Offensichtlich ist für Saint-Preux die Arbeit Julies unsichtbar. Diese jedoch korrigiert ihn umgehend:

> „Allerdings [...] die Natur hat alles getan; *aber unter meiner Anleitung* [sous ma direction], und hier ist nichts, das ich nicht angeordnet [ordonné] hätte." (NH, S. 493 W, 472 P)

Der Modus weiblichen Handelns, den ich in Teil V dargelegt habe, ist am vollkommensten hier in Julies Elysée am Werk: Die Frau läßt jemand anderen für sich handeln (faire qn. faire qc.). Julie läßt die Natur für ihre Zwecke in Aktion treten, indem sie den ehemals ärmlichen und trockenen Obstgarten durch die Anlage eines raffinierten Bewässerungssystems in einen wahrhaft paradiesischen ‚Urwald' verwandelt. Das unterirdische (und folglich unsichtbare) Bewässerungssystem, das durch die Umleitung zweier Wasserquellen gespeist wird, ist das Werk der Frau[494]; und es ist der perfekte Ausdruck dafür, daß sie alles tut, indem sie scheinbar nichts tut. Die Frau ist die Meisterin des Umwegs (der ‚Umleitung' des Wassers) und der Verschleierung (der unterirdischen Anlage des Kanalsystems). Was also hat es zu bedeuten, wenn Julie dieses Geheimnis nun ihrem ehemaligen Geliebten preisgibt? Ausdrücklich fordert sie ihn auf, von seinen Mystifikationen Abschied zu nehmen.

> „Ich verstand nichts von diesem Rätsel. Julie aber [...] sagte mir, indem sie mich weitergehen hieß: ‚Kommen Sie mit, so werden Sie es begreifen. Adieu Tinian, Adieu Juan Fernandez, adieu das ganze Zauberwerk [adieu tout l'enchantement]! In einem Augenblicke werden Sie vom Ende der Welt wieder zurück sein.'" (NH, S. 493 W, 472 P)

Julie zeigt und erklärt Saint-Preux das gesamte Elysium; sie erklärt ihm das Geheimnis der Bewässerung und führt ihn bis tief ins Innere des Gartens, dorthin, wo noch kein Fremder war. Und schließlich gibt sie ihm sogar einen von den vier Schlüsseln, die den

Zutritt zu ihrem ‚Paradies‘ eröffnen. Es ist, als wolle Julie im Elysée, ‚ihrem‘ Ort also, dem ehemaligen Geliebten ein Zeichen geben, einen Hinweis darauf, wie es in ihrem Innersten aussieht. Saint-Preux könnte aus dieser Demonstration, dieser (Vor-)Führung lernen, daß das, was sich als reine Natur präsentiert, mitnichten einfach natürlich ist: Julie hat alles künstlich angelegt und zugleich mit großer Sorgfalt alle Spuren dieser künstlichen Eingriffe getilgt.[495]

Saint-Preux: „Gleichwohl [...] gibt es hier etwas, das ich nicht begreifen kann. Ein Ort, der sich von seinem einstigen Zustand so gänzlich unterscheidet, kann sein jetziges Aussehen doch nur durch Wartung und Mühe [avec de la culture et du soin] erhalten haben. *Gleichwohl sehe ich nirgends die geringste Spur davon.*“ (NH, S. 499 W, 478 P)
Wolmar: „Oh, das kommt daher, daß man sie mit großer Sorgfalt verwischt hat ...“. (Ebd., 479 P)
Julie: „Im übrigen scheint es, als wolle die Natur den Augen der Menschen ihre wahren Reize vorenthalten, für die sie zu wenig empfänglich sind und die sie, wenn sie sie erreichen können, nur verunstalten. [...] Wer sie liebt und nicht so weit gehen kann, sie aufzusuchen, ist genötigt, *ihr Gewalt anzutun* [lui faire violence], sie gewissermaßen zu *zwingen* [forcer], daß sie komme und bei ihm wohne. Das alles aber läßt sich ohne ein wenig *Vortäuschung* [un peu d'illusion] nicht erreichen.“ (NH, S. 500 W, 479/80 P)

Das Vokabular von Julies Erläuterungen muß uns überraschen; im Unterschied zu Saint-Preux und Wolmar, denen es nur darum ging, die Spuren menschlicher Arbeit zu leugnen, wird Julie an dieser Stelle unumwunden deutlich. Die vermeintlich ursprüngliche Natur, an der sich vor allem die männlichen Betrachter berauschen (Saint-Preux, Wolmar, Julies Vater), ist ein Ergebnis von Gewalt, Zwang und Illusion. Es ist Julie, die die Differenz zwischen ihrem Garten und der wirklichen Natur markiert, indem sie darauf hinweist, daß letztere „die dichtbewohnten Gegenden“ flieht: „Auf den Gipfeln der Berge, in der Tiefe der Wälder, auf menschenleeren Inseln breitet sie ihre eindrucksvollsten Reize aus.“[496]

Es liegt nahe, Julies Aussagen auch auf ihre eigene ‚Natur‘, auf das vermeintliche Wesen der natürlichen, tugendhaften Frau zu beziehen: Auch sie wäre dann das Ergebnis einer durch Zwang und Gewalt vollzogenen Metamorphose, deren künstlicher Charakter durch einen zweiten Kunstgriff – die illusionäre Täuschung – getilgt wird und somit als natürlich erscheint. Folgt man dieser Lesart, so hätte Julie in Gestalt ihres Elysiums dem Geliebten wie dem Leser den ‚Schlüssel‘ für die Entzifferung ihrer eigenen ‚Natur‘ geliefert; die *räumliche Repräsentation* der Frau wäre eben nicht bloß Repräsentation der natürlichen (oder: zu ihrer Natur zurückgekehrten, konvertierten) Frau, sondern zugleich auch deren *Dekonstruktion*; denn das Elysée legt dar, durch welchen doppelten Täuschungseffekt diese ‚Natur‘ der Frau zustandekommt.[497]

Saint-Preux freilich vermag Julies ‚Text‘ ebensowenig zu lesen wie Wolmar – und wen wundert das nach unseren bisherigen Erkenntnissen? Der Mann versteht sich schlecht auf die Entzifferung der Zweideutigkeiten des weiblichen Diskurses, und so ergehen sich die Herren im folgenden lieber in aufgeklärten Gesprächen über französische, englische und chinesische Gartenkunst und geben sich der Illusion hin, Julies Garten sei genau das, was er zu sein vorgibt: das Abbild der tugendhaften Frau und Mutter, dieses „so hinreißenden Bildes der Ehrbarkeit und Unschuld", wie Saint-Preux sagt.

5. Julies Tod

Glaubt man feministischen Interpretationen, so macht spätestens der Schluß von Rousseaus großen Erzählungen deutlich, daß den Frauen übel mitgespielt wird. Seinen Heldinnen ist kein glückliches Schicksal beschieden; sowohl für Sophie als auch für Julie scheint der Tod das einzig denkbare Ende zu sein. Gemäß einer verbreiteten feministischen Lesart wären sie somit Objekte eines tödlichen Begehrens[498] oder Opfer eines patriarchalischen Systems, das mit der Natur zugleich auch die Weiblichkeit vernichtet.[499] Ein solcher Deutungsansatz liest den Tod der literarischen Heldin nach den Maximen der Widerspiegelungstheorie: Der literarische Tod scheint den faktischen Status der Frauen in der Gesellschaft abzubilden. Aber auch weniger abbildtheoretisch orientierte Deutungsansätze neigen dazu, den literarischen Tod einer Frauenfigur wörtlich zu lesen. Auch wenn sie nicht den Autor selbst (bzw. sein „tödliches Begehren") oder das destruktive Gesellschaftssystem zur Verantwortung ziehen, sehen sie doch den weiblichen Tod als strukturelle Notwendigkeit für die Konstituierung der phallozentrischen „symbolischen Ordnung". Somit wäre etwa der Tod von Julie ein Indiz dafür, daß die Frau in der väterlichen Ordnung keinen Platz hat. Julies Einwilligung in die Ehe mit dem vom Vater bestimmten Gatten erscheint so als Opferung des Begehrens der Frau bzw. der Frau selbst. Für Danielle Montet-Clavié stellt Julies Tod eine eindeutige Botschaft und eine theoretische Notwendigkeit im Zentrum des Rousseauschen Werkes dar: Die theoretische Ökonomie von Rousseau funktioniere nur unter der Voraussetzung des Todes einer Frau.[500]

> „Julie ist nur so weit exemplarisch, als sie einen unmöglichen Platz innehat: treue Ehefrau um den Preis ihres Lebens, wahrhafte Mutter, die den Platz an den Vater abtritt. Die Ordnung der Tugend und der Moralität, die das Opfer bereits von der Geliebten gefordert hat, schreibt auch der Ehefrau und Mutter einen Platz vor, dessen Ausfüllung allein der Tod gestattet. Julie verwirklicht sich nur, ist nur eine wertvolle Frau [femme de valeur], indem sie sich selbst auslöscht im Angesicht einer Ordnung, in der sie keinen Platz hat, die sie aber durch ihr Verschwinden zementiert."[501]

In diesen Ausführungen finden wir eine These, die in poststrukturalistisch inspirierten feministischen Interpretationen verbreitet ist: Die symbolische Ordnung des Patriarchats konstituiere sich durch den Ausschluß des Weiblichen bzw. den Tod der Frau. So schreibt Elisabeth Bronfen über „Die schöne Leiche" als motivische Konstante in der Literatur seit dem 18. Jahrhundert:

„Viele Beispiele könnten als Beweis für die These herangezogen werden, daß am Leichnam der Frau, durch die Gabe ihres Körpers, ihres Blutes, ihres Lebens, die Ordnung der Gesellschaft regeneriert wird."[502] – „Im toten Körper der Frau erhält das semiotische Andere einen Signifikanten. Gleichgültig ob damit das gefährlich Chaotische, das unschuldig Reine, oder die Angst vor dem Verlust eines privilegierten Objekts des Begehrens gemeint ist, es sind jeweils Werte, die mit dem Weiblichen verbunden werden. Das Andere wird durch diesen Akt in die normative Ordnung überführt, ja sogar zum privilegierten Signifikanten der Sicherheit dieser Ordnung gemacht."[503]

Ich werde dieser These im folgenden Exkurs zu MARIANNE SCHULLER genauer nachgehen. In diesem Abschnitt soll vorerst lediglich gefragt werden, ob die literarische Inszenierung des weiblichen Todes in der *Nouvelle Héloïse* sich diesen sei's sozialgeschichtlichen, sei's poststrukturalistischen Deutungsangeboten fügt.

Rekapitulieren wir zunächst die Ausgangssituation. Julie hat die leidenschaftliche Liebe zu Saint-Preux ausgeschlagen, weil sie deren trügerischen Charakter zu erkennen glaubte. Sie hat Wolmar geheiratet und führt nun mit ihm und den beiden Söhnen ein tugendhaftes Leben auf dem Lande. Über den trügerischen Charakter dieser Idylle hat sie Saint-Preux eine ‚Lektion' erteilt – in Gestalt einer Führung durch ihr Elysée. Aber Saint-Preux wußte die Zeichen der Frau nicht zu lesen. Und sofern die Leser des Romans sich die Perspektive von Saint-Preux oder Wolmar zeigen machen, müssen sie Julie auf dem Gipfel des Glückes wähnen. Alles scheint wohlgeordnet, als der Roman mit Julies Tod zu einem dramatischen Schlußakkord anhebt. Kurz vor der Vollendung dieser empfindsamen Idylle, in einem Moment also, in dem Rousseaus Roman fast schon stillzustehen scheint, beugt er sich in einem großangelegten Akt der Selbstreflexion über seine bisherige Erzählung. Er läßt die Ereignisse noch einmal Revue passieren. Die Voraussetzung dafür ist Julies Tod. Julie zieht sich eine tödliche Krankheit zu, während sie eines ihrer Kinder aus dem Genfer See rettet, und plötzlich ist Rousseaus Roman wieder voll von Dramatik und Bedeutung. Da tritt ein Geistlicher an Julies Sterbelager und verklärt sie zum Symbol der Mütterlichkeit: „Ihr Tod, Madam, ist ebenso schön als ihr Leben. Für die Nächstenliebe haben Sie gelebt, und als Märtyrerin der Mutterliebe sterben Sie."[504] Weniger eindeutig scheint Julies Tod für ihren Gatten zu sein. Ihre heitere Gelassenheit im Angesicht des Todes aktualisiert seine Befürchtung, sie habe ihm gegenüber insgeheim eine Reserve bewahrt: „... ich habe Ihre Gedanken erraten; Sie freuen sich zu sterben; Sie sind froh, daß Sie mich verlassen. [...] Habe ich eine so grausame Gesinnung [un sentiment si cruel] von Ihnen verdient?"[505] Es ist Julie selbst, die Wolmar widerspricht:

„Ich, ich sollte mich freuen, daß ich Sie verlasse? Sie, der Sie nur gelebt haben, um mich glücklich und weise zu machen, Sie, der Sie sich unter allen Männern am besten für mich schickten, der einzige vielleicht, mit dem ich eine gute Ehe führen und eine rechtschaffene Frau werden konnte? [... le seul, peut-être, avec qui je pouvois faire un bon ménage, et devenir une femme de bien!] O glauben Sie, wenn ich dem Leben Wert beilegte, so geschähe es deshalb, um es mit Ihnen zu verbringen." (NH, S. 757 W, 720/21 P)

Dem Bild von der Märtyrerin der Mutterliebe tritt also das Bild vom Tod einer perfekten Gattin an die Seite. Aber wie man sieht, enthält Julies Bekenntnis ein unauffälliges „vielleicht". Vielleicht war Wolmar der einzige, mit dem Julie eine gute Ehe führen konnte, vielleicht hätte es aber noch eine andere Möglichkeit gegeben. Julie selbst händigt Wolmar jenen Brief an Saint-Preux aus, in dem sie diesem ihre nie versiegte Liebe gesteht.

„Lange Zeit habe ich mich einer *Täuschung* hingegeben. [Je mes suis longtems fait illusion.] Diese Täuschung war mir heilsam. Nun, in dem Augenblicke, da ich ihrer nicht mehr bedarf, verfliegt sie. [...] Ja, umsonst suchte ich das erste Gefühl zu ersticken, das mir das Leben erst wirklich geschenkt hatte [die Liebe zu Saint-Preux, C.G.]; es hatte sich nur tief in mein Herz zusammengedrängt. Dort erwacht es in dem Augenblick, da es nicht mehr zu fürchten ist; es hält mich aufrecht, wenn meine Kräfte mich verlassen; es belebt mich, da ich im Sterben liege." (NH, S. 777/78 W, 740/41 P)

Julie legt, wie sie sagt, dieses Geständnis ohne Reue ab. Sie bereut weder, Wolmar geheiratet zu haben (denn dies ermöglichte ihr ein Leben in Tugend); noch bereut sie, Saint-Preux im innersten Herzen immer geliebt zu haben (denn sie ist dabei eine ehrbare Frau geblieben). Der Tod scheint die Bedingung der Möglichkeit zu sein, Tugend und Liebe miteinander auszusöhnen – allerdings um den Preis ihrer Projektion ins Jenseits. Wie es aussieht, behandelt der Roman die Tugend als eine irdische Angelegenheit, während die Liebe sich im Reich der Ewigkeit erneuern kann. Nur mit dieser Perspektive kann Julie ihren Abschiedsbrief an Saint-Preux tröstlich ausklingen lassen.

„Die Tugend, die uns auf der Erde trennte, wird uns in der Ewigkeit vereinen. In dieser süßen Erwartung sterbe ich; allzuglücklich, daß ich mit meinem Leben das Recht erkaufe, Dich immer ohne Schuld zu lieben und es Dir einmal noch zu sagen." (NH, S. 780 W, 743 P)

Hier scheint Julie nun tatsächlich zum ersten Male völlig transparent zu sprechen, hier scheint sie sich zu offenbaren. Sie überläßt es damit den Interpreten, in ihrem Tod je nach Gesinnung eine tröstliche Utopie der Liebe, eine Anklage gegen das kalte Gesetz der Tugend oder einen Opfergang zugunsten der Gesetze des Patriarchats zu sehen. Diese Deutungen sind sich bei aller Diskrepanz darin einig, Julies Worte erstens als authentische zu lesen und zweitens als Träger der Aussage des gesamten Romans (eine Ansicht, die Rousseau möglicherweise selbst teilte). Hier in diesen Zeilen scheint sich die Botschaft des Romans zu verdichten.

Aber präsentiert uns dieses Romanende nach allen Täuschungen nun die wirkliche Stimme Julies – und ist sich Julie nach allen Ungewißheiten dieser Liebe nun tatsächlich gewiß? Die Tatsache, daß sie auf dem Sterbebett liegt, scheint dafür zu sprechen, denn die Nähe des Todes gestattet keine unzweideutige Rede. Oder doch? „Ihren Schmerz sehe ich voraus", schreibt sie im selben Abschiedsbrief, „ich fühle ihn. Sie sind zu beklagen, das weiß ich allzuwohl; die Empfindung Ihres Grams ist das schmerzlichste Gefühl, das ich mit mir aus der Welt nehme. Aber bedenken Sie auch, wie vielen Trost ich Ihnen lasse!"[506] Wenn nun diese letzten Zeilen, der letzte Brief an Saint-Preux vielleicht gar insgesamt, nur diese eine Funktion hätten – Trost zu spenden, noch einmal all das zusammenzufügen, was sich nicht zusammenfügen läßt?

Wohlgemerkt: Ich spreche dabei nicht von einer bewußten Absicht Julies oder Rousseaus. Es scheint sich eher um eine Frage der Möglichkeit des Erzählens zu handeln. Man kennt ja den Tod als eine Figur, die darauf drängt, die Dinge eindeutig zu machen: „Dies war das Leben von Julie". So könnte man annehmen, daß Rousseau, nachdem er lange genug an Verstellungen und Täuschungen gewoben hat, nun den Tod einführt, um sich quasi selbst zur Eindeutigkeit zu zwingen – oder sich die Eindeutigkeit zu erlauben. So als wolle er einer unabschließbaren Erzählung doch noch zu einem Fazit verhelfen. Ein einziges Mal scheint er sagen zu wollen, wie es wirklich ist.

Aber in Julies Tod eine eindeutige Botschaft zu sehen, heißt, einen äußerst komplexen und vieldeutigen Text doch noch einem Telos unterzuordnen, ihn im Nachhinein zu bereinigen. Es scheint schwer zu sein – und natürlich nicht nur für den Feminismus, sondern für nahezu die gesamte Rousseau-Rezeption – sich von einer teleologischen Lektüre zu befreien und die einzelnen Stimmen dieses Romans wieder in ihre jeweilige Eigenheit zu entlassen (wofür doch gerade seine Anlage als Briefroman spräche). In mindestens zweierlei Hinsicht entzieht sich Julies Tod meines Erachtens der eindeutigen Interpretation. Erstens im Hinblick auf die Deutungen, die Julie selbst ihm gibt, und zweitens im Hinblick auf die Paradoxien der Synekdoche, die die Inszenierung und Deutung von Julies Tod strukturieren. Julie selbst bahnt den Weg für zwei gänzlich konträre Interpretationen ihres Todes. Da ist zum einen ihre Lebensbilanz gegenüber Clara und Wolmar, in der Julie das Ausmaß ihres Glückes unterstreicht:

> „Sehen Sie also, [...] zu welcher *Glückseligkeit* [félicité] ich gelangt bin! Ich erfreute mich eines großen Glücks und erhoffte ein noch größeres. Der Wohlstand meiner Familie, eine gute Erziehung für meine Kinder, alle meine Lieben um mich versammelt oder im Begriff, sich dazuzugesellen. Gegenwart und Zukunft begünstigten mich beide gleichermaßen; Genuß und Hoffnung vereinigten sich, um mich glücklich zu machen. Mein *Glück* [bonheur], das sich allmählich gesteigert hatte, hatte nun den höchsten Gipfel erreicht; es konnte nur noch abnehmen; unerwartet war es gekommen, und zu einer Zeit, da ich es für dauerhaft hielt, entfloh es." (NH, S. 762/63 W, 726 P)

Hier präsentiert sich Julie als diejenige, die im Diesseits nichts mehr zu wünschen hat und aus einem erfüllten Leben heraus den Tod in Ruhe erwarten kann. „Ich lebe zugleich in allen, die ich liebe", schreibt sie in ihrem vorletzten Brief an Saint-Preux; „ich bin von Glück und Leben gesättigt. O Tod, komm, wann du willst; ich fürchte dich nicht mehr. Ich habe gelebt, ich bin dir zuvorgekommen, ich brauche keine neuen

Empfindungen mehr kennenzulernen, du hast mir nichts mehr zu entziehen."[507] Doch dieser Selbstdeutung Julies widerspricht eine andere, die sie in demselben Brief an Saint-Preux in anderem Zusammenhang – nämlich der Darlegung ihrer religiösen Überzeugungen – ausführt. Hier gesteht sie ihrem ehemaligen Geliebten, daß es in ihrem Inneren anders aussieht.

> „Überall sehe ich nichts als Ursachen, zufrieden zu sein, und bin doch nicht zufrieden [contente]. Ein geheimer Überdruß [une langueur secrette] dringt in das Innere meines Herzens; ich fühle, daß es leer und aufgetrieben [vide et gonflé] ist, wie Sie ehemals von dem Ihrigen sagten; die Neigung gegen alle, die mir lieb sind, ist nicht genug, es zu erfüllen; es behält eine unnütze Kraft übrig, mit der es nichts anzufangen weiß. Dieser Schmerz ist seltsam, das gestehe ich; aber er ist darum nicht weniger wirklich." (NH, S. 730 W, 694 P)

Julie ist nicht glücklich über das Glück, das ihr zuteil wurde, ja, sie empfindet einen „Überdruß am Glück" (dégout du bien-être).[508] Sie hat des Guten zuviel, oder anders: Ihr mangelt der Mangel, das heißt die Möglichkeit, etwas zu begehren, was sie noch nicht hat.

> „Wehe dem, der nichts mehr zu begehren hat! Er verliert gleichsam alles, was er besitzt. [...] Ohne Schmerz zu leben ist kein Zustand für den Menschen. So zu leben, heißt gestorben sein. Derjenige, der alles könnte, ohne Gott zu sein, wäre ein elendes Geschöpf; das Vergnügen zu begehren wäre ihm versagt; jeder andre Verlust wäre erträglicher." (NH, S. 729 W, 693/94 P)

Julie spricht es klar aus: Das Begehren ist der Motor des Lebens, es ist dasjenige, was das Leben am Leben hält. Wer nichts mehr begehrt – weil er alles hat – ist gleichsam bereits tot. Oder er begehrt, wie Julie, die Möglichkeit des Begehrens: „Und doch lebe ich unruhig; mein Herz weiß nicht was ihm mangelt; es begehrt, ohne zu wissen, was."[509]

Auch wenn Julies Ungenügen in diesem Brief seine scheinbare Beschwichtigung in der Hinwendung zu Gott findet[510], so legt doch ihr Abschiedsbrief an Saint-Preux eine andere Deutung nahe. Wie leicht hätte es passieren können, daß im dauerhaften Zusammenleben mit jenem Mann, dem die ersten großen Gefühle gegolten hatten, die alte Leidenschaft wieder aufgeflammt wäre, um jenen vagen Mangel, jene geheime Leere des Herzens zu füllen? Julie jedenfalls gibt in diesem letzten Brief an Saint-Preux zu erkennen, daß sie sich über die Abgeklärtheit ihrer Gefühle getäuscht hatte.

> „Sie glaubten, ich sei völlig geheilt; ich glaubte es auch. Wir wollen demjenigen danken, der den Irrtum bestehen ließ, solange er nützlich war; wer weiß, ob mir nicht, wenn ich mich dem Abgrunde so nahe gesehen [me voyant si près de l'abîme], geschwindelt hätte?" (NH, S. 777 W, 740/41 P)

Noch in anderer Hinsicht scheint ihr Blick bereits wieder von der Leidenschaft getrübt zu sein: An die Stelle des klaren Unterscheidungsvermögens von Ich und Du ist die unvermeidliche Vertauschung getreten. Julies Sorge, Saint-Preux könnte in ihrer dauernden Nähe ‚rückfällig‘ werden, galt in Wirklichkeit gar nicht ihm, sondern ihr selbst![511] Dem gefährlich nahen Rückfall in den alten Antagonismus von Leidenschaft und Tugend kommt Julies Tod zuvor; in der Sicht des Hermeneuten könnte dieser Tod damit als das letzte und definitive Opfer der Tugend an die Leidenschaft erscheinen.

> „Habe ich für Glück und Tugend nicht lange genug gelebt? Was blieb mir wohl im Leben noch Wünschenswertes übrig? Indem der Himmel mir's entzieht, nimmt er mir nichts, das ich vermissen müßte, und bringt zugleich meine Ehre in Sicherheit [met mon honneur à couvert]. [...] Nach so vielen Opfern [sacrifices] erachte ich das letzte, das ich noch bringen muß, für gering. Es heißt nur, noch einmal mehr zu sterben." (NH, S. 778 W, 741 P)

Befand sich Julie auf dem Gipfel des Glückes oder am Abgrund der Leidenschaften? Oder war der Gipfel ihres Glückes gar zugleich der Rand eines Abgrundes? Ist ihr Tod ein heiterer Abschied aus einer harmonischen und wohlgeordneten Gemeinschaft oder eine überstürzte Flucht vor einem Wiederaufflammen der unheilvollen Leidenschaft? Von welcher Qualität war dieses ‚Glück‘ der Tugend, wenn Julie beinahe erleichtert sagt, dafür nun lange genug gelebt und Opfer gebracht zu haben? Welcher Stimme Julies sollen wir Glauben schenken, derjenigen, die zu Wolmar, Clara und den Kindern spricht, oder derjenigen, die Saint-Preux eine nie versiegte Liebe gesteht?

Es gibt keine Antwort auf diese Fragen; Julie präsentiert uns mit Nachdruck zwei Deutungen ihres Todes und beläßt ihn damit in einer irreduziblen Mehrdeutigkeit. Diese Frau spricht auch im Angesicht des Todes nicht ‚Klartext‘. Sie enttäuscht damit nicht nur die Erwartungen derjenigen, die sie verläßt, sondern auch diejenigen der Leser und Interpreten; denn wie gesagt: Im allgemeinen drängt der Tod auf Eindeutigkeit. Insofern könnte man argwöhnen, gerade Julies vermeintlich letzte Bekenntnisse erfüllten die Funktion einer Sterbe-Rhetorik: Julie sagt, was man auf dem Sterbebett eben sagt, sie hat ihre Stimme bereits ganz der Redeweise des Todes geliehen. Manche Feministin mag nun umgekehrt gerade in diesem Verlust der eigenen Stimme ein Indiz für das weibliche Schicksal erkennen, aber dies verweist uns zurück zu der Frage, ob nicht gerade die Erziehung zu einer autarken Person (und damit zu einer ‚eigenen‘ Stimme) die fundamentalste Illusion maskuliner Selbstrepräsentation ist.

In jedem Falle aber unterlaufen Julies ambivalente Bekenntnisse die oben zitierte Interpretation vom Sieg der Tugend über die Leidenschaft und widerlegen die Behauptung, mit der *Nouvelle Héloïse* sei Rousseau reumütig in das Lager der Aufklärer zurückgekehrt. Julies Tod führt eben nicht zur allseitigen Versöhnung und Wiedervereinigung der empfindsamen Seelen. Rousseau versagt sich einer solchen Sentimentalität. Stattdessen inszeniert er, wie mir scheint, noch einmal die machtvolle Verblendung der Synekdoche. Zum einen gleicht Julies doppelte Vision vom Jenseits der von Freud analysierten Logik des Traumes, die keinen Widerspruch kennt: Im Jenseits wird Julie in glücklicher Liebe mit Saint-Preux und zugleich in trauter Gemeinschaft mit ihrem Gatten Wolmar vereint sein. In dieser Hinsicht knüpft Julies Tod (quasi auf höherer Ebene) an die synekdochische Struktur der leidenschaftlichen Liebe an: Sie hebt Gegensätzliches in einem paradoxen Ganzen auf. Zum anderen hebt dieser Tod auch den Widerspruch von Leben und Tod auf. Er stellt der Sterbenden nicht nur ein ewiges Leben in Aussicht, was ja die Theologie seit jeher versuchte. In einem Akt äußerster Maßlosigkeit verspricht er zugleich ewiges *und* irdisches Leben, denn Julie wird weiterhin Anteil am Leben ihrer Gemeinschaft haben. Ihr Geist und ihr Herz wirken weiter, und zwar unter den Lebenden. Die Tote ist, wie es scheint, doppelt aufgehoben – im Jenseits und auf Erden. Es ist zunächst Julie selbst, die diese Deutung auf dem Totenbett vorgibt.

> „Nein, meine Freunde, nein, meine Kinder, ich verlasse euch eigentlich nicht, ich bleibe bei euch; indem ich euch vereint zurücklasse, bleiben euch mein Geist und mein Herz. Ihr werdet mich unaufhörlich unter euch sehen, ihr werdet unaufhörlich fühlen, daß ich bei euch bin – und hernach, dessen bin ich gewiß, werden wir uns wiederfinden [...]. Meine Rückkehr zu Gott beruhigt meine Seele und versüßt mir einen schweren Augenblick; sie verspricht mir für euch dasselbe Los als für mich." (NH, S. 763 W, 726/27 P)

Julies Worte scheinen getragen vom Wunsch nach Trost und Harmonie; noch im Tod und über den Tod hinaus will sie ihre Funktion als Mittlerin, als emotionales Band und Einheitsstifterin erfüllen. Julie erscheint so gleichsam als Symbol der Gemeinschaft, die durch sie gestiftet wird; sie steht als Einzelne für das Ganze und wäre somit selbst die perfekte und erfüllte Synekdoche. Dieser Deutung zufolge ist Julie im Grunde nie gestorben; sie lebt fort in der Eintracht der anderen. Es braucht uns nicht zu überraschen, wenn die Überlebenden diese Vision begierig aufgreifen und sich mit ihrer Hilfe über den Verlust hinwegtrösten wollen. So schreibt Clara im allerletzten Brief des Romans an den noch immer abwesenden Saint-Preux:

> „Wir wollen alles, was ihr lieb war, versammeln! Ihr Geist möge uns beseelen, ihr Herz die unsrigen verbinden! [...] Ich freue mich bei dem Gedanken, daß von dem Orte aus, den sie bewohnt, vom Aufenthalte des ewigen Friedens, diese immer noch liebende und empfindsame Seele mit Freuden zu uns herabkommt ....". (NH, S. 782 W, 744/45 P)

Der im Zeichen der Synekdoche inszenierte Tod trennt nicht Leben und Tod, er hebt das Leben im Tod auf. Das irdische ist zugleich Zeichen und Teil des ewigen Lebens (auch hier ein pars pro toto). Dieser Tod gibt sich nicht damit zufrieden, die Sterbende ‚aus dem Jammertal dieser Welt' zu erlösen; nein, diese Welt lebt fort. Die allumfassende Anteilnahme, die diese Welt nach wie vor genießt, ist zugleich die extreme Entfaltung der Synekdoche und ihre Überdehnung. Ausgerechnet der Tod, diese Instanz der Trennung, zwingt alles noch einmal in ein scheinbar unteilbares Ganzes. Er artikuliert das Programm dieser umfassenden Einheit, er postuliert die Gemeinschaft der Generationen und Geschlechter, der Herren und Knechte, der Lebenden und der Toten; aber er artikuliert doch auch bereits deren Erschöpfung. Zunächst einmal kann er die Einheit des Ganzen nur postulieren, indem er zugleich die eigene Spur (als Tod, und damit als Trennung und Ende) verwischt, indem er sich selbst also negiert. Die trennende und abschließende Funktion, die Julies Tod scheinbar überwindet, prägt nun allerdings in einer Art ‚Wiederkehr des Verdrängten' die Narration selbst: Die Narration muß den Schnitt tun, den die Synekdoche zu vermeiden sucht; sie stoppt, sie hält den Roman an. Die intendierte Einheit ist nur als Bild zu haben; sie läßt sich nicht erzählen, nur behaupten. Der Tod hebt den widersprüchlichen Gang des Romans nicht auf, auch nicht seine Täuschungen und Paradoxien, er arretiert sie lediglich in einem scheinbar finalen Bild. Genau darin liegt die Erschöpfung der Synekdoche; es gibt nun nichts mehr zu sagen.

Die Unerfülltheit dieser Versöhnung wird auch deutlich an einer scheinbar nebensächlichen Differenz. Julies letzter Wunsch, Saint-Preux und Clara mögen ein Paar werden, wird sich, wie Claras abschließender Brief unterstreicht, nicht erfüllen. Stattdessen beendet Clara diesen Brief – und damit den Roman – mit düsteren Ahnungen ihres eigenen, bald bevorstehenden Todes. Julies Fähigkeit, das Band zwischen allen ihren Lieben zu knüpfen und am Leben zu halten, ist offenbar begrenzt. Und so macht die Gemeinschaft von Clarens am Ende des Romans einen eher desolaten Eindruck.[512]

Auch wenn inzwischen unübersehbar sein dürfte, wie wenig sich dieser Romanschluß der These von Julies ‚Konversion' fügt, bleibt eine Frage offen: Wie steht es denn nun mit dem anspruchsvolleren Versuch, diesen Tod nicht wörtlich, sondern metaphorisch zu lesen? Er berichtete dann nicht vom Tod einer Frau, sondern davon, daß der Ausschluß des ‚Weiblichen' konstitutiv sei für die (maskuline) literarische Produktion selbst. Ich werde mich im folgenden Exkurs mit dieser Frage beschäftigen.

X. DER KULTURKONSTITUTIVE AUSSCHLUSS DES WEIBLICHEN

Exkurs zu Marianne Schuller

In den späten 70er Jahren hat neben Silvia Bovenschen auch MARIANNE SCHULLER[513] Ansätze zu einer Theorie des Weiblichen im kulturellen Prozeß formuliert. Schuller ist nach meiner Kenntnis die erste Literaturwissenschaftlerin, die hierzulande die französische Theoriebildung im Umkreis des Poststrukturalismus systematisch für feministische Problemstellungen fruchtbar gemacht hat.[514] Anders als der anglo-amerikanische Feminismus, der der Psychoanalyse zunächst äußerst skeptisch gegenüberstand[515], hatten die ‚Französinnen‘ schon früh psychoanalytische und poststrukturalistische Ansätze in die eigene Theoriebildung aufgenommen.[516] Die bekanntesten Versuche dieser Art verbinden sich mit den Namen HÉLÈNE CIXOUS, LUCE IRIGARAY und JULIA KRISTEVA.

In Deutschland blieben diese Ansätze lange Zeit unbeachtet; so ist zum Beispiel SILVIA BOVENSCHENs 1979 erschienene Dissertation *Die imaginierte Weiblichkeit* von den genannten Theorien noch gänzlich unbeeinflußt. Insbesondere die Vertreter der Kritischen Theorie (oftmals im Verein mit orthodoxen Marxisten) haben dem sogenannten ‚neuen Irrationalismus‘ aus Frankreich Widerstand entgegengesetzt. Für einen Feminismus, der Subjektivität und Authentizität auf seine Fahnen geschrieben hatte, stellte das elitär anmutende intellektuelle Jonglieren mit Wortspielen und philosophischen Theoremen von Nietzsche und Heidegger bis zu Lacan und Derrida ein zusätzliches Rezeptionshindernis dar. Erst ab 1976 ist im deutschen Feminismus – eingeleitet durch einen thematischen Schwerpunkt „Frauenbewegung / Sprache / Psychoanalyse" in der Zeitschrift *Alternative*[517] – eine Auseinandersetzung mit diesen Ansätzen zu beobachten. In den darauffolgenden Jahren erschienen dann auch die ersten deutschen Übersetzungen von Irigaray, Cixous und Kristeva.[518] Welchen Horizont diese Arbeiten für eine feministisch orientierte Literatur- und Kulturtheorie eröffneten, will ich in diesem Exkurs an einigen Beiträgen von Marianne Schuller erörtern. Zugleich wird es darum gehen, im Rekurs auf die französischen ‚Mütter‘, insbesondere auf Luce Irigaray, die problematischen Aspekte dieses Ansatzes zu markieren.

1. DER AUSSCHLUSS DES WEIBLICHEN
AUS DER SYMBOLISCHEN ORDNUNG DES PATRIARCHATS (LUCE IRIGARAY)

Die These vom Ausschluß des Weiblichen aus den Denk- und Ordnungssystemen des Abendlandes verdankt ihre entschiedenste Formulierung der französischen Philosophin und Psychoanalytikerin LUCE IRIGARAY.[519] Sie untersuchte vor allem die philosophischen Diskurse der westlichen Tradition, deren Wahrheitsbegriff seit Platon und Aristoteles auf der Tilgung des Anderen, der Leugnung der (Geschlechter-)Differenz basiere. Der Nachklang dieser Denktradition finde sich noch in der Psychoanalyse Freuds und Lacans, die andererseits die Voraussetzungen für eine Kritik am idealistischen

Subjektbegriff geschaffen habe. Irigarays theoretisch vielleicht wichtigstes Werk, *Speculum de l'autre femme*, beginnt mit der Analyse von Freuds Theorie der Weiblichkeit. An ihr verfolgt sie, wie sich männliches Denken aus dem Begehren nach dem „Selben" speist und deshalb an der Frage der Differenz der Geschlechter in charakteristischer Weise scheitert. Ein Mädchen ist für Freud nichts als ein „kastrierter" und folglich mit „Penisneid" behafteter Junge; und auch die Libido hat für ihn nur ein Geschlecht: das männliche. Irigaray zufolge basiert Freuds Denken wie das gesamte männlich-philosophische Denken vor ihm auf der Dominanz des Blickes: Die ‚Wahrheit' (des Geschlechtsunterschiedes) werde ausschließlich durch die Sichtbarkeit des Geschlechts gestiftet. Wenn Freud die Frau betrachtet, sieht er anscheinend nichts; das weibliche Geschlecht wird folglich als Abwesenheit bzw. Abweichung von der männlichen Norm verstanden. Irigaray sieht Freud diesbezüglich in einer Tradition männlicher „Spekulation", worunter sie die Verflechtung von narzißtischer Spiegelung *und* theoretischer Reflexion versteht. Die Frau ist in den Systemen der abendländischen Denker nur ein ‚Spiegel' der Männlichkeit – das Andere des Mannes, reduziert auf das Eichmaß des Selben. Deshalb steht sie im phallokratischen Diskurs außerhalb der sprachlichen Darstellung: als das Abwesende, das Negative, der „dark continent" (Freud) oder bestenfalls der minderwertige (‚kastrierte') Mann. Im phallozentrischen Denken wird das Weibliche als ein Differentes unterdrückt und ausgeschlossen; den Frauen wird jede eigenständige Repräsentation ihres Begehrens verweigert; sie werden sprachlos gemacht oder in die Rolle der hysterischen Mime des männlichen Begehrens gezwungen.

> „Das Weibliche muß von nun an als ‚inter-dit' dechiffriert werden: in den Zeichen oder zwischen ihnen, zwischen realisierten Bedeutungen, zwischen den Zeilen und in Funktion zu den Notwendigkeiten der (Re-)Produktion einer der Vernunft des Phallus gehorchenden Währung …". (L. Irigaray 1980, S. 24)

Von der umfassenden Bestimmung des Weiblichen als Negativ der männlichen Ordnung ist es nur ein kleiner Schritt bis zur Stilisierung dieses Weiblichen zum Gegengift des Patriarchats oder gar zum Retter der Menschheit. Irigaray ist, wie mir scheint, dieser Versuchung in ihren späteren Schriften mehr und mehr erlegen. Sie positiviert die *weibliche Differenz* zu einer (differenten) *weiblichen Identität*, die mit allen Merkmalen der Fülle und Präsenz ausgestattet wird – unter Rekurs auf den Körper der Frau einerseits und eine transzendente weibliche Gottheit andererseits. Zunächst insistiert sie darauf, daß die Frau einen anderen Körper habe als der Mann und daß daraus die Ausarbeitung einer ‚weiblichen' imaginären und symbolischen Ordnung folgen müsse: einer Ordnung, die der Morphologie des weiblichen Körpers Rechnung trage. Fragt sich also, wie Irigaray diese weibliche Morphologie bestimmt.

Zunächst betont sie: Die Frau müsse gedacht werden als halboffene, niemals geschlossene Gestalt. Ihre Erotik und ihr Lustempfinden seien von grundsätzlich anderer Art als die männliche; denn das weibliche Geschlecht sei nicht eins, sondern zwei. Während der Mann, um sich zu berühren, ein „Instrument" nötig habe („seine Hand, das Geschlecht der Frau, die Sprache …"), berühre sich das Geschlecht der Frau mit seinen zwei Lippen unaufhörlich selbst, ohne Eingriff von außen und vor aller Unterscheidung von Aktivität und Passivität.[520] Die männliche Ökonomie basiere daher auf dem Vorrang des Blickes und der Form, auf Absonderung und Identität, während die weibliche Ökonomie eine der Berührung, der Angrenzung, des Übergangs und der Vielfältigkeit sei.[521] Als grundlegendes Paradigma schält sich die Opposition von *Berührung* versus *Trennung* heraus. Analog zu den bekannten abendländischen Denkfiguren wie Sinnlichkeit und Rationalität oder Mimesis und Ausbeutung wird auch diese Opposition unhistorisch den beiden Geschlechtern zugewiesen. Daraus folgt eine Aufwertung der ‚berührenden‘ primären Mutter-Kind-Beziehung (die Freuds Ödipustheorem zweifellos vernachlässigt hat) und eine Kritik der ‚trennenden‘ Intervention des Vaters. Trennung, Sprache und Differenz werden auf diese Weise als ausschließlich männliches oder patriarchalisches Übel begriffen. Irigaray sieht in dieser Trennung nicht eine Bedingung der ‚conditio humana‘, sondern ein Signum der Herrschaft des patriarchalischen Systems. Aus ihrer Sicht verknüpft sich daher die Spekulation über einen kulturkonstitutiven Ausschluß des Weiblichen in Gestalt eines mythischen Muttermordes mit dem Versuch einer Wiedereinschreibung des Weiblichen in die Sprache. Diese soll an die Dinge, die Materie, die Stimme, die Berührung zurückgebunden werden[522]; die ‚väterliche‘ symbolische Ordnung wird dagegen als Abstraktion und Trennung abgelehnt. Das Ergebnis dieses Ansatzes ist eine sehr verführerische Theorie von ‚Weiblichkeit‘: Da das männliche Subjekt, wie es scheint, in den zweieinhalb Jahrtausenden abendländischen Patriarchats allen Kredit verspielt hat, kommen nun die Frauen als Retterinnen der Menschheit zum Zuge.

Wie EDITH SEIFERT festgestellt hat, verbirgt sich hinter Irigarays Konzept ein grundsätzlich anderes Menschenbild als bei Freud oder Lacan. Abstoßung, Haß und feindselige Gefühle können ihrer optimistischen Sichtweise zufolge nicht primäre menschliche Gefühlsregungen sein; Irigaray wäre in ihrer Anthropologie also eine Nachfolgerin von Rousseau, für den der Mensch ‚von Natur aus‘ gut und unschuldig ist, während man Freud und Lacan dann wohl eher zu den Nachfolgern von Hobbes' pessimistischer Anthropologie („Der Mensch ist des Menschen Wolf") zählen müßte. Seifert stellt die beiden Positionen gegenüber:

> „Es ist die Verdrängung der einen (besseren) Hälfte des Menschen, die Rivalität und Haß unter den Menschen hervorgebracht hat. Wenn die Verdrängung aufgehoben sein wird, müßten auch die einseitig männlich dominierten Rivalitäts- und Haßgefühle zur Auflösung kommen, denn der andere Teil der Menschheit – die Frauen – ist der Liebe zugeneigt. Verläßt man jedoch den Kreis dieser Total-Imaginarisierung der Sexualität, stellt sich u.U. eine andere Begründung des Freudschen wie des Lacanschen Menschenbildes ein: Vielleicht, daß Freud und Lacan ein antikmodernes Weltbild zum Ausdruck brächten, das nach dem Tode Gottes, von Seinsmangel/Seinsverlassenheit und Orientierungslosigkeit/Unwissenheit geprägt ist."[523]

Irigaray dagegen fordert einen transzendenten Statthalter der Frau in Gestalt einer anderen Gottheit – einer ‚großen Mutter‘? In jedem Fall soll diese Gottheit eine der Gnade und des Festes, der Versöhnung und Liebe sein.[524] Damit sind, gewissermaßen von zwei Seiten her (von ‚unten', vom Körper, und von ‚oben', vom Transzendentalen) alle Voraussetzungen für eine rundum positive weibliche Utopie geschaffen: Die „Ethik der sexuellen Differenz" wird zur neuen Heilsbringerin.[525] Irigarays Theorie kombiniert eine in vielen Punkten überzeugende Dekonstruktion männlicher Diskurse mit der Postulierung eines weiblichen Subjekts, das mit einer Fülle positiver und utopischer Attribute ausgestattet wird.[526] In der Positivierung der Kritik und damit der Substanzialisierung von Weiblichkeit[527] liegt jedoch das Problem, das sowohl in der Theorie als auch in der daraus abgeleiteten politischen Strategie zu folgenreichen Verkürzungen führt.[528]

2. Orte des Weiblichen in literarischen Produktionen

Wenn ich im folgenden einige Spuren des Irigarayschen Diskurses in den frühen literatur- und kulturtheoretischen Aufsätzen von Marianne Schuller verfolge, in Arbeiten also, die gewissermaßen aus der (persönlichen wie allgemeinen) Übergangzeit von Marxismus und Kritischer Theorie zum Poststrukturalismus stammen[529], so geschieht dies nicht, um die Originalität oder Schwäche einer Theoretikerin zu erörtern (zumal Schuller in den 80er Jahren zu den entschiedensten Kritikerinnen feministischer Fehlentwicklungen gezählt werden darf), sondern um die Bruchlinien eines Diskurses zu markieren, deren Ungeklärtheit viel Verwirrung gestiftet hat. Gerade die widersprüchlichen politischen wie literaturtheoretischen Optionen, die sich in Schullers frühen Aufsätzen finden, sollen im folgenden akzentuiert werden, denn an diesen Widersprüchen arbeitet sich die feministische Diskussion bis heute ab.

In einem Vortrag über *Literarische Szenerien und ihre Schatten* aus dem Jahre 1979 grenzt Marianne Schuller ihr Erkenntnisinteresse von einer bloßen Erforschung von Frauenbildern in der Literatur deutlich ab.

> „Wenn ich mich nun der Frage nach den Orten des Weiblichen in literarischen Produktionen zuwende […], so möchte ich diese Fragestellung gegenüber einer geläufigeren, nämlich der nach ‚Weiblichkeitsbildern' in der Literatur, doch abheben. Es geht nämlich nicht nur darum, ‚Weiblichkeitsbilder' in der Literatur zu analysieren, sondern es geht um folgende zu produzierende Problemstellung: welchen Stellenwert hat ‚Weiblichkeit' im Konstitutionsprozeß literarischer Produktion selber? […] Ist der *Ausschluß des Weiblichen* konstitutiv für die Hervorbringung unserer kulturellen Ordnung?" (M. Schuller 1979b, S. 80/81; Hervorh. C.G.)[530]

Man erkennt bereits an dieser Fragestellung eine gewisse Parallelführung von Psychoanalyse und Kulturtheorie. Hatte die Psychoanalyse das Bewußtsein in den Status der Verkennung gerückt, so wird diese Erkenntnis nun vom individuellen auf das kollektive Bewußtsein des Abendlandes übertragen. Für die Psychoanalyse stellt das wache Bewußtsein bekanntlich nur einen kleinen Teil des psychischen Geschehens dar, einen Teil zudem, der sich über seine eigene Beschaffenheit täuscht, indem er sich selbst für den ‚Herrn im Hause' hält. Die unerwünschten Gedanken, Phantasien und

Affekte, die im Prozeß der Bewußtseinsbildung ausgeschlossen wurden und ihren Niederschlag im Unbewußten gefunden haben, werden dabei geleugnet. Auf das Patriarchat übertragen, lautet die These dann: Auch die patriarchalische Kultur und ihre symbolische Ordnung basieren auf einer solchen Selbsttäuschung, indem sie die zu ihrer Entstehung notwendigen Ausschließungsprozeduren verkennen. Sie verdrängen das ‚Weibliche‘, das der Errichtung der kulturellen Ordnung ebenso zum Opfer fällt wie das Unbewußte der Ich-Konstitution.

Schuller illustriert ihre These vom kulturkonstitutiven Ausschluß des Weiblichen mit einer alten chinesischen Geschichte (*Gebote der Kriegskunst*), die davon handelt, „wie die Frauen angeblich den Geist empfangen haben".[531] Diese Geschichte erzählt von einem General, der den Auftrag erhält, hundertachtzig Frauen des Königs in der Kriegskunst auszubilden. Zunächst erscheint dies Unterfangen aussichtslos, denn statt zu exerzieren, lachen und schwätzen die Frauen und produzieren ein großes Durcheinander. Schließlich enthauptet der General die beiden Anführerinnen vor den Augen der anderen Frauen und setzt zwei neue Führerinnen ein. Diese Maßnahme zeigt Erfolg: Von nun an folgen die Frauen, wie es in der Geschichte heißt, „schweigsam und fehlerlos den Befehlen", als hätten sie schon immer das Kriegshandwerk betrieben.[532] Schuller liest diese Geschichte als Parabel auf das Zustandekommen der „männlichen Ordnung" insgesamt.

> „Die Geschichte erzählt nicht nur von den lachenden, anarchistischen Frauen, die schnöderweise der Tod ereilt, sondern sie erzählt, daß die *männliche Ordnung* sich durch das Moment des Abspaltens, des Ausschlusses, des Tötens konstituiert. In diesem Prozeß wird *das Weibliche als das Widersetzliche*, deshalb Auszuschließende und Ausgeschlossene, *das Getötete* bestimmt." (M. Schuller 1979a, S. 37/38; Hervorh. C.G.)

Deutlich wird bereits an dieser Interpretation, daß es Schuller um mehr geht als um den (literarischen) Tod von zwei Frauenfiguren. Dieser ist gleichsam nur das Symptom an der Oberfläche, das auf einen viel fundamentaleren Ausschlußmechanismus hinweist. Das derart Ausgeschlossene wird mit dem Namen ‚Weiblichkeit‘ bezeichnet und zugleich subversiv konnotiert: als das „Widersetzliche" oder „Anarchistische", das in der Geschichte durch die Frauen repräsentiert wird. Das ‚Weibliche‘ ist also nicht einfach das Attribut zu ‚Frau‘, sondern wird metaphorisch konstituiert. Die Geschichte selbst basiert auf zwei Oppositionsreihen. Die erste Reihe besteht aus König – General – Kriegskunst – Exerzieren versus Lachen – Schwätzen – Durcheinander; kurz: Ordnung versus Anarchie. Die zweite Reihe könnte man unter der Geschlechtszuordnung Männer (König – General – Soldaten) versus Frauen zusammenfassen. Schuller zieht in ihrer Interpretation diese beiden Reihen nun zusammen zu ‚männliche Ordnung versus weibliche Widersetzlichkeit‘ und generalisiert dies zu dem Befund, das Weibliche sei das Gegenstück zur männlichen Ordnung. Es erscheint durch diese metaphorisierende Operation auf Seiten des Chaos, der Subversion, des Unbewußten, des Wahnsinns, der Krankheit etc. – kurz: auf Seiten des Nicht-Identischen schlechthin, als Repräsentanz all jener Instanzen, in deren Namen die Moderne ihre Vernunftkritik organisiert hat. Folgerichtig gelangt Schuller von der chinesischen Geschichte zu LUCE IRIGARAYS Hauptthese, daß das abendländische Denken durch Ausschluß und Unterwerfung des Anderen (also des Weiblichen) konstituiert sei.

> „Das männliche Denken konstituiert sich als das ‚Wahre‘, das ‚Einzige‘, das ‚Einzigwahre‘, indem es das Weibliche als sein Feindliches, Auszulöschendes verstummen läßt." (Ebd., S. 38)

In Anlehnung an Irigaray entwickelt Schuller also ein kulturtheoretisches Beschreibungsmodell patriarchalischer Herrschaft, das sich einer Übertragung psychoanalytischer Erkenntnisse auf gesellschaftliche Prozesse verdankt; sie spricht vom kulturkonstitutiven Ausschluß bzw. ‚Tod‘ des Weiblichen. Damit wird das Weibliche im Rekurs auf das psychoanalytische Konzept der *Verdrängung* konstruiert; es hat im kulturellen Prozeß einen analogen Status wie das *Unbewußte* in der individuellen Psyche: Wir finden es angesiedelt auf der „Nachtseite" der Wissenschaften oder in jenem „Schattenreich", aus dem die Literatur hervorgeht.[533]

Den Sachverhalt patriarchalischer Herrschaft in Termini der Verdrängung zu formulieren, hat zweifellos Vorzüge gegenüber dem Unterdrückungsparadigma, das die Frau auf die Position des Opfers festschreibt. Denn etwas Verdrängtes ist nicht einfach ‚weg‘, es ist nur unsichtbar (gemacht). Und wie wir aus der Psychoanalyse wissen, neigt es dazu, allerlei Zeichen von seiner verborgenen Existenz zu geben: Es hinterläßt Spuren in der symbolischen Ordnung. Schullers These ist insofern politisch verführerischer als die Ansätze von KATE MILLETT oder SILVIA BOVENSCHEN; sie entwirft eine theoretisch elaborierte Position, von der aus Frauen den ‚Umsturz der gesellschaftlichen Ordnung‘, die ‚feministische Kulturrevolution‘, betreiben können. Das Verdrängungsparadigma tendiert zu einer subversiven Konnotierung des Weiblichen: Das Verdrängte bleibt bekanntlich im Unbewußten virulent und wartet auf die Möglichkeiten zur Wiederkehr. Ferner definiert es das verdrängende Individuum als neurotisch bzw. das ausschließende kulturelle System als ‚krank‘ und somit veränderungsbedürftig.

Einige Fragen bleiben allerdings ungeklärt. Erstens: Wie ist das Verhältnis von empirischer Frau oder literarischer Frauenfigur zu ‚Weiblichkeit‘ als kulturtheoretischer Metapher zu denken? Zweitens: Wie ist das Verhältnis von notwendiger und überflüssiger Herrschaft oder (psychoanalytisch ausgedrückt) von notwendiger und überflüssiger Triebeinschränkung zu bestimmen? Man könnte ja beispielsweise die chinesische Geschichte als Parabel auf die menschliche Kulturgenese schlechthin lesen: Sie erzählte dann davon, daß die Menschen in jeder gesellschaftlichen Ordnung ihre anarchische Triebhaftigkeit disziplinieren müssen – und zwar Männer wie Frauen. Dies wäre eine Geschichte, wie sie uns die Psychoanalyse Freuds oder Lacans allenthalben erzählt: Die Geschichte von der „Notwendigkeit der eingeschränkten Lust" (Edith Seifert). Nimmt man die chinesische Parabel aber als Hebel einer Patriarchatskritik, das heißt, bezieht man die metaphorisch konstituierte Weiblichkeit auf ihren ‚wörtlichen‘ Referenten Frau, dann landet man sehr schnell bei der großen feministischen Utopie einer Gesellschaft ohne Triebeinschränkung, ohne Trennung von der Mutter, ohne schmerzhaften Einschnitt am Beginn der Humangenese. Und drittens schließlich: Welchen Status haben literarische oder philosophische Texte in dieser Sichtweise? Wenn die symbolische Ordnung des Patriarchats auf dem Ausschluß des Weiblichen beruht, dann stellt sich die Frage, welchen Stellenwert literarische Texte in diesem System haben können. Sind sie Symptom des Verdrängten oder wirken sie an der Verdrängung mit? Richtet sich die Lektüre literarischer Texte folglich darauf, die ‚Wahrheit‘ dieser Texte zu artikulieren oder ihre ‚Verschleierungsfunktion‘ zu demaskieren? Ich beginne meine Untersuchung bei der letzten Frage.

In dem Aufsatz *Literarische Szenerien und ihre Schatten – Orte des ‚Weiblichen‘ in literarischen Produktionen* (1979b) analysiert Schuller literarische Texte von Poe, Schnitzler und Bachmann, denen eines gemeinsam ist: Sie alle berichten vom Tod einer Frau. Im Hinblick auf die Fragestellung der Autorin ist eine solche themenzentrierte Auswahl allerdings prekär; denn ihre Frage lautet, „ob der Tod der fiktiven Frauen nicht auch in der Spezifik der Fiktion begründet liegt. Mit anderen Worten […], ob die literarischen Schreibweisen nicht so geprägt sind, daß sie den Ausschluß des Weiblichen als ihre Konstitutionsbedingungen an sich haben, was dann der thematischen Ausfaltung, nämlich dem Tod der Frauen, sein wirkliches Gewicht verleiht.“[534] Ungeklärt ist in dieser Fragestellung zunächst das Verhältnis von Weiblichkeit (oder Weiblichem, wie Schuller vorsichtiger formuliert) und Frau (bzw. literarischer Frauenfigur). Offenbar ist mit dem ‚Ausschluß des Weiblichen‘ aus dem Konstitutionsprozeß von Literatur ein wesentlich umfassenderes Strukturmerkmal gemeint als mit der thematischen Konkretisierung im literarischen Tod der Frau. Doch bleibt der Bezug zwischen beiden vage und die These vom Ausschluß des Weiblichen als Voraussetzung einer männlichen Kultur somit anfechtbar. Was soll man denn von Texten halten, in denen die weibliche Protagonistin (ausnahmsweise) nicht stirbt? Haben auch sie den Tod des Weiblichen zur Voraussetzung? Und was wäre dieses ‚Weibliche‘ jenseits der Referenz auf eine fiktive oder reale Frau? Bereits durch ihre Auswahl literarischer Texte beschränkt sich Schuller darauf, ‚Weiblichkeit‘ nur dort zu erkennen, wo diese in Gestalt ihres vermeintlichen Synonyms ‚Frau‘ erscheint. Mit dieser Verkettung von Frau und Weiblichkeit ist es nun allerdings unmöglich, die Allgemeingültigkeit des Ausschlusses von Weiblichkeit nachzuweisen. Die Argumentationsstrategie unterläuft die Reichweite des Arguments. Aufgrund einer selektiven Auswahl scheinen die Texte immer schon zu bestätigen, was ja erst bewiesen werden soll.

Dennoch: Zu prüfen bleibt, ob Schullers These für die von ihr ausgewählten Texte zu überzeugen vermag. Ich beschränke mich im folgenden auf die Analyse eines Textes, der sich in der feministischen Diskussion um „Weiblichkeit und Tod in der Literatur“ besonderer Beliebtheit erfreut: EDGAR ALLAN POEs Erzählung *Das ovale Porträt*.[535] Sie bietet sich Schullers Fragestellung um so mehr an, als sie selbst von einem Künstler, genauer: von einem Maler, erzählt, der seine Geliebte buchstäblich der Kunst opfert. Während er sie monatelang Modell sitzen läßt und das Bild auf der Leinwand immer vollkommener und lebensechter wird, verwelkt das lebendige Original zusehends. Diese einander korrespondierenden Prozesse kulminieren im Moment der Vollendung des Kunstwerkes.

„… einen Augenblick stand der Maler versunken vor dem Werk, das er geschaffen; im nächsten aber, während er noch starrte, befiel ein Zittern ihn und große Blässe. Entsetzen packt' ihn, und mit lauter Stimme rief er: ‚Wahrlich, das ist *das Leben selbst!*' und warf sich jählich herum, die Geliebte zu schaun: – *Sie war tot!*"[536]

Wir hätten also auf einer ersten, thematischen Ebene einen Beleg für Schullers These vom Ausschluß des Weiblichen am Ursprung der Kunst bzw. der Fiktion selbst: „Die Geburt des Bildes ist der Tod der Frau."[537] Auf dieser Ebene erschiene dann in der Tat die literarische Frauenfigur (also die Frau des Malers) als eine Repräsentantin des ‚Weiblichen'; die Interpretation könnte mit einiger Plausibilität den Tod der fiktiven Frau und den Ausschluß der Weiblichkeit in der Kunstproduktion miteinander identifizieren. Doch kann eine solche Beweisführung nicht wirklich befriedigen; denn abgesehen davon, daß der erzählte Sachverhalt in keiner Weise zu generalisieren ist, bleibt ja auch gänzlich ungeklärt, was es zu bedeuten hat, daß diese Geschichte selbst vom Tod der jungen Frau *erzählt*, daß also der ‚Ausschluß' des Weiblichen nicht verdrängt, sondern im Gegenteil thematisiert wird.

Aber so vordergründig will Schuller ihre These auch gar nicht verstanden wissen. Für sie ist das Wesentliche an dieser Erzählung der Schrecken, besser noch: das Grauen, das den Maler beim Anblick seines Bildes befällt. Dieses Erschrecken wiederholt sich beim Betrachter des Bildes, dem Ich-Erzähler, der gewaltsam in das Schloß eingedrungen ist: Auch er erschrickt, als er in einer verborgenen Nische das lebensechte Bild entdeckt. Die Erzählung über das *ovale Porträt* (die „literarische Szene" also) liest Schuller nun vor allem als künstlerische Bewältigung dieses Schreckens – als Bewältigung, die zugleich Bemeisterung des Schreckens ist und damit einer Verdrängung seiner Wahrheit gleichkommt. Auf der Ebene des Erzählten, also im Verhältnis des Künstlers zu seinem Porträt und zu seiner Frau, verweise der Schrecken auf die ‚Enthauptung' des Lebens durch das Kunstwerk[538], das sich diesem gegenüber behauptet. Auf der Ebene des Erzählers wird von Maßnahmen berichtet, die dieser trifft, um den Schrecken zu bändigen, den der Blick auf das Porträt bei ihm ausgelöst hatte.

„Nur kurz, fast hastig blickte ich über das Gemälde hin, dann schloß ich die Augen … Es war eine impulsive Bewegung gewesen, um Zeit zum Nach-Denken zu gewinnen – um mich zu vergewissern, daß meine Vision mich nicht getäuscht habe, – um meine Phantasie zu beschwichtigen und zu bändigen, damit ein nüchterner und gewisserer Blick dann möglich ward."[539]

Nach der Bemeisterung seines Schreckens sieht der Erzähler nun erneut auf das Bild – diesmal mit dem analysierenden Blick des Kunstkenners, der stilistische Zuordnungen trifft und eine Bildbeschreibung liefert. Auch gibt er sich nun Rechenschaft über den Grund seines anfänglichen Erschreckens.

„Indem ich ernstlich über diese Punkte hindachte, blieb ich wohl eine Stunde lang […] vor dem Porträt, mein Sehen fest darauf gerichtet. Schließlich doch sank ich – befriedigt, das wahre Geheimnis seiner Wirkung erschaut zu haben – im Bett zurück. Des Bildes Zauber hatte sich mir entdeckt: in einer absoluten *Lebensähn-*

189

lichkeit des Ausdrucks, die, anfangs nur verblüffend, mich schließlich überwältigte, verstörte und entsetzte."[540]

An die Analyse des Bildes schließt sich nun der Kommentar über dessen Entstehung an. Der Erzähler findet ein Buch, das Erläuterungen zu den Kunstwerken des geheimnisvollen Schlosses enthält. Der Schreck, den die Betrachtung des Bildes auslöste, wird Schuller zufolge also durch einen zweifachen Distanzierungsprozeß unter Kontrolle gebracht: zunächst durch die nüchterne Bildbeschreibung, und dann durch die Lektüre bzw. Zitation des Entstehungsberichtes. Der Prozeß des Analysierens und Beschreibens erscheint so als Abwehrmechanismus gegen den Schrecken und die Wahrheit, die dieser anzeigt. Soweit wird man Schullers Interpretation folgen können: In der Tat entfaltet Poes Erzählung auf zwei Ebenen eine „Dramaturgie des Blicks", der ‚Unheimliches' zutage fördert und Grauen einflößt.[541] Doch wie kommt man von diesem Befund zur Behauptung, daß ‚das Weibliche' im Prozeß der Hervorbringung von Kunst und Literatur ausgeschlossen und getötet würde?[542] Schuller versucht ihre These mit einem gewagten Analogieschluß zu erhärten:

„Wie der Maler ab-sah von der geliebten Frau, um das Bild herzustellen, so muß der Erzähler ab-sehen von dem visionären Bilderlebnis, um es als lebensähnliche Kunst wahrnehmen zu können. Und genau diese Bändigung oder Distanzierung – ‚daß ich nun richtig sähe' – vollzieht der Text. […] Der absondernde Blick produziert die literarische Szene, in deren Schatten die ‚Ursache der heftigen Erregung' zurücktritt. Ohne dieses Schattenreich, in das ‚gewaltsam eingedrungen' und aus dem sich dann wieder ‚entzogen' wird, aber wäre die Szene nicht." (M. Schuller 1990, S. 52/53)[543]

Hier intervenieren nun zwei nicht näher explizierte Operationen. Zum einen wird der Schrecken mit einer ‚Wahrheit' des Weiblichen in Verbindung gebracht – und zwar per Analogieschluß: Der Maler verhält sich zu seiner Frau wie der Erzähler zum Bilderlebnis, beide operieren mit „absonderndem Blick". Aus der vermeintlichen Gleichartigkeit ergibt sich dann die Synonymität von Schrecken, Schatten und Frau. Zum anderen wird die Perspektive des Ich-Erzählers mit derjenigen der Erzählung (d. h. des impliziten Autors) identifiziert: Weil der Ich-Erzähler seinen Schrecken mittels eines distanzierten Blickes bändigt, glaubt Schuller schlußfolgern zu können, die Erzählung insgesamt, und möglicherweise die gesamte maskuline Literatur, arbeite mit diesem absondernden Blick. Die Identifizierung von Ich-Erzähler und implizitem Autor ist aber ein literaturwissenschaftlich unzulässiges Verfahren, das in diesem Falle dazu führt, die eigentlich spannende Frage auszuklammern: Ist Literatur ein Ort, an dem das Verdrängte (z. B. das ‚Weibliche') sich artikulieren, Zeichen von sich geben kann, oder ist sie der Ort, an dem die Verdrängung selbst stattfindet? Mit anderen Worten: Kann man bestimmte Elemente von Poes Erzählung als ‚Symptome' des Verdrängten lesen, oder wird man diese Erzählung schon aus prinzipiellen Erwägungen als Ort der Zensur oder Verkennung, als Bestandteil eines Systems von Herrschaftswissen behandeln müssen? Das oben wiedergegebene Zitat bleibt diesbezüglich in charakteristischer Weise nebulös. Das Problem ist hier elegant unkenntlich gemacht: Vollzieht der Text (also der Autor bzw. der Mann) die Bändigung oder erzählt er sie und macht sie damit erkennbar? Ist Literatur folglich eine Form der Verschleierung oder der Erkenntnis?

Wie also steht es mit dem Zusammenhang von Schrecken und verdrängter Weiblichkeit, den Schullers Interpretation so stark betont? Zunächst einmal wäre zu konstatieren: Weder für den Maler noch für den Betrachter liegt die Ursache des Schreckens im weiblichen Objekt, d. h. in der Frau (des Künstlers) bzw. ihrem Abbild. Der Schrecken, den Poes Erzählung inszeniert, entspringt vielmehr der *Lebensähnlichkeit des Bildes*, das heißt der Grenzverwischung zwischen Kunst und Leben und der damit einhergehenden Destruktion festgefügter Ordnungsmuster. Gerade der Anschein, daß die Kunst ‚lebendig‘ wird, das heißt ihren Status als Kunst zu verlieren droht, wird zur Ursache des Schreckens – nicht der thematisierte Tod der Frau.[544] Die plötzliche Unsicherheit in der fundamentalen Frage nach dem Kriterium des Realen gehört von alters her zum Repertoire des Grauens. Das Grauen spricht also von der Erfahrung, die dem ‚maskulinen‘ Denken entgegengesetzt ist, von der Erfahrung nämlich, daß alles auch ganz anders sein könnte. Inwiefern sich diese Erfahrung an das Weibliche bindet, wäre erst genau zu beschreiben. Stattdessen weicht Schuller meines Erachtens in eine vorschnelle Generalisierung des in dieser Erzählung vermeintlich angelegten Geschlechterverhältnisses aus.

> „Luce Irigaray hat den Vorrang des Blicks und der Absonderung der Form, der Individualisierung der Form als Merkmal männlich geprägter Wahrnehmungsmuster dargelegt. In dem Maße wie die Produktion der literarischen Szene mit einer Dramaturgie des Blicks in Verbindung steht, wird umso einsichtiger: jene *Schatten*, ohne die die Szene nicht wäre, können den Namen ‚*Weiblichkeit*‘ erhalten. Von hier aus, aus dem Konstitutionsprozeß des Textes selbst, begründet sich denn noch einmal, warum bei Poe stets Frauen die Opfer sonderbarer Verbrechen sind.“ (M. Schuller 1990, S. 53; Hervorh. C.G.)

Statt einer sorgfältigen Untersuchung des Zusammenhangs von porträtierter (und dadurch ‚getöteter‘) Frau, ihrem Bild, der Position des ovalen Porträts im Schatten einer Nische und der sogenannten Weiblichkeit verkürzt die Autorin ihre Argumentation zu einem Zirkelschluß: Was zu beweisen wäre (daß die Form des distanzierenden Blicks ein Merkmal männlicher Wahrnehmungsmuster ist, das zudem die Wahrnehmung nicht nur des Erzählers, sondern auch die Perspektive der Erzählung prägt), wird unter Berufung auf Irigaray einfach vorausgesetzt. Im Gegenzug wird dann dem Schattenreich das Substantiv ‚Weiblichkeit‘ zugeordnet und auf undurchsichtige Weise mit den weiblichen Opfern (man darf wohl annehmen: männlicher) Verbrechen in Poes Erzählungen in Verbindung gebracht. Nun ist zwar das Unheimliche bei Poe längst nicht in allen Erzählungen weiblich konnotiert, aber selbst wenn man bereit ist, eine Synonymität von Weiblichkeit und Grauen bei Poe zu konstatieren, müßte man die Dramaturgie dieser Erzählung anders beurteilen: Es ist ja keineswegs der distanzierte Blick, der hier den Sieg davonträgt, vielmehr inszeniert Poe das Grauen in zwei Wellen. Er läßt seinen Ich-Erzähler in ein Schloß eindringen und vor einem Porträt erschrecken.

Dieses Erschrecken löst sich auf im distanzierten Blick des Kunstkenners, führt aber weiter zu jener längeren Textpassage aus dem Kommentarbüchlein zu den Bildern. Diese Erzählung in der Erzählung wiederholt nun allerdings den Schrecken, indem sie erst jetzt von jenem Maler berichtet, der ein ‚lebendes‘ Bild schuf, während seine Frau starb. Am Ende der Geschichte holt der Schrecken den Leser noch einmal ein, und mit diesem Schrecken wird er unvermittelt aus der Erzählung entlassen. Poes Erzählung berichtet also von einer Wiederkehr des Verdrängten, und zwar in doppelter Hinsicht: Die Frau, die zum leblosen Objekt wurde, tritt dem Maler aus seinem Bild lebensgleich entgegen; und zweitens wiederholt sich in der Pointe der Erzählung jener Schrecken, der bereits durch den distanzierten Blick des Kunstkenners überwunden schien. Ist also tatsächlich der Tod der Frau die Bedingung der Möglichkeit abendländischer Philosophie und Literatur? Sofern man bereit ist, der problematischen Gleichsetzung von Weiblichkeit und Frau für einen Augenblick zu folgen, müßte man zur Kenntnis nehmen, daß die zum Beweis herbeizitierte Erzählung Poes eigentlich vom Gegenteil berichtet: von der erfolgreichen Wiederkehr des ‚Weiblichen‘.

Man wird also mit den scheinbar so naheliegenden Zuordnungen bedachtsam umgehen müssen. Wieder einmal zeigt das literarische ‚Exempel‘ seine Überlegenheit über den theoretischen Diskurs, mittels dessen es einer ordnenden Interpretation zugänglich gemacht werden soll. Die Domestizierung der ‚weiblichen List‘ des Textes will auch hier nicht gelingen. Und darin wird – hoffentlich auch in Zukunft – die Herausforderung der Literatur an jede Art von Literaturtheorie, nicht nur an die feministische, bestehen bleiben. Dennoch ist festzuhalten: Indem sie die ‚literarischen Szenerien‘ als Untersuchungsgegenstand ernst nimmt, gelingt es Schuller, die bereits erörterten Varianten feministischer Literaturtheorie deutlich weiterzuentwickeln.

3. Die metaphorische Konstitution des Weiblichen und das Dilemma des feministischen Selbstverständnisses

Kommen wir zurück auf die weiter oben formulierten, noch offenen Fragen: Wie ist das Verhältnis von empirischer Frau oder literarischer Frauenfigur zu ‚Weiblichkeit‘ als kulturtheoretischer Metapher zu denken? Und wie ist das Verhältnis von notwendiger und überflüssiger Herrschaft oder Triebeinschränkung zu bestimmen? Ich erörtere diese Fragen an einem anderen programmatischen Text von Schuller aus dem Jahre 1979, dem Aufsatz zur *Nachtseite der Humanwissenschaften*. Hier wird die Beschaffenheit des ‚männlichen‘ Denkens am Beispiel eines klassischen philosophischen Diskurses demonstriert, nämlich an Hegels *Phänomenologie des Geistes*. Schuller geht zunächst von der Positionsbestimmung von Mann und Frau im Sittlichkeitskapitel der *Phänomenologie* aus. Während die Frau ihren Ort in der Familie hat, tritt der Mann aus dieser heraus, um seinen Platz im Gemeinwesen einzunehmen. Dabei muß er den Ort seines Ursprungs (nämlich die Mutter) verlassen; zum Subjekt der gesellschaftlichen Ordnung wird er nur durch die Abtrennung von seinem Ursprung. Diesen Einschnitt interpretiert Schuller nun als Abtötung oder Ausschluß des Weiblichen.[545] Zu einer solchen Deutung kommt sie allerdings nur über einige gewagte interpretatorische Pirouetten.

> „Der Eintritt in die Ordnung des Gemeinwesens durch den Mann [...] fordert das Vergessen, das Versinken, fordert *den Tod der Erinnerung* dessen, woraus Mann [...] hervorgegangen ist. Als Ort des Ursprungs muß die Frau, um der Erarbeitung des menschlichen/männlichen Gesetzes willen, vergessen werden, und sie steht noch in anderer Weise *im Dienste des Todes*: sie ist die Hüterin des Endes des bewußten Lebens, Hüterin des Todes, den sie – wie Antigone es tat – im Begräbnis zudeckt, schützt, wärmt." (M. Schuller 1979a, S. 40; Hervorh. C.G.)

Unklar ist in dieser Passage die Zuordnung von Weiblichkeit und Tod; zunächst wird der Tod metaphorisch eingeführt („Tod der Erinnerung"), dann wird diese Bestimmung abgelöst durch eine wörtliche, in der es aber nicht um den Tod der Frau oder der Weiblichkeit geht, sondern um einen historisch-spezifischen Aufgabenbereich von Frauen (Hüterin des Todes zu sein), der als solcher nicht einmal zu verallgemeinern ist (heute übernehmen Beerdigungsinstitute diese Aufgabe). Beide Bestimmungen sind für die These vom Tod des Weiblichen als Grundlage der symbolischen Ordnung nicht sonderlich beweiskräftig.

Sicher ist die Feststellung richtig, die Frau sei in der Hegelschen Philosophie ein geschichtsloses Wesen, das keinen Subjektstatus für sich beanspruchen kann[546]; und es ist zunächst einmal Schullers Verdienst, diese Einschreibung des Weiblichen in Hegels System herausgearbeitet zu haben. Die Frau wurde dem System Familie zugeordnet, dem göttlichen Gesetz, dem Unbewußten (Unterirdischen, Jenseitigen, Schattenreich etc.) und der natürlichen Sittlichkeit; der Mann entsprechend dem Gemeinwesen (Staat, bürgerliche Ordnung), dem menschlichen Gesetz, dem Bewußtsein und der allgemeinen Sittlichkeit. Aber trifft es auch zu, daß das Vergessen des Ursprungs und der Tod des Weiblichen die notwendige „Voraussetzung der Produktion menschlich/männlicher Ordnung" sind? Trifft es zu, daß in Hegels System durch die Abspaltung des Weiblichen eine Art blinder Fleck entsteht, der für die Reproduktion der männlichen Ordnung unentbehrlich ist?[547] Ich möchte das bezweifeln. Hegel scheint mir weit davon entfernt zu sein, den Ausschluß der Frauen aus dem Gemeinwesen zu verkennen, im Gegenteil: Er spricht ihn explizit aus und nennt auch dessen Folgen. Hegel zufolge erzeugt sich das Gemeinwesen nämlich „an dem, was es unterdrückt *und was ihm zugleich wesentlich ist*, an der Weiblichkeit überhaupt seinen *inneren Feind*."[548] Schuller zitiert diesen Hegelschen Befund zwar, bleibt aber in seiner Bewertung – und damit in der Frage nach dem Status seines Textes – in charakteristischer Weise ambivalent. Zunächst stimmt sie Hegel zu: „... so können wir doch in aller Klarheit lesen, daß die männliche Ordnung aufgrund ihres Konstitutionsprozesses bedroht ist"[549], um dann jedoch diese Erkenntnis sogleich agitatorisch gegen den Autor zu wenden.

> „Daß es [das Weibliche, C.G.], so konstituiert und zugerichtet, gefährlich werden, daß es sich widersetzen könnte, widersetzlich werden könnte, wider das Gesetz, wider die geschichtlich gewordene Vernunft verstoßen könnte – das, so hoffe ich, *befürchtet* nicht nur Hegel." (Ebd., S. 43; Hervorh. C.G.)

Diese Schlußfolgerung erscheint mir nun doch als eine zu offensichtlich rhetorische Wendung. Hegels Bestimmung, das Weibliche sei der „innere Feind" oder die „ewige Ironie" des Gemeinwesens, ist nämlich eine Aussage über die objektive Position der Frauen, die nichts aussagt über deren subjektive Widersetzlichkeit. Zudem lese ich in Hegels Text nirgends etwas von der Befürchtung, daß die Frauen nun den Aufstand proben könnten. Eine nüchterne Analyse des Textes hätte sich mit der Feststellung zu begnügen, daß Hegel auch an der Geschlechterfrage dialektisches Denken praktiziert: Wenn der Mann sich auf Kosten der Frau zum alleinigen geistigen Subjekt erhebt, dann muß er mit deren Feindseligkeit rechnen. Das Gemeinwesen wird also kein stabiles sein; und statt Hegel eine Furcht vor dieser Einsicht zu unterstellen, wäre doch allererst einmal zu konstatieren, daß er hier eine Erkenntnis formuliert, die der Feminismus beerbt hat: So wie Herr und Knecht aufeinander angewiesen sind, bedingen sich auch die Positionen von Mann und Frau wechselseitig. Die Herr-Knecht-Dialektik auf das Geschlechter-Verhältnis angewandt, ergäbe geradezu wesentliche Bestimmungen einer feministischen Strategie; denn daß die Frauen der „innere Feind" des Gemeinwesens sind, gewinnt sein spezifisches Gewicht erst im Zusammenhang mit Hegels Feststellung über ihre Unverzichtbarkeit. Daß sie dem Gemeinwesen „wesentlich" sind, heißt eben auch, daß dieses nicht ohne sie existieren kann. Wenn es ihnen dennoch die öffentliche und politische Repräsentation verweigert, dann müssen die Ansprüche der Frauen im Rekurs auf diese Unverzichtbarkeit begründet werden – materialistisch gewendet: Die Frauen müssen ihre Ansprüche formulieren im Rekurs auf ihre Unverzichtbarkeit für die Produktion und Reproduktion der Gesellschaft. Hegel wäre wohl eher feministisch zu beerben, als agitatorisch zu denunzieren. Weil Schuller aber von der Prämisse ausgeht, daß Literatur und Philosophie „Subjekteffekte" und speziell „Weiblichkeitseffekte" hervorbringen, die die Frauen in der Regel disziplinieren[550], daß literarische und philosophische Diskurse folglich „ideologisch" sind, weil sie gesellschaftliche Widersprüche „imaginär versöhnen" (sprich: verschleiern)[551] – kurz: weil Schuller im Rahmen einer diskursanalytisch fundierten Ideologiekritik verbleibt, kann sie die Erkenntnisse, die Hegels Text formuliert, nur gegen den Autor – als Resultat der eigenen ‚Entlarvungsarbeit' – geltend machen.

Anhand der Stichworte ‚Beerbung' und ‚Denunziation' läßt sich möglicherweise auch die bis heute aktuelle grundlegende Kontroverse in der feministischen Theoriebildung und Politik rekonstruieren. Die Alternative lautet: Geht es darum, den (unter anderem) von Hegel skizzierten weiblichen Part des ‚inneren Feindes' der politischen oder symbolischen Ordnung bewußt zu übernehmen und offensiv zu wenden, oder muß (bzw. kann) diese strukturell negative Bestimmung im Namen einer positiven Definition von Weiblichkeit verworfen werden? Julia Kristeva beharrt im Unterschied zu Luce Irigaray darauf, daß eine Politik der Frauen sich nur negativ bestimmen läßt, in aktiver und bewußter Übernahme der symbolischen Position, die Hegel ihnen zuwies, daß sie sich aber vor jeder positiven weiblichen Utopie hüten müsse. Nur als „ewige Ironie des Gemeinwesens" hätte die ‚Weiblichkeit' der Frauen eine die herrschende Ordnung störende Funktion; während jede Positivierung lediglich die alten Strukturen unter neuen Vorzeichen reproduzieren würde.

„In dieser Situation der Unterdrückung bleiben der von Macht und Sprache Ausgeschlossenen […] zwei Schicksale. Die Frau kann eine Art Negativität, eine Beunruhigung darstellen, die die Macht bis zum Punkt ihrer Infragestellung treibt. Das ist die klassische Rolle der Hysterikerin, die in der Lage ist, als revolutionäres Symptom im positiven Sinne auszubrechen. Oder aber das andere Schicksal: Die Frau kann die Macht bis zur Identifikation mit ihr beanspruchen, um dann deren Platz einzunehmen. Man kann sich fragen, ob gewisse feministische Forderungen nicht an dieser Identifikation mit der Macht scheitern, nämlich zur Gegenmacht werden, die die Fehler der offiziellen Macht noch verstärkt: das gelobte Land einer endlich nur aus Frauen bestehenden harmonischen Gesellschaft, die des Rätsels Lösung für die imaginäre Gesellschaft ohne Widersprüche sein soll. Dieser fantasmatischen Gemeinschaft steht häufig eine archaische Mutter mit väterlichen Attributen vor. […] Dagegen könnte die Frauenbewegung, würde sie sich als ‚ewige Ironie des Gemeinwesens‘ (Hegel) begreifen, permanenter Widerstand gegenüber dem Bestehenden sein: Humor, Lachen, Selbstkritik, auch gegenüber dem Feminismus …“.[552]

MARIANNE SCHULLER, deren Hegel-Lektüre noch unentschieden zwischen den beiden skizzierten Optionen balancierte, hat sich in den 80er Jahren zugunsten von Kristeva entschieden.[553] Damit hat sich, wie mir scheint, zugleich der thematische Schwerpunkt ihrer Arbeiten und die Stoßrichtung ihrer Kritik deutlich verlagert: Nicht mehr die Exponenten einer ‚männlichen Ordnung‘ (wie zum Beispiel Hegel) werden ins Visier der Kritik genommen, sondern vor allem jene Anhängerinnen der Frauenbewegung, die sich den positiven feministischen Utopien verschrieben haben.[554] Da diese späteren Aufsätze sich jenseits der Problemstellungen der vorliegenden Arbeit bewegen, habe ich auf ihre Würdigung im vorliegenden Zusammenhang verzichtet. Der untersuchte Aufsatz zur *Nachtseite der Humanwissenschaften* deutet die später von Schuller präferierte kritisch-dekonstruktive Position bereits an[555], wenngleich er in seiner Rhetorik häufig das Gegenteil – die Hoffnung auf eine utopische Weiblichkeit – suggeriert.

Dieses Schwanken scheint mir aber symptomatisch für ein Dilemma, in das der Feminismus unvermeidlich gerät, sobald er die metaphorische Konstitution von Weiblichkeit erkannt hat. Wenn das empirische Subjekt Frau zunächst einmal keineswegs ‚weiblich‘ ist, wenn ‚Weiblichkeit‘ also nur innerhalb diskursiver Zuschreibungen existiert, für wen spricht dann der Feminismus? Von woher soll er sein Selbstverständnis beziehen und worauf seine politische Arbeit stützen? Wie es scheint, öffnet eine Entkoppelung von ‚Frau‘ und ‚Weiblichkeit‘ einem haltlosen Relativismus Tür und Tor. War die feministische Theoriebildung ausgegangen von der Annahme einer lediglich unterdrückten ‚weiblichen Identität‘, die in dem Glauben an eine ‚authentische‘ weibliche Erfahrung ihren vermeintlich sicheren Bezugspunkt hatte, so scheint sie nun in dem Dilemma zu enden, entweder die metaphorisch konstituierte Weiblichkeit als ‚wörtliche‘ mißzuverstehen und erneut als positive weibliche Identität zu konstruieren (wie etwa Irigaray) – womit wir dann bei einem „feministischen Fundamentalismus“ gelandet wären –, oder die dekonstruktive Bewegung von ‚Weiblichkeit‘ so weit zu treiben, daß am Ende die Fundamente jeglicher feministischer Theorie oder Politik in Frage gestellt wären.

Vielleicht läßt sich diese Erschütterung aber produktiv wenden, etwa so, wie es Julia Kristeva in ihrer Skizzierung der historischen Etappen bzw. logischen Positionen der feministischen Bewegung getan hat:

– Position / Etappe eins: Frauen fordern gleichen Zugang zur politischen und symbolischen Ordnung, bleiben aber damit im Rahmen des vorgegebenen Systems (liberaler Feminismus, Forderung nach Gleichheit bzw. Gleichberechtigung)
– Position / Etappe zwei (Antithese): Frauen weisen die ‚männliche‘ Ordnung im Namen der Differenz, das heißt im Namen einer ‚fundamentalen‘ weiblichen Andersheit zurück und konstituieren damit die Frau auf der Basis der alten Geschlechterdualismen als positives Subjekt (radikaler Feminismus, Aufwertung von ‚Weiblichkeit‘, feministischer Fundamentalismus)
– Position / Etappe drei (Synthese? Transgression?): Frauen weisen die Dichotomie von ‚männlich‘ und ‚weiblich‘ als Bestandteil metaphysischen Denkens zurück – und zugleich auch jede Politik eindeutiger Identitätszuschreibung.[556]

Diese dritte Variante ist nicht mehr an das biologische Geschlecht der Frau gebunden und entzieht auch jeder ‚positiven‘ metaphorischen Vereinheitlichung unter Geschlechtskategorien (Frau, Weiblichkeit) die Grundlage; in der Tat bewegt man sich mit dieser Position nicht mehr auf ‚festem‘ Grund. Wie es scheint, schrecken viele Feministinnen vor dieser Konsequenz zurück und begeben sich lieber auf das sichere Terrain von Position eins oder zwei: auf das Feld pragmatisch-egalitärer (Sozial-)Politik für Frauen oder in die separatistischen Gegenwelten und Subkulturen feministischer Utopien, die mit dem Versprechen locken, daß Frauen doch ‚ganz anders‘ seien und sich schon alles zum Guten wenden werde, wenn die Macht endlich – in irgendeiner fernen Zukunft – in weiblichen Händen sei.

Mir scheint allerdings, daß allein in der dritten Variante die theoretische und politische Brisanz des Feminismus eine Überlebenschance hat. Feminismus darf sich nach meiner Überzeugung nur *negativ* verstehen, als Kritik an einengenden Lebensverhältnissen und Normierungen, d. h. als *Destruktion* von ‚Weiblichkeit‘, insofern diese ein Zwangskorsett für die empirische Vielfältigkeit von Frauen darstellt. Bezogen auf die Arbeit der Literaturwissenschaft(lerin) hieße das: *Dekonstruktion* aller Modelle von ‚Weiblichkeit‘ und ‚Männlichkeit‘ in weiblichen und männlichen Texten – ohne in die Versuchung einer erneuten Konstruktion zu verfallen; Feminismus als Kritik, nicht als Entwurf von Utopien. Eine solche Kritik bzw. Dekonstruktion von Modellen und Texten ist grundsätzlich an Kontexte gebunden und wird die ontologischen (substanzialistischen) Fallen nur vermeiden können, wenn sie stets diese Kontextgebundenheit ihrer Analysen im Auge behält: Feministische Theoriebildung (und Politik) ist irreduzibel kontextbezogen und damit historisch situiert.[557]

Vielleicht also sollte der Feminismus sich darauf konzentrieren, das gesamte System von ‚männlich‘ und ‚weiblich‘ ins Schwanken zu bringen. Er stünde demnach keinesfalls auf Seiten des ‚Weiblichen‘. Weil er das Weibliche ebenso satt hat wie das Männliche, müßte ihm daran liegen, diese Zuordnungen überhaupt zu dekonstruieren (je nachdem: spielerisch oder aggressiv) und mit diesen Geschlechterrollen auch andere herrschende Ordnungen in Zweifel zu ziehen. Er hätte sich also von dem Glauben an die subversive ‚weibliche Natur' zu verabschieden und ‚die Frau' nicht länger als das originäre Subjekt des Feminismus, sondern nur als seinen *bevorzugten* Bündnispartner zu betrachten; denn Frauen teilen tendenziell eher die Erfahrung der Unzumutbarkeit von Geschlechtsrollen als Vertreter des männlichen Geschlechts.

Bei aller Sehnsucht nach stabilen Identitäten, geistiger Heimat und festem Boden unter den Füßen sollten Frauen sich davor hüten, sich mit alten/neuen Attributen der ‚Weiblichkeit' zu schmücken – es sei denn in spielerischer, ironischer oder listig-strategischer Absicht. So wenig die ‚Weiblichkeit' der Frau ein ontologisches Substrat hat – sondern lediglich eine historisch-diskursive ‚Form' ist –, so wenig wird der Feminismus eine dauerhafte Erscheinung sein, geknüpft an ein ewiges Wesen ‚der Frau'. Vielmehr sollte sein Selbstverständnis darauf gründen, daß er selbst ein „transitorisches Phänomen"[558] ist, dessen Ziel darin besteht, sich selbst überflüssig zu machen. Wenn die Vielfältigkeit der Lebensperspektiven und Selbstdefinitionen von Frauen und Männern jenseits aller einengenden Geschlechterdualismen erreicht sein wird, dann kann auch der Feminismus von der historischen Bühne abtreten. Das heißt auch: Wenn ‚weibliche' und ‚männliche' Anteile – oder das, was man heute noch so nennen mag – in jedem geschlechtlichen Wesen erkannt und anerkannt worden sind – und vielleicht auch in jedem Text.

ANMERKUNGEN

1 Vgl. Christine Garbe 1980, S. 12 – 48.
2 Vgl. vor allem Jean Starobinski 1988, Jacques Derrida 1974 (Zweiter Teil) und Paul de Man 1979 (Part II).
3 Ernst Cassirer, Das Problem Jean-Jacques Rousseau. In: ders. u. a. 1989, S. 7 ff.
4 In einem seiner letzten Interviews gibt de Man darüber folgende Auskunft: „I was interested […] in the curiously perplexing and on the other hand quite outrageous tradition of Rousseau-reading. Rousseau is one of the authors who is read totally aberrantly, so that the commonplaces of literary and intellectual history associated with Rousseau are particularly remote from the text, especially in the traditional criticism." (Paul de Man 1984, S. 593)
5 Marlies Janz hat in einer Zwischenbilanz zur feministischen Ästhetik- und Theoriediskussion Ende der 80er Jahre eine ähnliche Beobachtung in polemischer Zuspitzung formuliert: Im „feministischen Biedermeier der achtziger Jahre", so schreibt sie, würden in vielen Publikationen „fade Eintöpfe aus allem Möglichen und Unmöglichen gekocht", weil eine theoretische Diskussion über die inhaltlichen Kontroversen nie wirklich stattgefunden habe. (Marlies Janz 1987, S. 96) Auch Toril Moi betont in ihrem kritischen Forschungsbericht über Ansätze feministischer Literaturtheorie in Frankreich und den angelsächsischen Ländern die Notwendigkeit einer selbstkritischen Diskussion der „methods, principles and politics at work within feminist critical practice." (Toril Moi 1985, S. XIII) „Should feminists criticize each other at all? If it is true, as I believe, that feminist criticism today is stifled by the absence of a genuinely critical debate about the political implications of its methodological and theoretical choices, the answer to that question is surely an unqualified affirmative." (ebd., S. XIII/XIV)
6 Vgl. Paul de Mans erhellende ‚Einsichten' in das Verhältnis von „blindness" und „insight" in der Literaturkritik in: ders. 1971.
7 Silvia Bovenschen 1979, S. 21.
8 Die Exkurse IV, VI, VIII und X stellen relativ geschlossene Texte dar; je nach Interessenlage der LeserInnen können sie separat gelesen bzw. ggfs. übersprungen werden.
9 Vgl. Christine Garbe 1983. Meine hier formulierten Überlegungen sind u. a. aufgenommen worden von Lieselotte Steinbrügge 1987 u. 1989 sowie von Juliane Jacobi 1990.
10 Konturen und Implikationen dieser Rezeptionsweise werden in Teil IV (Exkurs zu Kate Millett) genauer untersucht.
11 Es handelt sich um einen polemischen Essay über Rousseaus *Emile*, der in der Zeitschrift *Les Temps Modernes* erschien: Elisabeth de Fontenay 1976, S. 1774 – 1795. Die Zitate sind von mir übersetzt.
12 Vgl. Elisabeth de Fontenay 1976, S. 1776.
13 Barbara Schaeffer-Hegel 1984, S. 59 (Hervorh. C.G.).

14 „Diese 169 Seiten (des 5. Buches des *Emile*, C.G.) eines Buches, das insgesamt 614 Seiten umfaßt, werden wie ein selbständiger Text behandelt, dessen Kohärenz es erlaubt, daß ich mich nicht auf andere Teile des *Emile* oder auf andere Werke von Rousseau beziehe. Die ‚*Nouvelle Héloïse*‘ wird also kein einziges Mal erwähnt: Die strahlende und melancholische Julie wird weder Rousseau zu Hilfe eilen noch die Ketten von Sophie mit Blumen schmücken." (E. de Fontenay 1976, S. 1776)

15 Vgl. ebd., S. 1775.

16 „Tout ce qu'a écrit Rousseau fait système, en effet, et se reconstruit autour de sa pensée ou de son fantasma de la féminité. Mais ce radicalisme de l'analyse démobilise la colère des premières lectures. Nous autres femmes, aussi cher que cela puisse nous coûter, nous devons, pour faire face à l'urgence, accepter parfois de sacrifier les philosophes et les poètes et, *nous rendant aveugles au travail du texte, prendre les auteurs au mot.*" (ebd., S. 1775, Hervorh. C.G.)

17 Da ihr Aufsatz meines Wissens nicht ins Deutsche übersetzt worden ist, wurde er nur von wenigen deutschen Feministinnen direkt rezipiert; vor allem natürlich von Romanistinnen. So stützen sich beispielsweise Eva-Maria Knapp-Tepperbergs Ausführungen fast ausschließlich auf Fontenays Analyse – allerdings in einer deutlich anders akzentuierten Gesamtargumentation (siehe dazu weiter unten).

18 E. de Fontenay 1976, S. 1782.

19 „La femme est, par constitution, hétéronome; n'ayant pas en elle-même le principe de la moralité, elle doit être dressée et ne saurait être, comme les hommes, ‚éclairée‘. Plus précisément, disons que la loi morale ne réside jamais seulement *en elle*, sous la forme de l'instinct divin de la conscience ou du sentiment intérieur, mais toujours, en même temps, *hors d'elle*, dans le jugement de l'autre sexe. Peut-être est-ce la première fois dans l'histoire occidentale chrétienne que la différenciation et la discrimination sexuelles interviennent au fondement même de la moralité: non pas seulement au niveau de ses modalités et de ses applications, mais à celui de ses conditions de possibilité." (E. de Fontenay 1976, S. 1782; Hervorh. v. d. Autorin)

20 Ebd.

21 Ebd., S. 1784.

22 Ebd., S. 1788.

23 Vgl. ebd., S. 1793.

24 „L'auteur du *Contrat social*, […] le théoricien de la démocratie et […] l'idole des Révolutionnaires, a expressément rejeté hors du pacte fondateur la moitié de l'humanité, faisant du mariage et de la maternité […] le substitut de la citoyenneté." (ebd., S. 1792 f.)

25 Barbara Schaeffer-Hegel 1988, S. 23.

26 Dies. 1989a, S. 16. (Die überarbeitete Version dieses Vortrages findet sich in A. Deuber-Mankowsky u. a. 1989: Barbara Schaeffer-Hegel 1989b.)

27 Dies. 1988, S. 24.

28 Dies. 1984, S. 50 und 53.

29 Vgl. Silvia Bovenschen 1979, insbesondere S. 164 – 181.

30 Vgl. dazu unter anderem: Elisabeth Blochmann 1966, S. 29 – 41, und Monika Simmel 1980, S. 46 – 61. Auch Helga Grubitzsch beginnt ihren Beitrag über den *Kampf der Frauen um die Bildung zu Beginn des 19. Jahrhunderts* mit Rousseau; denn seine Definition der Aufgaben der Frau könnte „als Leitmotiv über der Mädchenerziehung des 19. Jahrhunderts stehen." (Helga Grubitzsch 1983, S. 171)

31 Vgl. Elisabeth de Fontenay 1976, S. 1774 ff.

32 Elisabeth Badinter weist in ihrer sozialgeschichtlich orientierten Untersuchung über die Entstehung der *Mutterliebe* im 18. Jahrhundert Rousseau einen entscheidenden Platz an: Er habe den „moralisierenden Diskurs" über die Verantwortung der Mütter initiiert, der im 20. Jahrhundert durch Freuds „ärztlichen Diskurs" erneuert wurde. Insbesondere zeigt Badinter, daß die ‚emanzipierten Frauen' des 18. Jahrhunderts vielfältigen Widerstand gegen die neue Rollenzumutung geleistet haben (vgl. Kap. I.3: Die Gleichgültigkeit der Mütter, S. 61 ff. und II.2: Vorbehalte und Widerstände, S. 181 ff.). Rousseau hat, Badinter zufolge, gegen die Emanzipationsinteressen der Frauen Pionierarbeit geleistet; vgl. Elisabeth Badinter 1988, S. 192 ff.

33 Neben E. de Fontenays bereits zitiertem Resümee finden sich ähnliche Einschätzungen auch bei B. Schaeffer-Hegel, S. Bovenschen, S. Kofman, H. Bennent und anderen.

34 So sieht es auch Juliane Jacobi: „Wer sich mit dem Verständnis der Geschlechter in der Neuzeit beschäftigt, kommt an Jean-Jacques Rousseau nicht vorbei. Er gilt gemeinhin als der Denker des 18. Jahrhunderts, dem ein großer Teil der ‚Schuld' zugeschoben wird an der ‚polaristischen Geschlechteranthropologie', durch die die Hierarchisierung des Geschlechterverhältnisses theoretisch begründet wurde. Als Urheber des ‚Ergänzungstheorems', das Frauen immer nur in bezug auf Männer definiert, wird er für die Frauenunterdrückung seit dem 18. Jahrhundert, für die Erfindung der Mutterliebe, für den Stillzwang, der auf Frauen seit der Aufklärung ausgeübt wurde, für die Ideologie der bürgerlichen Liebesehe, die Zwangsjacke der intimen Familie u.ä. Erscheinungen verantwortlich gemacht." (J. Jacobi 1990, S. 304 f.)

35 Zum 200. Jahrestag der Französischen Revolution wurde diese Erkenntnis von Frauen wieder verstärkt ins öffentliche Bewußtsein gerückt. Ich nenne nur zwei Beispiele: Im Juni 1989 fand in Westberlin das V. Symposion der Internationalen Assoziation der Philosophinnen statt unter dem Thema: „1789 / 1989. Die Revolution hat nicht stattgefunden". (Vgl. die Dokumentation von Astrid Deuber-Mankowsky u. a. 1989) Im Oktober 1989 tagte in Frankfurt/M. ein internationaler Frauenkongreß mit dem programmatischen Titel: „Menschenrechte haben (k)ein Geschlecht. 200 Jahre Aufklärung – 200 Jahre Französische Revolution". (Vgl. die Dokumentation der Beiträge unter dem Titel *Differenz und Gleichheit*, hg. von Ute Gerhard u. a. 1990)

36 Karin Hausen 1976, S. 363 ff.

37 Vgl. ebd., S. 370.

38 Diese Hauptkategorien („Aktivität und Rationalität" versus „Passivität und Emotionalität") finden sich mit einer Vielzahl von Zusatzmerkmalen kombiniert (vgl. K. Hausen 1976, S. 368), die durch Medizin, Anthropologie, Psychologie und Psychoanalyse aufgenommen und ‚wissenschaftlich' fundiert wurden. Hausen belegt diesen Wechsel des Bezugssystems für Aussagen über Mann und Frau anhand einer Fülle von Quellenmaterial verschiedenster Art: Neben zahlreichen Lexika (Stichworte wie: Frau, Weib, Geschlecht, Geschlechtscharakter, Geschlechtseigentümlichkeiten etc.) hat sie medizinische, pädagogische, psychologische und literarische Schriften ausgewertet (vgl. Anm. 9, S. 368).

39 K. Hausen 1976, S. 375.

40 Diese Einschätzung findet sich – z. T. weniger vorsichtig formuliert – in vielen feministischen Literaturanalysen zum 18. Jahrhundert; vgl. beispielsweise Inge Stephan 1984, S. 29 oder Eva Domoradzki 1986, S. 171.

41 Barbara Duden 1977, S. 139.

42 In Campes Formulierung: „Ihr [die Mädchen, C.G.] ... seyd vielmehr geschaffen ... um beglückende Gattinnen, bildende Mütter und weise Vorsteherinnen des innern Hauswesens zu werden" (Joachim Heinrich Campe 1789, S. 14/15; im Anhang abgedruckt bei Ute Gerhard 1978, S. 372). Campe knüpfte unmittelbar an das 5. Buch des *Emile* von Rousseau an; s. dazu auch Anm. 29 bei K. Hausen 1976, S. 373.

43 S. Bovenschen 1979, S. 181.

44 Ebd. S. 164.

45 Vgl. das Kapitel „Die Gelehrte und das Haus" in S. Bovenschen 1979, S. 138 ff.

46 S. Bovenschen 1979, S. 21.

47 Ebd., S. 173.

48 Ebd.

49 Ebd. S. 177.

50 Ebd.

51 Vgl. etwa Heidemarie Bennents Auseinandersetzung mit Rousseau im Rahmen ihrer Studie über *Galanterie und Verachtung* (1985), die im wesentlichen die Einsichten von Bovenschen reproduziert, wenn auch in weniger geschliffenen Formulierungen.

52 S. Bovenschen 1979, S. 178.

53 Ebd., S. 180/81.

54 Ebd., S. 180.

55 Sigmund Freud 1969b, S. 173/74.

56 Vgl. ebd., S. 176 f.

57 B. Schaeffer-Hegel 1984, S. 53.

58 Eva-Maria Knapp-Tepperberg 1981, S. 55 (Hervorh. C.G.).

59 „Sous couvert de faire entendre de nouveau la voix étouffée de la nature [...], comme toujours ce sont *des fins phallocratiques de l'homme* dont Rousseau se fait l'avocat." (Sarah Kofman 1982, S. 90; Übers. u. Hervorh. C.G.) Der Hauptteil dieses Buches *Le respect des femmes: Kant et Rousseau* beschäftigt sich mit Rousseau

(S. 61 – 150); eine Kurzform ihrer Thesen findet sich in Kofman 1986. Dort heißt es: „Die von Rousseau verteidigte These wird immer schon von seinen Trieben vorweggenommen, die Stimme der Natur ist auch das Echo *seiner* Natur." (S. 28)

60 Vgl. J.-J.Rousseau, Bekenntnisse, 5. Buch, S. 218: „Ach, wenn ich nur einmal im Leben alles Liebesentzücken in seiner ganzen Fülle gekostet hätte, ich glaube nicht, daß meine schwächliche Natur ihm hätte genügen können. Ich wäre sofort gestorben." Kofman (1982, S. 63) zitiert diese Passage, gibt aber fälschlicherweise das 3. Buch als Belegstelle an.

61 Vgl. S. Kofman 1982, S. 63.

62 „L'horreur et le dégout sont toujours signes d'un désir profond, d'un clivage qu'opère Rousseau entre la tendresse et la sensualité, entre la Mère et la putain, entre les deux figures de la mère dont il ne saurait supporter l'ambivalence." (S. Kofman 1982, S. 131; Übers. C.G.)

63 Vgl. ebd., S. 15.

64 Ulrike Prokop 1989, S. 86.

65 U. Prokop 1989, S. 91. Auch in einem früheren Aufsatz hatte sich Prokop bereits auf Rousseau bezogen; vgl. dies. 1984, S. 20 f.

66 U. Prokop 1989, S. 93.

67 Ebd., S. 95 (Hervorh. C.G.).

68 Ebd., S. 96.

69 Vgl. B. Schaeffer-Hegel 1984, S. 54.

70 Sigrid Weigel 1984, S. 104/105.

71 Diesen Gedanken deutet S. Weigel an, arretiert ihn allerdings sofort wieder in dem beliebten feministischen Opfer-Diskurs: „Am deutlichsten wird der Konstruktionsgehalt von ‚Weiblichkeit' am Begriff der ‚Unschuld', der das weibliche Verhältnis von Wissen und Sexualität umkreist. Unschuld heißt in diesem Zusammenhang Jungfräulichkeit *und* Nicht-Wissen. [...] Das führt dazu, daß der Reiz der weiblichen Unschuld für den Mann in der *gespielten* Unschuld liegt, in der Frau, die seine Anspielungen wohl versteht, aber so tut, als ob sie nicht verstünde, und die damit zur Gefangenen der Zweideutigkeit männlicher Sprache wird." (S. Weigel 1984, S. 105; Hervorh. v.d. Autorin.) Diese Sichtweise unterstellt nicht nur, daß die Zweideutigkeit lediglich ein Kennzeichen ‚männlicher' Sprache sei (ist sie nicht aller Sprache inhärent?); sie schiebt auch die Frau, die eine solche Subjektposition (der *gespielten* Unschuld) einnimmt, sofort in die Opferrolle („Gefangene"). Dabei wäre doch sehr die Frage, wer in diesem Falle Gefangener von wem würde; ich komme darauf zurück.

72 Dies gilt zumindest im Kontext der neueren feministischen Diskussion. Auf frühere Arbeiten, die z. T. im Kontext der ‚alten' Frauenbewegung zu Beginn des 20. Jahrhunderts entstanden sind, trifft dies nicht zu; vgl. Inge Stephan 1983, S. 15 f.

73 Inge Stephan / Sigrid Weigel 1984, S. 5.

74 Ebd., S. 6.

75 Vgl. I. Stephan 1983, S. 17.

76 Ebd.

77 „Es besteht ein fundamentaler Unterschied zwischen dem Verhältnis von Männern zur männlichen Ordnung und Frauen zur Weiblichkeit [...]. Er, das männliche Subjekt, *repräsentiert* die männliche Ordnung; der einzelne Mann steht für sie, auch dann, wenn er als einzelner, als Außenseiter, vom Bild der Männlichkeit abweicht. Männlichkeit meint beides, das herrschende Prinzip *und* die Existenzweise eines Subjekts. Die Frau dagegen *verkörpert* Weiblichkeit, d. h. ihr Körper ist als Ort der Weiblichkeit in der männlichen Ordnung definiert und fixiert. Dieser Unterschied beinhaltet eine grundsätzlich verschiedene *Perspektive der Erfahrung und Wahrnehmung* und läßt alle Androgynitätsphantasien als naive Wunschutopien erscheinen." (S. Weigel 1984, S. 109; Hervorh. v. d. Autorin.) – Zur Kritik an Weigel vgl. Marlies Janz 1987, Biddy Martin 1989, S. 181 ff. und Barbara Hahn 1990, S. 225 ff.

78 Paul de Man 1987, S. 91.

79 „Daraus folgt, daß an die Stelle der ethnographischen Zweiheit von Natur und Kultur wohl eine dreigliedrige Konzeption der conditio humana: Natur, Gesellschaft und Kultur, treten muß, wobei sehr wahrscheinlich der dritte Begriff sich auf die Sprache reduzieren läßt, das heißt auf das, was die menschliche Gesellschaft ihrem Wesen nach von den natürlichen Gesellschaften unterscheidet." (Jacques Lacan 1957, S. 20)

80 „Dieses Erleiden, diese Passion des Signifikanten wird von da her zu einer neuen Dimension der *Conditio humana*: sofern nämlich nicht einfach der Mensch spricht, sondern Es in dem Menschen und durch den Menschen spricht; sofern seine Natur eingewoben ist in Wirkungen, in denen die Struktur der Sprache, zu deren Material er wird, wieder auftaucht ...". (Jacques Lacan 1975, S. 124)

81 Vgl. dazu Toril Moi 1989, S. 56 ff.

82 Vgl. dazu Johanna Bossinade 1990a (Kap. I.1) und 1990 b.

83 Vgl. den Überblick über unterschiedliche Machtkonzeptionen in der Frauenbewegung und Frauenforschung bei Hilge Landweer 1990b; ich komme darauf in Teil IV zurück.

84 Eva-Maria Knapp-Tepperberg 1981, S. 40 ff.

85 Ebd., S. 41.

86 Den „Antagonismus von Autonomiepostulat und faktischer Triebrepression" (S. 41) versucht Knapp-Tepperberg für die gesamte Erziehung von Emile nachzuweisen, zum Beispiel anhand von Rousseaus Theorem der kindlichen Unschuld; ferner am Postulat des Triebaufschubes, am Onanietabu, am Gebot vorehelicher Keuschheit usw. Sie kommt zu der Schlußfolgerung, dieser Antagonismus erfahre „hinsichtlich des Paradigmas Idealfrau bzw. Frauenideal" lediglich eine „Potenzierung" (ebd.). Meines Erachtens zu Recht macht Knapp-Tepperberg gegen Elisabeth de Fontenays „vehement anklagende Analyse" geltend, daß keineswegs die Frau allein bei Rousseau unterdrückt sei: „Eine isolierende Betrachtung der Frau erscheint mir unangemessen. Eine ,mutilation' [Demütigung, C.G.] erfährt auch der ,freie' Mann; Emile ist, genau wie sein Schöpfer Rousseau, zumindest am Rande der psychischen Impotenz anzusiedeln." (S. 54) Es gelingt Knapp-Tepperberg

allerdings weder, Rousseaus Konstruktion von Weiblichkeit systematisch in Bezug zu setzen zu derjenigen von Männlichkeit (denn für die Frau trifft der Antagonismus von Autonomie und Triebrepression insofern nicht zu, als ihr von Rousseau keine Autonomie zugestanden wird), noch gelingt es ihr, jenseits von zweifelhaften individualpsychologischen („irrationale Ängste des psychisch impotenten Mannes", S. 55) oder soziologischen Deutungen („kleinbürgerlich restriktives Fühlen und Denken", S. 45) systematische Gründe für die dargelegte „Antinomie des bürgerlichen Freiheitsbegriffes" aufzuweisen.

87 Lieselotte Steinbrügge 1989, S. 67 (Hervorh. v.d. Autorin). In diesem Aufsatz hat Steinbrügge die Ergebnisse ihrer Auseinandersetzung mit Rousseau in ihrer Dissertation zusammengefaßt (vgl. dies. 1987, S. 67-96). Da ihr Aufsatz diese Positionen prägnanter formuliert als die Dissertation, beschränke ich mich hier zunächst auf den späteren Text; ich komme auf *Das moralische Geschlecht* in Teil IX zurück.

88 L. Steinbrügge 1989, S. 75.

89 Vgl. ebd., S. 76.

90 Diese These richtet sich implizit gegen eine gängige feministische Interpretation der ‚Dialektik der Aufklärung‘, die davon ausgeht, daß das neuzeitliche Vernunft- und Wissenschaftsverständnis ausschließlich auf Beherrschung der Natur abziele und folglich auch auf die Beherrschung der weiblichen Natur, der Frau. Steinbrügge führt als Beispiele für eine solche Argumentation Evelyn Fox Keller 1986 und Geneviève Lloyd 1985 an.

91 L. Steinbrügge 1989, S. 77.

92 Juliane Jacobi 1990, S. 316 f. Dieser Aufsatz ist die überarbeitete Fassung eines Vortrages von 1986; insofern sind die Überlegungen von L. Steinbrügge hier nicht berücksichtigt.

93 Ebd., S. 313 f.

94 Ebd., S. 317.

95 Siehe ebd., S. 316.

96 Vgl. Christine Garbe 1983, S. 84 ff.

97 Vgl. Ch. Garbe 1983 und dies. 1988.

98 Vgl. dazu Martin Inversini 1977, S. 37, der unter Berufung auf Peter D. Jimack 1960 die explizite Trennung des „Romans" von der „Erziehungsphilosophie" vorschlägt, da Rousseau zunächst beide getrennt konzipiert habe. Wo die Logik dieses Arguments liegt, bleibt allerdings sein Geheimnis; denn schließlich müßte die Frage umgekehrt lauten, warum sich Rousseau in seiner letzten, zur Publikation bestimmten Version dazu entschlossen hat, seine Abhandlung über die Erziehung in die Form einer Fiktion, eines Romans zu kleiden. Auch Robert Spaemann 1978 versäumt es, den „Traumcharakter" des *Emile* ernsthaft zu untersuchen; er begnügt sich mit Allgemeinheiten wie: Rousseaus Erziehungsroman bleibe einerseits gerade aufgrund seines visionären Charakters „eine unerschöpfliche Quelle der Inspiration" (R. Spaemann 1978, S. 710), wenngleich er andererseits nur durch den pädagogischen „Revisionismus", der ihn seiner Pointen beraube, praktisch-erzieherisch fruchtbar gemacht werden konnte (ebd. S. 709).

99 Vgl. Paul de Man 1971, S. 102 – 141 (*The Rhetoric of Blindness*) und ders. 1979, vor allem Kap. 7, S. 135 - 159.

100 Rousseau selbst gebraucht diese Formulierung im Vorwort zum *Emile*: „Man wird weniger eine Abhandlung über die Erziehung zu lesen glauben als vielmehr die Träumereien eines Menschen, der Visionen von der Erziehung hat [les rêveries d'un visionnaire sur l'éducation].“ (Emile, S. 6 W, 242 P) Auch an späterer Stelle kommt er in einer Fußnote auf das Thema des Träumens zurück: „Man wird mir sagen, ich träume auch. Ich gebe es zu: Doch was andere [jene Gelehrten, die „uns tiefernst die Träumereien einiger unruhiger Nächte als Philosophie vorsetzen“; ebd., C.G.] zu tun sich wohl in acht nehmen, ich gebe meine Träume als Träume aus und lasse den Leser prüfen, ob sie für wache Leute etwas Nützliches haben.“ (Emile, S. 115 W, 351 P)

101 Im Hinblick auf den *Emile* vertritt diese Ansicht auch Madeleine B. Ellis 1977, die den *Emile* insgesamt als modernen Mythos (nämlich als eine Wiederauflage von Platons *Republik*) interpretiert. Damit rückt sie die metaphorische und allegorische Ebene nun allerdings auf Kosten der diskursiven ausschließlich in den Vordergrund, wodurch sie m. E. zu teilweise problematischen Schlußfolgerungen kommt. Josué V. Harari 1987 kritisiert die ‚philosophische‘ Emile-Rezeption, die alle Aussagen dieses Werkes aus Rousseaus Geschichtsphilosophie oder Kultur- und Gesellschaftskritik ableitet (s. S. 102 – 105), und schlägt dagegen vor, die pädagogischen „Phantasmen“ als isolierte zu lesen und zu untersuchen.

102 Im 18. Jh. bspw. durch Herder, Kant, Schiller, Schlegel u. a. , aber auch durch die deutschen Philanthropen, die Rousseaus Modell des Geschlechterverhältnisses – um den Preis gewaltiger Reduktionen – erst ‚praktikabel‘ gemacht haben.

103 Vgl. Jacques Derrida 1974, S. 173 – 541.

104 Vgl. Paul de Man 1979, Kap. 7 – 12; in der deutschen Teil-Übersetzung *Allegorien des Lesens* (1988) bedauerlicherweise nicht enthalten.

105 Vgl. vor allem Jean Starobinski 1988; das französische Original (*La transparence et l'obstacle*) erschien in der ersten Fassung bereits 1957, in überarbeiteter Form 1971.

106 Vgl. J. Derrida 1974, S. 244 – 282 (besonders prägnant: S. 250). An diesem Punkt hat Paul de Man ihm widersprochen. Die Kontroverse zwischen ihm und Derrida bezieht sich vor allem auf die Frage, ob Rousseau gewissermaßen ‚wider willen‘ (so die Position von Derrida) oder durchaus ‚in vollem Gewahrsein eines unvermeidlichen Problems‘ (so die Position von de Man) seinen eigenen Text dekonstruieren muß, das heißt in der Beschreibung von der Behauptung abweichen muß. De Man beschreibt diesen Sachverhalt allerdings als epistemologischen, d. h. als vom subjektiven Bewußtsein des Autors unabhängigen. (Vgl. dazu Paul de Man 1971, S. 102 – 141)

107 Vgl. dazu auch Pierre Machereys Begriff der „literarischen Disparität“ zwischen Ideologie und Fiktion in: ders. 1974, S. 31 – 44 u.ö.

108 Silvia Bovenschen 1979, S. 173.

109 Barbara Schaeffer-Hegel 1989, S. 16.

110 Heidemarie Bennent 1985, S. 88.

111 S. Bovenschen 1979, S. 165.

112 Vgl. dazu Ilse Dahmers Überblick über die Geschichte der Rousseau-Rezeption (I. Dahmer 1962) und Jörg Bockow 1984, S. 32 – 41.

113 Neuere politologische Untersuchungen haben beispielsweise überzeugend nachgewiesen, daß Rousseau während der Französischen Revolution nicht nur – was allgemein bekannt ist – von den Revolutionären heiß verehrt wurde, sondern genauso vehement von den ‚Konterrevolutionären' als Gewährsmann ihrer konservativen Anschauungen ins Feld geführt wurde. (Vgl. Iring Fetscher 1976, S. 135 ff.)

114 Vgl. u. a. Leo Strauss 1977, S. 291: „Rousseau kann als der Urheber der ‚Philosophie der Freiheit' betrachtet werden."

115 So Iring Fetscher 1975 und ders. 1976.

116 Vgl. Heinz-Hermann Schepp 1978.

117 Vgl. dazu u. a. J.L. Talmon 1961, S. 39 ff.; J.W. Chapman 1956; A. Künzli 1971, S. 22; B. Willms 1971, S. 54 u. 64.

118 Vgl. Emile, S. 74 W, 309 P.

119 Vgl. dazu Teil VII dieser Arbeit.

120 GV, S. 280 W, 360/61 P.

121 GV, S. 284 W, 365 P.

122 Vgl. GV, S. 283 W, 364 P.

123 Vgl. I. Fetscher 1976, S. 123.

124 H.-H. Schepp 1978, S. 21.

125 Zu Rousseaus Lebzeiten nahmen in den oberen Ständen die Mütter nur in seltenen Fällen die Aufgabe des ‚Bemutterns' wahr; meist wurde das Kind schon kurz nach der Geburt einer Amme übergeben. (Vgl. dazu vor allem E. Badinter 1988) Was Rousseau über die Ammen sagt, müssen wir also übersetzen als Aussagen über die Mütter, deren Einfluß Rousseau tilgen will.

126 Über die künstliche Isolation, in der Rousseau seinen ‚imaginären Zögling' aufwachsen läßt, ist viel geschrieben worden; in der Regel wird dieses erzieherische Arrangement auf seine Gesellschaftskritik zurückgeführt. Da er die Gesellschaft für korrupt und degeneriert halte, müsse er seinen Zögling außerhalb derselben, also ‚natürlich', erziehen. (Vgl. R. Spaemann 1978) Der entscheidende Grund wird dabei allerdings übersehen: Die Natürlichkeit ist für Rousseau kein Selbstzweck, sondern Garant der sozialen Unabhängigkeit.

127 Für die Übernahme der Erziehungsgewalt stellt Rousseau zwei Bedingungen, die das Verhältnis als absolutes und ausschließliches definieren: Emile „muß seine Eltern ehren, aber er muß nur allein mir gehorchen." Zweitens verlangt der Erzieher, „daß man uns niemals voneinander trenne, es sei denn mit unserer Einwilligung." (Emile, S. 32 W, 267 P)

128 Emile, S. 29 W, 264 P.

129 „Emile ist eine Waise. Es macht nichts, daß er noch seinen Vater und seine Mutter hat. Mit ihren Pflichten beladen, trete ich in alle ihre Rechte." (Emile, S. 32 W, 267 P)

130 Diese Behauptung findet sich im Zusammenhang seiner großen Klage über die modernen, insbesondere städtischen Frauen, die es angeblich ablehnten, Mütter zu sein, und ihre Kinder an Ammen weggäben. (Vgl. Emile, S. 19 W ff.) Wörtlich heißt es dort: „Braucht ein Kind die Fürsorge seiner Mutter weniger als ihre Brust? Andere Frauen, Tiere sogar werden ihm die Milch geben können, die sie ihm versagt. Die mütterliche Fürsorge ist *unersetzlich* [la sollicitude maternelle ne se supplée point]." (Emile, S. 21 W, 257 P)

131 Vgl. vor allem Elisabeth Badinter 1988, für die Rousseau (S. 192 ff.) und Freud (S. 237 ff.) die Hauptverantwortlichen für die ‚Zwangsjacke' der Mütterlichkeit darstellen.

132 Vgl. J.V. Harari 1987, S. 124: „We are touching here upon the founding phantasm of the pedagogical vocation, the phantasm of autogeneration, where one gives birth and in so doing is reborn. [...] The truth of Rousseau's pedagogical delirium is thus exposed: it is the delirium of autocreation in and by which education ceases to be centered around a relationship and becomes instead an autonomous process whose value lies in its closure. To educate thus means for Rousseau phantasmatically to produce oneself by oneself outside all begetting."

133 Zwei neuere Untersuchungen haben auf der Basis einer strukturalistischen Psychoanalyse die Bedeutung der Mutter für die sprachliche Entwicklung des Kindes seit dem 18. Jahrhundert – und in der Folge für die von diesen Kindern hervorgebrachte ‚bürgerliche Literatur' – besonders prägnant bestimmt: Friedrich A. Kittler 1985 und Rüdiger Steinlein 1987.

134 Wie viele andere dualistische Oppositionspaare hat Jacques Derrida auch dieses in seiner Lektüre dekonstruiert; vgl. J. Derrida 1974, S. 380 ff.

135 Emile, S. 74 W, 309/310 P.

136 Sigmund Freud 1972b, S. 126.

137 Die erste größere Ausarbeitung Freuds zur Theorie und zentralen Bedeutung des Wunsches findet sich in Kap. VII der Traumdeutung; vgl. Sigmund Freud 1972a, S. 525 ff.

138 Ich folge hier Samuel M. Weber, der Lacans Ausführungen zum Anspruch in dieser Richtung interpretiert. (Vgl. S.M. Weber 1978, S. 107 f.)

139 Jacques Lacan 1975, S. 127. Ich zitiere die Übersetzung von Samuel Weber (a.a.O., S. 107), da sie mir verständlicher erscheint als diejenige aus Lacans „Schriften".

140 S.M. Weber 1978, S. 107. Die französische Kinderanalytikerin Françoise Dolto, eine Schülerin Lacans, hat diesen Sachverhalt anschaulich (wenn auch in gewisser Abweichung vom Lacanschen Konzept) beschrieben: „Das Kind macht die Erfahrung, daß leibliche Sättigung, gestillter Hunger die Mutter verschwinden lassen; dieser Verlust verstärkt noch sein Begehren, denn dieses ist nicht an Organe gebunden, die sich mit Nahrung sättigen lassen, sondern an Wahrnehmungen der Hautoberfläche." (F. Dolto 1988, S. 309)

141 J. Lacan 1975, S. 127.

142 Emile, S. 61 W, 296 P.

143 „Alle unsere Sprachen sind künstliche Schöpfungen. Man hat lange gesucht, ob es eine natürliche und allen Menschen gemeinsame Sprache gibt. Ohne Zweifel gibt es eine, und das ist die, welche die Kinder sprechen, ehe sie sprechen können. Diese Sprache ist nicht artikuliert, aber sie ist akzentuiert, vollklingend und verständlich [Cette langue n'est pas articulée, mais elle est accentuée, sonore, intelligible]. Der Gebrauch unserer Erwachsenensprache hat sie uns dergestalt vernachlässigen lassen, daß wir sie ganz und gar vergessen. Laßt uns die Kinder studieren, und wir werden sie bald wieder lernen. Die Ammen sind unsere Lehrmeisterinnen in dieser Sprache; sie verstehen alles, was ihre Säuglinge sagen; sie antworten ihnen, sie führen zusammenhängende Gespräche [dialogues] mit ihnen; und obgleich sie Wörter aussprechen, sind diese Wörter doch vollkommen unnütz. Die Kinder verstehen nicht den Sinn des Wortes [le sens du mot], sondern den Tonfall [l'accent], der es begleitet." (Emile, S. 50 W, 285 P)

144 Vgl. Jacques Lacan, Subversion des Subjekts und Dialektik des Begehrens im Freudschen Unbewußten (1960).

145 Vgl. Michel Foucault 1980, S. 91 ff., S. 96 u.ö.

146 So resümiert Rousseau etwa am Ende des 2. Buches: „Da seine [Emiles, C.G.] Einbildungskraft noch untätig bleibt und man noch nichts getan hat, sie zu ermuntern, so sieht er nur das, was da ist, schätzt die Gefahren nach ihrem tatsächlichen Ausmaß ein und bewahrt stets kaltes Blut." (Emile, S. 188 W, 422 P) Auch am Ende des 3. Buches – Emile ist mittlerweile im 15. Lebensjahr – betont Rousseau das Schlummern von dessen Einbildungskraft: „Emile ist arbeitsam, mäßig, geduldig, entschlossen, voller Mut. Seine keineswegs entzündete Einbildungskraft vergrößert ihm niemals die Gefahren." (ebd., S. 254 W, 487/88 P)

147 Vgl. dazu auch J. Derrida 1974, S. 350/51: „Nach Rousseau steht der Name Kind für einen Zustand, in dem ein Verhältnis zu einem losgelösten, gewissermaßen um seiner selbst willen geliebten Signifikanten, also einem Fetisch nicht vorkommen dürfte."

148 Vgl. Ferdinand de Saussure 1967, S. 132 ff.

149 Umberto Eco 1972, S. 86.

150 Vgl. z. B. John L. Austin 1986, S. 305 ff.

151 Man darf nach dem heutigen Stand der Rousseau-Forschung davon ausgehen, daß der *Essai* vor dem *Emile* entstanden ist. Den langanhaltenden Streit über die Datierung des *Essai*, der posthum 1781 zum ersten Mal veröffentlicht wurde, hat J. Derrida 1974 definitiv beendet; ebenso wie Derrida geht auch der Herausgeber einer neueren historisch-kritischen Ausgabe des *Essai*, Charles Porset, davon aus, daß dieses Werk zeitgleich mit dem 2. Discours, also um 1753/54 herum, entstand – und damit deutlich vor dem *Emile*.

152 Essai, S. 168 W, 35 F.

153 An anderer Stelle im *Essai* wird Rousseau noch deutlicher: „Es wird behauptet, die Menschen hätten die Sprache erfunden, um ihre Bedürfnisse auszudrücken. Diese These scheint mir unhaltbar. Die natürliche Wirkung der ersten Bedürfnisse war es, die Menschen auseinanderzutreiben und nicht, sie einander näherzubringen."

(Essai, S. 170/71 W, S. 43 F) – „… *schweigend* verfolgt man die Beute, von der man sich sättigen will. Doch um ein junges Herz zu rühren, einen ungerechten Angreifer abzuwehren, lehrt die Natur Töne, Schreie und Klagerufe: sie nämlich sind die zuallererst erfundenen Wörter …" (ebd., S. 171 W).

154 „In dem Maße, wie die Bedürfnisse anwachsen, die Geschäfte verwickelt werden und die Einsicht sich ausbreitet, ändert die Sprache ihren Charakter. Sie wird genauer und büßt an Leidenschaft ein. Sie ersetzt die Empfindungen durch Begriffe, sie spricht nicht mehr zum Herzen, sondern zur Vernunft. Dies bewirkt, daß der Ton [accent] erlischt, die Artikulation sich ausbreitet, die Sprache genauer und klarer, aber auch schleppender, tauber und kälter wird." (Essai, S. 174 W, 55 F)

155 Lacan nennt diesen ersten entscheidenden Trennungsvorgang, in dem die Ichbildung des Kindes beginnt, das „Spiegelstadium". (Vgl. J. Lacan 1973, S. 61 ff.)

156 Christiane Olivier 1989, S. 76. Olivier ist Analytikerin aus der Lacan-Schule, die sich von Lacan losgesagt hat – nicht zuletzt wegen dessen Theorie der Weiblichkeit.

157 Ebd. Vgl. auch die Kinderanalytikerin Françoise Dolto, der zufolge die „Liebesqualen", die jeder Säugling empfindet, mit Hilfe des – gesprochenen oder gelallten – Wortes überwunden werden können: „Hat der Säugling ausgeschlafen und die Verdauung beendet, beginnt er zu lallen und zu gurren; er stößt Laute aus, die in seinen Ohren wie ein Echo auf die Stimme der Mutter klingen: So schafft er sich die Illusion ihrer wärmenden Anwesenheit. Später bilden sich Worte aus den bei der Mutter vernommenen Phonemen, und diese Worte, denen die Mutter Sinn und Inhalt gibt, sind für das Kind die Erinnerung an ihre wohltuende und schützende Präsenz; sie bedeuten Geborgenheit, auch wenn die Mutter abwesend ist, und bieten die Möglichkeit, mit einem Ruf die Welt wiederzufinden, in der die Mutter heimisch ist und an der das Kind mehr und mehr Anteil nimmt." (F. Dolto 1988, S. 309) In diesem Sinne ist die Sprache wirklich „Muttersprache" – erlernt vom Kind, um die Mutter und ihre Welt immer um sich zu haben.

158 Sigmund Freud 1975, S. 226.

159 Vgl. Kapitel 8 des *Essai*: „Allgemeiner und lokaler Unterschied im Ursprung der Sprachen", S. 184 W, 87 F.

160 Ich folge hier der Analyse von J. Derrida, der seine gesamte Rousseau-Lektüre um den *Essai sur l'origine des langues* organisiert hat. Derrida unterstreicht, daß diese Polaritäten bei Rousseau – zwischen Norden und Süden, zwischen Leidenschaft und Bedürfnis usw. – fiktive Grenzziehungen sind, die Rousseau zwar als einander ausschließende Gegensätze *behauptet*, in seinem Text selbst aber als lediglich graduelle Differenzen *beschreibt*: „Rousseau *möchte*, daß der Gegensatz von Süden und Norden eine *natürliche* Grenze zwischen mehreren Sprachtypen zieht. Seine *Beschreibung* untersagt jedoch diesen Gedanken. Die Beschreibung läßt erkennen, daß der rationelle und nicht natürliche, strukturelle und nicht faktische, relationelle und nicht substanzielle Gegensatz Norden / Süden eine Bezugsachse *im Inneren* einer jeden Sprache zieht. Keine einzige Sprache ist entweder südlich oder

nördlich, jedes einzelne reale Element der Sprache hat nur eine differentielle, aber keine absolute Stellung. Deshalb durchteilt der polare Gegensatz nicht eine Gesamtheit bereits existierender Sprachen; Rousseau beschreibt ihn vielmehr als den Ursprung der Sprachen, wenn er ihn auch nicht dazu erklärt. Diese Kluft zwischen Beschreibung und Deklaration gilt es zu ergründen." (J. Derrida 1974, S. 373; Hervorh. v. Autor)

161 Essai, S. 199 W, 131 F.

162 Eben dieses Begehren: „aimez-moi" war aber der Anlaß für das erste Wort bei den Völkern des Südens.

163 Der Begriff der Denotation wird von Jürgen Link erörtert im Zusammenhang mit der Konnotation: Denotation und Konnotation sind zwei verschiedene Möglichkeiten, innerhalb eines Textes (bzw. eines Kontextes) Signifikate zu notieren, d. h. es sind verschiedene Möglichkeiten der Beziehung zwischen Signifikant und Signifikat. Denotate (zu lat. denotatum = festgeschrieben) „sind alle Signifikate, deren Signifikanten zur Menge der Text-Zeichen zählen und die zum Kontext dieses Textes passen." Denotate sind also „direkt notierte Signifikate", sie sind selbständig. Konnotate hingegen sind indirekt notierte Signifikate; sie setzen Denotate voraus, an die sie sich „anhängen" können. (J. Link 1979, S. 41) Freilich gibt Umberto Eco wohl zu Recht zu bedenken: „Die konnotative Verwendung des Zeichens ist fundamental. Man könnte sich allenfalls fragen, ob es überhaupt nicht-konnotative, also rein denotative Zeichen gibt." (U. Eco 1977, S. 101)

164 Martin Inversini hat dem Problem der „Sachlichkeit" in Rousseaus pädagogischer Konzeption eine umfangreiche Studie gewidmet. Es gelingt ihm allerdings m. E. nicht, die Aporien dieses Konzepts wirklich zum Sprechen zu bringen. Stattdessen bemüht er sich, die Widersprüche bei Rousseau zu harmonisieren, indem er die These aufstellt, im *Emile* gebe es zwei Arten von Kindern (den „homme abstrait" bzw. „élève imaginaire" und das „normale Kind") und dementsprechend auch zwei Typen von Aussagen: normative, aus der Gesellschaftskritik erwachsene Allgemeinbehauptungen und empirische, auf die Erziehungsrealität bezogene Beobachtungen. (Vgl. M. Inversini 1977, S. 140 – 142)

165 Vgl. zum Beispiel Emile, S. 133 W, 368 P.

166 Vgl. Emile, S. 129 – 134 W, 364 – 369 P. Dasselbe gilt für die Episode mit Emile und dem Gärtner (S. 95 W ff.), für die vom Erzieher inszenierten Wettläufe (S. 158 W ff.) oder für den Jahrmarkt-Zauberkünstler (S. 202 W ff.). Hier macht sich Rousseau in einer späteren Auflage des *Emile* über seinen Kritiker Formey lustig: „Der geistreiche Herr Formey hat nicht erraten können, daß diese kleine Szene abgesprochen und der Taschenspieler *von der Rolle unterrichtet war, die er zu spielen hatte* …". (Emile, S. 202 W)

167 H.-H. Schepp 1978, S. 55.

168 „In preference to brute force, Rousseau chooses deception: *the violence of ruse is substituted for the violence of force. That is the great reversal Rousseau proposes.*" (J.V. Harari 1987, S. 110; Hervorh. C.G.) – „… Rousseaus psychological strategy

involves trapping the child in a system where his *freedom of choice* is only an illusion …". (ebd., S. 111; Hervorh. C.G.)

169 Der Vergleich zwischen Rousseau und der antiautoritären Erziehung (bes. von A.S. Neill) findet sich in der pädagogischen Sekundärliteratur häufig; verwiesen sei u. a. auf L. Vincze 1978 und H. Hirschfeld 1987. Umgekehrt – und damit m. E. zutreffender – verfährt H.-H. Schepp, der die Aporien der Erziehungstheorie von A.S. Neill zurückführt auf diejenigen von Rousseau. (Vgl. H.-H. Schepp 1978, S. 4 – 12)

170 „Übrigens gibt es hier keinen Mittelweg: Man darf entweder ganz und gar nichts von ihm fordern oder muß es gleich anfangs zum *vollkommensten Gehorsam beugen*. Die ärgste Erziehung ist, wenn ihr es zwischen seinem und eurem Willen schwanken laßt und ohne Unterlaß … mit ihm streitet, wer von beiden Meister sein soll." (Emile, S. 85 W, 320/21 P)

171 Vgl. M. Foucault 1976, S. 251 ff.

172 Vgl. J.V. Harari 1987, S. 114 – 115.

173 Emile, S. 127 W, 362 P.

174 Und noch im 5. Buch, als Emile an der Schwelle des Erwachsenseins steht und sich in Sophie verliebt, betont Rousseau, daß sein Zögling diese ‚Unschuld‘ und Naivität nach wie vor ungebrochen besitze: „Emile ist der Mensch auf der Welt, der sich am wenigsten zu verstellen weiß." (Emile, S. 548 W)

175 H.-H. Schepp 1978, S. 52.

176 Ebd., S. 60.

177 Nur wenige Frauen sahen dagegen bereits in den 70er Jahren die psychologische Dimension des Problems, die am besten in psychoanalytischen Kategorien zu beschreiben ist. Sie rückten die Frage in den Vordergrund, welchen Anteil die Frauen selbst an ihrer Unterdrückung haben (psychoanalytisch gefragt: welchen ‚neurotischen‘ Krankheitsgewinn sie daraus ziehen) und wie sie selbst dazu beitragen, diese Unterdrückung zu perpetuieren. Eine dieser Ausnahmen bildet der Aufsatz von Marina Moeller-Gambaroff *Emanzipation macht Angst* (Kursbuch 47, Berlin 1977).

178 Vgl. Ann Anders in ihrem Rückblick auf 20 Jahre neue Frauenbewegung (*Chronologie der gelaufenen Ereignisse*): „Bereits 1951 hatte Simone de Beauvoir von der ‚patriarchalischen Brille‘ gesprochen, durch die alle die Wirklichkeit wahrnehmen: ‚Die Welt ist ein Werk der Männer. Sie beschreiben sie von ihrem Standpunkt aus und verwechseln ihn mit der absoluten Wahrheit.‘ Dieser Satz war eine zentrale Erkenntnis der Frauenbewegung, und es wurde nun auf allen Ebenen versucht, diese von Männern definierte Wirklichkeit aufzubrechen." (Ann Anders 1988, S. 23) – Vgl. auch Silvia Bovenschen 1976, die sich ebenfalls auf Beauvoir beruft: „Der Skandal: die Identifikation der Wahrheit mit der männlichen Optik, mit dem nämlich, was man durch die männliche Brille, die auch wir sehr früh schon angepaßt bekamen, gesehen, untersucht und dargestellt hat …". (in: Ann Anders 1988, S. 114/115)

179 Kate Millett, Sexual Politics, USA 1969, dt.: Sexus und Herrschaft. Die Tyrannei

des Mannes in unserer Gesellschaft, 1971. Milletts Untersuchung lag bereits 1974 als Taschenbuch vor; die Seitenzahlen im laufenden Text beziehen sich auf diese Taschenbuchausgabe (dtv) von 1974. Eine – seitenidentische – Neuauflage erschien 1985 im Rowohlt-Verlag.

180 Siehe bspw. die Einschätzung von Toril Moi: „Dieses Buch hat in der Literaturkritik den feministischen Ansatz als eine Kraft etabliert, mit der gerechnet werden muß. Seine Wirkung macht es zur ‚Mutter‘ und Vorläuferin aller späteren Arbeiten der feministischen Kritik in der anglo-amerikanischen Tradition …". (T. Moi 1989, S. 36/37) Ähnliche Einschätzungen finden sich auch bei Cora Kaplan 1979 und Jonathan Culler 1988, S. 50 ff.

181 K. Millett 1974, S. 39 (Hervorh. v. der Autorin).

182 Günter Bartsch 1977, S. 21. Millett spricht übrigens in diesem Zusammenhang explizit von „innerer Kolonisation". (S. 39) Vgl. auch Cora Kaplan 1979, S. 6 f. und – aus der neueren Diskussion – Cornelia Klinger, die die Definition des Feminismus an diese Grundeinsicht binden will: „Feminismus ist dadurch definiert, nicht das Klassenverhältnis, nicht den Kapitalismus oder irgendeine andere gesellschaftliche Struktur, sondern das Geschlechterverhältnis als das primäre Herrschaftsverhältnis anzusehen. Wenn wir das Patriarchat als primäres Herrschaftsverhältnis ansetzen, dann wird zwischen Vergangenheit und Gegenwart eine ungebrochene Kontinuität sichtbar und bleibt unbeschadet aller gewichtigen historischen Unterschiede das Entscheidende." (C. Klinger 1988, S. 309)

183 Max Weber, Wirtschaft und Gesellschaft, Tübingen 1961, S. 603; zit. b. Millett 1974, S. 39.

184 Millett zitiert in einer Fußnote die beiden Formen von Herrschaft, in denen sich Max Weber zufolge solche Macht am wirkungsvollsten ausdrückt: „Kontrolle durch gesellschaftliche Autorität […] und Kontrolle durch wirtschaftliche Faktoren". Die ökonomische Verfügungsgewalt sei häufig eine Folge, aber auch eines der wirkungsvollsten Mittel politischer Herrschaft. (K. Millett 1974, S. 39, Anm. 3)

185 Das wird noch deutlicher, wenn man Webers Definition von Macht mit derjenigen von Hannah Arendt vergleicht. Arendt versteht unter Macht die Fähigkeit, sich in zwangloser Kommunikation auf ein gemeinschaftliches Handeln zu einigen; sie differenziert also zwischen der *Macht* der einigenden Rede und der *Gewalt*, die sich bestimmter Mittel bedienen muß, um den eigenen Willen anderen aufzuzwingen. (Vgl. Hilge Landweer 1990b, S. 6/7; Hannah Arendt 1985; Jürgen Habermas in: Adalbert Reif 1979)

186 So kommentiert Millett beispielsweise Sigmund Freuds Anmerkungen über weiblichen Neid und weibliche Eifersucht folgendermaßen: „Angesichts der niedrigen Bewertung der Frauen in der Gesellschaft ist dies eine äußerst destruktive Anklage. Freud klagt eine bereits enteignete Gruppe des Trotzes und der Ungerechtigkeit an und bringt sie in Verruf, indem er sie niederer Motive bezichtigt. *Dabei ist die moralische Aufrichtigkeit der Mitglieder dieser Gruppe ihr einziger Anspruch auf gerechte Behandlung.*" (S. 249; Hervorh. C.G.) Wir finden hier einen Moralismus,

der in vielen feministischen Analysen ein Echo gefunden hat und bis heute
fortlebt. Sein Credo lautet, Frauen seien die besseren Menschen; sie sollten nun
endlich die historische Bühne betreten mit dem moralischen Impetus nicht nur
der Zu-Kurz-Gekommenen (was ja legitim ist), sondern auch der von allen ,patriarchalischen' Untugenden Verschonten.

187 Hilge Landweer 1990b, S. 4.

188 Vgl. Kate Milletts Freud-Lektüre (a.a.O., S. 233 – 268), die sich auf sein Theorem
des weiblichen Penisneides konzentriert und dieses als die machtvollste Waffe für
die „gegenrevolutionäre" Ideologie seiner Zeit einstuft. Milletts Psychoanalyse-
Rezeption war für den anglo-amerikanischen Feminismus lange Zeit prägend; vgl.
dazu Juliet Mitchell 1976, S. 404 ff.

189 Vgl. H. Landweer 1990b, S. 2/3: „Nachdem sozialstrukturelle Erklärungen für das
Geschlechterverhältnis unbefriedigend geblieben waren, setzte sich zunehmend
mehr die Erkenntnis durch, daß die psychischen Dispositionen von Frauen erklä-
rungsbedürftig sind. [...] Individualpsychologisch formuliert, lautet die harte
These: Jede Frau profitiert von ihrem jeweiligen Geschlechterarrangement, sie hat
sozusagen neurotischen Gewinn von ihren jeweiligen Unterwerfungsarten."

190 Diese m. E. sehr prägnante Gegenüberstellung der metaphorischen Repräsentation zweier Vorstellungsweisen von Macht findet sich bei H. Landweer 1990b, S. 3
ff. Die Autorin schlägt darüber hinaus – inspiriert durch Foucault – vor, die Netzmetaphorik zu ergänzen durch die Metaphernquelle des Kampfes bzw. eines
Modells von Kräfteverhältnissen. (ebd., S. 9)

191 Vgl. beispielsweise Konkursbuch 12: Frauen Macht, Tübingen 1984. Sowohl Gerburg Treusch-Dieter (*„Die Zukunft ist weiblich oder gar nicht"* – *Polemische Notizen
zur Frage von Frauen und Macht*) als auch Marianne Schuller (*Vergabe des Wissens.
Notizen zum Verhältnis von „weiblicher Intellektualität" und Macht*) beziehen sich
in ihren Analysen explizit auf Foucaults Machtanalyse, die er am elaboriertesten in
Sexualität und Wahrheit, Bd. 1: Der Wille zum Wissen (dt. 1977) vorgestellt hat.
Treusch-Dieter stellt fest: „Foucault moniert, daß der Kopf des Königs in der politischen Theoriebildung noch nicht gefallen sei. Und wenn er, dank dieser Kritik,
in jenem Bereich inzwischen wackelt oder gar ab ist: in der feministischen Theoriebildung sitzt der Kopf des Patriarchen noch fest." (G. Treusch-Dieter 1984,
S. 9) Auch ich habe in einem früheren Aufsatz die Frage aufgeworfen, ob Foucaults Ansatz neue Perspektiven auf die Frage des Geschlechter-Verhältnisses eröffnet, indem er dieses im Modell einer Distribution von Macht statt bloßer Repression, einer Dynamik von Konfrontationen statt einer Statik von Über- und
Unterordnungsverhältnissen zu denken erlaubt. (Vgl. Ch. Garbe 1983, S. 65 ff.)

192 Eine gut verständliche Einführung in die Vorteile einer solchen poststrukturalistischen Sichtweise von Macht für feministische Theorie und Politik findet sich bei
Chris Weedon 1990, insbes. in Kapitel 5: *Diskurs, Macht und Widerstand*, S. 138
ff. Auch Weedon bezieht sich vor allem auf Michel Foucaults Diskurs- und
Machtanalysen: „Dieser Analysetyp weitet das Feld potentieller politischer Aktivi-
täten in einer Art und Weise aus, die für den Feminismus außerordentlich wichtig

ist, da er den Reduktionismus einer von einer einzigen Ursache ausgehenden Analyse umgeht." (Ch. Weedon 1990, S. 156)

193 Entscheidende Anstöße dazu lieferten im deutschen Sprachraum Frigga Haug und später Christina Thürmer-Rohr mit dem Konzept der „Mittäterschaft", das den einfachen Täter-Opfer-Schematismus in Frage stellte. (Vgl. F. Haug 1980 und 1981, Ch. Thürmer-Rohr 1983 und 1987) Als historisches Phänomen wird das Problem als eines der „Komplizenschaft" von Frauen u. a. diskutiert von Martha Mamozai 1990.

194 Vgl. u. a. Marianne Schuller in Konkursbuch 12 (1984).

195 Vgl. bspw. den Begriff „Geschlecht als soziale Strukturkategorie" (G. Axeli-Knapp 1991, S. 123), der sich an die anglo-amerikanische Unterscheidung von biologischem Geschlecht (sex) und sozialem Geschlecht (gender) anlehnt und im Umkreis der Zeitschrift *Feministische Studien* seit längerem präsent ist. (Vgl. auch Michèle Barrett 1983; Regina Becker-Schmidt, Gudrun Axeli-Knapp 1987; Sandra Harding 1990)

196 Vgl. K. Millett 1974, S. 40.

197 Ebd., S. 472.

198 Toril Moi 1989, S. 39. Leider ist die deutsche Übersetzung von *Sexual/Textual Politics* oft begrifflich unpräzise und stilistisch unbeholfen; sie fällt wesentlich ab gegenüber dem englischen Original. Ich habe deshalb die zitierten Passagen teilweise korrigiert. Im vorliegenden Fall wurde beispielsweise „a powerful fist in the solar plexus of patriarchy" übersetzt durch: „eine kräftige Faust (sic!) im (sic!) Solarplexus des Patriarchats".

199 Toril Moi 1989, S. 43. Moi sieht das hauptsächliche Defizit in Milletts Analyse deshalb vor allem in einer simplifizierenden Theorie von patriarchalischer Herrschaft und dem entsprechenden Ideologiebegriff. „Nur ein Konzept von Ideologie als widersprüchlicher Konstruktion, die gekennzeichnet ist durch Lücken, Verschiebungen und Inkonsistenzen, würde den Feminismus befähigen zu erklären, wie sogar die schlimmsten ideologischen Zwänge ihre eigenen Freiräume hervorbringen." (ebd., S. 39)

200 Vgl. noch einmal Ann Anders 1988, S. 23: „Die ‚autonomen Frauen' versuchten, sich von überkommenen politischen Positionen zu lösen, sich nicht an traditionelle Begriffe wie links oder rechts anzugleichen, sondern diese zu überprüfen anhand der eigenen Lebenserfahrung als Frauen. Diese sollte ‚Grundstruktur des Denkens' werden: ‚Das Private ist politisch'."

201 Der amerikanische Name „consciousness-raising-group" bringt diese Zielsetzung präziser zum Ausdruck. Vgl. den Leitfaden für „Kleingruppen – Erfahrungen und Regeln", der 1975 im 1. Frauenjahrbuch publiziert wurde (wieder abgedruckt in: Ann Anders 1988, S. 94 – 110).

202 Gisela Bock in: Frauen und Wissenschaft 1977, S. 17/18.

203 Renate Möhrmann 1979, S. 67 (Hervorh. C.G.).

204 Ich beziehe mich hier auf die Gegenüberstellung von „humanistischem" und „poststrukturalistischem" Feminismus, wie sie von Chris Weedon 1990 benutzt

wird. Für Weedon liegen in einem unterschiedlichen Verständnis von Sprache und Subjektivität die entscheidenden Differenzpunkte zwischen beiden Richtungen. Während für den ‚Humanismus‘ (ebenso wie für den ‚gesunden Menschenverstand‘) Sprache als transparentes Medium erscheint, das vorgängige Bedeutungen lediglich transportiert, sei die grundlegende Einsicht des Poststrukturalismus, „daß Sprache, weit davon entfernt, eine vorgegebene gesellschaftliche Realität widerzuspiegeln, die soziale Wirklichkeit für uns konstituiert." (Ch. Weedon 1990, S. 36) Damit wird die Sprache selbst zum Schauplatz des Kampfes um Bedeutungszuschreibungen. Analog gilt für das Verständnis des Subjekts: „Im Unterschied zum Humanismus, der ein bewußtes, wissendes, einheitliches und rationales Subjekt voraussetzt, faßt der Poststrukturalismus die Subjektivität als einen Schauplatz von Uneinheitlichkeit und Konflikt ...". (Ebd., S. 35) Das Individuum wird nicht länger als integrales Subjekt gedacht, sondern als Kreuzungspunkt unterschiedlicher Subjektpositionen, mit denen es sich unentwegt auseinandersetzen kann oder muß. Insofern sei es offen für Veränderungen. (Vgl. ebd., S. 49)

205 Vgl. Ch. Weedon 1990, S. 38: „Um den Vorteil von Saussures Bedeutungstheorie voll auszuschöpfen, müssen wir Sprache als ein System ansehen, das immer aus historisch spezifischen Diskursen besteht. Wenn die Sprache als einander widersprechende Diskurse, als einander widersprechende Arten, der Welt eine Bedeutung zuzuschreiben, aufgefaßt wird, dann wird sie zu einem wichtigen Schauplatz des politischen Kampfes."

206 Ch. Weedon 1990, S. 50.

207 Vgl. Verena Stefan 1975.

208 Carolyn Heilbrun, zit. bei Jonathan Culler 1988, S. 52.

209 Diese Formulierung gebrauchte die Wiener Philosophin Herta Nagl-Docekal während eines Vortrages auf dem V. Symposion der IAPh 1989 in Berlin.

210 „Die ‚Hermeneutik des Argwohns‘, die davon ausgeht, daß der Text nicht oder nicht nur ist, was er zu sein vorgibt [...], scheint den von Männern verfaßten Texten vorbehalten." (T. Moi 1989, S. 93)

211 Diesen doppelten Maßstab weist Toril Moi beispielsweise bei der amerikanischen Literaturwissenschaftlerin Elaine Showalter nach. (Vgl. T. Moi 1989, S. 93 ff.)

212 Diese Kritik formuliert Barbara Hahn auch noch gegenüber Sigrid Weigel. (Vgl. B. Hahn 1990, S. 225 ff.)

213 Vgl. Abschnitt II unter dem Titel „Der Ödipuskomplex" (S. 321 ff.), der als strukturierendes Erklärungsmuster für Lawrences Roman *Söhne und Liebhaber* tatsächlich naheliegend ist. Explizite Hinweise auf Freud finden sich im Lawrence-Kapitel außerdem auf S. 314, 315, 317, 323, 325, 330, 337 und 379, und zwar in bunter Mischung: teils im Stil der im Freud-Kapitel entfalteten Psychoanalyse-Kritik (die mitunter an Denunziation grenzt), teils im Sinne einer zustimmenden Verwendung seiner Kategorien zur eigenen Analyse. Darüber hinaus arbeitet Millett teilweise mit kulturtheoretisch-psychoanalytischen Erklärungsmustern, die das später von Theweleit entwickelte Konzept der *Männerphantasien* partiell vorwegnehmen; vgl. zum Beispiel S. 320.

214 Vgl. zum Beispiel Milletts Fazit zu D.H. Lawrences Roman *Aaron's Rod*: „Der Roman endet damit, daß Aaron sowohl Lillys überlegene Männlichkeit akzeptiert wie auch seine ‚prophetische Botschaft'. Diese Botschaft ist eine Kombination aus politischem Faschismus und männlicher Suprematie." (S. 363) Daß diese ‚Botschaft' in Milletts Augen nicht nur diejenige einer Romanfigur, sondern zugleich auch die ihres Autors ist, macht eine kurz darauf folgende Passage deutlich: „Lawrences Mission besteht darin, den kleinen Anteil an Freiheit, den die Frau sich in der Sexualrevolution erkämpft hatte, wieder rückgängig zu machen und ein noch vollständigeres Patriarchat zu errichten. Sein Ehrgeiz setzt es sich zum Ziel, die alten Unterdrückungsmittel zu verbessern; dabei hat er es vor allem auf die psychologischen Techniken abgesehen, die früher ganz und gar nicht richtig gehandhabt wurden." (S. 365)

215 So hält Kate Millett beispielsweise den Roman *Söhne und Liebhaber* aufgrund seiner „großartigen naturalistischen Beschreibungen" des proletarischen Milieus für „den bisher bedeutendsten englischen Roman über das Proletariat". (S. 323)

216 Vgl. zum Beispiel S. 320: „Lawrence war von der uralten Phantasie besessen, daß er den falschen Vater hatte, und verwandelte deshalb seinen Vater in Pan. Mellors ist nicht nur D.H. Lawrence und ein wunschtraumhafter homosexueller Liebhaber, er ist auch der grobe und unfreundliche Grubenarbeiter aus *Söhne und Liebhaber*, der alte Lawrence, nun als Gott Pan rehabilitiert." Wie man sieht, macht sich Millett hier Freuds These vom kompensatorischen Charakter literarischer Wunschphantasien zueigen, deren Funktion es sei, die ‚unbefriedigende Wirklichkeit zu korrigieren'. (Vgl. ähnliche Rekurse auf Lawrences Biographie auf S. 329, Anm. 52 und auf S. 368)

217 Vgl. Milletts Analyse der für Lawrence typischen Dreieckssituationen, die sie von anderen ‚klassischen' Dreieckssituationen in der Literatur abgrenzt. (S. 348 f.)

218 K. Millett 1974, S. 360.

219 Vgl. Andrea Dworkins vielbeachtetes Pamphlet gegen Pornographie (1979), das die Analyse von Millett radikalisierte und vereinseitigte.

220 Geschmacksurteile dieser Art erscheinen Millett geradezu als Vorwand für eine inhaltliche Ablehnung bestimmter Positionen, die manche Kritiker nicht offen zugeben: „Kritiker zum Beispiel, die Lawrence ablehnen, behaupten gerne, daß seine Prosa schwerfällig sei; dies ist ein subjektives Urteil. Es scheint mir wesentlich besser, eine radikale Untersuchung durchzuführen, warum Lawrences Analyse einer Situation nicht stimmt oder einseitig ist, oder warum sein Einfluß schädlich ist, ohne daß ich dabei der Größe und Neuartigkeit seines Künstlertums Abbruch tun […] muß." (K. Millett 1974, S. 8)

221 Vgl. auch T. Moi 1989, S. 61 ff.

222 Vgl. dazu Terry Eagleton 1988, vor allem Kap. 3 – 5. Eagleton zufolge zieht sich die Kritik am Realismus als einer ‚literarischen Ideologie' im 20. Jahrhundert durch beinahe alle literaturtheoretischen Richtungen. Als Beispiele verweise ich auf seine Ausführungen über Roland Barthes, S. 119 ff. sowie über die literaturtheoretischen Konsequenzen der Lacanschen Psychoanalyse, S. 159 ff.

223 T. Moi 1989, S. 64. Vgl. zum Beispiel Kate Millett über D.H. Lawrences Roman *Kangaroo*: „Das Buch ist einige Jahre nach dem weiblichen Sieg im Kampf um das Stimmrecht für Frauen geschrieben. Dennoch wird in dem Buch großer Wert darauf gelegt, die Frauen selbst von einer Besprechung politischer Angelegenheiten auszuschließen. In der schönen neuen Ordnung werden ihnen die staatsbürgerlichen Rechte wieder genommen." (K. Millett 1974, S. 368)

224 „Man bemühe sich, das Kind alles das zu lehren, was seinem Alter nützlich ist, und man wird sehen, daß seine Zeit mehr als ausgefüllt ist. [...] ‚Wozu ist das gut?' Dies ist fortan das geheiligte Wort, das entscheidende Wort zwischen ihm [Emile, C.G.] und mir bei allen Handlungen unseres Lebens." (Emile, S. 211 W, 445/46 P) Selbstverständlich hängt damit die Berufswahl zusammen: Emile soll ein Handwerk erlernen, das sich für einen Mann ziemt, am liebsten das eines Tischlers. (Vgl. ebd., S. 242 W, 475 P ff.)

225 „Das ist die zweite Geburt ... Hier wird der Mensch wahrhaftig zum Leben geboren, und nichts Menschliches ist ihm fremd." (Ebd., S. 257 W, 490 P)

226 Vgl. z. B. Emile, S. 261 W, 494 P: „Da die Art dieser Leidenschaften ihren Keim nicht im Herzen der Kinder hat, so kann sie darin auch nicht von selbst *wachsen* [naître]. Wir allein bringen sie hinein, und sie fassen darin stets durch unsere Schuld Wurzel. So ist es aber nicht mehr mit dem Herzen des jungen Menschen. Was wir auch immer tun mögen, sie werden darin doch wider unsern Willen *wachsen*. Es ist also Zeit, die Methode zu ändern." Oder S. 272 W, 504 P: „Wenn aber die erste Entwicklung der Sinne das Feuer der Einbildungskraft in ihm *entzündet* [allume], fängt es an, sich in seine Mitmenschen hineinzuversetzen ...".

227 Vgl. Sigmund Freud 1972 b, S. 137.

228 „Die Unterweisungen der Natur erfolgen zaudernd und langsam, die der Menschen fast immer zu frühzeitig. Im ersten Falle *erwecken* [éveillent] die Sinne die Einbildungskraft, im zweiten *erweckt* die Einbildungskraft die Sinne ...". (Emile, S. 262 W, 495 P)

229 Vgl. Emile, S. 272 W, 504 P ff.

230 Vgl. Emile, S. 260 W, 493 P ff.

231 Vgl. dazu weiter unten (Teil VII).

232 Einen Hinweis darauf finden wir bereits zu Beginn des 4. Buches des *Emile*, wo sich ein bemerkenswertes Schwanken Rousseaus im Hinblick auf die ‚Zwei-Phasigkeit' der weiblichen Entwicklung feststellen läßt: „Bis zum heiratsfähigen Alter haben die Kinder der beiden Geschlechter scheinbar nichts, was sie unterscheidet [...]. Die Mädchen sind Kinder, die Knaben sind Kinder; ein Name genügt für so ähnliche Wesen. Die männlichen Wesen, bei denen man die weitere Entwicklung des Geschlechtes verhindert, behalten diese Gleichförmigkeit ihr ganzes Leben lang; [...] und da die Frauen eben diese Gleichförmigkeit [conformité] niemals verlieren, so scheinen sie in vielerlei Hinsicht niemals etwas anderes zu sein. Der Mann aber ist grundsätzlich nicht geschaffen, stets in der Kindheit zu verharren." (Emile, S. 256 W, 489 P) – Das Problem kompliziert sich noch dadurch, daß aus

der Gleichheit von Junge und Mädchen im Kindesalter keineswegs eine Gleichheit ihrer Erziehungsprinzipien folgt – im Gegenteil: Das 5. Buch des *Emile* wäre überflüssig, wenn Sophie dieselbe Erziehung zuteil werden sollte wie Emile.

233 BdA, S. 436/437, 135 F.

234 Aus diesem Grunde hält er den „Streit über den Vorzug oder die Gleichheit der Geschlechter" für müßig: „In dem, was sie gemein haben, sind sie gleich; in dem, was sie unterscheidet, sind sie nicht zu vergleichen. Eine vollkommene Frau und ein vollkommener Mann dürfen einander nicht mehr im Geiste als im Gesicht ähnlich sein, und in der Vollkommenheit kann es ein Mehr oder Weniger nicht geben." (Emile, S. 467 W, 693 P)

235 Rousseau meint hier selbstverständlich die Position des Ministers in der Monarchie.

236 Vgl. Emile, S. 467 W, 693 P.

237 GV, S. 280 W, 360 P.

238 Ebd.

239 GV, S. 281 W, 361 P.

240 Die Zuordnung von Aktivität (und Stärke) zur Männlichkeit, Passivität (und Schwäche) zur Weiblichkeit hat eine lange Tradition; sie läßt sich zurückverfolgen bis zu Aristoteles, der mit dieser Behauptung die philosophische Entmachtung der Frauen eingeleitet hat. In seiner Zeugungstheorie reduziert er den Anteil der Frau an der Fortpflanzung auf ein Minimum und deklariert den Mann als (ideellen) Haupterzeuger. Seine grundlegenden Kategorien Form und Stoff, Bewegung und Bewegtes, Aktivität und Passivität wendet Aristoteles wie folgt auf den Zeugungsakt an: Der männliche Samen ist allein zeugend, d. h. formend, *aktiv*; das weibliche Ei (bzw. bei ihm das weibliche Monatsblut) liefert lediglich den Stoff, die materielle Basis, die sich – *passiv* – dem männlichen Zeugungsakt zur Verfügung stellt: „Nun ist aber das Weibliche, insofern es weiblich ist, ein Leidendes, das Männliche aber, insofern es männlich ist, ein Wirkendes und ein Solches, von dem die Bewegung ausgeht; wenn man also beide in ihrer letzten Bedeutung faßt, in welcher das eine ein Wirkendes und Bewegendes, das andere ein Leidendes und Bewegtes ist, so wird das aus ihnen entstehende Eine nur so entstehen können, wie durch den Zimmermann und das Holz die Bettstelle, oder wie aus dem Wachs und der Form die Kugel." (Aristoteles 1978, S. 113) – Mit dieser Bestimmung hat Aristoteles in folgenreicher Weise den Rahmen abgesteckt, in dem das Abendland die Geschlechterfrage diskutieren wird: Die Frau wird degradiert zum bloßen Material, an dem der männliche Gestaltungswille sein Werk vollbringt – wie der Handwerker an dem Stück Holz. Daß der Mann „aktiv und stark", die Frau „passiv und schwach" sei, ist einer der Basissätze christlich-abendländischer Tradition, der sich in immer neuen Variationen bis ins 20. Jahrhundert hinein verfolgen läßt. Ich verweise hier nur auf einige besonders prägnante Beispiele: Johann Gottlieb Fichtes *Deduction der Ehe* von 1791 (siehe vor allem § 1 – 7, S. 305 ff.) und Otto Weiningers *Geschlecht und Charakter* von 1900 (siehe zum Beispiel Weininger 1980, S. 111). Auch Sigmund Freud nimmt 1932 in seiner Vorlesung über *Die*

Weiblichkeit diese Definition zum Ausgangspunkt seiner Überlegungen: „... wenn Sie männlich sagen, meinen Sie in der Regel ‚aktiv‘, und wenn Sie weiblich sagen, ‚passiv‘." (Sigmund Freud 1969a, S. 546)

241 Sarah Kofman 1982, S. 74/75 (Übersetzung C.G.); siehe auch dies. 1986, S. 14/15.

242 Das gilt schon für eine der frühesten Kritikerinnen Rousseaus, Mary Wollstonecraft: „Die ungereimten Geschichten, die er erzählt, um zu beweisen, daß es den Mädchen natürlich sei, ein ganz besonderes Augenmerk auf ihre Person zu richten, ... verdienen mehr als Verachtung." (Mary Wollstonecraft 1975, S. 96; zuerst ersch. 1792) – Vgl. aus neuerer Zeit zum Beispiel Elisabeth Badinter 1988, S. 192.

243 Vgl. Emile, S. 467/68 W, 694 P.

244 Emile, S. 54 W, 289 P.

245 Ebd.

246 Im Lichte meiner Ausführungen ließe sich also der von Jacques Derrida unterstrichenen Ambivalenz des Supplement-Begriffes bei Rousseau eine weitere Distributionsfigur hinzufügen: Verteilt auf die Opposition von ‚männlich‘ und ‚weiblich‘, wäre das ‚gute‘ Supplement von der Frau repräsentiert, das ‚schlechte‘ hingegen müßte vom Mann abgewendet werden. (Vgl. J. Derrida 1974, S. 250 f.)

247 BdA, S. 380, 63 F. Vgl. dazu weiter unten und Teil IX dieser Arbeit.

248 Vgl. Emile, S. 467 W, 693 P.

249 Emile, S. 508 W, 737 P.

250 Vgl. zum Beispiel Emile, S. 416/17 W: „Die bloße Vernunft ist nicht aktiv; sie hält zuweilen zurück, selten erregt sie, und niemals hat sie etwas Großes vollbracht."

251 Psychoanalytisch inspirierte Deutungen der Position des Erziehers gibt u. a. Harari 1987. Ihm zufolge praktiziert der Erzieher das Phantasma der Autogeneration – der Selbstzeugung unter Ausschluß der Frau. Danielle Montet-Clavié (1984) erklärt in diesem Zusammenhang, Rousseau wolle die männlich-weibliche Differenz am Ursprung (des Kindes) tilgen und durch die ausschließliche (symbolische) Vaterschaft ersetzen.

252 Zur Aufwertung der Mutterfunktion hat sich Rousseau dezidiert im 1. Buch des *Emile* geäußert: „Die erste Erziehung ist am wichtigsten, und diese erste Erziehung kommt unstreitig den Frauen zu. [...] Man rede also in seinen Abhandlungen von der Erziehung stets vornehmlich zu den Frauen." (Emile, S. 9 W, 46 P) Rousseau spricht den Müttern auch eine Schlüsselrolle bei der ‚sittlichen Erneuerung‘ der Gesellschaft zu: „Will man einen jeden wieder zu seinen ersten Pflichten zurückführen, so fange man mit den Müttern an; man wird über die Veränderungen erstaunt sein, die man hervorbringen wird. Alles kommt nach und nach von dieser ersten Entartung [daß die Frauen nicht länger Mütter sein wollen, C.G.] – alle sittliche Ordnung verändert sich; das Natürliche erstickt in allen Herzen [...]. Wenn aber die Mütter nur geruhen, ihre Kinder wieder selbst zu nähren, werden die Sitten sich von selbst bessern, die Empfindungen der Natur werden in allen

Herzen wiedererwachen, der Staat wird sich wieder bevölkern; dieser erste Punkt, dieser Punkt allein wird alles wieder vereinigen." (Emile, S. 22 W, 257/58 P; Übersetzung leicht korrigiert, C.G.)

253 NH, S. 589 W, 561 P.

254 Ein gutes Beispiel für diese Art von mütterlichem Verhalten wird in der *Nouvelle Héloïse* auf S. 610 W, 581 P ff. beschrieben; dort geht es darum, wie Julie es fertigbringt, ihren ältesten Sohn zum Lesenlernen zu motivieren.

255 „Hat eine Frau erst einmal ihre Scham verloren, so hat sie nichts mehr zu verweigern." (Tacitus, *Annales*, IV,3)

256 Daß der Verlust des Hymen nicht irreparabel ist, wußte man im 18. Jahrhundert durchaus; seine chirurgische Restauration war in aristokratischen Kreisen, wo die ,Unschuld' einen symbolischen Wert hatte, ziemlich verbreitet.

257 An der *Nouvelle Héloïse* schrieb Rousseau vom Herbst 1756 bis zum Herbst 1758; in diese Zeit (Frühjahr 1758) fällt ferner die Abfassung des *Briefes an d'Alembert*, in dem das Thema Weiblichkeit eine zentrale Rolle spielt, sowie der an Sophie d'Houdetot gerichteten *Lettres morales* (Spätherbst 1758), die als eine Keimzelle des 5. Buches des *Emile* („Sophie oder die Frau") angesehen werden können. An diesem 5. Buch selbst arbeitete Rousseau vor allem 1759. In allen drei Schriften findet sich die Ausarbeitung des Theorems von der natürlichen Differenz der Geschlechter und der natürlichen Schamhaftigkeit der Frau.

258 Im August 1756 schrieb Rousseau seine Kritik an Voltaires Lissabon-Gedicht (*Brief an Herrn von Voltaire*), im Dezember 1757 erfolgte der Bruch mit Mme d'Epinay, Grimm und Diderot, im Frühjahr 1758 verfaßte er die Antwort auf d'Alemberts Encyklopädie-Artikel über Genf (*Brief an d'Alembert über das Schauspiel*).

259 Vgl. Denis Diderot in *Pensées sur l'interpretation de la nature, Les Bijoux indiscrets*, Kap. 18 und *Lettres sur les Aveugles* 1875, S. 288. Weitere Belege finden sich in Daniel Mornets Ausgabe der *Nouvelle Héloïse* von 1925, Band 2, S. 154 f.

260 Sarah Kofmann zufolge zielt der Diskurs von Rousseau ebenso wie derjenige von Freud, trotz mancher Unterschiede im Detail, darauf, „die sexuelle Unterdrückung der Frauen, wesentliche Zielsetzung ihres Argumentierens, zu legitimieren." (Sarah Kofmann 1986, S. 20, Fußnote 10)

261 Ebd., S. 20/21.

262 Die ersten beiden Teile des Romans, die den Ausbruch und die Entfaltung der leidenschaftlichen Liebe zwischen Julie und ihrem Hauslehrer Saint-Preux schildern, wurden im wesentlichen im Herbst und Winter 1756/57 ausgearbeitet (vgl. das Nachwort zur *Nouvelle Héloïse* von R Wolff, S. 809 W) der 21. Brief (ebenso wie der 23. Brief von Saint-Preux über die Pariser Oper) ist vermutlich erst 1758 eingefügt worden – zu der Zeit also, als Rousseau im *Brief an d'Alembert* seine Theorie weiblicher Schamhaftigkeit formulierte. (Vgl. NH, S. 1497 P: Anm. zu S. 265 und S. 1499 P: Anm. zu S. 268)

263 Vgl. NH, S. 275 W, 267 P.

264 „What is supposedly condemnable about aristocratic women here is that they lack a sense of ‚pudeur‘, which Julie has said is the mark of woman as woman: their make-up and adornments are only too visible. What this famous tableau of the masked woman refers us to, however, is a woman who, whatever else she might be guilty of, does not hide the artifice of her manner of dressing, the affectedness of her comportment, the coquetry of her conversation, etc. In short, if her ‚true‘ self is concealed by the mask of the parade, it is obvious that this mask appears to Saint-Preux as it is: a kind of appearance as appearance, in effect. As a result, we would argue that the aristocratic women (and the women who imitate them), deceive no one – least of all, Saint-Preux.“ (John Lechte 1985, S. 427)

265 Über die Walliserinnen und ihre „liebenswürdige Schamhaftigkeit“ (NH, S. 83 W, 83 P) hatte Saint-Preux seiner Geliebten von seiner ersten Reise berichtet (siehe NH, I.23); über deren Busen schrieb er dort: „Ein wenig aber entsetzte mich ihres Busens außerordentliche Fülle, der nur in seiner blendenden Weiße mit dem Muster, gegen das ich ihn hielt, eine Ähnlichkeit hatte.“ (S. 81 W, 82 P) Diese Anspielung bezieht sich auf Julies Busen.

266 NH, S. 275 W, S. 268 P.

267 Rousseau ist weit davon entfernt, kokettes Verhalten als solches moralisch zu verurteilen: „Die Frau ist dem Wesen nach kokett, ihre Koketterie aber wechselt die Form und den Gegenstand nach ihren Absichten. Wir wollen diese Absichten denen der Natur anpassen, und die Frau wird die Erziehung bekommen, die ihr angemessen ist.“ (Emile, S. 477 W, 703 P; vgl. auch ebd., S. 505/06 W, 733/34 P)

268 Vgl. Emile, S. 468 W, 694 P.

269 Ebd., S. 469 W, 695 P.

270 Vgl. Emile, S. 469 W, 695 P. Siehe dazu ferner Lieselotte Steinbrügge 1987, S. 67 ff.

271 BdA, S. 420/21, 113/14 F.

272 Emile, S. 507 W, 735 P.

273 2. Discours, S. 76 W, 147 P. Vgl. dazu Ch. Garbe 1983, S. 74 ff.

274 Vgl. Sigmund Freud 1974 („Totem und Tabu“), insbesondere S. 424 – 430. Freud sieht bekanntlich im ‚Vatermord der Urhorde‘ die Ursache für die nachfolgende Errichtung der zwei fundamentalen Verbote: des Inzestverbotes als Grundlage der Exogamie und des Tötungsverbotes innerhalb des Clans (Verbot des Brudermordes). Vgl. dazu auch Edith Seifert 1987, Kap. I, insbes. S. 43 ff.: „Die Notwendigkeit der eingeschränkten Lust“.

275 Vgl. Ch. Garbe 1983 und 1988; dort habe ich ausgeführt, daß es sowohl in Rousseaus Konzeption des Naturzustandes als auch in der moralisch degenerierten Pariser Gesellschaft mit ihren ‚schamlosen‘ Frauen ein leidenschaftliches Begehren nicht gibt.

276 Vgl. beispielsweise den 2. Discours, S. 87 W, 157 P.

277 Vgl. NH, S. 127 W, 128 P.

278 NH, S. 128 W, 129 P.

279 Vgl. Emile, S. 550 W, 779 P.

280 Das läßt sich hervorragend studieren an Saint-Preux' Ausführungen zu Julies Porträt. Die Kritik von Julies Geliebtem an dem Bild sowie die Korrekturen, die er daran vornehmen läßt, entsprechen den in diesem Kapitel dargelegten Prinzipien ‚natürlicher‘ und ‚künstlicher‘ weiblicher Selbstdarstellung vollkommen. (Vgl. NH, S. 299 – 302 W, 290 – 293 P)

281 Vgl. John Lechte 1982, S. 39/40 und ders. 1985, S. 423.

282 Vgl. Emile, S. 477/78 W, 703 P.

283 Vgl. dagegen das von Emile sorgfältig ferngehaltene Übel der „prévoyance" (Voraussicht) in: Emile, S. 73 W, 308 P.

284 Vgl. den *Brief an d'Alembert*, S. 416 – 426, 109 – 121 F.

285 Ich denke hier vor allem an Jean Starobinskis Rousseau-Studie *La transparence et l'obstacle* (dt.: Rousseau. Eine Welt von Widerständen, 1988), in der das Begehren nach Transparenz geradezu als das Grundmotiv des Rousseauschen Lebens und Schreibens apostrophiert wird. Starobinskis Kernthese lautet: „Rousseau ersehnt die Kommunikation und *Transparenz* der Herzen, doch seine Erwartung wird enttäuscht, und er schlägt den entgegengesetzten Weg ein, er nimmt das *Hindernis* an und ruft es hervor, das Hindernis, das ihm erlaubt, sich in passive Resignation und die Gewißheit seiner Unschuld einzuschließen." (Jean Starobinski 1988, S. 10; Hervorh. v. Autor)

286 In dieser Warnung vor der Indifferenz sehe ich auch das Motiv für Rousseaus Bestreben, strikt getrennte Sphären der Geschlechter aufrechtzuerhalten – ein Anliegen, das er sowohl im *Brief an d'Alembert* betont (siehe S. 413, S. 424 und vor allem S. 436) als auch in der *Nouvelle Héloïse* – im idealen Gemeinwesen von Clarens – als realisiert darstellt. Vgl. dazu auch Sarah Kofman 1982, S. 108 ff., die darin in erster Linie einen neuerlichen Beweis für Rousseaus „Aggressivität" gegen die Frauen sieht: „La *Lettre*, le texte le plus agressif envers les femmes, introduit, là encore, une dissymétrie entre les deux sexes." (S. 116)

287 Vgl. oben, Teil III.3.

288 Über die Bedeutung des *accent* im Unterschied zur *articulation* in Rousseaus Sprach(ursprungs)theorie ließe sich vieles sagen, was die Fähigkeit des Akzentuierens bei der Frau zusätzlich erhellen würde. Ich führe hier nur zwei Zitate aus dem *Essai sur l'origine des langues* an, die verdeutlichen können, daß der „verführerische Akzent" der (ursprünglichen) südländischen Sprachen in der Rede der Frau weiterlebt: „Die ersten Sprachen, Töchter des Vergnügens und nicht des Bedürfnisses, trugen lange Zeit das Zeichen ihrer Abkunft. Ihr verführerischer Ton [accent séducteur] verschwand erst mit den Gefühlen, die ihn hervorgebracht hatten, als neue, unter den Menschen eingeführte Bedürfnisse jeden einzelnen zwangen, nur noch an sich selbst zu denken und sein Herz in sich selbst zu verschließen." (Essai, S. 198 W, 127 F) „Die Sprachen des Südens müssen lebhaft, wohlklingend, tonreich [accentuées], beredt und häufig durch ein Übermaß an Nachdruck unklar [obscures à force d'énergie] gewesen sein, die des Nordens dumpf, rauh, artikuliert, gellend, monoton und klar eher durch die Worte als durch einen guten Aufbau." (Essai, S. 200 W, 135 F)

289 Vgl. Emile, S. 485 W, 711 P.

290 Man mag sich fragen, warum ein Junge überhaupt listig sprechen kann; widerspricht dies nicht ganz und gar den Maximen, die Rousseau für Emiles Erziehung aufgestellt hat? Die Antwort lautet: Es handelt sich ja hier um einen ‚degenerierten' Jungen der Stadtgesellschaft, dem solche unsinnigen Verbote zugemutet werden. Emile dürfte selbstverständlich sein Verlangen nach Fleisch direkt äußern, wenn er übergangen worden wäre. Und natürlich wird er dazu angehalten, sich selbst beim Essen zu bedienen.

291 Das Beispiel von Galateas Apfel ist entnommen: Vergil, Bucolica, III, S.64 ff. „Äpfel warf sie mir nach, Galatee, die lüsterne Dirne / Flohe zum Weidengebüsch und wünscht, ich möchte sie sehen". (übers. v. R.A. Schröder, München 1976)

292 Essai, S. 166 W, 31 F.

293 BdA, S. 419, 112/113 F.

294 Emile, S. 469 W, 695 P. Darüber hinaus würde der Mann aber auch mit „wirklicher Gewalt" das Ziel seines Begehrens gar nicht erreichen, denn „der freieste und süßeste Akt läßt keine wirkliche Gewalttätigkeit zu". (ebd.)

295 Ebd.

296 Ulrike Prokop, die diese Passage ebenfalls zitiert, übersieht in ihrer psychoanalytischen Deutung dieses Element des Spiels, der Simulation. So kommt sie zu dem Schluß, daß der Mann erstens ein „Vergewaltiger" sei und zweitens sich selbst auch noch zum „Opfer der ihn provozierenden Frau" stilisiere – ein Deutungsmuster, das durch den breiten feministischen Diskurs über ‚Gewalt gegen Frauen' und insbesondere Vergewaltigung überdeterminiert ist: „So kommt er [Rousseau, C.G.] schließlich zu der Phantasmagorie, daß der Vergewaltiger das Opfer der Frau sei und daß die Vergewaltigung das von den Frauen provozierte Grundmuster des Geschlechterverhältnisses sei. […] In Rousseaus Vorstellung ist der Vergewaltiger das manipulierte Opfer der Frau. Diese beherrscht ihn, weil sie seine Begierden erregt, sie bewußt zu erregen weiß, ohne sich selbst als Begehrende zu zeigen. So läßt sie ihn tun, was sie will und beherrscht ihn anschließend durch seine Dankbarkeit und sein Schuldgefühl …". (U. Prokop 1989, S. 94/95) – Ist es Rousseaus oder Prokops Ungereimtheit, daß es das Begehren der Frau sei, sich vom Manne vergewaltigen zu lassen? Ich komme auf Prokops Ansatz ausführlich in Teil VIII zurück.

297 Vgl. dazu auch Julia Kristeva 1989, S. 9 u.ö.

298 Vgl. unter anderem die ausführliche Fußnote im *Brief an d'Alembert*, in der sich Rousseau über das Verhältnis von Leben und Werk äußert. Er schreibt dort: „Wenn meine Schriften mir irgend Stolz einflößen, so wegen der *Reinheit der Absicht* [pureté d'intention], welche sie diktiert, so wegen einer *Interesselosigkeit* [désintéressement], für die mir wenige Schriftsteller ein Beispiel gegeben haben und die nur von wenigen wird nachgeahmt werden. Niemals wird Einzelsicht [vue particuliere] mein Verlangen beflecken, anderen nützlich zu sein. Dieses Verlangen hat mir die Feder in die Hand gegeben, und ich habe fast immer gegen mein eigenes Interesse geschrieben. *Vitam impendere vero* lautet die Devise, die ich mir ge-

wählt habe und deren·ich mich würdig fühle. [...] Die Liebe zum Gemeinwohl ist die einzige Leidenschaft, die mich zum Publikum sprechen läßt. [...] Heilige und reine Wahrheit, der ich mein Leben geweiht habe, niemals sollen meine Leidenschaften die aufrichtige Liebe beflecken, die ich für dich fühle." (BdA, S. 469, 176/77 F) Vgl. ferner das Motto der *Briefe vom Berge* und schließlich den Vierten Spaziergang der *Träumereien,* der ganz dem Thema Wahrheitsliebe gewidmet ist.

299 Jean Starobinski 1988, S. 14.

300 Emile, S. 495 W, 721 P.

301 Träumereien, S. 680 R, 684 P.

302 Träumereien, S. 687 R, 691 P.

303 Ebd., S. 691 R, 694 P.

304 Emile, S.495 W, 721 P.

305 Starobinski zufolge wurde Rousseaus Begehren von frühester Kindheit an durch Schuldgefühle paralysiert; seine Begierden waren darum stets von *Schamgefühlen* begleitet. „Jean-Jacques [...] hat nie anders als heimlich begehrt. [...] Wenn er genug Geld in der Tasche hatte, schämte er sich dennoch, die Konditorei zu betreten. Er hätte den Gegenstand bezeichnen müssen, den er begehrte, und damit vor anderen den Appetit eingestehen, der ihn ergriffen hatte. Davor empfand er unüberwindliche Scham." (Jean Starobinski 1984, S. 67) Den Konflikt von Begehren und Schuld bzw. Scham löste Rousseau, Starobinski zufolge, auf eine Weise, die der von ihm selbst postulierten weiblichen Begehrensposition erstaunlich ähnelt: „Zu den Auswirkungen der Anwesenheit eines mißbilligenden Zeugen gehört bei Rousseau die Erfordernis einer Zurücknahme oder einer Amputation der aktiven Komponente im Begehren. Rousseau begehrt, ohne eine Unternehmung zu wagen; die Energie des Begehrens verharrt *auf der Stelle,* anstatt sich den Risiken und Gefahren im offenen Raum der Welt auszusetzen. [...] Eine Methode besteht darin, reglos zu verharren und dem begehrten Objekt die Verpflichtung zuzuschieben, es möge *Annäherungsversuche machen.* In diesem Fall geht der beschämende Anteil des Begehrens nicht mehr zu Lasten von Jean-Jacques: An seiner Stelle müssen andere das Risiko auf sich nehmen. [...] Also muß der Angriff von außen kommen: Jean-Jacques, einverstanden, aber passiv, will sich von seinen Mitspielern ergreifen und verführen lassen [...]. Rousseau läßt sich begehren ...". (ebd., S. 78/79; Hervorh. v. Autor)

306 Auch Jean Starobinski hat auf das verführerische Moment in Rousseaus Schreiben hingewiesen. (Vgl. Starobinski 1988, S. 260 ff.) Mir scheint aber, er verharmlost die Konsequenzen dieser Einsicht, indem er sie als unmittelbaren Ausdruck von Rousseaus Psychostruktur (speziell: seines Exhibitionismus) deutet.

307 Bovenschen hat ihr Konzept explizit auch an Rousseau demonstriert; da ich die wesentlichen Züge ihrer Interpretation bereits in Teil II dargelegt habe, gehe ich im folgenden nicht mehr auf ihre Rousseau-Lektüre ein.

308 Vgl. den anglo-amerikanischen „Images of Women Criticism", z. B. in der Darstellung von Toril Moi 1985, S. 42 ff.

309 Vgl. insbesondere die Beiträge von Beate Schöpp-Schilling und Theresia Sauter-Bailliet in: *Frauen und Wissenschaft* 1977.

310 Silvia Bovenschen 1976, S. 60 ff. Da das erwähnte Heft 25 von *Ästhetik und Kommunikation* (Heftredaktion: Silvia Bovenschen und Peter Gorsen) seit langem vergriffen ist, zitiere ich Bovenschens Aufsatz aus dem Nachdruck bei Ann Anders 1988, S. 111 – 146.

311 *Alternative* Heft 108/109: Das Lächeln der Medusa. Frauenbewegung / Sprache / Psychoanalyse, Berlin 1976. Ich komme darauf in Teil X zurück.

312 Vgl. vor allem Verena Stefans *Häutungen*, Christa Reinigs *Entmannung* und Elfriede Jelineks *Die Liebhaberinnen*, alle 1975/76 erschienen.

313 Vgl. Gabriele Dietze 1979. Darin war der Aufsatz von Silvia Bovenschen zur *weiblichen Ästhetik* noch einmal abgedruckt, aber auch der bereits in andere Richtung weisende Text von Marianne Schuller zur *Nachtseite der Humanwissenschaften*, auf den ich in Teil X zurückkomme.

314 S. Bovenschen, Die imaginierte Weiblichkeit (1979).

315 Th.W. Adorno / M. Horkheimer 1977, S. 7.

316 Vgl. ebd., S. 221: „Die Frau ist nicht Subjekt. [...] Ihr war die vom Mann erzwungene Arbeitsteilung wenig günstig. Sie wurde zur Verkörperung der biologischen Funktion, zum Bild der Natur, in deren Unterdrückung der Ruhmestitel dieser Zivilisation bestand. Grenzenlos Natur zu beherrschen, den Kosmos in ein unendliches Jagdgebiet zu verwandeln, war der Wunschtraum der Jahrtausende. Darauf war die Idee des Menschen in der Männergesellschaft abgestimmt."

317 Vgl. S. Bovenschen 1979, S. 36.

318 Ebd., S. 11.

319 Aufklärung ist nach Adorno / Horkheimer „die radikal gewordene mythische Angst".

320 S. Bovenschen 1977, S. 291.

321 Ebd., S. 292. Vgl. auch Adorno / Horkheimer 1977, S. 222: „Das Terrormittel der Hexenprozesse [...] war zugleich die Feier und Bestätigung des Sieges der Männerherrschaft über vorzeitliche matriarchale und mimetische Entwicklungsstufen."

322 S. Bovenschen 1977, S. 292.

323 Adorno / Horkheimer gaben der Dialektik der Aufklärung den Untertitel: „Philosophische Fragmente"; dieses Zitat stammt im übrigen aus dem Anhang, der zusätzlich seinen fragmentarischen Charakter einbekennt: „Aufzeichnungen und Entwürfe". Das hier zitierte Fragment heißt „Mensch und Tier", S. 219 – 227; das Zitat findet sich auf S. 221.

324 Ebd., S. 221.

325 S. Bovenschen 1979, S. 11.

326 Gerechterweise muß angemerkt werden, daß Bovenschen in ihrem Aufsatz von 1976 noch konzediert hatte, eine Erforschung der Realgeschichte der Frauen sei nicht überflüssig; doch schon damals erschien ihr diese nicht anders vorstellbar denn als Opfergeschichte: „Eine Geschichtsarchäologie auf der Suche nach den

verborgenen Tätigkeiten, Lebensbedingungen und Widerstandsformen vergangener und vergessener Frauen ist andererseits nicht bloße Nostalgie. Die Geheimgeschichte der Frauen, die uns primär entgegentritt als die *Geschichte des Leidens und der Unterwerfung* [...], ist die uns abgewandte Seite der Kulturgeschichte [...]. Sie zu beleuchten, heißt aber zunächst nur, den [...] Tatbestand zu evozieren, daß die Frauen ihre Seelen, ihre Körper und durchaus auch ihre Köpfe hingehalten haben, damit die Männer zu ihren kulturellen Höhenflügen und zu den Niederungen ihrer Barbareien starten konnten." (S. Bovenschen in A. Anders 1988, S. 121; Hervorh. C.G.)

327 S. Bovenschen 1979, S. 57.

328 Sigrid Weigel 1984, S. 104 ff.

329 S. Weigel 1987; wieder abgedruckt in und zitiert nach: dies. 1990, S. 121/122.

330 Vgl. S. Weigel 1990, S. 248, wo sie sich explizit auf Bovenschens pessimistische Vermutung bezieht, die Bilder seien „nahezu die einzigen Zeugnisse einer geschichtlichen Präsenz des Weiblichen": „Inzwischen hat die Spurensuche in den Archiven zeigen können, wie groß die Zahl schreibender Frauen in der Geschichte war und welches Ausmaß somit Ausgrenzen und Verschweigen von Schriftstellerinnen in der Literaturhistorie haben. In ihrem Lexikon ‚Die deutschsprachigen Schriftstellerinnen des 18. und 19. Jahrhunderts' beispielsweise hat Elisabeth Friedrichs etwa 4000 Namen nachgewiesen. Es wird noch lange dauern, bis deren Texte wieder aufgefunden und neu gelesen worden sind."

331 Siehe z. B. die Arbeiten im Umkreis von Karin Hausen; ferner Claudia Honnegger und Bettina Heintz 1981 u. a.

332 Vgl. S. Bovenschen 1976 in A. Anders 1988, S. 114/115.

333 „Dennoch hat das Bild des Mannes von der Frau das Bild der Frau von der Frau mitgeprägt, und zwar nicht einfach im Vollzug hirnloser Anpassung, sondern weil das Kunstprodukt ebenso wie der Trivialmythos häufig, wenn auch in verdeckter Form, Momente weiblicher Wahrheit, weiblichen Widerstandes, weiblichen Andersseins [...] in sich aufnahm." (S. Bovenschen 1976 in A. Anders 1988, S. 132)

334 Virginia Woolf 1978, S. 41.

335 Vgl. dazu auch die aufschlußreiche Reflexion von Friedrich Nietzsche über *Die Frauen und ihre Wirkung in die Ferne* (aus: „Die fröhliche Wissenschaft"), die Bovenschen zur Illustration ihrer These heranzieht. (S. Bovenschen 1979, S. 58/59)

336 Bovenschen verortet Wedekinds Gestalt deshalb kulturgeschichtlich als „Produkt der Lebensreform", deren Ziel die Herstellung einer ‚artifiziellen Natürlichkeit' gewesen sei. (Vgl. ebd., S. 46 f.)

337 Ebd., S. 47/48.

338 Johanna Bossinade 1992, S. 12.

339 Ebd., S. 11.

340 S. Bovenschen 1979, S. 15.

341 Vgl. ebd., S. 10/11.

342 Siehe den von Bovenschen geäußerten „Verdacht, daß gerade die schreibenden Frauen im Zuge enormer Anpassungsleistungen zuweilen die besten Plagiate ‚männlicher' Kunstformen und Kunstinhalte besorgten". (S. Bovenschen 1979, S. 41)

343 Vgl. S. Bovenschen 1979, S. 165, 173 und 175.

344 Zu seiner Definition von „Republik" schreibt Rousseau im *Gesellschaftsvertrag*: „Eine Republik nenne ich also jeden Staat, der durch Gesetze regiert wird ...". (GV, S. 299 W, 379 P) Das kann sowohl bei einer Aristokratie, Demokratie oder auch Monarchie der Fall sein, wie er in einer Fußnote erläutert.

345 Vgl. u. a. Silvia Bovenschen 1979, Lynda Lange 1979, Susan Moller Okin 1979, Teil III, Barbara Schaeffer-Hegel 1984 und 1988 und Diana H. Coole 1988, Kap. 5.

346 Vgl. u. a. die Beiträge des Bandes *Differenz und Gleichheit* (Hg. Ute Gerhard u. a. 1990), in dem der aktuelle Stand der Kontroversen zwischen Gleichheits- und Differenzkonzepten in der Frauenbewegung dokumentiert ist, sowie das Extra-Heft der „Feministischen Studien": *Frauen für eine neue Verfassung*, 1991.

347 In diese Richtung gehen auch die Analysen von Zillah R. Eisenstein 1981, Kap. 4, und von Elisabeth Conradi 1989.

348 Vgl. Leo Strauss 1977, S. 263 ff.

349 Im Gegensatz dazu definierte das klassische Naturrecht den Menschen als „animal sociale" oder „zoon politikon"; vgl. Leo Strauss 1977, S. 124 ff. und Heinz-Hermann Schepp 1978, S. 15 – 18.

350 Vgl. Paul de Man 1979, S. 250 f. und 259 f.

351 Da es sich um ein zentrales Zitat handelt, gebe ich die Originalfassung komplett wieder: „*Chacun de nous met en commun sa personne et toute sa puissance sous la suprême direction de la volonté générale; et nous recevons en corps chaque membre comme partie indivisible du tout. A l'instant, au lieu de la personne particuliere de chaque contractant, cet acte d'association produit un corps moral et collectif composé d'autant de membres que l'assemblée a de voix, lequel reçoit de ce même acte son unité, son moi commun, sa vie et sa volonté. Cette personne publique qui se forme ainsi par l'union de toutes les autres* [...] prend maintenant celui [le nom, C.G.] de *République* ou de *corps politique* ...". (GV, S. 361/62 P)

352 GV, S. 280 W, 360 P.

353 GV, S. 301 W, 381 P.

354 Vgl. dazu vor allem das 8. Kapitel im 1. Buch des GV („Vom staatsbürgerlichen Zustand"), S. 284 W, 364/65 P und das 4. Kapitel des 2. Buches, in dem Rousseau explizit von einem Tausch spricht. Es sei ganz und gar unrichtig zu glauben, „beim Gesellschaftsvertrag müßten die einzelnen einen wirklichen Verzicht leisten. Vielmehr wird ihre Lage durch diesen Vertrag vorteilhafter, als sie vorher war, und anstatt etwas zu veräußern [au lieu d'une aliénation], haben sie nur einen *günstigen Tausch* [un échange avantageux] gemacht – statt einer ungewissen und mißlichen Lebensweise haben sie eine bessere und sicherere gewonnen, statt der natürlichen Unabhängigkeit die Freiheit, statt der Macht, anderen zu schaden, ihre eigene Sicherheit, statt ihrer Stärke, die andere übertreffen konnten, ein Recht,

das durch die gesellschaftliche Verbindung unüberwindlich wird." (GV, S. 295 W, 375 P)

355 Vgl. GV, S. 300 W, 380 P: „Der Gemeinwille ist immer im Recht [droite], doch das Urteil, dem er folgt, ist nicht immer weise [éclairé]."

356 Ebd.

357 Vgl. dazu auch Rousseaus Ausführungen über die „bürgerliche Religion" in Buch 4, Kap. 8 des *Gesellschaftsvertrages*.

358 Vgl. auch das Fazit von Heinz-Hermann Schepp 1978, S. 45: „Der Versuch Rousseaus, mit Elementen außerhalb seines Systems der ‚politischen Maschine‘ Inhalt, Sittlichkeit, Gemeinsinn einzugeben, scheitert und führt in letzter Konsequenz zu einer Verstärkung dessen, was er gerade beseitigen will: zur Abhängigkeit des Menschen von einer übermächtigen politischen Gewalt, zur Unfreiheit. Damit bleibt er – entgegen seiner ursprünglichen Absicht – innerhalb des Denkhorizonts des Absolutismus."

359 Vgl. auch Leo Strauss 1977, S. 307.

360 Vgl. insbesondere die erste Fassung des *Gesellschaftsvertrages*, das sog. *Manuscrit de Genève*, Buch I, Kap. II: „De la Société générale du genre humain", S. 281 P ff., das ursprünglich hieß: „Qu'il n'y a point naturellement de société entre les hommes" (vgl. ebd., S. 1410); insbes. S. 283 P. Ferner ebd. Kap. V: „Fausses notions du lien social", S. 297 – 305, in dem Rousseau Diderots Ansicht einer ursprünglichen Soziabilität des Menschen widerlegt (vgl. Diderots Enzyklopädie-Artikel „Droit naturel" von 1755). Siehe auch die *Introduction* von Robert Derathé, ebd., S. LXXXVII f.

361 Vgl. Paul de Man 1979, S. 254: „The encounter between one political unit and another is not a generalization in which a structure is extended on the basis of a principle of similarity [...] to include both under its common aegis. Just as the unit itself is not the outcome of such a generalization, the relationships of the units among each other are not stated in terms of affinities, analogies, common properties or any other principle of metaphorical exchange. They depend instead on the ability of one entity, regardless of similarities, to keep the relationship to another contingent, ‚to be able to dispense with all other [nations].‘ [...] In other words, the structure postulates the necessary existence of radical estrangement between political entities."

362 GV, S. 282 W, 362 P.

363 GV, S. 283 W, 364 P.

364 Ebd.

365 GV, S. 284 W, 364 P.

366 „Ich nehme an, die Menschen seien an der Stufe angelangt, wo die Hindernisse, die ihrem Verharren im Naturzustande entgegenstehen, durch ihren Widerstand den Sieg über die Kräfte davontragen, die jeder einzelne aufbieten kann, um in diesem Zustand zu verbleiben. Dann kann dieser ursprüngliche Zustand [cet état primitif] nicht mehr fortdauern, und das Menschengeschlecht würde untergehen, wenn es nicht seine Daseinsweise änderte." (GV, S. 279 W, 360 P)

367 Vgl. dazu auch Leo Strauss 1977, S. 296: „Es ist die Selbsterhaltung eines jeden, die die größtmögliche Annäherung an die ursprüngliche Freiheit und Gleichheit innerhalb der Gesellschaft erfordert. Die Wurzel der bürgerlichen Gesellschaft muß dann ausschließlich in dem Verlangen nach Selbsterhaltung oder im Recht der Selbsterhaltung gesucht werden."

368 Vgl. Emile, S. 256 W, 489 P und meine Ausführungen dazu in Teil V.

369 Leo Strauss 1977, S. 303 u. 305.

370 BdA, S. 417, 110 F.

371 Vgl. zum Beispiel Rousseaus Vorhaben aus jüngeren Jahren, ein Buch zu schreiben über wichtige historische Ereignisse, deren *heimliche Urheber* Frauen waren: „Essai sur les événements importants dont les femmes ont été la cause secrete"; das Exposé dazu ist abgedruckt in den Oeuvres Complètes Bd. II, S. 1257 P ff.

372 Vgl. GV, Buch 2, Kap. 4, S. 292 W, 372 P ff.

373 GV, S. 292 W, 372 P.

374 GV, S. 293 W, 373 P.

375 Vgl. auch die Kritik von Karl Marx an Rousseaus politischer Konstruktion: „Endlich gilt der Mensch, wie er Mitglied der bürgerlichen Gesellschaft ist, für den *eigentlichen* Menschen, für den homme, im Unterschied von dem *citoyen*, weil er der Mensch in seiner *sinnlichen individuellen nächsten Existenz* ist, während der *politische* Mensch nur der abstrahierte, künstliche Mensch ist, der Mensch als eine allegorische moralische Person. Der *wirkliche* Mensch ist erst in Gestalt des *egoistischen Individuums*, der *wahre* Mensch erst in Gestalt des *abstrakten Citoyen* anerkannt." (Karl Marx, Zur Judenfrage. In: MEW Bd. I, Berlin 1957, S. 369 f.)

376 Ich beziehe mich im folgenden auf Paul de Man, der die Verkennung, auf der ein solcher Gleichheitsbegriff basiert, am Beispiel des Riesen / Menschen ausführlich erörtert hat. (Vgl. Paul de Man 1979, S. 147 ff.)

377 Vgl. Emile, S. 495 W, 721 P und meine Ausführungen dazu in Teil V, Abschnitt 7.

378 In dieser Hinsicht stimme ich nicht mit der Schlußfolgerung von Paul de Man überein, der aus seiner Interpretation der Metapher vom „Riesen" ableitet, Rousseau habe den traditionellen Wahrheitsbegriff überwunden: „We should now realize that what Rousseau calls ‚truth' designates, neither the adequation of language to reality, nor the essence of things shining through the opacity of words, but rather the suspicion that human specificity may be rooted in linguistic deceit." (Paul de Man 1979, S. 156) Diese Schlußfolgerung nimmt m. E. die Tatsache nicht ernst genug, daß bereits die Unterscheidung von wörtlicher und metaphorischer Bedeutung die Erbschaft des traditionellen Wahrheitsbegriffes mit sich trägt. Das wird von Rousseau in seinem Kommentar zum Beispiel des „Riesen" auch deutlich ausgesprochen: „Dies veranschaulicht, wie das bildhafte Wort [mot figuré] vor dem Wort im eigentlichen Sinn [mot propre] entsteht, nämlich sobald die Leidenschaft unsere Augen verblendet und der erste Eindruck, den sie uns darbietet, *nicht auch der wahre ist* [que la prémiére idée ... n'est pas celle de la vérité]. [...] Da das von der Leidenschaft erzeugte Trugbild sich zuerst zeigte, war die Sprache,

die ihm antwortete, ebenfalls die, die zuerst erfunden wurde. Diese wurde in der Folge metaphorisch, als *der aufgeklärte Geist*, in Erkenntnis seines *anfänglichen Irrtums*, diese Ausdrücke nur noch im Fall jener Leidenschaften anwandte, die diese Sprache hervorgebracht hatten." (Essai, S. 172 W, 47 F) – Vgl. zum Wahrheitsbegriff bei Rousseau auch Ch. Garbe 1988, S. 108.

379 2. Discours, S. 117 W, 187 P.

380 So der Titel des 11. Kapitels im 3. Buch des GV, S. 344 W, 424 P.

381 „It has often been said that Rousseau's novel *Julie* is also his best treatise on political science; it should be added that *The Social Contract* is also his best novel." (Paul de Man 1979, S. 159, Übers. C.G.)

382 Prokop unterrichtete am Fachbereich Gesellschaftswissenschaften der Frankfurter Universität (Schwerpunkte: Kultursoziologie und Kulturgeschichte der Frau); seit 1988 ist sie Professorin am Fachbereich Pädagogik der Universität Marburg mit dem Schwerpunkt Sozialisationstheorie, insbesondere weibliche Sozialisation. (Vgl. Feministische Studien 1/1989, S. 177)

383 Sie ist Mitarbeiterin am Forschungsschwerpunkt „Tiefenhermeneutische Kulturanalyse", den Alfred Lorenzer an der Universität Frankfurt/M. aufgebaut hat. (Vgl. G. Brinker-Gabler 1988, Bd. I, S. 563)

384 Vgl. den programmatischen Titel des Bandes *Kultur-Analysen* (1986) in einer von Alfred Lorenzer herausgegebenen Reihe „Psychoanalytische Studien zur Kultur", in dem sich Ulrike Prokops dramaturgischer Kommentar zu einer Inszenierung von Lessings *Emilia Galotti* findet.

385 U. Prokop 1976.

386 U. Prokop 1984.

387 U. Prokop 1988. Es erscheint mir daher ungerechtfertigt, daß Prokops Arbeiten innerhalb der Germanistik bisher weitgehend ignoriert werden. Neuestes Beispiel ist Walter Schönaus *Einführung in die psychoanalytische Literaturwissenschaft* (1991).

388 Vgl. Prokops methodische Überlegungen in: U. Prokop 1988, S. 332/333. Als Belege führt sie hier ausschließlich Hinweise auf Arbeiten von Alfred Lorenzer an (ebd., S. 541). Die ersten Teile dieses Essays sind bis auf geringfügige Änderungen identisch mit Kapitel I des ersten Teils („Die Zeit kultureller Veränderungen") in Prokops zweibändiger Studie „Die Illusion vom Großen Paar", Bd. 1, Ffm 1991 (Prokop 1988, S. 325 – 348 entspricht Prokop 1991, S. 73 – 105). Im Vorwort zu dieser Studie bezieht sich Prokop ebenfalls auf die durch A. Lorenzer kritisch reinterpretierte Psychoanalyse sowie auf die ethnopsychoanalytischen Arbeiten von Maya Nadig. (Vgl. U. Prokop 1991, S. 8/9)

389 Vgl. Samuel Weber 1978. – Vermutlich wäre es nicht übertrieben zu behaupten, daß Lorenzer sich als eine Art deutscher Anti-Lacan zu profilieren versucht. Bedauerlicherweise findet allerdings von beiden Seiten so gut wie keine Auseinandersetzung mit der ‚gegnerischen Position' statt.

390 Vgl. A. Lorenzer 1972.

391 Vgl. A. Lorenzer 1986, S. 11 – 98.

392 A. Lorenzer 1986, S. 26. Vgl. dazu auch Kap. V („Das szenische Verstehen") in A. Lorenzer 1973, S. 138 ff. und Bernd Urban 1978, S. 199 ff.

393 Lorenzer schreibt dazu wörtlich: „Der literarische Text ist auch insofern unveränderlich abgeschlossen, als er durch Assoziationen nicht erweitert werden kann. Der manifeste wie der latente Textsinn sind ausweglos ‚eingesperrt' in den Text und in das aktuelle Text-Leser-Verhältnis." (A. Lorenzer 1986, S. 84/85) Diese Behauptung ist allerdings unter rezeptionsästhetischen Gesichtspunkten wenig plausibel. Nach Wolfgang Iser ist es geradezu das strukturelle Merkmal *literarischer Texte*, daß sie „Leerstellen" oder „Unbestimmtheitsbeträge" produzieren, die durch den Leser und seine Assoziationen aufgefüllt werden müssen. „Bedeutungen literarischer Texte werden überhaupt erst im Lesevorgang generiert; sie sind das Produkt einer Interaktion von Text und Leser und keine im Text versteckten Größen, die aufzuspüren allein der Interpretation vorbehalten bleibt. Generiert der Leser die Bedeutung eines Textes, so ist es nur zwangsläufig, wenn diese in einer je individuellen Gestalt erscheint." (W. Iser 1975, S. 229)

394 Zit. b. A. Lorenzer 1986, S. 24.

395 Ebd., S. 86.

396 Vgl. dazu noch einmal Wolfgang Iser: „Wäre ein literarischer Text wirklich auf eine bestimmte Bedeutung reduzierbar, dann wäre er Ausdruck von etwas anderem – von eben dieser Bedeutung, deren Status dadurch bestimmt ist, daß sie auch unabhängig vom Text existiert. Radikal gesprochen heißt dies: Der literarische Text wäre die Illustration einer ihm vorgegebenen Bedeutung." (W. Iser 1975, S. 230)

397 Vgl. Terry Eagleton 1988, S. 49.

398 Vgl. A. Lorenzer 1986, S. 46: „Die Körperfiguren bilden ein lebenregulierendes ‚Sinnsystem', dem gerade jene Merkmale abgehen, die ‚Sprache' kennzeichnen: *Diskursivität, grammatische Gliederung, logische Ordnung*. Das Ubw ist ein nicht sprachliches und nicht symbolisches Sinnsystem, das im Gegensatz zur sprachlichen Ordnung der Individuen steht und sich auszeichnet als eigenständiges Sinnsystem". (Hervorh. C.G.) Insofern ist das „Gefüge von Praxisfiguren" oder von „Interaktionsformen", das sich im Ubw ablagert, nach Lorenzer weitreichender als das Sprachsystem: „Diejenigen Praxisfiguren, die mit Sprachfiguren verbunden werden [...], werden [...] jenem Reglement unterworfen, das sich aus dem *Konsistenzzwang von Logik und Normbestimmtheit der Sprache* ergibt." (Ebd., S. 56; Hervorh. C.G.)

399 In Anknüpfung an die Freudschen Begriffe „Wort-" und Sachvorstellungen" macht Lorenzer geltend, daß die Wahrnehmung von Kontexten bzw. von Szenen (szenischen Interaktionsformen) genetisch vor der Wahrnehmung einzelner Objekte oder Worte steht. Er übersetzt die Termini Sach- und Wortvorstellungen deshalb in „szenische Erfahrungskomplexe" bzw. „szenische Erlebniskomplexe" einerseits und „szenisch ausgebreitete Sprachgebilde", d. h. Sätze andererseits. Ein Wort wie „Mama" wäre dann beispielsweise als Einwort-Satz zu verstehen. Die „szenischen Erfahrungskomplexe", die sich als Erinnerungsspuren der primären

Mutter-Kind-Interaktion (und aller darauf folgender interaktiver Erfahrungen des Kindes) auch physiologisch ‚einprägen', sind zunächst unbewußt; sie bilden gleichsam das Fundament und den Fundus des Unbewußten. Zum Bewußtsein gelangen sie nur, sofern sie sich mit sprachlichen Einheiten verbinden, d. h. „symbolisiert" werden. Die in diesen Interaktionen verpönten Erfahrungen oder Phantasien werden jedoch nicht zur Sprache zugelassen; sie bleiben „exkommuniziert" und folglich unbewußt. Deshalb ist für Lorenzer der Schatz an „sinnlich-symbolischen Interaktionsformen" wesentlich größer als jener der „sprachsymbolischen Interaktionsformen", also der bewußtgewordenen, zum Bewußtsein zugelassenen Anteile der Interaktion. (Vgl. A. Lorenzer 1986, S. 43 ff.)

400 Vgl. U. Prokop 1989, S. 86.

401 Vgl. U. Prokop 1988, S. 332.

402 Vgl. den Untertitel zu U. Prokop 1991: „Weibliche Lebensentwürfe im deutschen Bildungsbürgertum 1750 – 1770".

403 Für die Interpretation von Dramen (die ja bereits szenisch organisiert sind) erscheint dieses Verfahren durchaus plausibel; Prokops ausführlicher dramaturgischer Kommentar zu Lessings *Emilia Galotti* überzeugt durch Konsequenz und Einheitlichkeit und vermag neues Licht auf dieses ‚bürgerliche Trauerspiel' zu werfen. Die „Zerstörung der Wünsche" (bei allen Protagonisten) wird von ihr als das eigentliche Thema bzw. ‚Drama' des Stückes akzentuiert. (Vgl. U. Prokop 1986, S. 163 – 288)

404 Vgl. Prokops Essay über die *Einsamkeit der Imagination* (1988) und ihre Studie *Die Illusion vom Großen Paar* (1991)

405 Vgl. U. Prokop 1988, S. 331 ff.

406 Max Morris (Hg.), *Der junge Goethe*, 6 Bde., Ffm 1910 ff., Bd. I, S. 290 – 294.

407 Max Morris nennt immerhin noch die Primärquellen: Die erste Episode, die als No. 10 der Rubrik „Gespräche" in Band I (S. 290/91) abgedruckt ist, wurde entnommen aus: G. Parthey, *Jugenderinnerungen*. Zweiter Teil, Berlin 1817, S. 49. Die übrigen Episoden (S. 291 – 94 in Band I) stammen aus: *Kunst und Leben. Aus Friedrich Försters Nachlaß*, Berlin 1873, S. 103 ff. (Vgl. Max Morris [Hg.], Der junge Goethe, Leipzig 1912, Bd. 6, S. 53) Hier nun hätte die Arbeit der philologischen Textkritik zu beginnen.

408 Vgl. Hanna Fischer-Lamberg (Hg.), *Der junge Goethe* (neu bearbeitete Ausgabe), Berlin 1963 ff. Im Vorwort zu Band I heißt es: „Die Anlage der Ausgabe ist dabei im wesentlichen unverändert geblieben. […] Beibehalten ist auch die chronologische Einordnung der Briefe, während auf die von Morris eingeführten ‚Gespräche', die die Kritik mit Recht als Fremdkörper empfunden hatte, verzichtet wurde." (S. VII) In eben dieser Rubrik „Gespräche" waren, neben anderen unsystematischen Funden eines philologischen Sammeleifers, auch die Episoden aus dem Hause Stock von Morris publiziert worden. Übrigens fehlten sie ebenfalls in der ersten Auflage von *Der junge Goethe* (Verlag Salomon Hirzel), Leipzig 1875, das die Grundlage für Morris' erweiterte Neubearbeitung von 1910 ff. bildete.

409 U. Prokop 1991, S. 7; Hervorh. C.G.

232

410 Auch hier folgt Prokop den methodischen Vorgaben von Lorenzer, demzufolge jede tiefenhermeneutische Kulturanalyse von der Analyse der ‚Betroffenheit' des Interpreten auszugehen habe, was nach dem Modell der psychoanalytischen „Gegenübertragungsanalyse" geschehen müsse. (Vgl. dazu auch W. Schönau 1991, S. 101 f.) Das heißt: Im ersten Schritt müssen die ‚Szenen' eines Textes (als Interpretandum) mit den Lebensentwürfen des Interpretierenden in Beziehung gesetzt werden; denn nur durch Einfühlung und „szenische Anteilnahme" (A. Lorenzer 1986, S. 62) lassen sich die im Text transportierten unbewußten Erfahrungen vergegenwärtigen. Erst im zweiten und dritten Schritt dürfen theoretische Erkenntnisse aus der psychoanalytischen Persönlichkeitstheorie und der Kulturtheorie hinzugezogen werden. „Gleichgültig, wie weit eine tiefenhermeneutische Kulturanalyse ins Fremdverständnis [z. B. vergangener Epochen oder fremder Kulturen, C.G.] vordringen will, sie muß sich allemal des einen unmittelbaren Zugangs bedienen: des szenischen Verstehens. Sie muß sich einlassen auf den Text. Die Bereitschaft dazu, ohne Absicherung durch objektivierende Methoden (die in diesem Falle nur dazu taugen, sich den Text vom Leibe zu halten), ist die Grundbedingung psychoanalytisch-tiefenhermeneutischer Analyse. Es gibt keine andere Eintrittspforte für die Entschlüsselung der ‚latenten' Botschaft des Textes." (Ebd., S. 70)

411 Vgl. zum Beispiel U. Prokop 1988, S. 332: „Wesentlich sind dabei Irritationen – Erwartungen, die wir haben und die in den Situationen nicht eingelöst werden. Diese müssen darauf geprüft werden, ob sie durch die historische Differenz oder ob sie durch die psychologische Struktur der Berichtenden bestimmt werden. Ergeben solche Irritationen ein Netz, eine immer wiederkehrende Struktur, so sind wir veranlaßt, diese besonders wichtig zu nehmen."

412 Wer Prokops frühere Arbeiten kennt, wird die thematische Kontinuität bemerken: Die „Ambivalenz des weiblichen Narzißmus" und die „regressive Fixierung von Autonomiebestrebungen" waren als Defizite des ‚weiblichen Sozialcharakters' bereits zentrale Themen in der 1976 erschienenen Untersuchung zum *weiblichen Lebenszusammenhang*. (Vgl. U. Prokop 1976, vor allem Teil III, Kap. 1: „Die psychoanalytische Theorie der Weiblichkeit", S. 128 – 145)

413 Diese Vermutung wird auch durch eine Anmerkung zur „narzißtischen Traumatisierung" in dem obigen Zitat nahegelegt. Dort schreibt sie: „Es ist auffallend, wie sehr die von M. Mitscherlich-Nielsen für die Gegenwart als charakteristisch beschriebenen Identifikationsstörungen und Schwierigkeiten, ein autonomes Selbstbild aufzubauen, mit den hier beschriebenen Szenen übereinstimmen." (U. Prokop 1988, S. 541) In der Version von 1991 findet sich noch eine weitere Anmerkung, die ebenfalls die Verallgemeinerbarkeit dieser Struktur betont und auf weitere aktuelle Studien zur Psychoanalyse der Frau verweist. Darin heißt es: „Der widersprüchliche Charakter weiblicher Bildungsprozesse tritt in den Szenen deutlich hervor; die entwicklungspsychologischen Abläufe finden sich klar beschrieben bei Carol Hagemann-White …". Verwiesen wird ferner auf Nancy Chodorow, Dorothy Dinnerstein und Maya Nadig. (U. Prokop 1991, S. 408, Anm. 22)

414 Vgl. U. Prokop 1988, S. 339.

415 Vgl. ebd., S. 340 f.

416 Ebd., S. 343. Hier gibt es allerdings einen internen Widerspruch bei ihr, denn weiter oben hatte sie behauptet, der aggressive pädagogische Furor sei „in dieser Form nur für die Jugend 1760 bis 1780 bestimmend" (ebd., S. 339); in der Version von 1991 heißt es: „für die Jugend 1730 bis 1780" (S. 94) – Druckfehler oder Ungenauigkeit in der Sache?

417 U. Prokop 1991, S. 388.

418 Vgl. U. Prokop 1988, S. 353 ff. sowie ausführlich: dies. 1991, S. 200 – 378.

419 Die ‚Schuld' der Mütter an der Beziehungsunfähigkeit und dem patriarchalischen Gebaren der Söhne wird ganz ähnlich von der französischen Psychoanalytikerin Christiane Olivier (1989) interpretiert. Wie diese nimmt auch Prokop an, daß diese Struktur bis heute gelte.

420 Vgl. Prokop 1989, S. 86/ 87. Alle folgenden Zitate im Text stammen – soweit nicht ausdrücklich anders vermerkt – aus diesem Essay; ich gebe daher nur die Seitenzahl an.

421 Ebd., S. 86.

422 Ebd., S. 95.

423 Ich nenne nur ein Beispiel. Prokop behauptet: „Die Phantasie von der Allmacht der Frau zieht sich wie ein roter Faden durch den ‚Emile'." (S. 94) Als Beleg zitiert sie aus dem *Emile*: „Die Frauen herrschen nicht, weil die Männer es so wollen, sondern weil es die Natur so will: sie herrschten schon, bevor sie zu herrschen schienen …". (Ebd.) Allerdings geht es Rousseau im vorliegenden Zusammenhang ausdrücklich und ausschließlich um die Herrschaft der Frauen *in der Liebe*; der dem Zitat vorangehende Satz lautet: „Man sieht, wie … aus der groben Vereinigung der Geschlechter nach und nach die süßesten Gesetze der Liebe entspringen." (Emile, S. 471 W) Doch bei Prokop findet sich kein Wort davon, daß Rousseau die Frauenherrschaft auf ein genau eingegrenztes Terrain beschränken will.

424 Vgl. Prokops Behauptung: „Die Gewalt gegen Frauen zieht sich [im *Emile*, C.G.] ebenfalls durch", und Rousseau komme schließlich zu der „Phantasmagorie, daß der Vergewaltiger das Opfer der Frau sei und daß die Vergewaltigung das von den Frauen provozierte Grundmuster des Geschlechterverhältnisses sei." (S. 94) Dabei entgeht ihr allerdings die ganze Dimension der weiblichen List, des Spiels, der Verführung usw.; sie kann eine solche Behauptung nur aufstellen, indem sie Rousseaus eigene Ausführungen übergeht; denn in der von ihr als Belegstelle zitierten Passage schreibt Rousseau ausdrücklich: „Der freieste und süßeste aller Akte läßt *keine wirkliche Gewalt* zu", ja er spricht der von einer „wirklichen Gewaltanwendung" betroffenen Frau nicht nur die Fähigkeit, sondern auch das Recht zu, „ihre Person und ihre Freiheit selbst auf Kosten des Lebens des Angreifers zu verteidigen"! (Vgl. dazu meine Ausführungen in Teil V dieser Arbeit.)

425 Bekenntnisse, S. 86.

426 Ebd.

427 Vgl. den Vierten Spaziergang der *Träumereien*, S. 674 H, 679 P ff.

428 U. Prokop 1989, S. 91/92.

429 Ebd., S. 90.

430 Ebd.

431 Vgl. Bekenntnisse, S. 83

432 „Frau von Vercellis hat nie ein Wort zu mir gesagt, das Zuneigung, Teilnahme, Wohlwollen zeigte." (Bekenntnisse, S. 84)

433 U. Prokop 1989, S. 90 (Hervorh. C.G.).

434 Ebd.

435 Ebd., S. 88.

436 Ebd., S. 90.

437 Ebd.

438 Ebd., S. 91.

439 Ebd.

440 Vgl. S. 88: „Wenn er Marion liebte, warum mußte er sie dann vernichten?"

441 Ebd.

442 Ebd., S. 91.

443 Ebd., S. 88.

444 Rousseau selbst beschreibt diese Verkehrung folgendermaßen: „Als ich das unglückliche Mädchen beschuldigte, trug meine Freundschaft für sie die Schuld daran. Sie stand vor meinen Gedanken, ich schob die Schuld auf den ersten Gegenstand, der mir vorschwebte [je m'excusai sur le premier objet qui s'offrit]. Ich klagte sie an, getan zu haben, was ich tun wollte, und beschuldigte sie, mir das Band gegeben zu haben, weil ich es ihr geben wollte." (Bekenntnisse, S. 88, 85 P) Es würde an dieser Stelle zu weit führen, die von Rousseau berichtete Verkehrung näher zu untersuchen. Doch sei darauf hingewiesen, daß die Marion-Episode und speziell diese Verkehrung von Paul de Man als Beispiel einer ‚Rhetorik der Entschuldigung' ausführlich analysiert wurden, was Prokop allerdings nicht berücksichtigt. De Man weist dabei den psychologischen Spekulationen, die Rousseaus Diskurs selbst evoziert, ihren Platz in dieser rhetorischen Strategie zu und zeigt zugleich, wo Rousseaus Darstellung diese selbst unterläuft und gewissermaßen auf ‚Unzurechnungsfähigkeit' plädiert. (Vgl. Paul de Man 1979, Kap. 12: „Excuses", S. 278 ff., insbesondere S. 288 – 289.)

445 U. Prokop 1989, S. 91.

446 Ebd.; Hervorh. C.G.

447 Sigmund Freud 1972c, S. 208. Als einen von zwei Gründen dafür nennt Freud den zweimaligen Ansatz zur Objektwahl mit Dazwischenkunft der Inzestschranke, weshalb „das endgültige Objekt des Sexualtriebes nie mehr das ursprüngliche, sondern nur ein Surrogat dafür" sei. (Ebd.) „Die Psychoanalyse hat uns aber gelehrt: wenn das ursprüngliche Objekt einer Wunschregung infolge von Verdrängung verlorengegangen ist, so wird es häufig durch eine unendliche Reihe von Ersatzobjekten vertreten, von denen doch keines voll genügt. Dies mag uns die Unbeständigkeit in der Objektwahl, den ‚Reizhunger' erklären, der dem Liebesleben der Erwachsenen so häufig eignet." (Ebd.)

448 U. Prokop 1989, S. 91.

449 „Die Gewißheit, mit der der Kommentar die Selbstidentität des Textes berücksichtigt, die Zuversicht, mit der er dessen Konturen nachzeichnet, geht einher mit der beruhigenden Sicherheit, die über den Text hinausspringt, zu seinem vorgeblichen Gehalt, in den Bereich des reinen Signifikats. Und tatsächlich überschreiten im Falle Rousseaus die psychoanalytischen Studien […] den Text, nachdem sie ihn nach den traditionellsten Methoden gelesen haben. Es gibt keine Lektüre, die banaler, schulmäßiger und naiver wäre als die des literarischen ‚Symptoms‘. Bleibt man aber blind gegenüber dem Gewebe des ‚Symptoms‘ selbst, seiner eigenen Textur, dann überwindet man es mühelos und gelangt zu einem psycho-biographischen Signifikat, dessen Verknüpfung mit dem literarischen Signifikanten von da an äußerlich und kontingent wird." (J. Derrida 1974, S. 275)

450 In ihrer Untersuchung *Fictions of Feminine Desire – Disclosures of Héloïse* (1982) fragt Peggy Kamuf nach den Spuren eines „exzessiven weiblichen Begehrens", das durch die phallozentrische Reduktion der Geschlechterdifferenz ausgelöscht wurde. Kamufs Lektüre, die den intertextuellen Bezügen zwischen der ‚neuen‘ Héloïse und ihrem historischen Vorbild nachgeht, sieht in Rousseaus Version eine dialektische Negation der ‚alten‘ Héloïse: Während die letztere auf ihrem „unkonvertierten" sexuellen Begehren beharrt hatte, bedeute Julies innere Umkehr (ihre „Konversion" am Ende des 3. Teils der *Nouvelle Héloïse*) letztlich den ‚freiwilligen‘ Verzicht auf ihr eigenes Begehren. Julie stehe, ähnlich wie die historische Héloïse, zwischen zwei Ordnungen: der alten, die ihr Vater, und der neuen, die ihr Gatte repräsentiert. Ihr Begehren für den Hauslehrer Saint-Preux füge sich in keine dieser Ordnungen und müsse deshalb geopfert werden. Kamuf zufolge „konvertiert" Julie im Gegensatz zur historischen Héloïse am Ende wirklich und schafft damit die Voraussetzungen für die *neue* Ordnung von Clarens. (Vgl. P. Kamuf 1982, S. 97 – 122)

451 So sieht es Danielle Montet-Clavié 1984, S. 64 ff. Ich komme auf ihre Interpretation der *Nouvelle Héloïse* im 5. Abschnitt dieses Kapitels zurück.

452 Gemeint ist Julies Rechenschaftsbrief an Saint-Preux nach der Trauung mit Wolmar: 18. Brief in Teil III der *Nouvelle Héloïse*, S. 353 – 381 W, 340 – 365 P.

453 Vgl. Niklas Luhmann 1982.

454 Und nur im Rekurs auf diesen innersten Bereich legitimiert sich eine ‚reine Liebe‘, der es um mehr und anderes geht als um sinnliche Befriedigung. Vgl. Julie in III,18: „Die sinnliche Liebe kann des Besitzes nicht entbehren und erlischt, wenn sie ihn erlangt hat. Die wahre Liebe kann des Herzens nicht entbehren und dauert so lange als die Übereinstimmung [que les rapports], die sie erzeugt hat." (NH, S. 354/55 W, 341 P) In diesem Zusammenhang spricht Julie auch direkt von einer „Übereinstimmung der Seelen [un accord des ames]". (ebd.)

455 Die Anregung zu dieser Begrifflichkeit verdanke ich Martin Groß.

456 Vgl. dazu auch Helga Gallas 1990, S. 68 ff. Gallas schreibt zur *Nouvelle Héloïse*: „Anders als oft beschrieben ist die Trennung der Liebenden bei Rousseau nicht durch äußere Hindernisse erzwungen." (Ebd., S. 68)

457 Vgl. M. Foucault 1977.

458 NH, S. 31 W, 31 P.

459 Julies Geständnis ist, wie wir sahen, nicht weniger paradox: „Vom ersten Tage an, da ich das Unglück hatte, Dich zu sehen, fühlte ich das meine Sinne und meine Vernunft verzehrende Gift, fühlte es vom ersten Augenblick an; und Deine Augen, Deine Empfindungen, Deine Gespräche, Deine sträfliche Feder machen es jeden Tag tödlicher." (NH, S. 39 W, 39 P) – „Die ganze Natur scheint mit Dir im Bunde zu sein; alle meine Bemühungen sind umsonst; gegen meinen Willen bete ich Dich an." (Ebd.)

460 „Ehe du die Freuden des Lebens gekostet hast, hattest du das Glück desselben erschöpft. [...] Du hast mehr in der Hoffnung genossen, als du jemals in Wirklichkeit genießen wirst. Die Einbildungskraft [imagination], die das verschönt, was man begehrt, verläßt es im Besitz." (Emile, S. 594/595 W; 821 P)

461 Vgl. NH, S. 39 W, 40 P.

462 Vgl. NH, S. 147/48 W, 146/47 P sowie die Interpretation dieses Briefes von Jean Starobinski 1984, S. 86/87.

463 NH, S. 150 W, 150 P.

464 Vgl. NH, S. 145/46 W, 144 – 146 P.

465 NH, S. 145 W, 145 P.

466 NH, S. 95 W, 96 P.

467 NH, S. 359 W, 345 P.

468 Vgl. Silvia Bovenschen 1979, S. 24 ff.

469 Vgl. das Fortsetzungsfragment zum *Emile,* S. 645 W, 881 P ff.: *Emile und Sophie oder Die Einsamen.*

470 Vgl. NH, S. 385 W, 369 P.

471 Ebd., S. 386 W, 370 P.

472 Vgl. dazu Saint-Preux' Bericht in NH, S. 556 W, 530 P.

473 NH, S. 568 W, 541 P.

474 Exemplarisch dafür ist die Benutzung des „Appollosaales" in Clarens, der nur zu seltenen Anlässen als Speisezimmer dient. Julies Begründung dafür: „weil der Überdruß, es allezeit bequem zu haben, endlich der ärgste unter allen ist." (NH, S. 571 W, 544 P)

475 NH, S. 697 W, 662 P. Ausführlich beschrieben wird die Ökonomie von Clarens sowie die besondere Funktion von Julie vor allem im 2. Brief des V. Teils von Saint-Preux an Mylord Edouard; hier finden sich auch weitere Ausführungen über Julies „vernünftigen Epikureismus": S. 557 W, 531 P und 568 W, 541 P.

476 Auf die ökonomische Funktion dieser ‚Mutterliebe' gehe ich im vorliegenden Zusammenhang nicht näher ein; verwiesen sei hier auf die sorgfältige Untersuchung von L. Steinbrügge 1987, Kap. V.4 und V.5.

477 Vgl. u. a. Saint-Preux' Bericht: „Was Julie betrifft, die niemals eine andere Richtschnur hatte als ihr Herz und auch keine zuverlässigere haben könnte, so überläßt sie sich demselben ohne Bedenken; und um richtig zu handeln, tut sie alles, was es von ihr fordert." (NH, S. 557 W, 530 P)

478 Dies entspräche der Konstruktion von Immanuel Kant in den „Beobachtungen über das Gefühl des Schönen und Erhabenen". Ihm zufolge ist die Tugend der Frauen eine ‚schöne Tugend‘, diejenige der Männer eine ‚erhabene‘, weil nur durch innere Kämpfe erworbene. (Vgl. I. Kant 1968, S. 850 ff.)

479 L. Steinbrügge 1987, S. 94.

480 Vgl. NH, S. 382 W, 367 P.

481 NH, S. 385 W, 369 P.

482 Bereits am Beginn des 4. Teils der *Nouvelle Héloïse*, der in der Romanfiktion auch durch einen deutlichen zeitlichen Abstand (von 6 Jahren) von der ersten Hälfte abgesetzt ist, wird der Mangel von Julie selbst klar beschrieben: als unerwiderte Sehnsucht nach einer allumfassenden Liebe. Julie beklagt in ihrem Brief an Clara den Verlust ihrer Mutter ebenso wie den ihres Geliebten; und sie deutet an, daß weder die Liebe zu ihren Kindern noch die zu ihrem Gatten diese Lücke auszufüllen vermag. (Vgl. NH, S. 418 W, 399 P)

483 Es wäre eine gesonderte Untersuchung wert, das Motiv des Schleiers in all seinen Facetten in der *Nouvelle Héloïse* zu verfolgen; man denke etwa an Saint-Preux' Traum von der verschleierten Julie auf dem Totenbett – ein Traum, der Julies Tod antizipiert; oder an den wirklichen Schleier, den Saint-Preux aus Indien mitbrachte und mit dem Clara das Antlitz der Toten bedeckt. (Vgl. dazu auch Paul Pelckmans 1981/82)

484 Vgl. Peggy Kamuf 1982, S. 105 f.

485 Vgl. Julies Beschreibung ihrer ‚inneren Revolution‘ vor dem Traualtar in dem Rechenschaftsbrief an Saint-Preux: „Als der Prediger mich fragte, ob ich dem, den ich zum Gemahle annähme, vollkommene Treue und Gehorsam verspräche, so versprachen es *mein Mund und mein Herz*." (NH, S. 369 W, 354 P) Für diesen Moment also läßt sich zurecht die Identität von Innen und Außen, von (äußerlichen) Worten und (inneren) Empfindungen behaupten; aber selbst wenn Julie hinzufügt, daß sie ihr Versprechen „bis an den Tod halten" werde (ebd.), ist damit doch noch nicht garantiert, daß diese Übereinstimmung immer bestehen bleiben wird.

486 „What Saint-Preux is given to see [im Elysée, C.G.] is the concrete result of Julie's conversion, in which a hidden, interior space of potential deception was laid bare and thus renewed. The garden is a spatial representation of the moment when Julie became Mme de Wolmar, which is to say, the new Julie – and the new Heloise." (Peggy Kamuf 1982, S. 116; Übers. C.G.)

487 Vgl. NH, I.13 und I.14.

488 Vgl. die Szene im Elysée, in der Julie und Wolmar Saint-Preux zur Partizipation an der „väterlichen Liebe [l'affection paternelle]" einladen. (NH, S. 498 W, 477 P). Danielle Montet-Clavié interpretiert diese Szene als Vorankündigung des Todes von Julie, welcher dazu diene, die beiden Männer zu vereinen in ihrer Funktion als Repräsentanten der „väterlichen Ordnung", die das Weibliche bzw. die Mutterfunktion auslöschen müsse. Montet-Clavié kommt zu diesem Schluß m. E. durch eine Über-Interpretation des Begriffs „väterliche Liebe"; umarmt

nicht Saint-Preux Wolmar *und* Julie, als er versichert, deren Kinder seien ihm so lieb wie ihnen? (Vgl. D. Montet-Clavié 1984, S. 70/71)

489 NH, S. 532 W, 510 P.

490 Er schreibt darüber an Clara: „So zwinge ich ihn, anstatt seiner Geliebten beständig eines rechtschaffnen Mannes Gemahlin, die Mutter meiner Kinder, vor sich zu sehen: Ich verdränge [j'efface] ein Bild [un tableau] durch das andre und bedecke das Vergangne mit dem Gegenwärtigen." (NH, S. 533 W, 511 P)

491 Im ersten Teil des Romans hatte Saint-Preux in Meillerie – am gegenüberliegenden Ufer des Genfer Sees, von wo aus er Julies Wohnsitz sehen konnte – verzweifelt auf Julies Erlaubnis zur Rückkehr gewartet. (Vgl. NH, S. 88 W, 89 P ff.) Er schreibt über diesen *Ort*: „Vielleicht, daß mein Aufenthalt etwas zu dieser Schwermut beiträgt; traurig und fürchterlich ist er; *umso mehr entspricht er meiner Seele Zustand* ... Bei den heftigen, mich beunruhigenden Leidenschaften kann ich nicht auf einer Stelle bleiben; ich ... finde überall in den Gegenständen den Schrecken, der in mir herrscht ... die ganze Natur ist vor meinen Augen, wie die Hoffnung in meinem Herzen, tot." (NH, S. 89 W, 90 P) – Im vierten Teil zwingt ein Unwetter während einer Bootsfahrt auf dem Genfer See die beiden ehemals Geliebten an jenen Ort, an dem Saint-Preux Julie die Qualen vergegenwärtigt, die er seinerzeit dort ausgestanden hat; auch jetzt wird dieser Ort zum Schauplatz einer letzten großen Versuchung (vgl. NH, S. 540 W, 517 P ff.). Paul de Man hat an diesem Beispiel auf die Korrespondenz von Landschaftsbeschreibung (einsam, wild, verlassen) und dem Thema des Briefes (Versuchung eines Rückfalles in die alte Leidenschaft) hingewiesen, zugleich aber darauf aufmerksam gemacht, daß die hier zu beobachtende symbolische Beziehung zwischen Landschaft und Seele sich keinesfalls für die *Nouvelle Héloïse* insgesamt behaupten lasse; sie treffe gerade nicht auf das vermeintliche symbolische Zentrum des Romans, Julies Elysée, zu. (Paul de Man 1983a, S. 200/201)

492 In dieser Hinsicht stimmen die Analysen von Lieselotte Steinbrügge und Peggy Kamuf überein. Für Steinbrügge ist im Elysée – dank Julie – der „Wildheitszustand der Natur" rekonstruiert: „Erst hier findet sich die vollkommene Harmonie von Mensch und Natur. Die friedliche Atmosphäre des Gutes findet ihre vollkommenste Ausprägung in dem von Julie ‚bewirtschafteten' Teil. Sie vollbringt mühelos, ohne Anstrengung, naturwüchsig und unbewußt, was Wolmar nur kraft jahrelanger Disziplin und Planung erreicht hat. […] Julies Tätigkeit gleicht – ähnlich wie die Vegetation des Elysée – einer Naturkraft." (L. Steinbrügge 1987, S. 95) Der geschichtsphilosophische Rückbezug des Elysée auf das von Rousseau so genannte „goldene Zeitalter" zwischen Natur- und Gesellschaftszustand scheint mir ein wichtiger und sinnvoller Hinweis zu sein; Steinbrügge übersieht allerdings – ähnlich wie Kamuf – die Implikationen des Scheins, der Künstlichkeit, des Artifiziellen bei der Anlage des Elysée; sie liest es gleichsam wörtlich als Natur (und damit auch als Natur der Frau), obwohl es doch deutlich seinen künstlichen Charakter betont. Siehe dazu auch Paul de Man, der gegen Mornets historisch-naturalistische Kommentierung einwendet: „But this ‚natural' look of the garden is by

no means the main theme of the passage. From the beginning we are told that the natural aspect of the site is in fact the result of extreme artifice, that in this bower of bliss ... we are entirely in the realm of art and not that of nature." (P. de Man 1983a, S. 202)

493 P. Kamuf irrt meines Erachtens, wenn sie eine Bemerkung Julies aus dem Kontext isoliert und damit in ihrer Bedeutung überstrapaziert: „Alles, was Sie sehen, sind wilde oder kräftige Pflanzen, die man nur in die Erde setzen muß und die dann *von selbst wachsen* [qui viennent ensuite d'elles-mêmes]." (NH, S. 500 W, 479 P) Kamuf liest daraus, daß Julie selbst jenes Element auslasse, welches das Geheimnis des Gartens sei, nämlich die Wasserversorgung. Indem sie diese zum Zentrum ihrer Interpretation macht, kommt sie zu dem Schluß, Julie selbst suggeriere, die Pflanzen wüchsen ‚autochthon‘, und verdopple damit die naturalistische Mystifikation patriarchaler Gewalt. (Vgl. P. Kamuf 1982, S. 114 und 116/117) Allerdings: Julie hat bereits zuvor Saint-Preux das Geheimnis der Bewässerung des Elysée enthüllt, und sie tut auch sonst alles, um den artifiziellen und auf ihr eigenes Wirken zurückzuführenden Charakter des Gartens hervorzuheben.

494 Diesem Geheimnis des Elysée in Gestalt seines Bewässerungssystems hat Peggy Kamuf eine umfassende und erhellende Analyse gewidmet; sie weist insbesondere darauf hin, daß die beiden Quellen, die – qua Umleitung durch die Frau – im Elysée zusammenfließen, die alte (väterliche) und die neue (Wolmarsche) Ordnung repräsentieren: einerseits der Springbrunnen, den Julies Vater angelegt hatte, noch ganz im Zeichen aristokratischer Prachtrepräsentation, die auf Clarens nun keinen Platz mehr hat; und andererseits das Wasser aus dem öffentlichen Brunnen, das sich in den geographisch tiefer gelegenen Genfer See ergießt und das Julie durch das Elysée umleitet. (Vgl. P. Kamuf 1982, S. 114 ff.)

495 Vgl. dazu auch John Lechte 1982.

496 NH, S. 500 W, 479 P.

497 Auch eine Überlegung von Paul de Man spricht für diese Deutung. De Man diskutiert am Beispiel des Elysée die Frage, ob es hier um einen symbolischen oder allegorischen Bezug zwischen Landschaft und ‚Seelen-Landschaft‘ geht. Anders als im Beispiel Saint-Preux – Meillerie (s.o.), für das de Man eine symbolische Interpretation für angemessen hält, insistiert er in Bezug auf das Elysée auf einer allegorischen Deutung. Trotz des im manifesten Text im Vordergrund stehenden Bezuges auf die wirkliche Gartenkunst der Zeit (englische versus französische Gärten) ist de Man zufolge die Berücksichtigung der literarischen Quellen des Elysée für eine Interpretation unerläßlich – insbesondere die Berücksichtigung der Parallele zwischen Elysée und dem mittelalterlichen Liebesgarten aus dem Rosenroman (auf den wenige Seiten zuvor von Saint-Preux angespielt wurde und der als erste Quelle die Liebesgeschichte von Héloïse und Abälard überlieferte); daneben aber auch die Berücksichtigung der zahlreichen Anspielungen auf die Insel des Robinson Crusoe (der ja bekanntlich die einzige Lektüre des jungen Emile darstellt). Bezieht man diese beiden literarischen Modelle mit ein, dann hat Julies Garten bereits auf dieser Ebene eine unverkennbare Doppeldeutigkeit: als erotischer Lust-

garten (des Rosenromans) und protestantischer Tugend- und Pflichtgarten (des Robinson). (Vgl. Paul de Man 1983a, S. 201 – 204) De Man konstatiert zwar die beiden unterschiedlichen Modalitäten, in denen der Roman spricht – „the allegorical language of a scene such as Julie's Elysium and the symbolic language of passages such as the Meillerie episode" (ebd., S. 204) –, er unterstreicht auch die Priorität der allegorischen über die symbolische Diktion im Kontext des Romans, widmet aber der geschlechtsspezifischen Distribution dieser beiden Modalitäten, die m. E. evident ist und in Rousseaus Konstruktion der Geschlechterdifferenz ihre Erklärung findet, keine Aufmerksamkeit.

498 So Renate Berger und Inge Stephan in der Einleitung zu der von ihnen herausgegebenen Anthologie: „Weiblichkeit und Tod in der Literatur" (1987), S. 2.

499 Vgl. ebd., S. 3: „In der ästhetischen Koppelung von Weiblichkeit und Tod kommen die aggressiven Potentiale eines Systems zum Ausdruck, das auf Ausgrenzung und Unterwerfung besteht."

500 Vgl. D. Montet-Clavié 1984, S. 64: „L'économie théorique de Rousseau fonctionne à partir de la mort nécessaire d'une femme, seule réalisation possible de sa valeur." (Übers. C.G.)

501 „Julie n'est exemplaire qu'à tenir une place impossible, épouse fidèle au prix de sa vie, véritablement mère à laisser la place au père. L'ordre de la vertu, de la moralité qui a exigé le sacrifice de l'amante prescrit à l'épouse et à la mère une place que la mort seule permet de remplir. Julie ne se réalise, n'est femme de valeur qu'à s'effacer devant une économie où elle n'a pas sa place mais qu'elle cimente à disparaître." (D. Montet-Clavié 1984, S. 66; Übers. C.G.)

502 Elisabeth Bronfen 1987, S. 101.

503 Ebd., S. 106.

504 NH, S. 753 W, 717 P.

505 NH, S. 756 W, 719 P.

506 NH, S. 778 W, 741 P.

507 NH, S. 724 W, 689 P.

508 NH, S. 730 W, 694 P.

509 NH, S. 730 W, 694.

510 Julie begründet im vorliegenden Zusammenhang mit diesem Geständnis ihre Hinwendung zu Gott, ihre Religiosität: „Da ich also nichts auf der Erde finde, was mich befriedigte, so sucht meine sehnsuchtsvolle Seele anderswo Stoff, sich zu erfüllen." (Ebd.) Diese theologische Wendung von Julies Begehren bedürfte einer gesonderten Erörterung, die ich aus Gründen des Umfangs dieser Arbeit hier nicht vornehme. Ich verweise jedoch auf die m. E. zutreffende Untersuchung dieses Aspektes von Paul de Man, der hervorgehoben hat, daß sich in der Beziehung von Julie zu Gott dieselben Irrtümer wiederholen, die die Beziehung Julie – Saint-Preux strukturiert hatten. (Vgl. de Man 1979, Kap. 9, S. 188 ff.)

511 „Die Furcht, die ich Ihretwegen zu haben glaubte, empfand ich ohne Zweifel nur für mich." (NH, S. 778 W, 741 P)

512 Vgl. Claras letzten Brief: „Mitten unter allen um mich bin ich hier allein. Dump-

fes Schweigen herrscht ringsum. In meiner Niedergeschlagenheit und Betäubung pflege ich mit niemandem mehr Umgang. Ich habe nur noch so viel Kraft und Leben, um des Todes Schrecken zu empfinden. [...] Ihre [Julies, C.G.] Kinder entwickeln sich und wachsen heran, ihr Vater grämt sich langsam zu Tode, ihr Ehemann ist unruhig und aufgeregt. Sosehr er sich auch bemüht, kann er doch nicht glauben, daß sie gänzlich verschwunden sein soll ...". (NH, S. 781 W, 744 P)

513 Marianne Schuller hat Literaturwissenschaft, Kunstgeschichte und Philosophie studiert und an der FU Berlin promoviert (vgl. Schuller 1974). Sie war wissenschaftliche Assistentin an der Ruhr-Universität Bochum sowie von 1978 – 1981 Gastprofessorin in Marburg. Seit 1984 ist sie Professorin am literaturwissenschaftlichen Seminar der Universität Hamburg. Neben ihrer akademischen Laufbahn arbeitet sie seit Jahren als Dramaturgin an verschiedenen Theatern.

514 Sie rekurriert bereits in den späten 70er Jahren nicht mehr auf die Kritische Theorie, sondern auf die poststrukturalistische Sprachtheorie und Psychoanalyse. Prägend für ihre Arbeiten aus diesem Zeitraum sind insbesondere die Theorien von Michel Foucault, Jacques Lacan, Louis Althusser, Luce Irigaray und Hélène Cixous; eher marginal erscheint mir dagegen zunächst der Einfluß von Jacques Derrida und Julia Kristeva, der in Schullers späteren Arbeiten in den Vordergrund rückt.

515 Vgl. den Überblick zum Thema „Feminismus und Freud" bei Juliet Mitchell 1976, S. 348 ff.

516 Ich verweise insbesondere auf die Ende der 60er Jahre in Paris gegründete Frauengruppe „Psychoanalyse et Politique" (Psych-et-Po), die nicht zuletzt durch die Gründung des Frauenverlages „des femmes" bekannt wurde. (Vgl. auch Toril Moi 1989: „Der französische Feminismus nach 1968", S. 113 ff.)

517 *Alternative* Heft 108/109: Das Lächeln der Medusa. Frauenbewegung / Sprache / Psychoanalyse, Berlin 1976

518 Vgl. u. a.: Luce Irigaray 1976; Hélène Cixous 1977; Julia Kristeva 1978. Irigarays theoretisches Hauptwerk, *Speculum de l'autre femme*, in Frankreich 1974 erschienen, wurde erst 1980 in deutscher Übersetzung publiziert (Luce Irigaray 1980).

519 Vgl. vor allem ihre Habilitation *Speculum de l'autre femme* (Paris 1974, dt. 1980), die zum Ausschluß aus Lacans ‚Ecole freudienne' führte, sowie den Aufsatzband *Ce sexe qui n'en est pas un* (Paris 1977, dt. 1979).

520 „So ist zum Beispiel die Auto-Erotik der Frau von der des Mannes sehr verschieden. Dieser hat; um sich zu berühren, ein Instrument nötig: seine Hand, das Geschlecht der Frau, die Sprache ... Und diese Selbstaffektion erfordert ein Minimum an Aktivität. Die Frau aber berührt sich durch sich selbst und an sich selbst, ohne die Notwendigkeit einer Vermittlung und vor jeder möglichen Trennung zwischen Aktivität und Passivität. Die Frau ‚berührt sich' immerzu, ohne daß es ihr übrigens verboten werden könnte, da ihr Geschlecht aus *zwei Lippen* besteht, die sich unaufhörlich aneinander schmiegen. Sie ist also in sich selbst schon immer zwei, die einander berühren, die jedoch nicht in eins (einen) und eins (eine) trennbar sind." (L. Irigaray 1979, S. 23)

521 Vgl. „Das Geschlecht, das nicht eins ist", „Macht des Diskurses, Unterordnung des Weiblichen" und „Wenn unsere Lippen sich sprechen" in: Irigaray 1979.

522 „Wir müssen eine Sprache entdecken, die sich nicht an die Stelle dieses Körper-an-Körper-Seins setzt, wie es die Sprache des Vaters zu tun versucht, sondern die es begleitet, Worte, die das Körperliche nicht ausstreichen, sondern die körperlich sprechen." (Luce Irigaray, Körper-an-Körper mit der Mutter, 1989, S. 42)

523 Edith Seifert 1987, S. 180.

524 Vgl. Luce Irigaray 1991a, S. 165 und den Aufsatz „Göttliche Frauen" in Irigaray 1989, S. 93 – 120.

525 Die Tendenzen zur Aufblähung der sexuellen Differenz als Heilmittel gegen alle Übel der Welt werden in den späteren Texten Irigarays immer deutlicher; vgl. beispielsweise das Zitat auf dem Klappentext zu Irigaray 1989: „Nur eine sexuelle Kultur und eine Ethik der sexuellen Differenz können heute unsere Körper und unsere Welt gegen die Gefahren der Zerstörung schützen, die von einem unreflektierten Gebrauch der Technik und des Profits herrühren."

526 Vgl. auch die gut verständliche, kritische Darstellung von Toril Moi 1989, S. 149 – 175 („Patriarchale Reflexionen: Luce Irigarays Spiegel"), sowie Edith Seiferts Kritik an Irigaray: „Die Frau existiert! Luce Irigarays Rettungsversuch der Frau" (E. Seifert 1987, S. 173 – 190).

527 Vgl. dazu vor allem die späteren Arbeiten von Irigaray, insbesondere die *Ethique de la différence sexuelle* (Paris 1984, dt. 1991a), sowie die Aufsatzsammlungen (Irigaray 1987, 1989 und 1991b), in denen der Hang zu Mystifizierungen und Substanzialisierungen des Weiblichen unverkennbar ist. Zur Kritik an Irigarays *Ethique de la différence sexuelle* vgl. Astrid Deuber-Mankowsky 1986 („Von neuen Welten und weiblichen Göttern. Zu Luce Irigarays ‚Ethique de la différence sexuelle‚") und Alexandra Busch 1989 („Der metaphorische Schleier des ewig Weiblichen. Zu Luce Irigarays Ethik der sexuellen Differenz").

528 Die politischen Konsequenzen der sich auf Irigaray berufenden Differenztheorien italienischer Provenienz („Libreria delle donne di Milano" und Gruppe „Diotima") diskutieren Cornelia Klinger und Annedore Prengel in dem Sammelband „Gleichheit und Differenz" (Ute Gerhard u. a. 1990, S. 112 ff.) sowie Gudrun Axeli-Knapp und Isabell A. Lorey in den „Feministischen Studien", Heft 1 / 1991. Auch Marianne Schuller hat Ende der 80-er Jahre die ‚neue Politik' des Affidamento sowie die späteren Schriften Luce Irigarays kritisch kommentiert: M. Schuller 1990, S. 211 – 218.

529 Einige Ende der 70er Jahre erschienene Arbeiten von Schuller stehen noch ganz im Zeichen der Kritischen Theorie; vgl. das zusammen mit Silvia Bovenschen geführte Gespräch mit Herbert Marcuse zum Thema: „Weiblichkeitsbilder" (M. Schuller / S. Bovenschen 1978) oder den Aufsatz: „Erfolg ohne Glück? Über den Widerspruch von Weiblichkeitsrolle und Karriere" (M. Schuller 1979c).

530 Dieser Text ist in leicht überarbeiteter und gekürzter Form in dem 1990 erschienenen Sammelband der Autorin: „Im Unterschied. Lesen/Korrespondieren/Adressieren" enthalten (vgl. M. Schuller 1990, S. 47 – 65). Ich zitiere im folgen-

den aus der überarbeiteten Fassung; auf die alte Version greife ich nur dann zurück, wenn es sich um Passagen handelt, die in dem überarbeiteten Text von 1990 fehlen.

531 Vgl. M. Schuller 1979a, S. 36 – 37. Auf diese Geschichte hatten sich vor ihr bereits Jean-François Lyotard und Hélène Cixous bezogen.

532 Ebd., S. 37.

533 Vgl. die Titel der beiden hier diskutierten Aufsätze: „Die *Nachtseite* der Humanwissenschaften. Einige Aspekte zum Verhältnis von Frauen und Literaturwissenschaft" sowie: „Literarische Szenerien und ihre *Schatten* – Orte des ‚Weiblichen‘ in literarischen Produktionen" (M. Schuller 1979a und 1979b).

534 M. Schuller 1979b, S. 82.

535 Inge Stephan erläutert in ihrem Forschungsüberblick zur „Untersuchung von Frauenbildern in männlicher Literatur" den Ansatz von Marianne Schuller ausschließlich an diesem Beispiel (vgl. I. Stephan 1983, S. 20 f.) – allerdings in einer bedenklich verkürzten Version. Elisabeth Bronfen beginnt ihren Beitrag über den „weiblichen Tod als motivische Konstante von der Mitte des 18. Jahrhunderts bis in die Moderne" mit Poes Statement: „Der Tod einer schönen Frau ist also ohne Zweifel das poetischste Thema der Welt" (zit. b. Bronfen 1987, S. 87); sie bezieht sich ebenfalls auf „Das ovale Porträt" (vgl. ebd., S. 94).

536 E.A. Poe 1976, Bd. 2, S. 688 (zit. bei Schuller 1990, S. 50).

537 Schuller 1990, S. 50.

538 Vgl. ebd.

539 E.A. Poe 1976, Bd. 2, S. 685 (zit. bei Schuller 1990, S. 52).

540 Ebd., S. 686.

541 Vgl. M. Schuller 1990, S. 53. Schuller selbst stellt den Zusammenhang ihrer Poe-Analyse mit Freuds Aufsatz über „Das Unheimliche" wenig später her; vgl. ebd., S. 56.

542 Denn am Ende lautet Schullers Resümee: „Die Analyse hat zeigen können, welchen Ort das Weibliche in den literarischen Produktionen einnimmt: in den Erzählungen Poes (...) konstituiert sich das Weibliche als der Ort, der den sozialen und identitätsstiftenden Ordnungsmustern feindlich ist. Es konstituiert sich über die Verdrängung. Es konstituiert sich als Tod." (Ebd., S. 63)

543 Auch an anderen Stellen zieht sich Schuller mit Analogien aus der Affäre; das wird insbesondere an der ursprünglichen Fassung ihres Textes deutlich, z. B. der folgenden Passage, die in der überarbeiteten Version von 1990 fehlt: „Von diesem Zurückstoßen, von diesem Angriff gegen eine drohende Kraft, gegen die Materie – alles Namen, für die auch das Wort ‚Weiblichkeit‘ eingesetzt werden kann – sind die Erzählungen E.A. Poes geprägt. Diese Prägung aber – und das macht ihre nervöse, rätselhafte Spannung aus – diese Prägung ist als Schrecken präsent." (M. Schuller 1979b, S. 94)

544 Es wäre interessant, Poes Erzählung in Verbindung zu bringen mit *Pygmalion*, einer „scène lyrique" von Rousseau, die große thematische Parallelen zum *ovalen Porträt* aufweist: Auch hier geht es darum, daß ein Kunstwerk ‚lebendig‘ wird

(nämlich Pygmalions Galathee-Statue) und daß dieser Vorgang beim Künstler in erster Linie Schrecken auslöst. (Vgl. Paul de Man 1979, Kap. 8) Nur wird hier nicht eine ‚lebendige Frau' qua Kunst ins Jenseits befördert, sondern eine ‚tote' Kunstfrau ins Leben geholt; eine thematische Variante, die sich feministischen Interpretationen u. U. hartnäckiger entziehen dürfte.

545 Vgl. M. Schuller 1979a, S. 40 und 43: „Uns also interessiert der hier offenbar konstitutive Zusammenhang von Vergessen und Tod als Voraussetzung der Produktion menschlich/männlicher Ordnung." – „Ganz sicher können wir diesen Text als die Darstellung des Erarbeitungsprozesses der gesellschaftlichen, der symbolischen Ordnung lesen."

546 Vgl. ebd., S. 41.

547 In Schullers Worten: „… uns interessiert das Moment der Abspaltung *als Verkennen des Grundes*, der die Reproduktion dieser Ordnung ermöglicht." (Ebd., S. 40; Hervorh. C.G.)

548 G.W.F. Hegel 1970, S. 352 (Hervorh. C.G.). Im folgenden Satz findet sich übrigens Hegels berühmte Bemerkung über die Weiblichkeit als „ewiger Ironie des Gemeinwesens", die, statt bloß immer zitiert zu werden (bei Irigaray 1980 sogar als Kapitel-Überschrift), eine genauere Analyse durchaus verdiente.

549 M. Schuller 1979a, S. 42.

550 Vgl. ebd., S. 31 und 34.

551 Ebd., S. 33.

552 Julia Kristeva 1976, S. 167/68.

553 In dem Vorwort zu dem 1990 erschienenen Sammelband, der Aufsätze von Schuller aus mehr als einem Jahrzehnt versammelt, werden frühere „Irrtümer" vorsichtig einbekannt. Die Anordnung der vorliegenden Aufsätze suggeriere keine Folgerichtigkeit, keine „aufsteigende Linie von den früheren zu den späteren Arbeiten". (Schuller 1990, S. 9) Die frühen Arbeiten zur Frage von ‚Weiblichkeit als Verfahren' seien im Zusammenhang des „Marburger Frauenforschungsprojektes" (1978 – 1981) entstanden, deren Mitarbeiterinnen der Aufsatzband gewidmet ist. „Denn es war eine Zeit der Neugierde und der Erprobungen, leicht chaotisch, leicht euphorisch und gespickt mit dem, was man, zumal unter akademischen Gesichtspunkten, Irrtümer nennen könnte. Insofern auch eine schöne Zeit." (Ebd.)

554 Vgl. dazu Marianne Schuller/Jutta Kolkenbrock-Netz 1982, Schuller 1984, dies. 1989 und dies. 1990, S. 211 – 218.

555 Vgl. Schuller 1979a, S. 44/45: „In der Tat wird es darum gehen, die verschwiegene Differenz – die […] als verschwiegene und verdrängte für die gesellschaftliche, kulturelle Ordnung konstitutiv ist – herauszuarbeiten. […] Für die Literaturwissenschaft etwa hieße das: wir müssen die Literaturen durchqueren und den schweigenden ‚inneren Feind', um es mit Hegel zu sagen, die andere Seite des kulturellen Produktionsprozesses aufsuchen. Wenn es das jahrhundertelange Geschäft der Frauen war, zusammenzunähen und zusammenzusetzen, alle Wunden zu heilen, ja sogar den Tod zuzudecken und zu schützen […], so werden wir nun als

Fremde die symbolischen Ordnungsgefüge zu dekomponieren und auf ihren den Sinn produzierenden Unterwerfungsmechanismus zu befragen haben. Es geht um eine andere Lektüre dieser Ordnung der Dinge."

556 Vgl. Julia Kristeva, „Women's Time" (1981) und Toril Moi 1989, S. 24 f.

557 Judith Butler, deren vorzügliche Studie zum *Unbehagen der Geschlechter* (1991) ich erst nach Abschluß dieses Manuskriptes zur Kenntnis nahm, formuliert eine ähnliche Überlegung in ihrem Postulat einer *„feministischen Genealogie* der Kategorie ‚Frau(en)'": „Wenn sich herausstellt, daß die Grundprämisse feministischer Politik nicht mehr in einem stabilen Begriff der Geschlechtsidentität liegt, dann ist vielleicht eine neue Form feministischer Politik zu wünschen, die den Verdinglichungen von Geschlechtsidentität und Identität entgegentritt: eine Politik, die die veränderlichen Konstruktionen von Identität als methodische und normative Voraussetzung begreift, wenn nicht gar als politisches Ziel anstrebt." (Ebd., S. 21)

558 Elisabeth List 1989, S. 31.

LITERATURVERZEICHNIS

ALTERNATIVE 108/109 (1976): Das Lächeln der Medusa. Frauenbewegung / Sprache / Psychoanalyse. Berlin.

ANDERS, Ann [Hg.] (1988): Autonome Frauen. Schlüsseltexte der Neuen Frauenbewegung seit 1968. Frankfurt/M.

ARENDT, Hannah (1985): Macht und Gewalt. München.

ARISTOTELES (1978): Von der Zeugung und Entwickelung der Thiere. In: Werke in 7 Bänden, griechisch und deutsch, übers. u. erl. von H. Aubert und F. Wimmer. Neudruck der Ausgabe Leipzig 1860.

AUSTIN, John L. (1986): Gesammelte philosophische Aufsätze. Stuttgart.

AXELI-KNAPP, Gudrun (1991): Zur Theorie und politischen Utopie des „affidamento". In: Feministische Studien, 9. Jg., Heft 1, 1991, S. 117 – 128.

BADINTER, Elisabeth (1988[4]): Die Mutterliebe. Geschichte eines Gefühls vom 17. Jahrhundert bis heute. München 1981. [orig.: L'amour en plus. Paris 1980]

BARRETT, Michèle (1983): Das unterstellte Geschlecht. Umrisse eines marxistischen Feminismus. Berlin. [orig.: Women's Oppression Today. Problems in Marxist-Feminist Analysis, London 1980]

BARTSCH, Günter (1977): Feminismus contra Marxismus. In: Aus Politik und Zeitgeschehen. Beilage zur Wochenzeitung „Das Parlament" Nr. 48/1977.

BAXMANN, Inge (1983): Von der Egalité im Salon zur Citoyenne – einige Aspekte der Genese des Bürgerlichen Frauenbildes. In: Annette Kuhn / Jörg Rüsen [Hg.], Frauen in der Geschichte III. Düsseldorf, S. 109 – 137.

BEAUVOIR, Simone de (1968): Das andere Geschlecht. Sitte und Sexus der Frau. Reinbek bei Hamburg. [orig.: Le Deuxième Sexe, Paris 1949]

BECK-GERNSHEIM, Elisabeth (1980): Das halbierte Leben. Männerwelt Beruf – Frauenwelt Familie. Frankfurt/M.

BECKER-SCHMIDT, Regina / AXELI-KNAPP, Gudrun (1987): Geschlechtertrennung – Geschlechterdifferenz. Suchbewegungen sozialen Lernens. Bonn.

BENNENT, Heidemarie (1985): Galanterie und Verachtung. Eine philosophiegeschichtliche Untersuchung zur Stellung der Frau in Gesellschaft und Kultur. Frankfurt / New York.

BLOCHMANN, Elisabeth (1966): Das „Frauenzimmer" und die „Gelehrsamkeit". Eine Studie über die Anfänge des Mädchenschulwesens in Deutschland. Heidelberg.

BOCK, Gisela (1977): Frauenbewegung und Frauenuniversität. Zur politischen Bedeutung der „Sommeruniversität für Frauen". In: Frauen und Wissenschaft. Berlin.

BOCKOW, Jörg (1984): Erziehung zur Sittlichkeit. Zum Verhältnis von praktischer Philosophie und Pädagogik bei Jean-Jacques Rousseau und Immanuel Kant. Frankfurt/M. / Bern / New York / Nancy.

BOSSINADE, Johanna (1990a): Das Beispiel Antigone. Textsemiotische Untersuchungen zur Präsentation der Frauenfigur. Von Sophokles bis Ingeborg Bachmann. Köln / Wien.

BOSSINADE, Johanna (1990b): On Transgression. Methodological Reflections on Literary Inquiry. In: Liesbeth Brouwer / Petra Broomans / Riet Paasman [Ed.], Beyond Limits. Boundaries in feminist semiotics and literary theory. Groningen, S. 110 – 122.

BOSSINADE, Johanna (1992): Prolegomena zu einer geschlechtsdifferenzierten Literaturbetrachtung. Am Beispiel von Wedekinds „Lulu"-Dramen. Manuskript, erscheint in: Jahrbuch für Internationale Germanistik, Heft 2 / 1992.

BOVENSCHEN, Silvia (1976): Über die Frage: gibt es eine ‚weibliche' Ästhetik? – welche seit kurzem im Umlauf die feministischen Gemüter bewegt – gelegentlich auch umgewandelt in die Frage nach den Ursprüngen und Möglichkeiten weiblicher Kreativität. In: Ästhetik und Kommunikation 25 / 1976, S. 60 – 72.

BOVENSCHEN, Silvia (1977): Die aktuelle Hexe, die historische Hexe und der Hexenmythos. Die Hexe: Subjekt der Naturaneignung und Objekt der Naturbeherrschung. In: G. Becker / S. Bovenschen u. a., Aus der Zeit der Verzweiflung. Zur Genese und Aktualität des Hexenbildes. Frankfurt/M., S. 259 – 312.

BOVENSCHEN, Silvia / Schuller, Marianne (1978): Weiblichkeitsbilder. Gespräch mit Herbert Marcuse. In: Jürgen Habermas / Silvia Bovenschen u. a. [Hg.], Gespräche mit Herbert Marcuse. Frankfurt/M., S. 65 – 87.

BOVENSCHEN, Silvia (1979): Die imaginierte Weiblichkeit. Exemplarische Untersuchungen zu kulturgeschichtlichen und literarischen Präsentationsformen des Weiblichen. Frankfurt/M.

BRINKER-GABLER, Giesela [Hg.] (1988): Deutsche Literatur von Frauen. Erster Band: Vom Mittelalter bis zum Ende des 18. Jahrhunderts. München.

BRONFEN, Elisabeth (1987): Die schöne Leiche. Weiblicher Tod als motivische Konstante von der Mitte des 18. Jahrhunderts bis in die Moderne. In: Renate Berger / Inge Stephan [Hg.], Weiblichkeit und Tod in der Literatur. Köln / Wien, S. 87 – 115.

BUSCH, Alexandra (1989): Der metaphorische Schleier des ewig Weiblichen – Zu Luce Irigarays Ethik der sexuellen Differenz. In: Ruth Großmaß / Christiane Schmerl [Hg.], Feministischer Kompaß, patriarchales Gepäck. Frankfurt/M. / New York, S. 117 – 171.

BUTLER, Judith (1991): Das Unbehagen der Geschlechter. Frankfurt/M. [orig.: Gender Trouble. Routledge 1990]

CAMPE, Joachim Heinrich (1789): Väterlicher Rath für meine Tochter. Ein Gegenstück zum Theophron. Der erwachsenern weiblichen Jugend gewidmet. Braunschweig.

CASSIRER, Ernst (1989): Das Problem Jean-Jacques Rousseau. In: ders. / Jean Starobinski / Robert Darnton, Drei Vorschläge, Rousseau zu lesen. Frankfurt/M., S. 7 – 78.

CAVARERO, Adriana (1990): Die Perspektive der Geschlechterdifferenz. In: Ute Gerhard u. a. [Hg.], Differenz und Gleichheit. Menschenrechte haben (k)ein Geschlecht. Frankfurt/M., S. 95 – 111.

CHAPMAN, J.W. (1956): Rousseau, Totalitarian or Liberal. New York.

CHASSEGUET-SMIRGEL, Janine [Hg.] (1974): Psychoanalyse der weiblichen Sexualität. Frankfurt/M. [orig.: La sexualité féminine. Paris 1964]

CHODOROW, Nancy (1985): Das Erbe der Mütter. Psychoanalyse und Soziologie der Geschlechter. München. [orig.: The Reproduction of Mothering, Univ. of California 1978]

CIXOUS, Hélène (1977): Die unendliche Zirkulation des Begehrens. Berlin.

CONRADI, Elisabeth (1989): Ist der Ausschluß von Frauen für die traditionellen Demokratietheorien grundlegend, und wie wird er gerechtfertigt? In: Feministische Studien, 7. Jahrg., Heft 2 / 1989, S. 85 – 98.

COOLE, Diana H. (1988): Women in Political Theory. From Ancient Misogyny to Contemporary Feminism. Sussex, Boulder.

COULET, Henri (1985): Les deux Sophie. In: James S. Patty [Hg.], Du romantisme au surnaturalisme. Hommage à Claude Pichois. Neuchatel, S. 17 – 26.

CULLER, Jonathan (1988): Als Frau lesen. In: Dekonstruktion. Derrida und die poststrukturalistische Literaturtheorie. Reinbek bei Hamburg, S. 46 – 68. [orig.: On Deconstruction. Ithaca / New York 1982]

DAHMER, Ilse (1962): Das Phänomen Rousseau. Weinheim.

DERRIDA, Jacques (1974): Grammatologie. Frankfurt/M. [orig.: De la grammatologie. Paris 1967]

DERRIDA, Jacques (1975): Le facteur de la vérité. In: Poétique 21 / 1975 (Sonderheft), S. 96 – 147. [deutsch in: ders., Die Postkarte – von Sokrates bis an Freud und jenseits, 2. Lieferung. Berlin 1987]

DERRIDA, Jacques (1976): Die différance. In: ders., Randgänge der Philosophie. Frankfurt/M. / Berlin / Wien, S. 6 – 37. [orig.: Marges de la philosophie, Paris 1972]

DEUBER-MANKOWSKY, Astrid (1986): Von neuen Welten und weiblichen Göttern. Zu Luce Irigarays ,Ethique de la différence sexuelle'. In: Judith Conrad / Ursula Konnertz [Hg.], Weiblichkeit in der Moderne. Ansätze feministischer Vernunftkritik. Tübingen, S. 62 – 74.

DEUBER-MANKOWSKY, Astrid / RAMMING, Ulrike / TIELSCH, E. Walesca [Hg.] (1989): 1789 / 1989. Die Revolution hat nicht stattgefunden. Dokumentation des V. Symposions der Internationalen Assoziation von Philosophinnen. Tübingen.

DIETZE, Gabriele [Hg.] (1979): Die Überwindung der Sprachlosigkeit. Texte aus der neuen Frauenbewegung. Darmstadt / Neuwied. [Zweite, unveränderte Auflage 1989]

DIOTIMA. Philosophinnengruppe aus Verona (1989): Der Mensch ist zwei. Das Denken der Geschlechterdifferenz. Wien.

DOLTO, Françoise (1988): Die Genese der Mütterlichkeit: Die weibliche Symbolfunktion im Lichte der Psychoanalyse. In: dies., Über das Begehren. Die Anfänge der menschlichen Kommunikation. Stuttgart, S. 301 – 330.

DOMORADZKI, Eva (1986): Und er erschuf die Frau nach seiner Sehnsucht. Zum Weiblichkeitsentwurf in Friedrich Schlegels Frühwerk unter besonderer Berücksichtigung des Romans Lucinde. In: Sylvia Wallinger / Monika Jonas [Hg.], Der Widerspenstigen Lähmung. Studien zur bezwungenen Weiblichkeit in der Literatur vom Mittelalter bis zur Gegenwart. Innsbruck, S. 169 – 184.

DUDEN, Barbara (1977): Das schöne Eigentum. Zur Herausbildung des bürgerlichen Frauenbildes an der Wende vom 18. zum 19. Jahrhundert. In: Kursbuch 47 / 1977. Berlin, S. 125 – 140.

EAGLETON, Terry (1988): Einführung in die Literaturtheorie. Stuttgart. [orig.: Literary Theory. An Introduction. Oxford 1983]

ECO, Umberto (1972): Einführung in die Semiotik. München.

ECO, Umberto (1977): Zeichen. Einführung in einen Begriff. Frankfurt/M.

EISENSTEIN, Zillah R. (1981): The Radical Future of Liberal Feminism. New York.

ELLIS, Madeleine B. (1977): Rousseau's Socratic Aemilian Myths. A Literary Collation of *Emile* and the *Social Contract*. Columbus: Ohio State University Press.

FEMINISTISCHE STUDIEN (1991): Frauen für eine neue Verfassung. Extra-Heft, 9. Jg.

FETSCHER, Iring (1975): Rousseaus politische Philosophie. Zur Geschichte des demokratischen Freiheitsbegriffs. Frankfurt/M.

FETSCHER, Iring (1976): Rousseaus Freiheitsvorstellungen. In: ders., Herrschaft und Emanzipation. Zur Philosophie des Bürgertums. München, S. 117 – 134.

FICHTE, Johann Gottlieb (1971): „Deduction der Ehe". In: Grundlage des Naturrechts nach Principien der Wissenschaftslehre. Erster Anhang des Naturrechts. Grundriss des Familienrechts. Aus: Fichtes Werke, hrsg. von Immanuel Hermann Fichte. Bd. III: Zur Rechts- und Sittenlehre I. Berlin 1971 [fotomechan. Nachdruck der 8-bändigen Werkausgabe von 1845 / 46]

FONTENAY, Elisabeth de (1976): Pour Emile et par Emile, Sophie ou l'invention du menage. In: Les Temps Modernes 358, Mai 1976, S. 1774 – 1795.

FOUCAULT, Michel (1976): Überwachen und Strafen. Die Geburt des Gefängnisses. Frankfurt/M. [orig.: Surveiller et punir. Paris 1975]

FOUCAULT, Michel (1977): Sexualität und Wahrheit. Bd.I: Der Wille zum Wissen. Frankfurt/M. [orig.: Histoire de la sexualité I: La volonté de savoir. Paris 1976]

FOUCAULT, Michel (1979): Die Ordnung des Diskurses. Inauguralvorlesung am Collège de France. Frankfurt/M. / Berlin / Wien. [orig.: L'ordre du discours. Paris 1970]

FOUCAULT, Michel (1980[3]): Die Ordnung der Dinge. Eine Archäologie der Humanwissenschaften. Frankfurt/M. [orig.: Les mots et les choses. Paris 1966]

FOX KELLER, Evelyn (1986): Liebe, Macht und Erkenntnis. München / Wien.

FRAUEN UND WISSENSCHAFT (1977[2]): Beiträge zur Berliner Sommeruniversität für Frauen (Juli 1976), hrsg. von der Gruppe Berliner Dozentinnen. Berlin.

FRAUENJAHRBUCH 1 (1975): Vom SDS zum Frauenzentrum: Die Anfänge der Frauenbewegung. Hrsg. und hergestellt von Frankfurter Frauen. Frankfurt/M., S. 10 – 118.

FREUD, Sigmund (1969a): Die Weiblichkeit. Neue Folge der Vorlesungen zur Einführung in die Psychoanalyse. In: Studienausgabe, Band I. Frankfurt/M., S. 544 – 565.

FREUD, Sigmund (1969b): Der Dichter und das Phantasieren. In: Studienausgabe, Band X. Frankfurt/M., S. 169 – 179.

FREUD, Sigmund (1972a): Die Traumdeutung. Studienausgabe, Band II. Frankfurt/M.

FREUD, Sigmund (1972b): Drei Abhandlungen zur Sexualtheorie. In: Studienausgabe, Band V. Frankfurt/M., S. 37 – 145.

FREUD, Sigmund (1972c): Über die allgemeinste Erniedrigung des Liebeslebens. In: Studienausgabe, Band V. Frankfurt/M., S. 197 – 209.

FREUD, Sigmund (1974): Totem und Tabu. In: Studienausgabe, Band IX. Frankfurt/M., S. 287 – 444.

FREUD, Sigmund (1975): Jenseits des Lustprinzips. In: Studienausgabe, Band III. Frankfurt/M., S. 213 – 272.

FREVERT, Ute [Hg.] (1988): Bürgerinnen und Bürger. Geschlechterverhältnisse im 19. Jahrhundert. Göttingen.

GALLAS, Helga (1990): Ehe als Instrument des Masochismus oder ‚Glückseligkeits-Triangel‘ als Aufrechterhaltung des Begehrens? Zur Trennung von Liebe und Sexualität im deutschen Frauenroman des 18. Jahrhunderts. In: Helga Gallas / Magdalene Heuser [Hg.], Untersuchungen zum Roman von Frauen um 1800. Tübingen., S. 66 – 75.

GARBE, Christine (1980): Vernünftige oder empfindsame Tugend? Wandlungen im bürgerlichen Frauenbild des 18. Jahrhunderts. In: Dokumentation der Tagung „Muttersein und Mutterideologie in der bürgerlichen Gesellschaft“. Bremen, S. 12 – 48.

GARBE, Christine (1983): Sophie oder die heimliche Macht der Frauen. Zur Konzeption des Weiblichen bei Jean-Jacques Rousseau. In: Ilse Brehmer u. a. [Hg.], Frauen in der Geschichte IV: „Wissen heißt leben …“. Beiträge zur Bildungsgeschichte von Frauen im 18. und 19. Jahrhundert. Düsseldorf, S. 65 – 87.

GARBE, Christine (1988): Fiktionen des weiblichen Begehrens. Eine Re-Vision der sexuellen Diskurse von J.-J. Rousseau und F. Schlegel. In: Karin Rick [Hg.], Das Sexuelle, die Frauen und die Kunst. Konkursbuch 20. Tübingen, S. 100 – 119.

GERHARD, Ute (1978): Verhältnisse und Verhinderungen. Frauenarbeit, Familie und Rechte der Frauen im 19. Jahrhundert. Mit Dokumenten. Frankfurt/M.

GERHARD, Ute / JANSEN, Mechthild / MAIHOFER, Andrea / SCHMID, Pia / SCHULTZ, Irmgard [Hg.] (1990): Differenz und Gleichheit. Menschenrechte haben (k)ein Geschlecht. Frankfurt/M.

GILLIGAN, Carol (1984): Die andere Stimme. Lebenskonflikte und Moral der Frau. München. [orig.: In a Different Voice, Cambridge 1982]

GROSSMASS, Ruth (1989): Feminismus im Schoß der Familie. Kritische Überlegungen zu Chodorows ‚Erbe der Mütter‘. In: dies. / Christiane Schmerl [Hg.], S. 172 – 210.

GROSSMASS, Ruth / SCHMERL, Christiane [Hg.] (1989): Feministischer Kompaß, patriarchales Gepäck. Kritik konservativer Anteile in neueren feministischen Theorien. Frankfurt/M. / New York.

GRUBITZSCH, Helga (1983): „Wissen heißt leben …“ – Der Kampf der Frauen um die Bildung zu Beginn des 19. Jahrhunderts (Frankreich). In: Ilse Brehmer u. a. [Hg.], Frauen in der Geschichte IV. Düsseldorf, S. 171 – 204.

HABERMAS, Jürgen (1979): Hannah Arendts Begriff der Macht. In: Adalbert Reif [Hg.], Hannah Arendt. Materialien zu ihrem Werk. Wien.

HAHN, Barbara (1990): Feministische Literaturwissenschaft. Vom Mittelweg der Frauen in der Theorie. In: K.-M. Bogdal [Hg.], Neue Literaturtheorien. Eine Einführung. Opladen, S. 218 – 234.

HAMACHER, Werner (1978): Pleroma – Zu Genesis und Struktur einer dialektischen Hermeneutik bei Hegel. In: G. W. F. Hegel, Der Geist des Christentums, hrsg. von W. Hamacher. Frankfurt/M. / Berlin / Wien, S. 7 – 333.

HARARI, Josué V. (1987): Man Born of Man – Rousseau's Pedagogical Imaginary. In: ders., Scenarios of the Imaginary. Theorizing the French Enlightenment. Ithaca / London, S. 102 – 132.

HARDING, Sandra (1990): Feministische Wissenschaftstheorie. Zum Verhältnis von Wissenschaft und sozialem Geschlecht. Hamburg. [orig.: The Science Question in Feminism. Cornell 1986]

HAUG, Frigga (1980): Opfer oder Täter? Über das Verhalten von Frauen. In: Das Argument 123, Berlin.

HAUG, Frigga [Hg.] (1981): Frauen – Opfer oder Täter? Berlin.

HAUG, Frigga (1990): Erinnerungsarbeit. Hamburg.

HAUSEN, Karin (1976): Die Polarisierung der „Geschlechtscharaktere" – Eine Spiegelung der Dissoziation von Erwerbs- und Familienleben. In: W. Conze [Hg.], Sozialgeschichte der Familie in der Neuzeit Europas. Stuttgart, S. 363 – 393.

HAUSEN, Karin (1986): Patriarchat. Vom Nutzen und Nachteil eines Konzepts für Frauengeschichte und Frauenpolitik. In: Journal für Geschichte, September / Oktober 1986, S. 12 – 22.

HEGEL, Georg Wilhelm Friedrich (1970): Werke in zwanzig Bänden, Bd. 3: Phänomenologie des Geistes. Frankfurt/M.

HIRSCHFELD, Harald (1987): J.J.Rousseau und A.S. Neill – Fortschritt, Stagnation oder Rückschritt? Autopsie zweier pädagogischer Idole. Bern.

HONEGGER, Claudia / HEINTZ, Bettina [Hg.] (1981): Listen der Ohnmacht. Zur Sozialgeschichte weiblicher Widerstandsformen. Frankfurt/M.

HONEGGER, Claudia (1991): Die Ordnung der Geschlechter. Die Wissenschaften vom Menschen und das Weib; 1750 – 1850. Frankfurt/M. / New York.

HULL, Isabel V. (1988): ‚Sexualität' und bürgerliche Gesellschaft. In: Ute Frevert [Hg.].

INVERSINI, Martin (1977): Erziehung durch die Sache – Sachlichkeit in der Erziehung. Ein Beitrag zur pädagogischen Rousseau-Interpretation. Bern / Frankfurt/M. / Las Vegas.

IRIGARAY, Luce (1976): Waren, Körper, Sprache. Der ver-rückte Diskurs der Frauen. Berlin.

IRIGARAY, Luce (1979): Das Geschlecht, das nicht eins ist. Berlin. [orig.: Ce sexe qui n'en est pas un. Paris 1977]

IRIGARAY, Luce (1980): Speculum. Spiegel des anderen Geschlechts. Frankfurt/M. [orig.: Speculum de l'autre femme. Paris 1974]

IRIGARAY, Luce (1987): Zur Geschlechterdifferenz – Interviews und Vorträge. Wien.

IRIGARAY, Luce (1989): Genealogie der Geschlechter. Freiburg.

IRIGARAY, Luce (1991a): Ethik der sexuellen Differenz. Frankfurt/M. [orig.: Ethique de la différence sexuelle. Paris 1984)

IRIGARAY, Luce (1991b): Die Zeit der Differenz. Für eine friedliche Revolution. Frankfurt/M. [orig.: Le Temps de la différence. Pour une révolution pacifique. Paris 1989]

ISER, Wolfgang (1975): Die Appellstruktur der Texte. Unbestimmtheit als Wirkungsbedingung literarischer Prosa. In: Rainer Warning [Hg.], Rezeptionsästhetik. Theorie und Praxis. München, S. 228 – 252.

JACOBI, Juliane (1990): „Wer ist Sophie?" In: Pädagogische Rundschau 44 / 1990, S. 303 – 319.

JANZ, Marlies (1986): Marmorbilder. Weiblichkeit und Tod bei Clemens Brentano und Hugo von Hofmannsthal. Königstein/Ts.

JANZ, Marlies (1987): Ästhetik und Theorie. In: Literatur Konkret, Sonderheft „Frauen", S. 96 – 99.

JAUCH, Ursula Pia (1988): Immanuel Kant zur Geschlechterdifferenz: Aufklärerische Vorurteilskritik und bürgerliche Geschlechtsvormundschaft. Wien.

JIMACK, Peter D. (1960): La genèse et la rédaction de l'Emile de Jean-Jacques Rousseau: Etude sur l'histoire de l'ouvrage jusqu'à sa parution. Genève.

KAMUF, Peggy (1982): Fictions of Feminine Desire. Disclosures of Heloise. Lincoln / London.

KANT, Immanuel (1968): Beobachtungen über das Gefühl des Schönen und Erhabenen. In: Werkausgabe Band 2, hrsg. von Wilhelm Weischedel. Frankfurt/M., S. 825 – 884.

KAPLAN, Cora (1979): Radical feminism and literature: Rethinking Kate Milletts ‚Sexual Politics'. In: Red Letters No. 9, London.

KITTLER, Friedrich A. (1985): Aufschreibsysteme 1800 / 1900. München.

KLINGER, Cornelia (1988): Abschied von der Emanzipationslogik. Die Gründe, ihn zu fordern, zu feiern oder zu fürchten. In: Ann Anders [Hg.], S. 293 – 329.

KLINGER, Cornelia (1990): Welche Gleichheit und welche Differenz? In: Ute Gerhard u. a. [Hg.], Differenz und Gleichheit. Menschenrechte haben (k)ein Geschlecht. Frankfurt/M., S. 112- 119.

KNAPP-TEPPERBERG, Eva-Maria (1981): Rousseaus „Emile ou de l'éducation". Sexualauffassung und Bild der Frau. Ein Kapitel zur Antinomie des bürgerlichen Freiheitsbegriffs. In: dies., Literatur und Unbewußtes. München, S. 40 – 62.

KOFMAN, Sarah (1982): Le respect des femmes (Kant et Rousseau). Paris.

KOFMAN, Sarah (1986): Rousseau und die Frauen. Tübingen.

KOLKENBROCK-NETZ, Jutta und SCHULLER, Marianne (1982): Frau im Spiegel. Zum Verhältnis von autobiographischer Schreibweise und feministischer Praxis. In: Irmela von der Lühe [Hg.], Entwürfe von Frauen in der Literatur des 20. Jahrhunderts. Berlin, S. 154 – 174.

KRISTEVA, Julia (1976): Produktivität der Frau. Interview von Eliane Boucquey. In: Alternative 108/109, S. 166 – 172.

KRISTEVA, Julia (1978): Die Revolution der poetischen Sprache. Frankfurt/M.

KRISTEVA, Julia (1979): Kein weibliches Schreiben? Fragen an Julia Kristeva. In: Freibeuter 2 / 1979, S. 79 – 84.

KRISTEVA, Julia (1981): Women's Time. In: Signs 1 / 1981, S. 13 – 35. [Wieder abgedruckt in: Toril Moi [Hg.], The Kristeva Reader, Oxford 1987, S. 187 – 213]

KRISTEVA, Julia (1982): Die Chinesin. Die Rolle der Frau in China. Frankfurt/M. / Berlin / Wien. [orig.: Des Chinoises, Paris 1974]

KRISTEVA, Julia (1989): Geschichten von der Liebe. Frankfurt/M. [orig.: Histoires d'amour, Paris 1983]

KÜNZLI, A. (1971): Aufklärung und Dialektik. Politische Philosophie von Hobbes bis Adorno. Freiburg.

LACAN, Jacques (1957): Das Drängen des Buchstabens im Unbewußten oder die Vernunft seit Freud. In: Schriften II. Olten 1975, S. 15 – 55.

LACAN, Jacques (1958): Die Bedeutung des Phallus. In: Schriften II. Olten 1975, S. 119 – 132.

LACAN, Jacques (1960): Subversion des Subjekts und Dialektik des Begehrens im Freudschen Unbewußten. In: Schriften II. Olten 1975, S. 165 – 204.

LACAN, Jacques (1975): Das Spiegelstadium als Bildner der Ichfunktion, wie sie uns in der psychoanalytischen Erfahrung erscheint. In: Schriften I. Frankfurt/M., S. 61 – 70.

LANDWEER, Hilge (1990a): Das Märtyrerinnenmodell. Zur diskursiven Erzeugung weiblicher Identität. Pfaffenweiler.

LANDWEER, Hilge (1990b): Macht, Moral, Märtyrerinnen – Ambivalenzen in der neuen Frauenforschung. Unveröffentl. Manuskript, Bielefeld / Berlin.

LANGE, Lynda (1979): Rousseau: Women and the General Will. In: Lorenne M.G. Clark / Lynda Lange [Ed.], The Sexism of Social and Political Theory: Women and Reproduction from Plato to Nietzsche. Toronto / Buffalo / London, S. 41-52.

LECHTE, John (1982): Fiction and Woman in ‚La Nouvelle Heloise‘ and the Heritage of ‚1789‘. In: Francis Barker [Hg.], 1789 – Reading, Writing, Revolution. Colchester, S. 38 – 51.

LECHTE, John (1985): Woman and the Veil – or Rousseau's Fictive Body. In: French Studies 39 / 1985, S. 423 – 441.

LIBRERIA DELLE DONNE DI MILANO (1989²): Wie weibliche Freiheit entsteht. Eine neue politische Praxis. Berlin. [orig.: Non credere di avere dei diritti. Turin 1987]

LINK, Jürgen (1979²): Literaturwissenschaftliche Grundbegriffe. München.

LIST, Elisabeth (1989): Denkverhältnisse. Feminismus als Kritik. In: dies. / Herlinde Studer [Hg.], Denkverhältnisse. Feminismus und Kritik. Frankfurt/M., S. 7 – 34.

LLOYD, Geneviève (1985): Das Patriarchat der Vernunft. ‚Männlich‘ und ‚weiblich‘ in der westlichen Philosophie. Bielefeld. [orig.: The Man of Reason. „Male" and „Female" in Western Philosophy. London 1984]

LORENZER, Alfred (1970): Kritik des psychoanalytischen Symbolbegriffs. Frankfurt/M.

LORENZER, Alfred (1972): Zur Begründung einer materialistischen Sozialisationstheorie. Frankfurt/M.

LORENZER, Alfred (1973): Sprachzerstörung und Rekonstruktion. Vorarbeiten zu einer Metatheorie der Psychoanalyse. Frankfurt/M.

LORENZER, Alfred (1986): Tiefenhermeneutische Kulturanalyse. In: Hans-Dieter König / Alfred Lorenzer u. a., Kultur-Analysen. Frankfurt/M., S. 11 – 98.

LOREY, Isabell A. (1991): Frau-Sein im männlichen Denken. Zu Adriana Cavareros Denken der Geschlechterdifferenz. In: Feministische Studien 1 / 1991, S. 128 – 136.

LUHMANN, Niklas (1982): Liebe als Passion. Zur Codierung von Intimität. Frankfurt/M.

MAMOZAI, Martha (1990): Komplizinnen. Reinbek bei Hamburg.

MAN, Paul de (1971): The Rhetoric of Blindness: Jacques Derrida's Reading of Rousseau. In: ders., Blindness and Insight. Essays in the Rhetoric of Contemporary Criticism. New York, S. 102 – 141.

MAN, Paul de (1979): Allegories of Reading. Figural Language in Rousseau, Nietzsche, Rilke, and Proust. Yale Univ. Press. [dt. Teilübersetzung: Allegorien des Lesens. Frankfurt/M. 1988]

MAN, Paul de (1983a): The Rhetoric of Temporality. In: ders., Blindness and Insight (2. Aufl.). Minneapolis, S. 187 – 228.

MAN, Paul de (1983b): Epistemologie der Metapher. In: Anselm Haferkamp [Hg.], Theorie der Metapher. Darmstadt, S. 414 – 437.

MAN, Paul de (1984): Robert Moynihan, Interview with Paul de Man. In: The Yale Review 73 / 1984, S. 576 – 602.

MAN, Paul de (1987): Der Widerstand gegen die Theorie. In: Volker Bohn [Hg.], Romantik – Literatur und Philosophie. Internationale Beiträge zur Poetik. Frankfurt/M., S. 80 – 106.

MARTIN, Biddy (1989): Zwischenbilanz der feministischen Debatten. In: Frank Trommler [Hg.], Germanistik in den USA. Neue Entwicklungen und Methoden. Opladen, S. 165 – 195.

MARX, Karl (1957): Zur Judenfrage. In: MEW Bd. I, Berlin.

MAUZI, Robert (1959/62): La conversion de Julie dans La Nouvelle Héloïse. In: Annales Jean-Jacques Rousseau 35 / 1959-62, S. 29 – 48.

MILLETT, Kate (1974): Sexus und Herrschaft. Die Tyrannei des Mannes in unserer Gesellschaft. München. [orig.: Sexual Politics, London 1969]

MITCHELL, Juliet (1976): Psychoanalyse und Feminismus. Freud, Reich, Laing und die Frauenbewegung. Frankfurt/M. [orig.: Psychoanalysis and Feminism. Harmondsworth 1974]

MÖHRMANN, Renate (1979): Feministische Ansätze in der Germanistik seit 1945. In: Jahrbuch für Internationale Germanistik 2 / 1979.

MOELLER-GAMBAROFF, Marina (1977): Emanzipation macht Angst. In: Kursbuch 47 / 1977, S. 1 – 25.

MOI, Toril (1985): Sexual/Textual Politics. Feminist Literary Theory. London and New York.

MOI, Toril (1989): Sexus – Text – Herrschaft. Feministische Literaturtheorie. Bremen. [dt. Übers. von T. Moi 1985]

MONTET-CLAVIÉ, Danielle (1984): La femme comme nature morte dans l'oeuvre de J.-J.Rousseau. In: Jeanine Garrisson u. a., G.R.I.E.F. – La femme et la mort. Toulouse, S. 59 – 76.

NAGL-DOCEKAL, Herta (1989a): Was ist feministische Philosophie? In: dies. [Hg.], Feministische Philosophie. Wien / München, S. 7 – 39.

NAGL-DOCEKAL, Herta (1989b): Feministische Philosophie: Versuch einer Begriffsbestimmung. In: Astrid Deuber-Mankowski u. a. [Hg.], S. 13 – 18.

NÖLLE-FISCHER, Karen [Hg.] (1987): Mit verschärftem Blick. Feministische Literaturkritik. München.

OKIN, Susan Moller (1979): Women in Western Political Thought. Princeton.

OLIVIER, Christiane (1989): Jokastes Kinder. Die Psyche der Frau im Schatten der Mutter. München. [orig.: Les enfants de Jocaste, Paris 1980]

OTHMER-VETTER, Regine (1989): „Muttern" und das Erbe der Väter. Eine neuere Affäre zwischen Feminismus und Psychoanalyse? In: Feministische Studien 2 / 1989, S. 99 – 106.

PELCKMANS, Paul (1981/82): Le rêve du voile dans La Nouvelle Héloïse. In: Révue Romane 16-17, 1981 / 82, S. 86 – 97.

POE, Edgar Allan (1976): Das gesamte Werk in zehn Bänden, hrsg. von Kuno Schumann und Hans Dieter Müller, dt. von Arno Schmidt und Hans Wollschläger. Olten i.Br.

PRENGEL, Annedore (1990): Gleichheit versus Differenz – eine falsche Alternative im feministischen Diskurs. In: Ute Gerhard u. a. [Hg.], S. 120 – 127.

PROKOP, Ulrike (1976): Weiblicher Lebenszusammenhang. Von der Beschränktheit der Strategien und der Unangemessenheit der Wünsche. Frankfurt/M.

PROKOP, Ulrike (1984): Der Mythos des Weiblichen und die Idee der Gleichheit in literarischen Entwürfen des frühen Bürgertums. In: Inge Stephan / Sigrid Weigel [Hg.], S. 15 – 21.

PROKOP, Ulrike (1986): Emilia Galotti. Ein Drama über die Zerstörung der Wünsche. In: Hans-Dieter König / Alfred Lorenzer u. a., S. 163 – 288.

PROKOP, Ulrike (1988): Die Einsamkeit der Imagination. Geschlechterkonflikt und literarische Produktion um 1770. In: Gisela Brinker-Gabler [Hg.], S. 325 – 365.

PROKOP, Ulrike (1989): Die Konstruktion der idealen Frau. Zu einigen Szenen aus den „Bekenntnissen" des Jean-Jacques Rousseau. In: Feministische Studien 1 / 1989, S. 86 – 96.

PROKOP, Ulrike (1991): Die Illusion vom Großen Paar. Band 1: Weibliche Lebensentwürfe im deutschen Bildungsbürgertum 1750 – 1770. Frankfurt/M.

REINIG, Christa (1986): Entmannung. Roman, Darmstadt. [1. Aufl. Düsseldorf 1976]

ROUSSEAU, Jean-Jacques (1948): Lettre à d'Alembert sur les spectacles. Ed. M. Fuchs. Lille / Genève. [dt. Übers. von Dietrich Feldhausen in: Rousseau 1978c]

ROUSSEAU, Jean-Jacques (1959): Oeuvres complètes. Ed. Bernard Gagnebin et Marcel Raymond. Band I: Les Confessions. Autres Textes autobiographiques. Paris. [Pléiade]

ROUSSEAU, Jean-Jacques (1961): Oeuvres complètes. Ed. Bernard Gagnebin et Marcel

Raymond. Band II: La Nouvelle Héloïse. Théatre – Poésies – Essais Littéraires. Paris. [Pléiade]

Rousseau, Jean-Jacques (1964): Oeuvres complètes. Ed. Bernard Gagnebin et Marcel Raymond. Band III: Du Contrat social. Ecrits Politiques. Paris. [Pléiade]

Rousseau, Jean-Jacques (1969): Oeuvres complètes. Ed. Bernard Gagnebin et Marcel Raymond. Band IV: Emile. Education – Morale – Botanique. Paris. [Pléiade]

Rousseau, Jean-Jacques (1970): Essai sur l'origine des langues. Ed. Charles Porset. Paris / Bordeaux. [dt. Übersetzung in: Rousseau 1981a]

Rousseau, Jean-Jacques (1978a): Julie oder Die neue Héloïse. Briefe zweier Liebenden aus einer kleinen Stadt am Fuße der Alpen. Übersetzung: Johann Gottfried Gellius / Dietrich Leube. München. [Winkler]

Rousseau, Jean-Jacques (1978b): Schriften in zwei Bänden. Hg. von Henning Ritter. München / Wien. [Hanser]

Rousseau, Jean-Jacques (1979): Emile oder Von der Erziehung. Emile und Sophie oder Die Einsamen. Deutsch von Siegfried Schmitz, Anna und Dietrich Leube. München. [Winkler]

Rousseau, Jean-Jacques (1981a): Sozialphilosophische und Politische Schriften. Deutsch von Eckhart Koch u. a., durchgesehen von Dietrich Leube u. a. München. [Winkler]

Rousseau, Jean-Jacques (1981b): Die Bekenntnisse. Deutsch von Alfred Semerau, durchgesehen von Dietrich Leube. München. [Winkler 1978; dtv-Weltliteratur 1981]

Saussure, Ferdinand de (1967[2]): Grundfragen der Allgemeinen Sprachwissenschaft. Hg. von C.Bally und A. Sechehaye. Berlin. [orig.: Cours de linguistique générale; 1916]

Sauter-Bailliet, Theresia (1977): Die Gretchen-Episode in Goethes Faust. In: Frauen und Wissenschaft, S. 248 – 257.

Schaeffer-Hegel, Barbara (1984): Feministische Wissenschaftskritik: Angriffe auf das Selbstverständliche in den Geisteswissenschaften. In: dies. / Brigitte Wartmann [Hg.], Mythos Frau. Projektionen und Inszenierungen im Patriarchat. Berlin, S. 36 – 60.

Schaeffer-Hegel, Barbara (1988): Vater Staat und seine Frauen. Über den Beitrag der politischen Philosophie zum Ausschluß der Frauen aus der Politik. In: Aus Politik und Zeitgeschehen. Beilage zur Wochenzeitung „Das Parlament" 42 / 1988, S. 20 – 29.

Schaeffer-Hegel, Barbara (1989): Die Freiheit und Gleichheit der Brüder. Weiblichkeitsmythos und Menschenrechte im politischen Diskurs um 1789. In: Astrid Deuber-Mankowsky u. a. [Hg.], S. 51 – 64.

Schepp, Heinz-Hermann (1978): Die Krise der Erziehung und der Prozeß der Demokratisierung. Zum Verhältnis von Politik und Pädagogik bei J. J. Rousseau. Kronberg/Ts.

Schenk, Herrad (1980): Die feministische Herausforderung. 150 Jahre Frauenbewegung in Deutschland. München.

SCHÉRER, René (1975): Das dressierte Kind. Sexualität und Erziehung: Über die Einführung der Unschuld. Berlin. [orig.: Emile perverti, Paris 1973]

SCHLESIER, Renate (1980): Die totgesagte Vagina. Zum Verhältnis von Psychoanalyse und Feminismus. Eine Trauerarbeit. In: Brigitte Wartmann [Hg.], S. 111 – 133.

SCHLESIER, Renate (1981): Konstruktionen der Weiblichkeit bei Sigmund Freud. Zum Problem von Entmythologisierung und Remythologisierung in der psychoanalytischen Theorie. Frankfurt/M.

SCHÖNAU, Walter (1991): Einführung in die psychoanalytische Literaturwissenschaft. Stuttgart.

SCHÖPP-SCHILLING, Beate (1977): Produktions- und Rezeptionsbedingungen amerikanischer Schriftstellerinnen. Neue Ansätze einer feministischen Literaturkritik. In: Frauen und Wissenschaft, S. 230 – 247.

SCHULLER, Marianne (1974): Romanschlüsse in der Romantik. Zum frühromantischen Problem von Universalität und Fragment. München.

SCHULLER, Marianne / BOVENSCHEN, Silvia (1978): Weiblichkeitsbilder. Gespräch mit Herbert Marcuse. In: Jürgen Habermas / Silvia Bovenschen u. a. [Hg.], Gespräche mit Herbert Marcuse. Frankfurt/M., S. 65 – 87.

SCHULLER, Marianne (1979a): Die Nachtseite der Humanwissenschaften. Einige Aspekte zum Verhältnis von Frauen und Literaturwissenschaft. In: Gabriele Dietze [Hg.], Die Überwindung der Sprachlosigkeit. Texte aus der neuen Frauenbewegung. Darmstadt / Neuwied, S. 31 – 50. [2. Aufl. 1989]

SCHULLER, Marianne (1979b): Literarische Szenerien und ihre Schatten. Orte des ‚Weiblichen‘ in literarischen Produktionen. In: Ringvorlesung „Frau und Wissenschaft“. Marburg, S. 79 – 103. [Publikation der Universität Marburg]

SCHULLER, Marianne (1979c): Erfolg ohne Glück? Über den Widerspruch von Weiblichkeitsrolle und Karriere. In: Kursbuch 58 / 1979, S. 101 – 114.

SCHULLER, Marianne / KOLKENBROCK-NETZ, Jutta (1982): Frau im Spiegel. Zum Verhältnis von autobiographischer Schreibweise und feministischer Praxis. In: Irmela von der Lühe [Hg.], Entwürfe von Frauen in der Literatur des 20. Jarhunderts. Berlin, S. 154 – 174.

SCHULLER, Marianne (1984): Vergabe des Wissens. Notizen zum Verhältnis von ‚weiblicher Intellektualität‘ und Macht. In: Konkursbuch 12 /1984: FRAUEN MACHT. Tübingen, S. 13 – 21.

SCHULLER, Marianne (1989): Textilien. Literaturwissenschaft in der Krise? In: Kursbuch 97 / 1989, S. 71 – 87.

SCHULLER, Marianne (1990): Im Unterschied. Lesen / Korrespondieren / Adressieren. Frankfurt/M.

SEIFERT, Edith (1987): ‚Was will das Weib?‘ – Zu Begehren und Lust bei Freud und Lacan. Weinheim / Berlin.

SICHTERMANN, Barbara (1983): Weiblichkeit. Zur Politik des Privaten. Berlin.

SICHTERMANN, Barbara (1988): Sind Frauen das friedlichere Geschlecht? In: Karin Rick [Hg.], Das Sexuelle, die Frauen und die Kunst. Konkursbuch 20. Tübingen, S. 170 – 188.

SIMMEL, Monika (1980): Erziehung zum Weibe. Mädchenbildung im 19. Jahrhundert. Frankfurt / New York.

SPAEMANN, Robert (1978): Rousseaus ‚Emile': Traktat über Erziehung oder Träume eines Visionärs? Nachwort zu: J.J.Rousseau, Emile oder Von der Erziehung. München, S. 693 – 710. [Winkler]

STAROBINSKI, Jean (1973): Psychoanalyse und Literatur, Frankfurt/M. [orig.: La relation critique. L'oeil vivant II. Paris 1970]

STAROBINSKI, Jean (1981): Das Rettende in der Gefahr. In: Neue Rundschau 3 / 1981, S. 42 – 71. [orig.: Le remède dans le mal. Rom 1979]

STAROBINSKI, Jean (1984): Jean-Jacques Rousseau und die Gefahren der Reflexion. In: ders., Das Leben der Augen. Frankfurt/M. / Berlin / Wien, S. 67 – 146. [orig.: L'oeil vivant, Paris 1961]

STAROBINSKI, Jean (1988): Rousseau. Eine Welt von Widerständen. München. [orig.: Jean-Jacques Rousseau – La transparence et l'obstacle, suivi de Sept essais sur Rousseau. Zuerst ersch. 1957, überarb. Paris 1971)

STEFAN, Verena (1975): Häutungen. München.

STEINBRÜGGE, Lieselotte (1987): Das moralische Geschlecht. Theorien und literarische Entwürfe über die Natur der Frau in der französischen Aufklärung. Weinheim / Basel. [2. Aufl. Stuttgart 1992]

STEINBRÜGGE, Lieselotte (1989): Vernunftkritik und Weiblichkeit in der französischen Aufklärung. In: Astrid Deuber-Mankowsky u. a. [Hg.], S. 65 – 79.

STEINBRÜGGE, Lieselotte (1990): Wer kann die Frauen definieren? Die Debatte über die weibliche Natur in der französischen Aufklärung. In: Ute Gerhard u. a. [Hg.], S. 224 – 240.

STEINLEIN, Rüdiger (1987): Die domestizierte Phantasie. Studien zur Kinderliteratur, Kinderlektüre und Literaturpädagogik des 18. und frühen 19. Jahrhunderts. Heidelberg.

STEPHAN, Inge (1983): „Bilder und immer wieder Bilder …". Überlegungen zur Untersuchung von Frauenbildern in männlicher Literatur. In: dies. / Sigrid Weigel 1983, S. 15 – 34.

STEPHAN, Inge / WEIGEL, Sigrid (1983): Die verborgene Frau. Sechs Beiträge zu einer feministischen Literaturwissenschaft. Berlin.

STEPHAN, Inge (1984): „Da werden Weiber zu Hyänen …" – Amazonen und Amazonenmythen bei Schiller und Kleist. In: Inge Stephan / Sigrid Weigel [Hg.], S. 23 – 42.

STEPHAN, Inge / WEIGEL, Sigrid [Hg.] (1984): Feministische Literaturwissenschaft. Dokumentation der Tagung in Hamburg vom Mai 1983. Berlin.

STRAUSS, Leo (1977): Naturrecht und Geschichte. Frankfurt/M. [orig.: Natural Right and History, 1953]

TALMON, J.L. (1961): Die Ursprünge der totalitären Demokratie. Köln / Opladen. [orig.: The Rise of Totalitarian Democracy. Boston 1952]

THÜRMER-ROHR, Christina (1983): Aus der Täuschung in die Ent/täuschung. Zur Mittäterschaft von Frauen. In: Beiträge zur feministischen Theorie und Praxis 8/ 1983.

THÜRMER-ROHR, Christina (1987): Vagabundinnen. Feministische Essays. Berlin.

THEWELEIT, Klaus (1977): Männerphantasien. Bd.I: Frauen – Fluten – Körper – Geschichte. Frankfurt/M.

TREUSCH-DIETER, Gerburg (1984): „Die Zukunft ist weiblich oder gar nicht". Polemische Notizen zur Frage von Frauen und Macht. In: Konkursbuch 12 / 1984: FRAUEN MACHT. Tübingen, S. 7 – 11.

URBAN, Bernd (1978): Alfred Lorenzers Konzept der Interaktionsformen innerhalb der Gegenstands- und Verfahrensproblematik psychoanalytischer Textinterpretation. In: Sebastian Goeppert [Hg.], Perspektiven psychoanalytischer Literaturkritik. Freiburg i.Br., S. 194 – 211.

VERGIL (1976): Bucolica. München.

VINCZE, László (1978): Von J. J. Rousseau bis A. S. Neill – Auf dem Weg zu einer modernen Erziehung. Wien / München.

WARTMANN, Brigitte [Hg.] (1980): Weiblich – Männlich. Kulturgeschichtliche Spuren einer verdrängten Weiblichkeit. Berlin.

WEBER, Samuel M. (1978): Rückkehr zu Freud, Jacques Lacans Ent-stellung der Psychoanalyse. Frankfurt/M. / Berlin / Wien.

WEEDON, Chris (1990): Wissen und Erfahrung. Feministische Praxis und poststrukturalistische Theorie. Zürich. [orig.: Feminist Practice and Poststructuralist Theory. Oxford 1987]

WEIGEL, Sigrid (1984): „Frau und „Weiblichkeit". Theoretische Überlegungen zur feministischen Literaturkritik. In: Inge Stephan / Sigrid Weigel [Hg.], S. 103 – 113.

WEIGEL, Sigrid (1990): Topographien der Geschlechter. Kulturgeschichtliche Studien zur Literatur. Reinbek bei Hamburg.

WEININGER, Otto (1980): Geschlecht und Charakter. Eine prinzipielle Untersuchung. München. [Nachdruck der 1. Auflage, Wien 1903]

WILLMS, B. (1971): Die politischen Ideen von Hobbes bis Ho Tschi Minh. Stuttgart.

WOLLSTONECRAFT, Mary (1975): Eine Verteidigung der Rechte der Frauen. Rettung der Rechte des Weibes, hrsg. von Berta Rahm. Zürich. [orig.: A Vindication of the Rights of Woman. London 1792]

WOOLF, Virginia (1978): Ein Zimmer für sich allein. Berlin. [orig.: A room of one's own. London 1928]